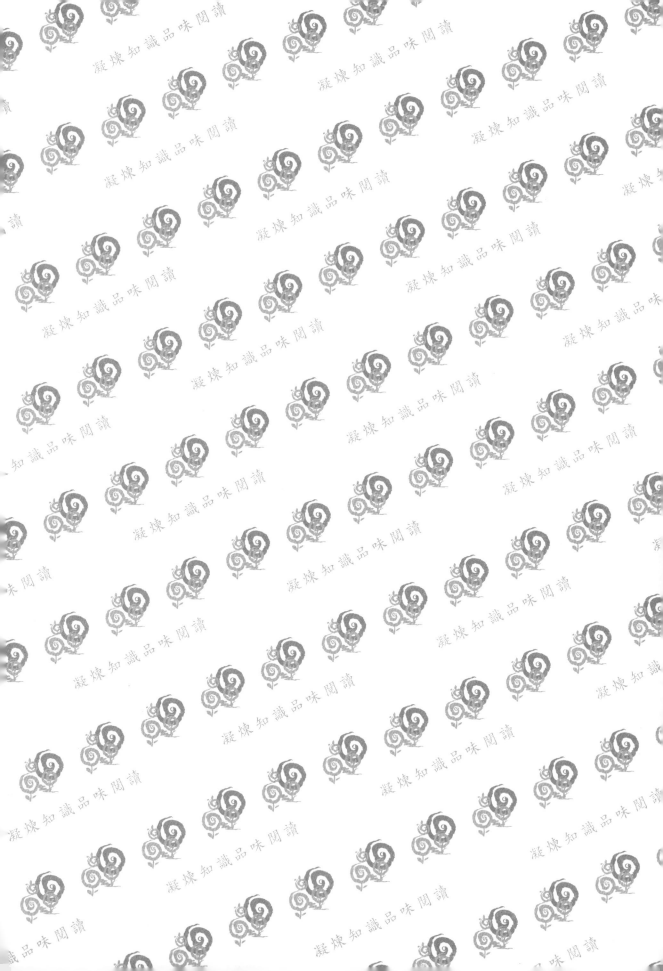

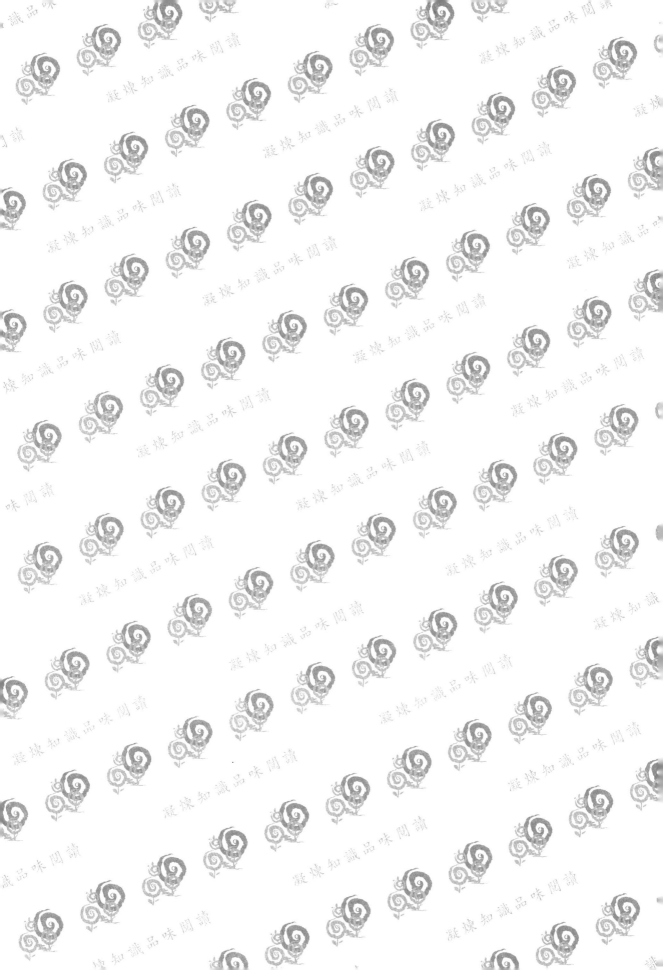

基礎統計學

使用Excel與SPSS

陳正昌 著

五南圖書出版公司 印行

序

　　時代快速變遷，科技日新月異，統計學已成為資料分析、機器學習、人工智慧等領域不可或缺的工具。目前大學約半數以上科系，都要學習統計學，可見其重要性。

　　在大學教授教育統計學已經二十餘年，深知許多學生由於高中之前就相當恐懼數學，甚至放棄數學，因而對目前多數學科領域都列為必修的統計學也相當排斥，許多學生在未開始學習之前，就預設這門課程會相當艱難，而結果往往也「如其所願」（預言自驗效應），因而統計學就成了學完之後「統統忘記」的學科。

　　由於個人求學時代也曾為數學不好所苦，因此希望寫一本比較淺顯易懂，在學習過程中可以動手操作，學習之後又比較不容易忘記的教科書。

　　本書在於介紹統計學的重要概念，包含描述統計及基礎的推論統計。每一章開頭都有「本章概要」，希望讓讀者更能把握重要概念。書中無可避免地會使用公式，不過總以高中之前的數學為基礎，詳細說明基本的觀念，並就各學科領域及日常生活加以舉例，接著使用 Excel 2021 版依照公式詳列計算步驟，最後再配合 SPSS 21 版進行分析，並就報表概要加以解說。習題部分，多數取自國家考試及研究所入學考試，除了增加練習機會，也希望能有助於讀者應試。

　　這本書以大學第一次修習統計學的學生為對象，所有操作步驟，都有擷取畫面，並詳細解說，個人建議同學們自行輸入資料，並依書中操作步驟勤加練習，相信一定會有豐碩的收穫。每章後的習題，如果能實際練習，不僅可以活用所學，對考試也有幫助。對於想就統計學重要觀念再加精進的讀者，本書也是相當合適的參考書籍。

　　書中的例題（含 Excel 及 SPSS）、第 9 章介紹的分析小程式、及各章習題資料，都已附在壓縮檔，讀者可以在五南圖書公司網站下載。

　　書中內容做為統計學第一門課，應是恰當的，希望同學們在比較沒有壓力下按部就班學習。如果教授同儕或同學們在研讀本書過程中，有任何疑問或建議，歡迎隨時來信賜教（chencc@mail.nptu.edu.tw）。期望在各位的支持下，能使本書更臻完善。

　　本書曾在鼎茂圖書公司發行兩版，感謝陳煥昌副社長、吳檸爍小姐協助相關業務。五南圖書公司願意接續新版發行，侯家嵐主編統籌出版事宜，在此一併致謝。

陳正昌　2023.9

目錄

第 1 章

緒論

本章概要

1. 統計學已成為當前重要的學科，許多領域都需要運用統計學的相關知識。

2. 統計學大致包含描述統計、推論統計、及實驗設計等知識。

3. 學習統計學，除了基礎的數學知識外，最好還能配合統計軟體，並多加練習。

4. 美國心理學家 S. S. Stevens 把測量的尺度分為名義、次序、等距、及等比四種，這也是目前最常使用的分類方式。

5. 統計學有它慣用的符號，用在母數及統計量的符號會有不同，前者多數使用希臘字母，後者多數使用拉丁（羅馬）字母。

在可預測的未來，人工智慧（artificial intelligence, AI）應是科技的主流，也將改變人們的生活型態。統計學（statistics）是人工智慧領域中機器學習（machine learning, ML）的基礎，學習統計學，對機器學習或人工智慧的了解，也有所助益。

十二年國教課程綱要中，數學領域的「學習內容」即包含了「資料與不確定性」，它類似於九年一貫數學領域的「機率與統計」主題。可見，擁有統計學知識已是目前不可欠缺的素養。

壹、統計學的意義

依據第四版《劍橋統計學辭典》（The Cambridge Dictionary of Statistics, 2010）所述，「統計學」（statistics）常見的定義有：

1. 統計學被認為是：(1)對母群體（population，或稱母群、群體）的研究；(2)對變異（variation）的研究；(3)對精簡資料之方法的研究。

2. 統計學關注於推論的過程，特別是：(1)實驗或調查的設計與分析；(2)觀測誤差與變異來源的特性；(3)有效地摘要資料。

3. 科學方法的技術。

4. 由於資料、變異、及機遇無處不在，因此統計學是重要的方法。它是一門獨立學科，有自己的核心知識，而不只是數學的分支。

其他的統計學相關著作對「統計學」的定義則有：

1. 統計學就是從資料（data）獲得資訊（information）的方法（Keller, 2014）。

2. 統計學是蒐集、分析、解釋、呈現、及組織資料的一門學科（Dodge, 2006）。

3. 統計學提供了系統的原則與方法論，用來蒐集資料，分析與解釋資料，並得到結論或通則（Johnson & Bhattacharyya, 2010）。

4. 統計學是蒐集、組織、分析、及解釋資料，進而做成決策的科學（Larson & Farber, 2015）。

綜合以上的定義可以得知：

1. 統計學不只是數學的分支，它有自己的知識體系，已經成為一門獨立的學科。而且，它是大學中許多學院的必修學科。

2. 統計學不僅止於**計算**而已，它是用來**蒐集**、**整理**、**分析**、**呈現**、及**解釋**資料的科學方法，它被廣泛應用在自然科學、社會科學、人文科學等領域，甚至被用在工商業，及政府的決策上。

3. 統計學要從**不確定性**及**變異**的情況下，應用各種技術，以獲得結論，進而做成決策。

4. 統計學不只關心**常數**（constant），更關心**變數**（variable 或稱**變項**）；不只關心**平均數**（mean），更關心**變異數**（variance）。

貳、統計學的分類

統計學可分成**描述統計**（descriptive statistics，或稱**敘述統計**）及**推論統計**（inferential statistics）兩大部分。而**實驗設計**（design of experiments）屬於推論統計的一部分，也常被單獨列出。

一、描述統計

描述統計著重於資料整理及描述，也包含製作圖表。使用描述統計，可以將一堆龐雜而無頭緒的數據（例如，500 個學生的 6 科成績，或 1 萬個顧客的年所得及各項支出比例，或是 10 萬個會員在連鎖量販商店一年中購買的物品），分析整理成有意義及可以理解的資料。

在描述統計中，主要包含**各種統計量數**（含集中量數、變異量數、偏態、峰度、及相對地位量數），與**各種圖表的製作**。

如何使用視覺圖形呈現複雜資料，是資料科學家（data scientist）的任務之一，統計學在這個領域提供了重要的基礎。

二、推論統計

推論統計包括**估計**（又包含**點估計**及**區間估計**）及**檢定**（test，或譯為**考驗、檢驗**。常見的檢定有 Z 檢定、t 檢定、F 檢定、及 χ^2 檢定）兩部分。檢定的目的是希望將**樣本**（sample）分析所獲得的結論，推論至**母群體**（population）；估計則是希望經由樣本的性質〔稱為**統計量**或**統計數**（statistic），一般使用**拉丁字母**代表〕來推論母群體的性質〔稱為**母數**或**參數**（parameter），一般使用**希臘字母**代表〕。其意義可以用圖 1-1 表示：

圖 1-1　推論統計示意圖

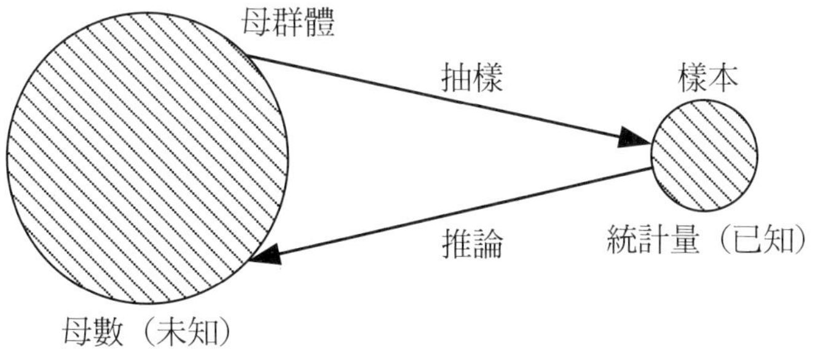

在此處，母群體（簡稱**母群**或**群體**）是可根據某些原則來加以認定的所有觀察值之總和。例如，「大學生」可定義為「2021 年在臺灣各公私立大學及技職校院就讀大

學部的所有學生」。然而，由於研究限制，只能以日間部的大學生為對象，此稱為**可接近母群體**（accessible population）。樣本則由可接近母群體中抽樣而來的部分集合。例如，基於研究需要及經費限制，研究者隨機抽取了 1067 名日間部大學生進行調查。而樣本數 1067 是為了確保在 95% 的信心水準下，抽樣誤差為 ±3%。[1]

推論統計的主要興趣不只是在了解樣本，而是經由樣本推論母群體的特質。

三、實驗設計

實驗設計是推論統計學的一支，著重於控制無關變數，以探討變數間的因果關係（cause-and-effect relation）。實驗設計分為**設計**及**分析**兩大部分，統計方法最常使用**變異數分析**（analysis of variance, ANOVA）。實驗設計的發展來自於農業的研究，英國統計學家 R. A. Fisher 對此領域有極大的貢獻。目前實驗設計經常應用在工業、農業、心理學、教育學等領域；醫學上，新藥或疫苗的研發，更需要通過嚴格的人體實驗，才能量產。

近期，新型冠狀病毒導致的嚴重疫情影響世界至鉅，如何發展有效的疫苗或治療藥物，除了生物醫學及製藥技術外，也需要倚靠實驗設計協助。

綜言之，統計學的分類可大略整理如圖 1-2。

參、為什麼要學統計學？

統計學已經成為許多學門必修的科目，比較重要的理由可略述如下：

一、實際工作的需要

不管是教育工作者、心理工作者、或是社會工作者，在專業工作上常會運用統計學的知識，而在商業界甚至工業界也非常重要。因此應用統計學也有心理與教育統計學、社會統計學、商業統計學、管理統計學等不同領域的分支。

---

[1]　比例的標準誤（standard error of a proportion）是 $\sqrt{\dfrac{0.5 \times 0.5}{1067}} = 0.01531$，乘以標準臨界值（critical value）1.96 後，大約為 0.03，等於 3%。此部分請見第八章的說明。多數民意調查的訪問人數通常也接近 1067 人。

圖 1-2　統計學大致分類

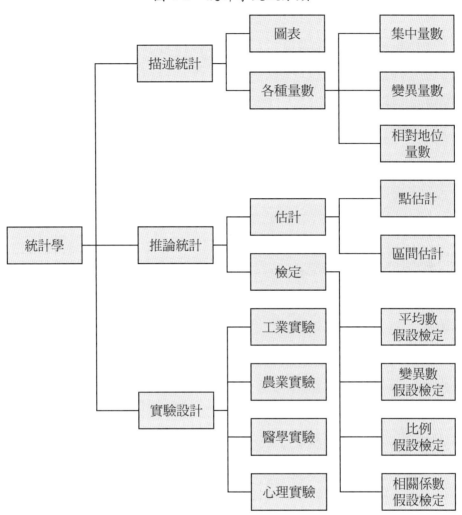

目前，資料科學家被《哈佛商業評論》稱為「二十一世紀最性感的工作」，一般認為他們至少必須具備三種能力：統計專長、撰寫程式／建立資料庫、及特定領域的知識。有了後兩種能力，如果能再擁有專精的統計學知識，將是職場不可缺少的人才。

二、研究工作的需要

工業界研究如何減少成本、提高產品的良率，甚至減少工作人員的錯誤或提高工作士氣（例如，在美國西方電子公司霍桑廠所做的研究——有名的**霍桑效應**也由此實驗而來）[2]，都會應用到統計學的知識。使用新材料設計產品也需要進行實驗，同樣需要統計學知識。而改善工商業流程的 6σ（六標準差）也與統計學有關。

商業界對顧客消費行為的探究，或是對潛在客戶的開發，都需要進行統計分析。目前**巨量資料**（big data，或譯為**大數據**）分析及**資料探勘**（data mining，或譯為**資料採礦**）是這個領域最熱門的研究，也都需要使用統計分析技術。而人工智慧或機器學習也與統計技術有密切的關係。

醫學界不管是發明新的藥物，或是採用新的治療方法，都需要通過實驗，也需要統計分析。生物科技的發展，同樣也需要統計分析。

教育改革需要有理論基礎，教育學三大理論基礎中的心理學（另外兩個為哲學及社會學），常常需要進行實驗，需要統計分析；社會統計學則是統計學在社會學中的應用；即使是應用性的教育研究，也需要統計。目前各大學中，心理學、社會學、教育學這三種學系，統計學通常都是必修課程。

三、學術溝通的需要

實務工作者或學術研究者，不管是在平時的口語溝通或是閱讀各種研究報告，經常都會碰到統計學的名詞或觀念，如果對統計學不了解，就很難對這些內容（語言或文字）有所領會。

即使偏好質性研究取向者，有時仍會使用簡單的統計技術（次數、百分比、及 Kappa 一致性係數）。近年來興起的**混合研究**（mixed-method research），會同時或依序採用量化及質化的方法，更不可忽略統計分析。

四、科學訓練的需要

科學家常會說：「數學是科學之母。」數學重要的功能之一是學習如何解決問

---

[2] 這是 1927-1932 年間，在美國西方電子公司霍桑廠所做的一系列研究。研究主要結論有：1.改變工作條件和勞動效率之間沒有直接的因果關係；2.提高生產效率的決定因素是員工情緒，而不是工作條件；3.關心員工的情感和員工的不滿情緒，有助於提高勞動生產率（引自維基百科）。其中，當受試者知道自己成為被觀察或關注的對象，會改變他們原來的行為，進而影響實驗結果，此稱為「霍桑效應」（Hawthorne Effect）。

題，統計學與數學有密切的關係，而且目前統計學比較著重在問題解決的過程，所以在學習統計學的過程中常會使用推理（含演繹及歸納）及思考的方法，這也是一種科學的訓練。

學習統計學重要的不是熟背公式，或會進行各種計算，而是思考如何從不確定中解決問題，這也是許多學門所需要的關鍵能力。

五、進行決策的需要

不管是政府單位或是個人，隨時都要做決策。大至要不要興建機場或道路，小至到哪一家餐廳用餐，或多或少都需要借助統計分析。

當然，到了一家餐點不美味、服務不理想的餐廳用餐，頂多下次不來。但是，建了一座很少人使用的機場，最後成了「蚊子館」（養蚊子），則浪費了大量的公帑，所以有人說「錯誤的政策比貪汙更嚴重」。

以「廣設大學」的政策為例，根據 18 年前的出生人口數、每校平均學生數，以及合理的大學在學率，就可以算出需要多少大學校院。但是，現在的發展卻變成要裁併大學的局面，這就是不能善用統計分析的後果。

目前教育部要求每所大學校院要進行校務研究（institutional research, IR）工作，主要目的也是經由嚴謹的研究（當然需要使用統計分析），提供做決策的依據，而不再是只憑感覺或直覺做決定。

六、日常生活的需要

即使不看學術報告，不做學術研究，在平常的生活中其實就與統計學有密切的關係。如，民意調查、收視率調查、職業運動員生涯各種表現（安打率、防禦率、助攻率、命中率等等），這些都與統計學有關，也是運動統計學的一環。而研究也顯示：大學時所學與數學愈有關的科系，以後所得也愈高。在各項考試中（公職及研究所），統計學也常是必考科目。可見，要與統計學脫離關係，幾乎是不可能的事。

近年來新冠疫情肆虐，嚴重影響各國民眾生活及健康，在此情形下，相信大家對假陰性、假陽性、敏感性、特異性、雙盲試驗、解盲等醫學名詞應有初步了解，這些也與統計學有關。

肆、學習統計學的要領

一、基本的數學基礎

學習統計學當然需要數學的基礎。如果想要在統計學上更加精進，就要了解線性代數、機率論、及微積分。

但是，如果目的在於應用統計學的知識，則有高中的數學基礎就足夠了，多數時候，擁有國中數學知識，對於學習統計學就沒有困難了。事實上，目前的高中數學就已經教到信心水準及信賴區間，這已是大學統計學的入門了。

目前中小學數學學習領域中就包含了「統計與機率」主題（十二年國教改為「資料與不確定性」），希望學生能運用基本的統計方法，可見統計愈來愈重要。

二、配合統計軟體

早期學習統計學，多半使用計算機進行計算，現在則多配合專業統計軟體（如 SPSS 或 SAS）。Microsoft Office 中的 Excel 軟體具有常用的統計分析功能，又有各種統計函數及即時運算功能，相當適合初學統計學使用。OpenOffice 及 LibreOffice 當中也都有類似的試算表軟體可供使用 [3]。中國大陸有一套免費試用 WPS 辦公室軟體，其中的 Spreadsheets 類似 Excel 2016，也有統計函數可以使用。

本書以 Excel 2019 及 2021 預覽版進行計算 [4]，讓讀者有清晰的概念，並配合學術界常用的 IBM SPSS 21 版加以分析 [5]，有利於進階課程的學習。

---

[3]　兩套軟體中的試算表，使用介面都與 Microsoft Office 2003 比較接近，OpenOffice 的統計函數較少，LibreOffice 的統計函數與 Office 2019 較相似。

[4]　除了直方圖與盒鬚圖功能外，Excel 2013 版與 2016 版的統計函數沒有差異，Excel 2019 版已在 2018 年推出，統計功能與 2016 版相似。2021 版將在 2021 年推出。

[5]　目前 SPSS 最新版是 28 版，但是因為中文翻譯有許多不夠精確的地方，所以本書使用錯誤較少的 21 版。事實上，SPSS 自 14 版之後，使用介面就沒有明顯地改變，常用的分析功能也相差無幾，讀者可以採用學校購買的任何一個版本的 SPSS 進行分析。如果讀者習慣使用英文介面及輸出，個人建議採用 26 – 28 版，它們會有比較多的功能。

　　目前有一套統計軟體 R，雖然需要撰寫語法，但是因為功能強大，而且可以免費使用，已經有愈來愈多的統計學者採用 R 進行分析，建議讀者可以多加留意。本書在第 7 章也將配合 R 計算各種機率值。

　　如果不熟悉語法撰寫，可以改用 JASP 或 jamovi 這兩套基於 R 所設計的統計軟體。它們不僅免費，操作方式類似 SPSS，勾選所需項目後，可以即時得到與 SPSS 相似的結果，非常適合統計初學者使用。

三、不斷練習

　　大學課程的學習，只依靠老師的教導是不夠的，依據經驗法則，一個學分的課程，需要學生每週至少花三個小時自行學習。同樣地，統計學的學習，除了上課聽講外，自行練習也相當重要。唯有自己不斷練習及思考，才有可能學好統計。除了本書各章所附習題，建議讀者可以尋找國家考試或研究所入學考試題目自行練習。

伍、變數的分類

　　群體中保持恆常不變的特質或屬性，稱為**常數**（constant），此通常不是統計學研究的重點。如，絕大多數人都有一個鼻子、兩個眼睛，這是常數，因此研究眼睛多寡與學業成績的關聯並無意義。相比之下，研究視力（以近視度數代表）與學業成績（以學期分數代表）的關聯，會稍有意義些（雖然也沒有太大的意義）。

　　觀察的對象（包括人、事、物）的某項特質或屬性，可以因對象不同而有不同的數值或類別者，此一特質或屬性就是一種**變數**（variable，或譯為**變項**）。以人為例，身高是人的某種特質，它的數值（如，173 公分或 5 呎 3 吋）會因不同的人而有差異（也就是不同的人會有不同的高度），因此身高就是變數。變數須具有**兩個以上的類別或特徵**（如，人的生理性別主要分為女性與男性兩類，因此，生理性別就是變數），只有**一個類別**就是常數（如，某些動物是雌雄同體，或是單一性別，則此時性別就是常數）。

　　研究的焦點不同，著重的變數也會不同。再以人為例，人的背景（如，出生地有國內與國外、社會經濟地位有高有低）、屬性或生理特質（如，性別有女有男、身高有高有矮）、或心理特質（如，智力有高有低）會有不同（變異）。以不同的方式表示這些特質或屬性，就會形成不同的變數。分析不同世代（老中青），兩性平均身高的差異，就可以成為一項研究。

同一個變數可以使用不同的方式表示。以身高為例，研究者可以使用「正常與否」（「正常」的定義不在此深究）、「矮、適中、高」，或「身高多少公分」（或「多少吋」）來表示，這就與測量的尺度有關。

一、連續變數及間斷變數

(一) 連續變數（continuous variable）

1. 在任意兩個數之間，有無限個數值，如，160 公分與 161 公分之間的數值為無限多個，可能是 160.2、160.31、160.576 等。

2. 重量、長度、時間，都是連續變數。

3. 因為是連續的數值，所以呈現的數字常只是似近值。如，某選手跑 100 公尺所需要的時間是 10.5 秒，如果使用更精密的儀器，可能可以得到 10.478 秒。然而，不管取再多數字，由於無法窮盡，因此呈現的數字都只是近似值。

(二) 間斷變數（discrete variable，或譯為**離散變數**）

1. 在兩個數之間，沒有其他的數值，是有限個數值。

2. 選修的學分數、全校的人數、全市（縣）的戶數，都是間斷變數。

3. 只要定義清楚（如，每星期上課 50 分鐘，總計 18 次，學期成績在 60 分以上，可獲得 1 學分），則間斷變數可以精確測量。

4. 間斷變數通常以整數表示，如，家庭人口數不會有 4.5 人出現。

二、測量的四種尺度及變數

美國心理學家 S. S. Stevens 把測量的尺度分為名義、次序、等距、及等比四種，這也是目前最常使用的分類方式，以下分別詳述之。

(一) 名義尺度（nominal scale，或稱**名目尺度**、**定名尺度**）

1. 名義尺度只是用來表示事物類別的不同，沒有優劣之分，也沒有高低之別。如，男性與女性並沒有誰優誰劣的差別。又如，數字有時只代表名稱，沒有好壞的差別，所以巴黎第一大學就不見得比巴黎第六大學來得好（或差）。

2. 名義尺度要**互斥**，也就是只能單選，不可以既是 A 又是 B。如，受訪者的性別不可以既是女性又是男性。如果是擁有哪些科技產品（如，智慧型手機、平板電腦、筆記型電腦、數位攝影機等）的複選題，就要把每個產品化為「有」及「無」兩種選項，再進行分析。

3. 分類時要留意**完整**的原則，也就是每個觀察體（subject）都可以被歸類。如，詢問大學生的籍貫，只有北部、中部、南部、及東部四個選項是不完整的，因為有些學生可能來自國外或中國大陸，此時，最好加上「其他國家或地區」選項，以適用所有學生。

4. 由名義尺度所測量到的變數，如，身分證字號、就讀的學院、信仰的宗教、籍貫、種族、職業等，稱為**名義變數**。

5. 名義變數是沒有次序的**類別變數**（categorical variable）。

（二）次序尺度（ordinal scale，或稱順序尺度、定序尺度）

1. 次序尺度可以排序、比較大小，但不能進行數學的運算。

2. 次序尺度之間的距離**不是相等的**，因此計算差異量的大小並無意義。如，第 1 名與 2 名之間的差距，常常不等於第 2 名與 3 名間的差距。PR 值 30、40、50 之間的差距也不相等。

3. 等第、名次、社會經濟地位（低中高）、教師職級（如，大學老師分為講師、助理教授、副教授、及教授）、公務員的官等（委任、薦任、簡任）等，都是次序變數。

4. 次序量尺可以是**數值**（如，第 1、2、3 名）或**非數值**（如，甲、乙、丙，或是優異、良好、尚可、不佳）。如果使用數值表示，應留意數值所代表的意義，否則會造成誤解。以名次而言，1 表示是最好的，但是以百分等級而言，1 則是最低的。

5. 研究者常用的 Likert 量表（如，你是否同意統計學非常重要？非常不同意、不同意、同意、非常同意），表面上為次序尺度，不過一般假定它是等距尺度，會將許多題的得分相加，因此稱為**加總式量表**。

6. 次序變數是**有次序的類別變數**。

(三) 等距尺度（interval scale，或稱區間尺度、定距尺度）

1. 等距尺度具有相等的間隔距離，因此，「1 與 2」和「999 與 1000」之間的差異是相等的，也就是 2 − 1 = 1000 − 999。

2. 等距尺度**無絕對零點**，0 不是最低點，因此，30°C不是 15°C的 2 倍熱。由於華氏 = 攝氏× (9 / 5) + 32，30°C及 15°C轉換後分別為 86°F及 59°F，前者就不是後者的 2 倍。不過，30°C、15°C、0°C，轉換後分別為 86°F、59°F、32°F，距離仍是相等。也就是 30 − 15 = 15 − 0，轉換後，86 − 59 = 59 − 32。

3. 衡量智力的測驗常見的比西智力測驗及魏氏智力測驗，所得結果雖是等距尺度，但是嚴格而言，比較屬於次序尺度。如三個學生的智商分別為 140、120、100，則 140 − 120 的差距未必會等於 120 − 100。

(四) 等比尺度（ratio scale，或稱比率尺度、定比尺度）

1. 等比尺度**有絕對零點**，0 是最小值，因此就可以用倍率來表示。

2. 等比尺度不會受到使用單位不同的影響。如，20 英吋是 10 英吋的 2 倍長，轉成公分（1 英吋等於 2.54 公分）後，分別為 50.8 公分及 25.4 公分，前者仍是後者的 2 倍。

3. 長度、重量、年齡、收入、人數等，0 都是最小值，因此都是等比變數。

4. 同一種屬性或現象，如果採用不同的尺度測量，則變數的性質也有所差異。溫度有絕對零點，應為等比變數，但是如果以正常或異常（可能過低或過高）來表示，是名義變數；如果以寒冷、舒適、酷熱來表示，是次序變數；如果以攝氏或華氏表示，因為 0 度都不是最低溫，所以兩者只是等距變數；但是如以凱氏單位表示（0°C = 273.15 K），則是等比變數。

5. 物理學的許多單位都經過複雜的轉換，因此不具有單純的四則運算特性。如，音量強度理論上有絕對零點，但是 0 分貝（dB）卻不是完全無聲，而每增加 10 分貝，聲能比就增加 10 倍，增加 20 分貝即增加 100 倍，因此 10dB + 20dB ≠ 30dB。同樣的，芮氏地震規模（ML）也是如此。

綜言之，四種尺度之數學特性可以整理成表 1-1。其中，名義尺度只能比較異同，次序尺度可以比較大小，等距尺度可以進行加減，等比尺度才能進行乘除。由於使用等距尺度及等比尺度測量的變量才能進行四則運算,因此稱為計量性變數。

表 1-1 四種尺度的數學特性

尺度 \ 數學特性	分辨異同 ＝或≠	比較大小 ＞或＜	可以加減 ＋或－	可以乘除 ×或÷
名義尺度	✓			
次序尺度	✓	✓		
等距尺度	✓	✓	✓	
等比尺度	✓	✓	✓	✓

三、非計量變數及計量性變數

(一) 非計量變數（nonmetric variable）

1. 無法進行數學之四則運算。

2. 含名義變數及次序變數。

3. 等同於質的變數（qualitative variable 或稱定性變數）。

(二) 計量性變數（metric variable）

1. 可以進行數學之四則運算。

2. 含等距變數及等比變數。

3. 等同於量的變數（quantitative variable 或稱定量變數）。

四、自變數、依變數、及其他變數

(一) 自變數（independent variable）

1. 在實驗設計中,為**刺激變數**（stimulus variable）,是研究者要系統操控及改變的變數。在迴歸分析中,為**預測變數**（predictor variable）,是研究者要用來預測其他變數〔被預測的變數稱為**效標變數**（criterion variable）〕的變數,也稱為**解釋變數**（explanatory variable）。

2. 自變數可以為非計量的變數（如,教學法、材料屬性）,也可以是計量的變數（如,溫度、音量、明暗）。

(二) 依變數（dependent variable，因變數、應變數）

1. 因為自變數改變而影響的變數，通常是研究者所要觀察或測量的變數。

2. 有時稱為**反應變數**（response variable）或是**效標變數**（criterion variable）。

3. 以下的例子，前者是自變數，後者是依變數，例如，(1)不同教學法之經濟學成績；(2)不同材料之抗壓係數；(3)不同溫度下之壓力；(4)不同音量下之血壓；(5)不同明暗下，操作員的出錯率。

(三) 中介變數（intervening variable; mediator variable）

1. 中介變數既是自變數，又是依變數。

2. 某一自變數可能透過中介變數影響依變數，此時即有**間接效果**（indirect effect）。

3. 例如，父母教育程度，透過家庭的各項資本（通常有文化資本、財務資本、社會資本、象徵資本），影響子女的教育程度，此時家庭各項資本就是中介變數。

4. 中介變數如所圖 1-3 示。

圖 1-3　家庭資本是父母教育對子女教育的中介變數

(四) 調節變數（moderator variable）

1. 它是一種質或量的變數，會改變自變數（或預測變數）對依變數（或效標變數）之間關聯方向及／或強度。

2. 例如，受教年數與每年所得，理論上會有正相關，但是因為年齡與受教年數為負相關（亦即年齡愈大者，受教年數愈少），而年齡與每年所得為正相關（亦即年齡愈高，所得愈高），使得受教年數與每年所得兩者關聯方向或／及強度受到影響。

圖 1-4 受教年數與所得沒有關聯，可能是年齡的調節效果

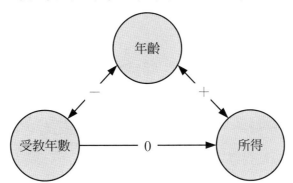

3. 調節變數的另一名詞是**交互作用**（interaction）[6]。
4. 調節變數如圖 1-5 所示。

圖 1-5 年齡是受教年數對所得的調節變數

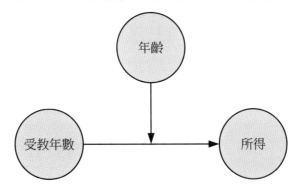

(五) 控制變數（control variable）

1. 對依變數有影響，但是要加以控制的干擾變數。

2. 例如，教師的教學法會影響學生成績，但是學生的智力、動機、及學習策略等等也都會影響他的成績。如果只想了解教學法對學生成績的影響，則要控制其他無關的變數。

---

[6] 調節作用的分析與交互作用概念相似，不過，交互作用通常把兩個變數都當成自變數，而調節變數通常不當做自變數。

3. 對控制變數的操控，是希望它們保持恆定，以避免對依變數產生影響。例如，研究者想要了解水質（自變數）對沖泡後茶的口感（依變數）之影響，則茶葉的品質、水溫、茶具、沖泡時間，甚至沖泡的順序（先加茶葉，或是先加水）等細節都要相同，否則就會影響茶的口感。

4. 在實驗中，可以透過隨機分派的方式，使各組特質在開始時保持相等。隨機分派可以採用電腦亂數、丟硬幣、擲骰子、抽籤等方式進行。

(六) 特徵（feature）及目標（target）

1. 機器學習與統計學有密切關係，其中的迴歸分析、邏輯斯迴歸分析、主成分分析、集群分析……，都是常用的統計分析技術。

2. 機器學習中的**監督學習**（supervised learning），在分析**特徵**（輸入，類似自變數）及**目標**（輸出，類似依變數）的關聯。

3. 如果在訓練的資料集當中沒有**目標**，則稱為**非監督學習**或**無監督學習**（unsupervised learning）。

陸、常用的統計符號

統計學與數學有關，也會使用許多公式，為了讓讀者更能掌握後續的學習，在此先簡要說明幾個常用的符號。

1. 英文字母比較前面的字母常用來代表**常數**，比較後面的字母則代表**變數**。如，a、b、c 代表常數，X、Y、Z 代表變數。

2. 如果變數太多，常只會用一個字母代表，再加上足標（subscribe，或稱下標），如，X_1、X_2、X_3 分別代表 3 個變數。

3. 不同觀察體的某一個變數，也會用足標表示，如，X 代表數學成數，則 X_1 代表第 1 個學生的數學成績，X_2 代表第 2 個學生的數學成績等。

4. 要表示不同學生的不同學科成績，會使用兩個足標，如，X_{21} 代表第 1 個學生的第 2 科成績，X_{53} 表示第 3 個學生的第 5 科成績。

5. Σ（讀為 sigma）代表連加，$\sum_{i=1}^{n} X_i$ 代表第 1 個觀察體到第 n 個觀察體的總和，

   $\sum_{i=1}^{n} X_i = X_1 + X_2 + X_3 + \cdots + X_n$，不過，為了簡化公式，一般常寫成 $\sum X$。

   在計算截尾平均數值時，會刪去最小及最大的極端值，例如，50 個數值，刪

   去前後各 5 個數值再計算總和，可用 $\sum_{i=6}^{45} X_i$ 表示。

6. Π（讀為 pi）代表連乘，$\prod_{i=1}^{n} X_i = X_1 \times X_2 \times X_3 \times \cdots \times X_n$。

7. 用來表示**母群體**特性的量數稱為**母數**或**參數**（parameter），通常用**希臘字母**
   表示；用來表示**樣本**特性的量數稱為**統計量**（statistic），通常用**拉丁字母**表
   示。常用的量數如表 1-2。

表 1-2　常用的統計符號

	母　數	統計量
算 術 平 均 數	μ	M
標　準　差	σ	s
變　異　數	$σ^2$	s^2
比　　　例	p 或 π	$\hat{p}$ 或 p
相 關 係 數	ρ	r

柒、習題

一、說明下列各種特性各屬於什麼測量尺度。

1. 性別。

2. 100 公尺競賽的名次。

3. 支持的政黨。

4. 以魏氏智力測驗所測得的智商。

5. 就讀的科系。

6. 每星期自行研讀統計學的時間（以分鐘為單位）。

7. 對統計學上課情形的滿意度，以「非常不滿意」、「不滿意」、「普通」、
「滿意」、「非常滿意」來填答。

8. 公司的年營業額（以元為單位）。

二、八個項目分別為：溫度、性別、智商、體重、距離、所屬學院別、滿意度分數
（1、2、3）、教育程度（1.小學、2.中學、3.大學）（資料來源：104 年四等地方
特考經建行政類科，《統計學概要》）

1. 哪些項目為衡量尺度（measurement scale）中的順序尺度（ordinal scale）？

2. 哪些項目為衡量尺度中的區間尺度（interval scale）？

3. 哪些項目為衡量尺度中的比例尺度（ratio scale）？

三、說出下面敘述中的自變數及依變數，並說明理由。

1. 廣告量與營業額。

2. 血糖值與用藥量。

3. 年齡與肌耐力。

4. 會計學成績與自學時間。

5. 學業成績與內外控信念。

6. 教師教學策略與大學生的學習動機。

7. 汽機車數量與細懸浮微粒（$PM_{2.5}$）濃度。

8. 水稻收成量與肥料用量。

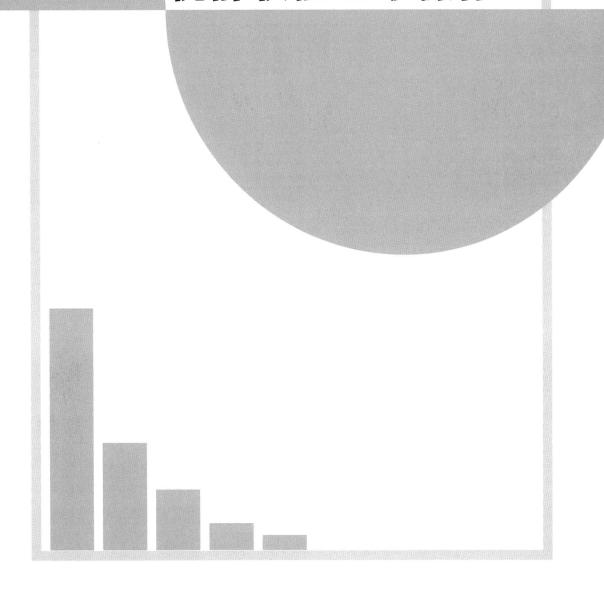

第 2 章
統計軟體基本操作

本章概要

1.　配合統計軟體學習統計學已是目前趨勢，熟悉統計軟體的操作，是學習統計學時必要的技能。

2.　微軟公司的 Excel 軟體，有許多常用的統計分析功能，也很容易上手，適合初學者，而它的操作方式也有利於了解統計公式。此外，自由軟體 OpenOffice 或是 LibreOffice 也都有類似的功能。

3.　SPSS 是目前較多研究者使用的專業統計分析軟體，配合選單操作，很容易學習。

4.　自由軟體 R 有非常多統計分析功能，有上萬個程式套件，也是機器學習常用的軟體，值得讀者關注。

　　現在，除了國家考試外，多數的統計計算工作，都交由電腦負責，因此配合統計軟體學習統計學，已是當前趨勢。本章主要介紹 Excel、SPSS、及 R 的簡要操作方法，詳細功能會在後續各章說明。

壹、統計學與統計軟體

　　統計學雖然不僅是「計算」而已，但是，計算仍是統計學當中重要的工作。在早期，統計學裡最繁雜的工作就是計算，有時，為了完成一個統計表格，就要計算員長久的計算與驗算。

　　為了完成必要的計算，早年會使用簡易或工程用的計算機（calculator），反覆輸入，不但相當費時，也很容易出錯。拜電腦（computer）的快速發展及各種統計軟體的不斷更新，以往經年累月的計算，目前在極短的時間就可以得到精確的結果。因此，現在多數的計算工作會使用電腦，配合各種統計軟體完成，不僅快速，而且結果也較正確與精確。

　　目前的統計軟體可大略分成三大類：一是提供廣泛的計算及函數功能之試算軟體，它可快速得到運算結果，但較欠缺全面的統計分析能力，如，Excel。二是提供廣泛的統計分析功能，但是對於特定的統計方法則較不足，如，SPSS、SAS、Stata、Minitab 等套裝軟體。三是提供深入的特定統計分析功能，但廣泛性則較弱，如，Amos、HLM、Lisrel 等。

當前有一套統計軟體 R，可另外安裝上萬個各國使用者自行設計的程式套件，幾乎涵蓋了上述三類統計軟體的功能，而且可以免費使用，已經有愈來愈多的統計學者及公司採用 R 進行分析，讀者可以多加學習（陳正昌、林曉芳，2020；陳正昌、賈俊平，2019，2020）。本書在第 7 章也將配合 R 計算各種機率值。

本書為基礎統計學，著重在簡易的計算及全面的功能，因此以 Excel 及 SPSS 為主要分析工具。機率值的計算，則配合 R 說明。以下簡要介紹三個軟體的介面及操作方法，較深入的功能則在後續各章加以說明。

貳、Excel 簡介及操作

提起試算軟體，在早期最有名者當屬 Lotus 公司的 1-2-3，它具備了試算表、圖形整合、及簡易資料庫三大功能，只是目前已不再發行。後來，微軟公司的 Excel 除了延續 1-2-3 的功能外，更增加了基本統計分析程序，是現在較知名的試算表軟體。

Excel 於 1985 年發行第 1 版，不過只在 Mac 電腦上運作。第 2 版是在 1987 年發行，用於 Windows 系統上。97 版（1997 年）之後已取代 Lotus 1-2-3 成為最廣被使用的試算軟體。2007 年版（12 版）之後，版面已經大幅改變，使用方法與早期版本有較大的不同。2010 年及 2013 年分別發行 14 版和 15 版，目前較普遍的版本是 2019 版，最新版則是 2021 版。Office 365 可以採用每月支付小額費用的方式訂閱，功能比 Office 2019 稍多。Excel 2019、2021 版功能與 2016 版相差不大，只增加少許函數。

然而，不管是 Lotus 1-2-3 或是 Microsoft Excel 都是商業軟體，需要付費才能使用。OpenOffice（目前為 4.1.14 版）或是 LibreOffice（與 OpenOffice 相似，目前為 7.5.2 版）當中的 Calc 除了同樣具有相當傑出的試算功能外，與 Excel 的操作方式非常接近，更是自由軟體（freeware），是無力購買商業軟體的最佳替代選擇。

由於目前多數大專校院都有購買 Office 軟體，而許多學校也提供學生授權版，因此本書仍以 Excel 為計算軟體。為了配合最新的版本，因此主要以 Excel 2021 版操作示範（與 2016 版、2019 版、或 Office 365 之 Excel 完全相同），如果使用 2007 之前的版本，須留意有部分新的函數並不適用。

　　以下簡要說明 Excel 2021 版的操作方法。

1.　安裝 Office 2021 後，在 Windows 系統中，點選開始按鈕，找到 Excel，點擊後進入 Excel 2021（圖 2-1）。

圖 2-1　啟動 Excel 2021

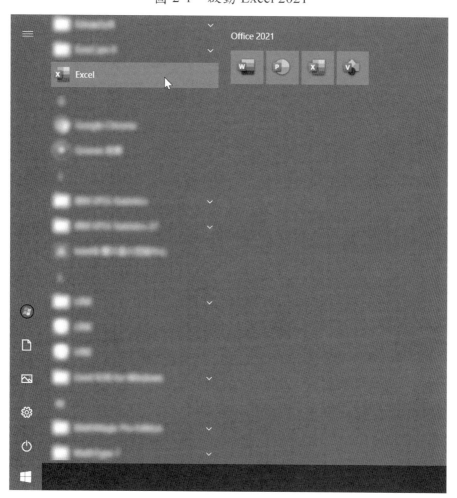

2. 剛進入系統後會開啟一個工作表（worksheet）[1]，可視需要再自行增加（點選工作表 1 右邊的 ⊕ 按鈕即可）（圖 2-2）。

圖 2-2 增加新工作表

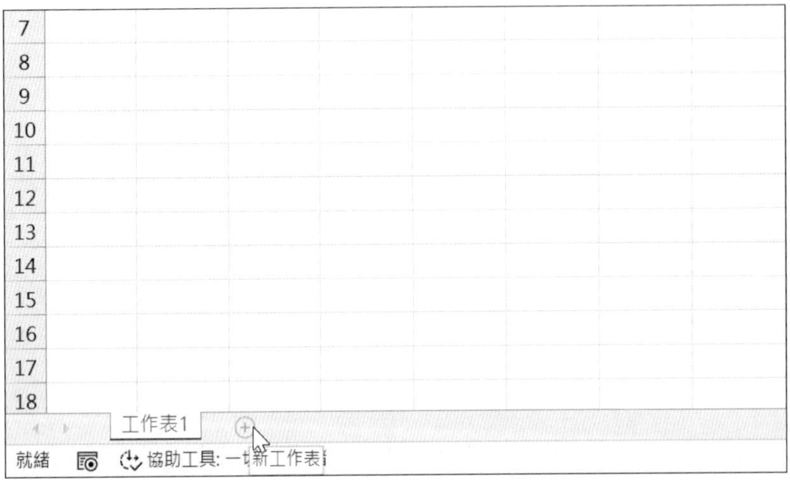

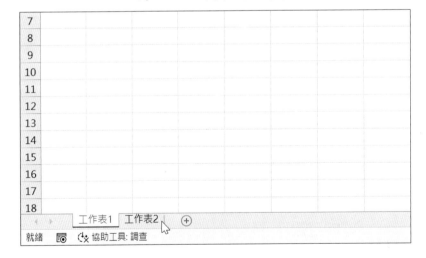

3. 直接點選工作表代號，可以切換到不同的工作表（圖 2-3）。

圖 2-3 切換不同工作表

[1] Excel 2010 版會先開啟三個工作表。

4. 如果有需要，可按滑鼠的右鍵更改工作表名稱（重新命名）（圖 2-4）。

圖 2-4　重新命名工作表

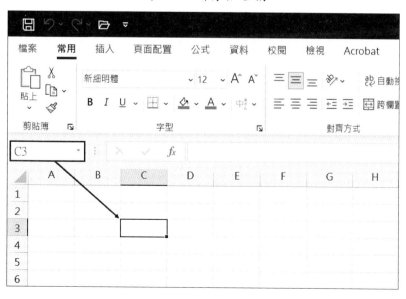

5. Excel 的試算表由**直行**（有時稱為**欄**）與**橫列**組成，行以**英文**命名，列以**數字**命名，因此每個**儲存格**（cell）都有自己的代號，如 A1、AA25、AB318。下圖滑鼠所在位置為 C3（圖 2-5）。

圖 2-5　儲存格名稱

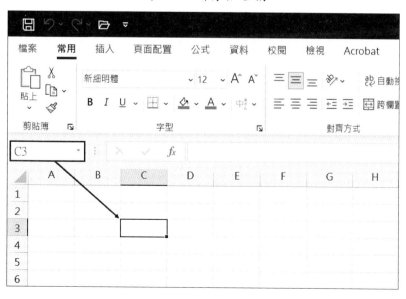

6. 在儲存格中可以直接輸入各種數值及文字。如果要進行統計分析，或是提供其他統計軟體使用（SPSS 可以直接讀入 Excel 的資料檔），則以**直行代表變數，橫列代表觀察體**，這也是慣用的輸入方法。如果是彙整好的資料，或是要使用統計繪圖，則採相反的方式輸入會較方便（圖 2-6）。

圖 2-6　輸入資料

	A	B	C	D	E	F
1	國文	15				
2	英文	14				
3	數學	8				
4	社會	10				
5	自然	9				
6	總分					
7	平均					
8						

7. 儲存格中也可以輸入各種函數，函數前要加上「＝」號，以進行計算。圖中 **=SUM（B1:B5）** 表示要計算 B1 到 B5 共 5 個儲存格數值的總和，計算結果是 56（亦即 15 + 14 + 8 + 10 + 9 = 56）（圖 2-7）。

圖 2-7　使用 SUM 函數計算總和

B6		×	✓	f_x	=SUM(B1:B5)	
	A	B	C	D	E	F
1	國文	15				
2	英文	14				
3	數學	8				
4	社會	10				
5	自然	9				
6	總分	56				
7	平均					
8						

8. 在儲存格中，選擇【常用】中【通用格式】（或【數值】選單右下方之箭頭）可設定儲存格樣式（圖 2-8、圖 2-9）。

圖 2-8　設定常用格式

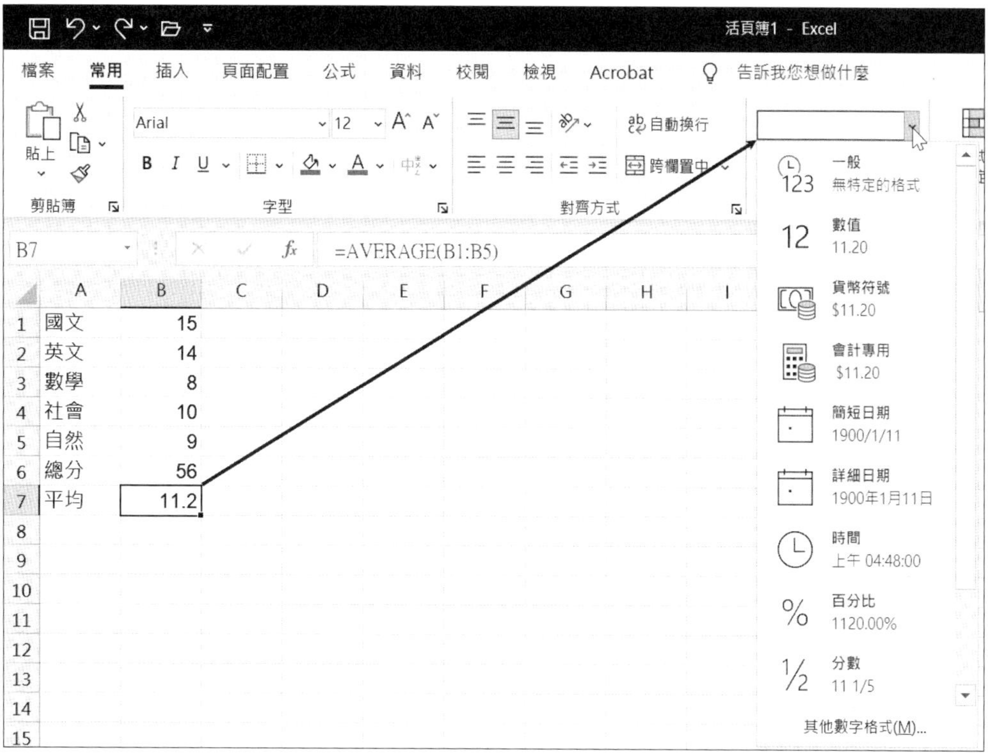

圖 2-9　使用其他數字格式

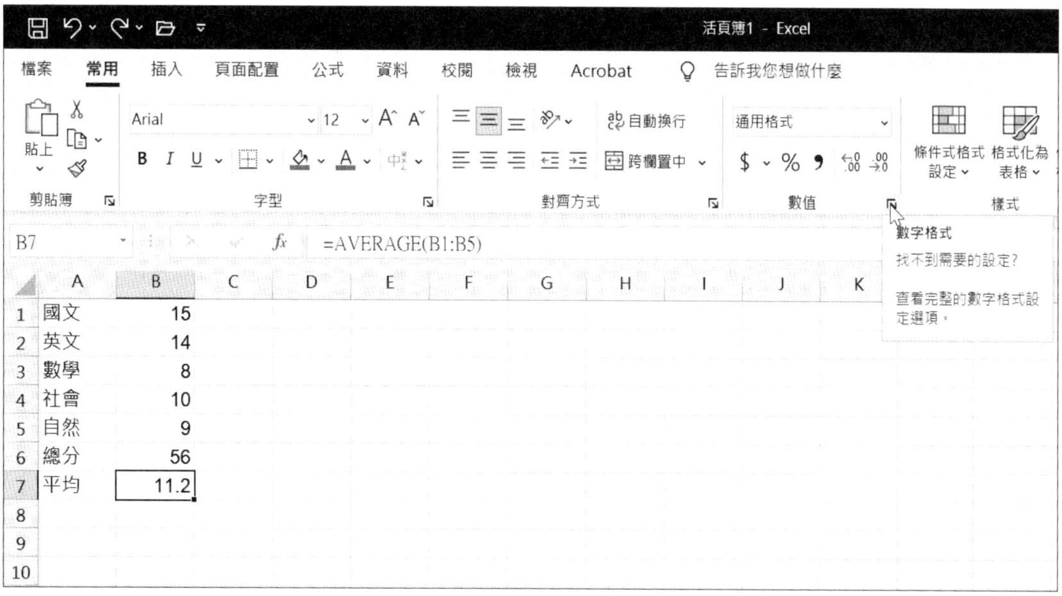

9. 例如，可設定數值的小數位數（圖 2-10）。

圖 2-10 設定小數位數

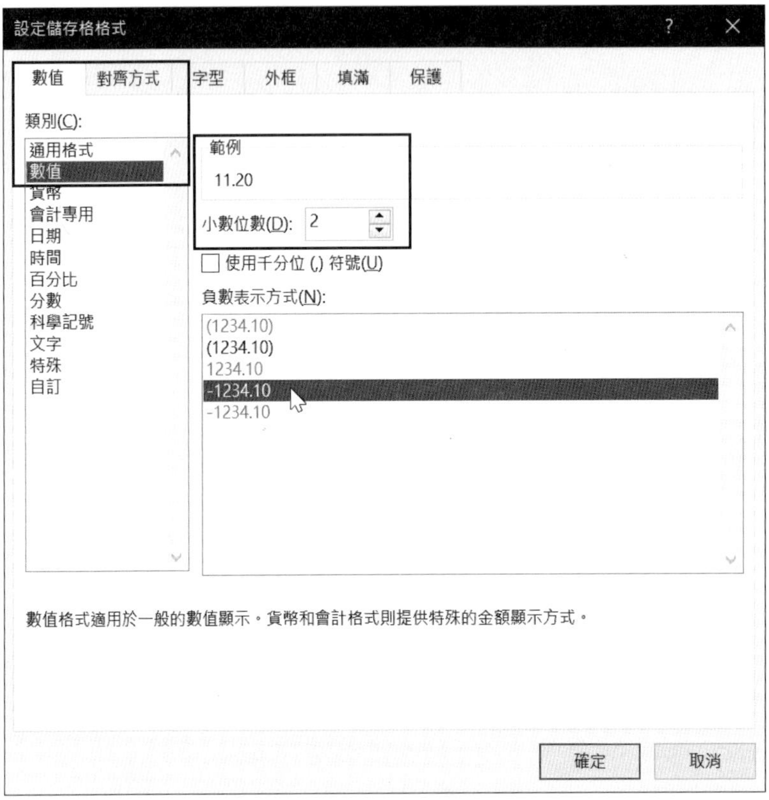

10. 在某儲存格中按滑鼠左鍵，往下拉，即可選取各儲存格（圖 2-11）。

圖 2-11 選取儲存格

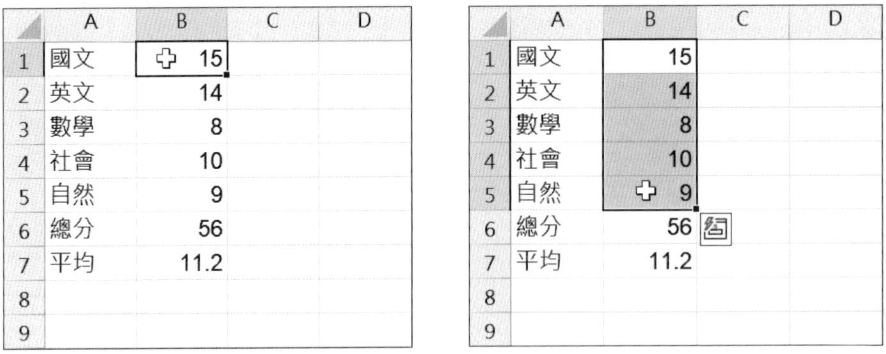

11. 複製及貼上的按鈕，也可以用快速鍵 Ctrl + C、Ctrl + V 代替（這也是各種視窗軟體共同的快速鍵）（圖 2-12）。

圖 2-12　複製與貼上

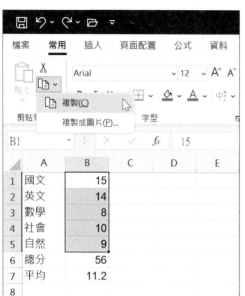
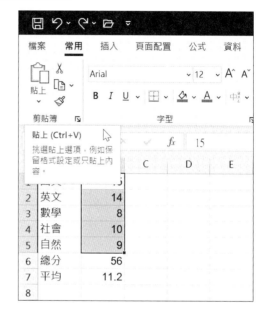

12. 在某一儲存格中選擇【常用】選單中的【插入】，可在儲存格上方插入一列，或在左邊插入一欄（行）（圖 2-13）。

圖 2-13　插入列或欄

13. 如果要將某儲存格左上方的內容（如標題）凍結，可以選擇【檢視】中的
【凍結窗格】（圖 2-14）。凍結線（灰色＋字線）左方及上方的內容會固定
住，不會因為移動其他儲存格而改變（圖 2-15）。

圖 2-14　凍結窗格

圖 2-15　凍結窗格後移動情形

14. 在【檢視】中的【凍結窗格】下，選擇【取消凍結窗格】即可取消凍結窗格
（圖 2-16）。

圖 2-16　取消凍結窗格

15. 點選 🖫 按鈕（也可以使用 Ctrl＋S 快速鍵），或在【檔案】選單下選擇【儲
存檔案】，即可儲存檔案。如果要改存其他檔名，則選擇【另存新檔】（圖
2-17）。

圖 2-17　儲存檔案

16. 指定檔名，並按【儲存】按鈕（圖 2-18）。

圖 2-18　輸入檔名及儲存

17. 在【檔案】的選單下按【開啟】可開啟舊檔（也可以使用 Ctrl + O 快速鍵）
（圖 2-19）。

圖 2-19　開啟舊檔

18. 指定檔名，並按開啟鍵即可（圖 2-20）。

圖 2-20 選擇檔名並開啟

19. 在 Excel 2021 中要進行進階之統計分析，先點選【檔案】，在【選項】下選擇【增益集】之【Excel 增益集】，並開啟【分析工具箱】（圖 2-21）。

圖 2-21　執行增益集

20. 勾選【分析工具箱】再點擊【確定】即可（圖 2-22）。

圖 2-22　選擇分析工具箱

21. 開啟增益集之功能後，在 Excel 2021 的【資料】選單中，就會出現【資料分析】的按鈕（圖 2-23）。

圖 2-23　資料分析按鈕

參、SPSS 簡介及操作

　　SPSS 軟體原先所屬的 SPSS 公司於 1968 年設立，至今已將近五十年，它在 2009 年 7 月被 IBM 公司併購，成為旗下的一個軟體。早期 SPSS 代表著 Statistical Package for the Social Sciences（社會科學統計套裝軟體），其後是 Statistical Product and Service Solutions（統計產品及服務解決方案）的縮寫，2009 年 4 月起，短暫更名為 PASW（Predictive Analytics Software，預測分析軟體），目前正式名稱為 IBM SPSS Statistics。

　　SPSS 目前為 29 版，自第 8 版開始，偶數版（除 16 版外）均有繁體中文版，17 版之後已可直接切換 11 種語言介面（含繁體及簡體中文）。SPSS 採承租及賣斷兩種方式，如果要進行多變量分析，最少需要 Base、Advanced、及 Regression 三個模型（model），其他模型可視使用者需要加以選購。

　　以下簡要說明 SPSS 21 版的操作方法[2]。

1. 安裝 SPSS 21 版後，在 Windows 系統中，點選開始按鈕，找到 IBM SPSS Statistics 下之 IBM SPSS Statistics 21，進入 SPSS 21（圖 2-24）。

2. 進入 SPSS 21 版後，首先會出現【您想執行什麼工作？】的畫面，此時可以選擇【輸入資料】，再點選【確定】，開始輸入資料（或直接點選【取消】也可以）。如果已經有現成的資料，則可以選擇【開啟既有的資料來源】，直接進行統計分析（圖 2-25）。

---

[2] 由於 22 版之後的 SPSS 中文翻譯比較不正確，且同一名詞在不同方法中常有不一致的譯名，所以本書仍以 21 版示範操作過程。

圖 2-24　啟動 IBM SPSS Statistics

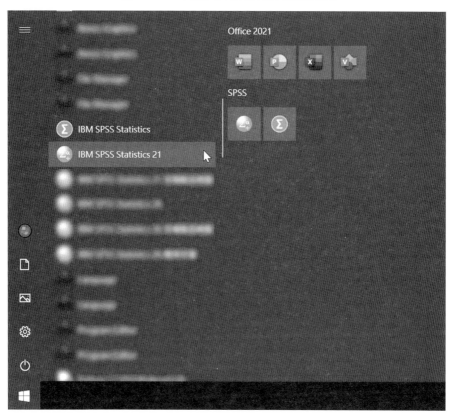

圖 2-25　進入 SPSS 21 版之畫面

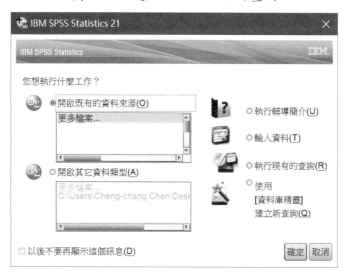

3. 接著會進入**資料編輯**視窗，左下角顯示此時是在**資料檢視**的子視窗中，在此
子視窗可以輸入資料。**留意**：右下角要顯示【IBM SPSS Statistics 處理器已就
緒】才可以使用。（圖 2-26）

圖 2-26　資料檢視視窗

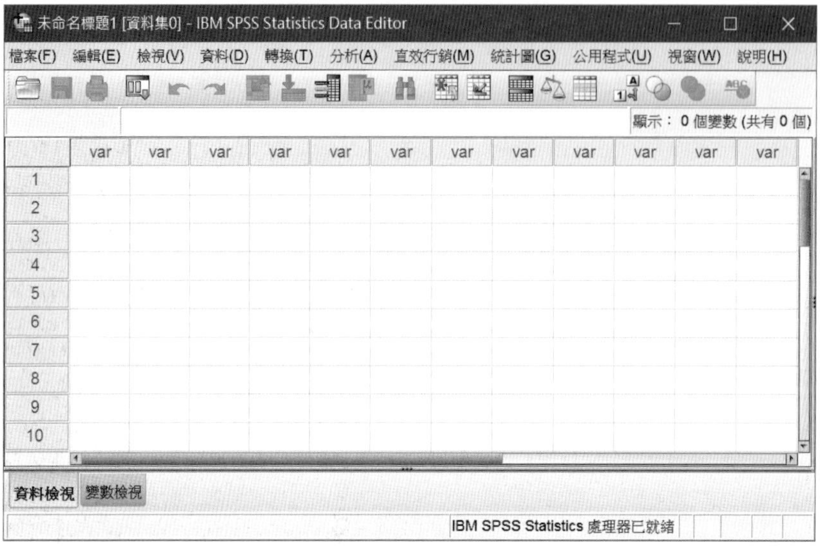

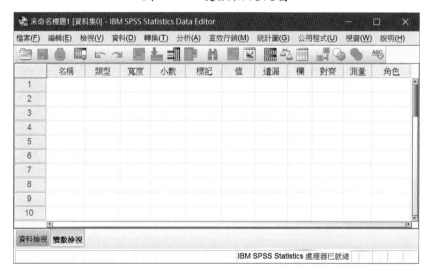

4. 另一個是**變數檢視**子視窗，用來輸入變數名稱及各種設定。個別功能不在此
做詳細說明（圖 2-27）。

圖 2-27　變數檢視視窗

5. 在變數檢視子視窗輸入變數名稱後,即可在資料檢視子視窗輸入資料。輸入的一般原則是**直行為變數名稱,橫列為觀察體**,有多少觀察體就輸入多少列。下圖中第一個觀察體在 X、Y、Z 三個變數的數值分別為 1、1、45;第六個觀察體三個變數的數值分別為 2、2、26(圖 2-28)。

圖 2-28　輸入資料

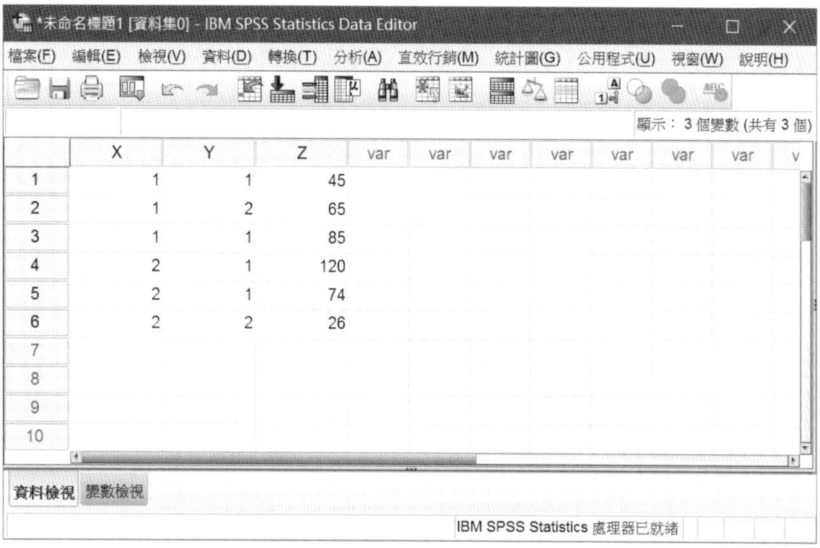

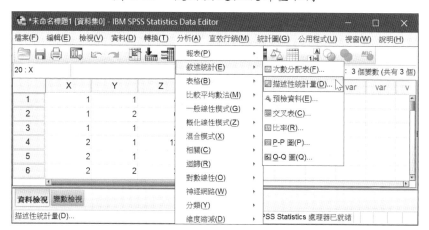

6. 要進行統計分析,通常是在【分析】選擇適當的統計方法。圖 2-29 是使用【描述性統計量】分析程序(圖 2-29)。

圖 2-29　使用描述性統計量程序

7. 把要進行分析的變數點選到右邊的【變數】欄中，再按【確定】按鈕即可。
此時，只列出 SPSS 內定的統計方法，如果要自行設定，可以在【選項】中
選擇（圖 2-30）。

圖 2-30　選擇分析變數

8. 次頁圖 2-31 左邊是內定的統計量，右邊則是研究者自行勾選的項目。在圖
中，方格可選擇是否打✓，□表示未勾選，☑表示已經勾選；圓形則只能從
當中選擇一個，○表示未被選取，⊙表示已被選取（圖 2-31）。

圖 2-31　選項示例

9. 分析之後，會將結果呈現在**輸出視窗**。視窗為瀏覽器形式，左邊為分析後的大綱，右邊則為結果（圖 2-32）。

圖 2-32　輸出報表

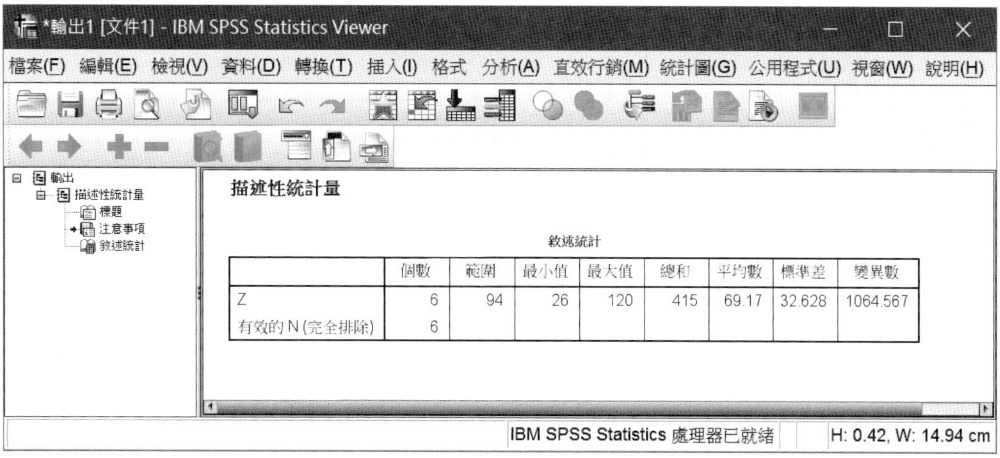

*輸出1 [文件1] - IBM SPSS Statistics Viewer
檔案(F) 編輯(E) 檢視(V) 資料(D) 轉換(T) 插入(I) 格式 分析(A) 直效行銷(M) 統計圖(G) 公用程式(U) 視窗(W) 說明(H)
輸出
描述性統計量
標題
注意事項
敘述統計
描述性統計量
敘述統計
個數 範圍 最小值 最大值 總和 平均數 標準差 變異數
Z 6 94 26 120 415 69.17 32.628 1064.567
有效的 N (完全排除) 6
IBM SPSS Statistics 處理器已就緒
H: 0.42, W: 14.94 cm

10. 無論是資料或是分析結果，都可以在【檔案】的選單中選擇【儲存】或【另存新檔】，存成檔案（圖 2-33）。

圖 2-33　儲存檔案

*未命名標題1 [資料集0] - IBM SPSS S
檔案(F) 編輯(E) 檢視(V) 資料(D)
開啟新檔(N)
開啟
開啟資料庫(B)
讀取文字資料(D)...
讀取 Cognos 資料...
關閉(C) Ctrl+F4
儲存(S) Ctrl+S
另存新檔(A)...
儲存所有資料(L)

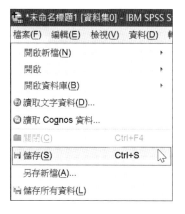

11. 圖 2-34 為資料檔類型，副檔名為 .sav，如果是輸出結果檔，副檔名為 .spv
（早期的版本為 .spo）。

圖 2-34　輸入檔名及儲存

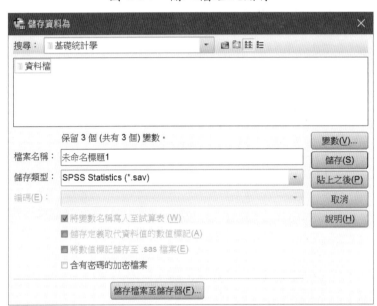

肆、R 簡介及操作

　　R 軟體自 1993 年開始發行，至今已經超過二十年，由於它採用撰寫指令的方式進行分析，早期在臺灣並沒有太多使用者。然而，因為 R 是自由軟體，且更新快速（目前為 4.0.5 版），並擁有上萬個統計程式套件，目前已有愈來愈多的愛好者，市面上的專書也日益增加。R 可以在 www.r-project.org 網站免費下載。以下簡要說明 R 的操作方法，詳細的指令，可以參考較專業的書籍。

1. 安裝 R 後，在 Windows 系統中，點選開始按鈕，找到 R 下之 R 4.0.5，進入 R
（圖 2-35）。

2. R 的提示符號是 ">"，可以直接在後面輸入指令（圖 2-36）。

圖 2-35　啟動 R

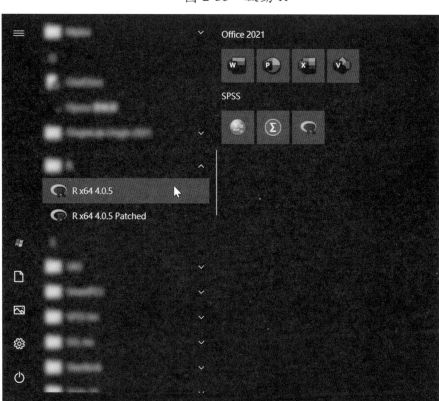

圖 2-36　R 的提示符號

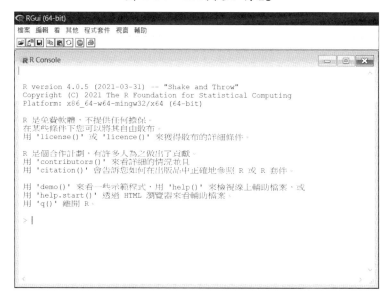

3. R 本身就有計算功能，可以直接輸入運算式，圖 2-37 中指令在計算 $\sqrt{(1+2)\times 3 \div 4}$ ，得到的答案為 1.5。

圖 2-37 輸入運算式

4. R 具有常用的統計函數，以下指令先輸入 5 個數據到 X 變數（物件），再計算 X 變數的總和（sum）及平均數（mean）（圖 2-38）。

圖 2-38 總和及平均數函數

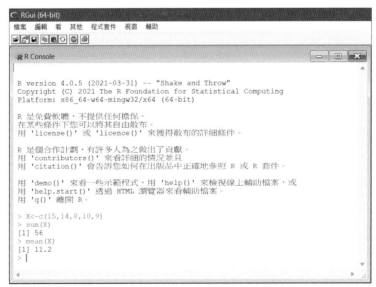

5.　R 具有各種分配的機率密度函數與 CDF 反函數，以下指令分別計算 Z 在 ±1
　　之間的機率值（0.6826895），及 p = .95 時的 Z 值（1.644854）（圖 2-39）。
　　其他詳細的說明，請見本書第 7 章。

圖 2-39　機率密度函數與 CDF 反函數

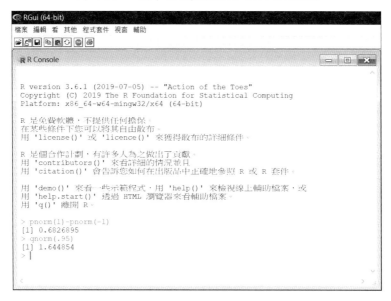

6.　RStudio 也是一套免費的軟體，可以整合 R 的各種介面，方便 R 軟體的使用
　　（圖 2-40）。讀者可以在 www.rstudio.com 下載。

圖 2-40　RStudio 畫面

7.　R Commander 也可以利用選單的方式進行分析（圖 2-41），先在 R 提示符號後執行 install.packages("Rcmdr") 指令，安裝需要的程式套件，再執行 library(Rcmdr) 即可使用。

圖 2-41　R Commander 畫面

伍、習題

一、將表格中資料輸入 Excel 中，並儲存檔案。

X1	X2	X3	X4
15	566	1	11.2
18	578	3	15.3
23	689	4	16.8
32	701	2	19.7

二、將表格中資料輸入 SPSS 中，並儲存檔案。

X1	X2	X3	X4	X5
15	566	1	11.2	18.56
18	578	3	15.3	18.64
23	689	4	16.8	17.90
32	701	2	19.7	20.25

第 3 章
資料視覺化

本章概要

1. 適當的統計圖表可以呈現許多統計訊息，善用圖表是統計學中的基本能力。

2. 常用統計表有一維的次數分配表與二維的交叉表，分別適用於一個變數及兩個變數的次數統計。

3. 常用的統計圖有：長條圖、直方圖、圓形比例圖、折線圖、時間數列圖、莖葉圖、及盒鬚圖。多數統計圖在高中之前都已學習過，讀者應不陌生。

4. 長條圖與圓形比例圖適用於質的變數；直方圖、折線圖、時間數列圖、莖葉圖、及盒鬚圖適合量的變數。

　　圖（figure）與表（table）的製作，是統計學中相當重要的部分。人們常說：「字不如表，表不如圖。」一張適當的統計圖表，可以告訴讀者明確的訊息，有時也可以呈現複雜統計方法所無法涵蓋的功能；而淺顯的統計圖表，也可以使讀者更容易了解統計的概念。在大數據（big data）分析當道的現代，透過適當的視覺化圖表，也是值得研究的技術；經由認識基本統計圖表，可以更容易了解複雜的視覺化圖表。此範疇，稱為「資料視覺化」（data visualization）。

　　本章先說明一維的次數分配表（frequency table）與二維的交叉表（cross table），接著說明各種常用的統計圖。如果需要繪製更複雜的統計圖表，建議可以使用 Tableau 等更專業的軟體。

壹、一維次數分配表

　　一維次數分配表是將一個變數中的數值，點算（count）各個原始數據出現的次數，並計算相對比例（通常為百分比），列成表格。如果是次序變數，通常會再計算累積次數及累積百分比。

一、原始次數分配表

原始次數分配表比較適合於類別變數（含名義變數與次序變數），而且類別數最好不要太多。

📊 例題 3-1

某班 21 名學生的國文學科測驗（簡稱「學測」）成績依照座號排列如下，請製成次數分配表。

9 7 10 9 12 9 11 8 9 10 11 10 7 9 8 10 8 11 12 13 9

(一) 分析步驟

1. 如果使用試算軟體，可以先把原始資料由小到大排序（sort）；如果使用 SPSS 統計軟體，則**不需要**進行這一個步驟。排序後數值如下：

    > 7 7 8 8 8 9 9 9 9 9 9 10 10 10 10 11 11 11 12 12 13

2. 點算各數值出現的次數。表中分數有 7、8、9、10、11、12、13 等 7 種，次數（人數）分別為 2、3、6、4、3、2、1。

3. 做成次數分配表。

4. 計算各次數的百分比（**相對百分比**）。 百分比 $= \dfrac{\text{次數}}{\text{觀察體總數}} \times 100\%$ ，例如，得分 9 分者有 6 人，因此其百分比 $= \dfrac{6}{21} \times 100\% = 28.57\%$ 。由於百分比通常取整數，所以 28.57% 會寫成 29%。

5. 如果數值是次序變數（有順序的類別變數），可以計算累積次數與累積百分比，方法是將各數值的次數或百分比由低至高累加即可。**留意**：名義變數是無順序的類別變數，在 SPSS 中提供的累積百分比並沒有意義。

6. 整理後次數分配表如表 3-1：

表 3-1 次數分配表

數值	次數	累積次數	百分比	累積百分比
7	2	2	9.52%	9.52%
8	3	5	14.29%	23.81%
9	6	11	28.57%	52.38%
10	4	15	19.05%	71.43%
11	3	18	14.29%	85.71%
12	2	20	9.52%	95.24%
13	1	21	4.76%	100.00%

(二) Excel 操作步驟（例題 3-1.xlsx）

1. 將原始數值加以標記，並點選【常用】選單中之【排序與篩選】按鈕，選擇
    【由最小到最大排序】（圖 3-1）。

圖 3-1 數值排序

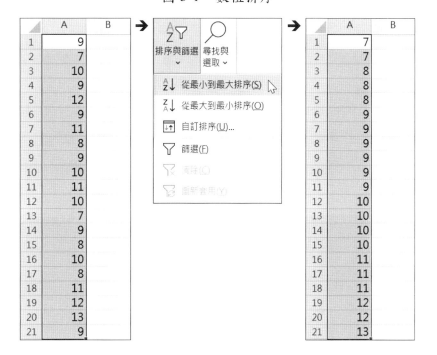

2. 分別輸入**數值、次數、累積次數、百分比、及累積百分比**等標題，並在**數值**
    下輸入 7～13 等數字（圖 3-2）。如果要輸入連續數字，可以先分別輸入 7 與

8，接著選擇兩個數字，再將滑鼠移至 8 的右下方，此時指標變為 **＋**，再按住滑鼠左鍵往下拉到出現所需要的數字（13），放開後就會出現 7 ～ 13 的數字（圖 3-3）。

圖 3-2　輸入標題

數值	次數	累積次數	百分比	累積百分比
7				
8				
9				
10				
11				
12				
13				

圖 3-3　輸入連續數字

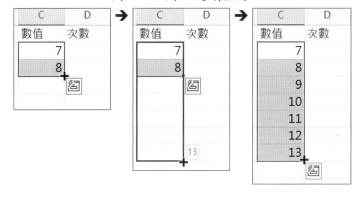

3. 計算各數值出現的次數。

在次數的標題下，**選擇與數值一樣大小的儲存格**（留意：很多使用者常忘記此步驟），並點選【公式】中之【插入函數】按鈕（或者直接點選 ⨍ 按鈕也可以），再選擇**統計**中的 FREQUENCY（次數）函數（圖 3-4）。

圖 3-4　選擇儲存格，插入函數

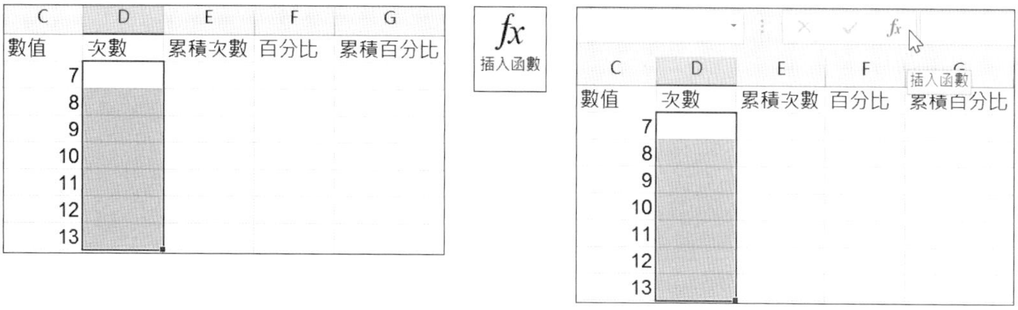

圖 3-5　插入 FREQUENCY 函數

4. FREQUENCY 函數的第一部分為 Data_array（數值陣列），是原始資料所在之儲存格（在此為 A1:A21。**如果 A 欄沒有其他數值**，則輸入 A:A 會更方便），第二部分為 Bins_array（區間陣列），是要計算次數的數值（數值 7－13，所在儲存格為 C2:C8）（圖 3-6）。選擇後，**先同時按住 Ctrl + Shift 兩個鍵**，再按 Enter 鍵或點選【確定】按鈕，即可產生各數值的次數。**留意：不可以只按 Enter 或【確定】鍵，否則會計算錯誤。**

圖 3-6　　FREQUENCY 函數的引數

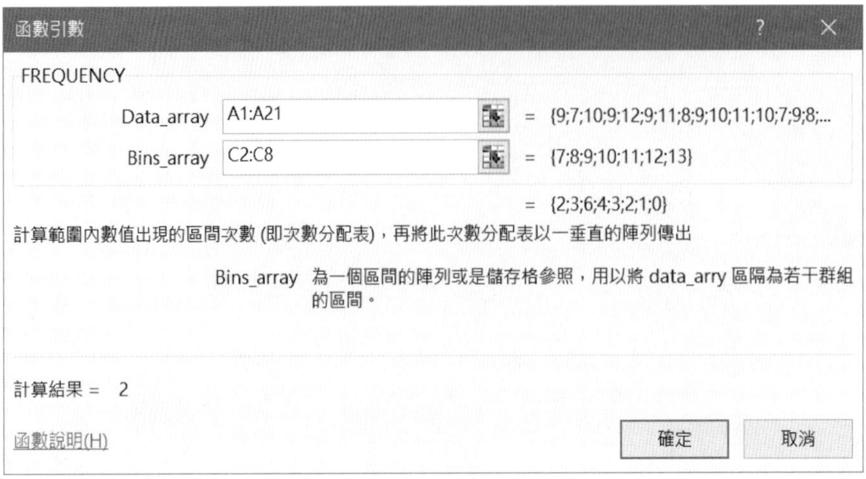

5.　計算總次數。

　　將滑鼠移到次數的最下方儲存格（在此為 D9，並點選【常用】選單中之【自動加總】按鈕，就可以計算總次數。或是在 D9 直接輸入 "=SUM(D2:D8)" 也可以。**留意**：如果次數總和不等於所有數值的個數，表示次數計算有誤。

圖 3-7　　自動加總

6. 計算累積次數。

在 F2 輸入 "**=SUM(D$2:D2)**"，以計算從 D2 開始的累積百分比。在前一個 D2 的位置重複按 F4 功能鍵，會循環出現 D2→$D$2→D$2→$D2→D2 等符號。$ 號之後表示該行或列固定，$D$2 表示固定在第 D 行第 2 列的位置（稱為**絕對位址**），而 D$2 則表示只固定在第 2 列的位置。由於往下複製時只會影響列數，行數不會受到影響，因此 D 不固定也沒有關係。當然，如果寫成 "**=SUM($D$2:D2)**" 也可以。後一個 D2 要隨儲存格而改變（稱為**相對位址**），不可以再加 $ 號，否則就會計算錯誤（圖 3-8）。

圖 3-8　計算累積次數

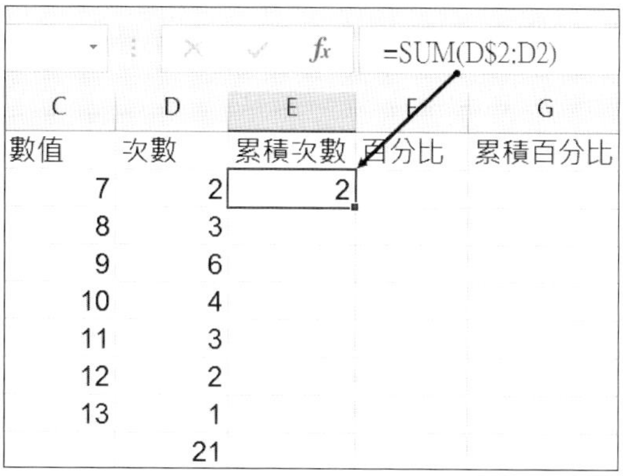

7. 複製算式。

將滑鼠移到 E2 儲存格的右下角，此時，會出現 ＋ 字符號。按住滑鼠左鍵往下拉到 E8 儲存格，一次完成 7 個儲存格的計算，總累積次數為 21（圖 3-9）。

8. 計算各次數百分比，並加以複製。

在百分比的標題下（F2 儲存格）輸入 "**=D2/D$9**"或 "**=D2/$D$9**"，並複製算式到 F8 儲存格，一次完成 7 個儲存格的計算。同樣地，由於 D9 是總次數，也需要設定為絕對位址（圖 3-10）。

圖 3-9　複製算式

圖 3-10　計算百分比並複製算式

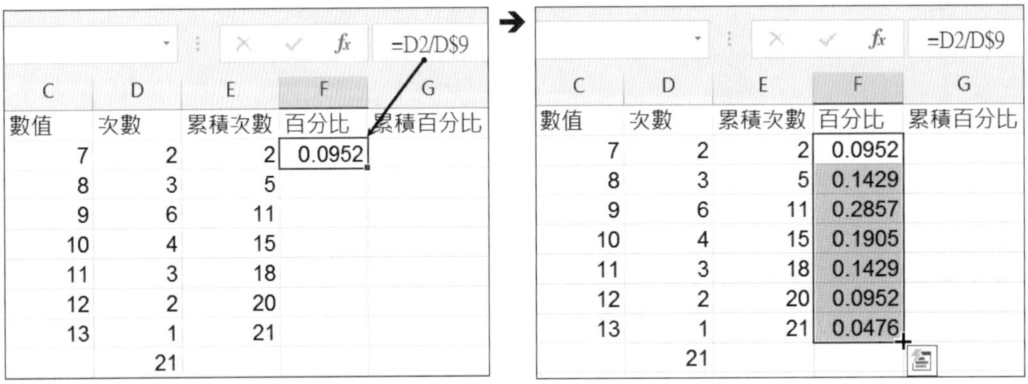

9. 設定儲存格格式。

選取 F2:F7 儲存格，點選【常用】選單中【數值】之【百分比】，並指定【小數位數】為 2（如果要取整數，則設定小數位數為 0）。

10. 計算累積百分比。

在 F2 輸入 "=SUM(F$2:F2)"，以計算從 F2 開始的累積百分比（留意：前一個 F2 同樣要使用絕對位址 F$2，表示每次都從 F2 的位置往下累加），設定完成後，使用同樣的方法往下複製至 G8，總累積百分比為 100%。

圖 3-11　設定百分比及小數位數

圖 3-12　計算累積百分比並複製算式

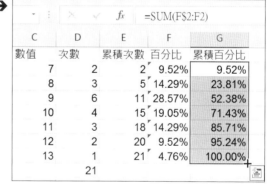

11. 使用樞紐分析。

　　在此，另外說明使用比較簡單的樞紐分析功能，分析時，第 1 列要加上變數名稱，並在【插入】選單中選擇【樞紐分析圖和樞紐分析表】（圖 3-13）。

圖 3-13　插入樞紐分析圖和樞紐分析表

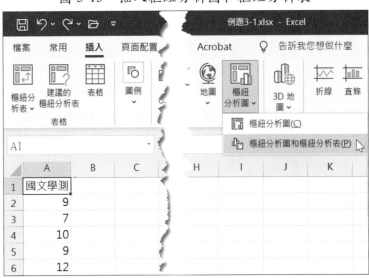

12. 選擇分析資料範圍，在此為工作表 2 的 A1:A22 儲存格，分析後放到新的工作表（圖 3-14）。

圖 3-14　選取資料範圍

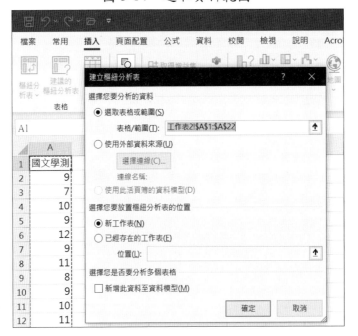

13. 初步結果如下圖，此時並未呈現圖或表（圖 3-15）。

圖 3-15　樞紐分析初步結果

14. 將右側的「□國文學測」打勾，並拖曳到【座標軸（類別）】中。此時，
【Σ 值】為「加總 - 國文學測」，是計算各個成績的總分，並不符合我們的
需要。

圖 3-16　將「國文學測」移到座標軸

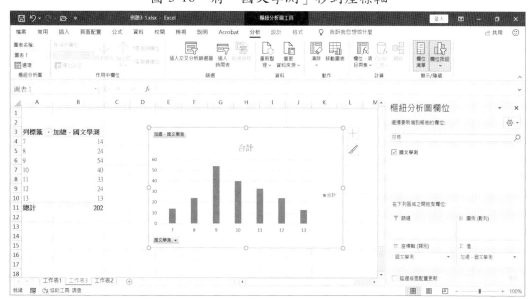

15. 點選【加總 - 國文學測】，出現【值欄位設定】，更改為【項目個數】
    （2019 版後改為【計數】），上方的【自訂名稱】為【計數 - 國文學測】。

圖 3-17　值欄位設定改為「項目個數」（計數）

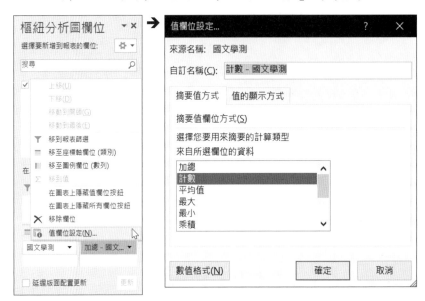

16. 分析後所得的次數分配表如圖 3-18。

圖 3-18　次數分配表

列標籤	計數 - 國文學測
7	2
8	3
9	6
10	4
11	3
12	2
13	1
總計	21

17. 分析後所得的長條圖如圖 3-19。

圖 3-19　長條圖

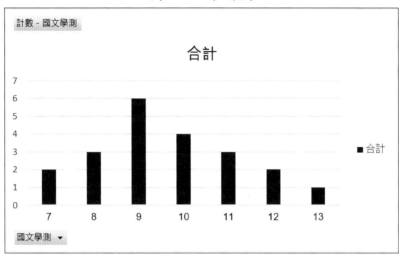

(三) SPSS 操作步驟（例題 3-1.sav）

1. 輸入變數名稱。

在**變數檢視**視窗輸入變數名稱（在此設為 X。留意：變數名稱要以文字開頭，後面可以加上數字，如 X1、Y2。也可以直接使用中文），小數位設為0，標記為「國文學測成績」，測量水準設為「尺度」（含等距及等比變數）（圖 3-20）。

圖 3-20　輸入變數名稱及尺度

	名稱	類型	寬度	小數	標記	值	遺漏	欄	對齊	測量	角色
1	X	數字的	8	0	國文學測成績	無	無	8	≡靠右	✐尺度(S)	↘輸入
2											
3											
4											

資料檢視　變數檢視

IBM SPSS Statistics 處理器已就緒

2. 輸入資料。

在**資料檢視**視窗依序輸入 21 名學生的成績（圖 3-21）。當然，也可以直接從 Excel 中複製過來。

圖 3-21　輸入數值

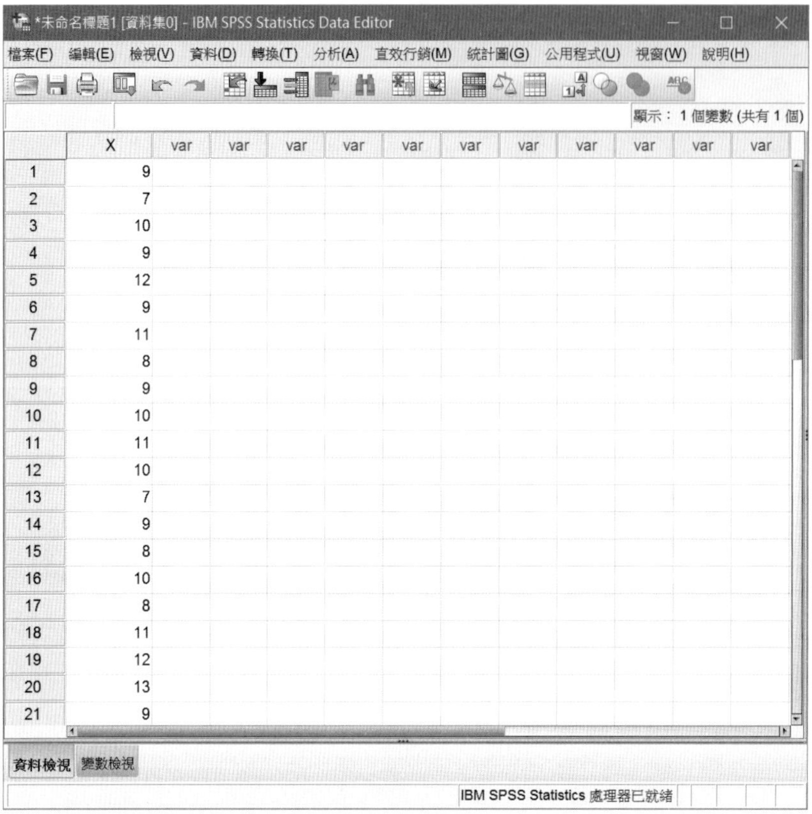

3. 進行次數分配表分析程序。

在【分析】選單中選擇【敘述統計】之【次數分配表】（圖 3-22）。

圖 3-22　次數分配表程序

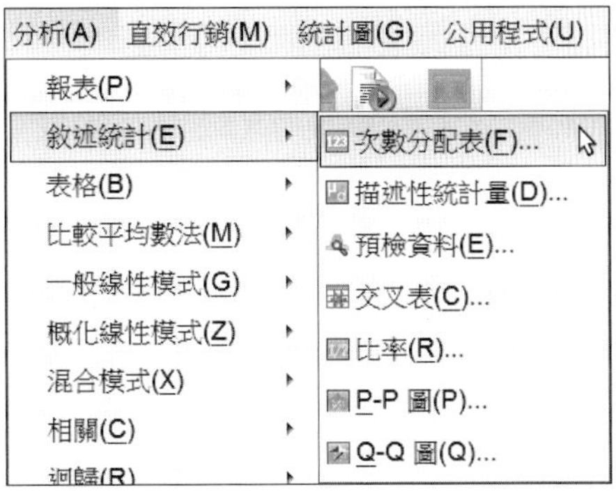

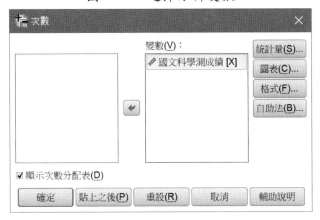

圖 3-23　選擇分析變數

4. 選擇分析變數。

將變數 X（如果一開始有加標記，也會顯示「國文學測成績」的標籤）點選到右邊的【變數】框中，再點選【確定】按鈕即可（圖 3-23）。

5. 分析結果。

分析後會在輸出視窗顯示結果如圖 3-24。圖中第一個表格說明有 21 個有效的觀察體，0 個遺漏值（遺漏值是缺少成績的學生）。第二個表格與 Excel 計算的結果一致。其中「百分比」是以次數除以總人數而得，而「有效百分比」是以次數除以有效的總人數而得。在圖 3-25 中，因為另外加了 1 個遺漏值，所以總人數雖然是 22 人，但有效總人數卻是 21 人，得分 9 分的為 6 人，百分比是 27.3%（6 / 22 = 27.3%），有效百分比則是 28.6%（6 / 21 = 28.6%）。

圖 3-24　輸出報表——沒有遺漏值

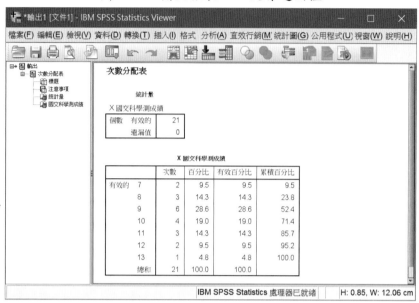

圖 3-25　輸出報表——有遺漏值

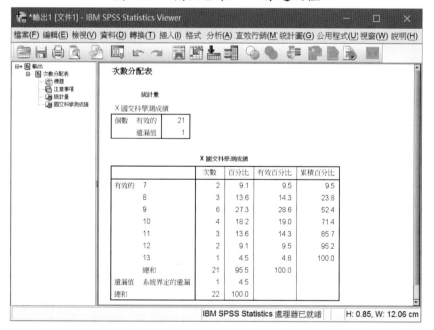

二、分組次數分配表

如果觀察體太多，或數值有小數（如身高），此時常會將觀察體分組，再計算每組的次數。

　　另一方面，早期由於電腦不普及，許多計算工作都要依靠人力，因此研究者也常會進行分組，並利用分組之後的數值進行簡捷法的計算。但是分組之後如果不保留原始的數值，常會損失有用的訊息，且分組愈少，損失的訊息愈多。例如，把女學生的身高分為「不到 160 公分」（稱為較矮組）及「160 公分以上」（較高組）兩組，有兩個學生歸類為較高組，如果沒有原始身高數值，就會不知何者較高，何者較矮。

　　而分割點的設定也會影響分類的結果。例如，兩個學生的身高分別為 159.8 公分及 160.2 公分，如果分割點設為 159 公分，則兩人都是較高組；反之，如果分割點設為 161 公分，則兩人都是較矮組。

　　目前國中數學教科書及部分統計學專書仍會說明分組之後的各種統計量數，不過，由於電腦普及，各式統計軟體的功能也愈來愈強大，因此筆者建議儘量使用**原始資料**進行分析，不要分組之後再進行統計，以免造成誤差。

🖥 例題 3-2

程式設計課程 80 名學生期末考試成績依學號排列如下，請製成分組次數分配表。

72	95	74	69	62	80	80	83	68	78	88	68	84	69	65	69
71	74	57	80	82	63	50	63	90	74	77	61	82	51	76	58
65	89	58	60	72	68	71	73	75	75	71	75	67	61	66	57
80	66	70	62	66	58	63	82	67	75	76	69	79	58	68	69
63	85	73	83	77	69	54	74	80	57	74	56	65	62	65	77

(一) 分析步驟

1.　計算全距（range）。

　　全距是最大值減去最小值，公式如下：

$$\omega = X_H - X_L \tag{3-1}$$

在本例中最大值為 95，最小值為 50，因此全距為：

$$95 - 50 = 45$$

2. 估計所需組數。

分組所需要的組數與觀察體總數有關。例如，10 人分成 5 組則組數太多，1000 人分成 5 組則組數又太少。有許多學者提出決定組數的公式，其中最簡單的公式是組數 K 為：

$$K = \sqrt{n} \text{ ，} n \text{ 為觀察體總數} \tag{3-2}$$

在本例題中，觀察體數為 80 人，因此，

$$K = \sqrt{80} = 8.94 \approx 9$$

而一般比較常用的是 Sturges 在 1926 年提出的公式，組數 K 為：

$$K = 1 + 3.322 * \log(n) \tag{3-3}$$

代入公式得到：

$$K = 1 + 3.322 * \log(80) = 7.32 \approx 8$$

由於組數不能為小數，因此計算結果採無條件進位，大約分為 8 或 9 組比較恰當。

3. 決定組距。

組距是指每一組中最大值（組上限）與最小值（組下限）的差異，

$$組距 = \frac{全距}{組數} \tag{3-4}$$

在本例中，全距為 45，如果分為 8 組，則組距為：

$$\frac{45}{8} = 5.625$$

化為整數之後，組距等於 6。

4. 決定每一組的上下限，並求組中點。

在本例中最小值是 50，因此第一組的組下限應比 50 小，而該組的上限則應大於 50，否則就無法將 50 分的學生納入分組。同理，最大值是 95，最後一組的組下限及組上限也要包含 95 分。

在此，有兩點要特別提醒讀者。一是各分組的組下限及組上限並沒有一定的標準，所以第一組可以從 48～54，也可以從 49～55，甚至是 44～50，只要包含 50 分即可。不過，為了計算方便，**組下限最好是組距的倍數**，因此第一組下限可以定為 48，加上 6 後，組上限為 54。第二組為 54～60，第三組為 60～66……，第八組為 90～96。

二是低分組的組上限不應與往上一個高分組的組下限重疊，否則就會有無法分類的情形。在本例中，第一組是 48～54，第二組是 54～60，嚴格來說並不正確。不過，因為統計軟體會把第一組的上限定義為 ≤ 54（以數學的說法，是 54 分以下），而第二組的下限則是 > 54（以數學的說法，是**超過** 54 分），所以 54 分的學生，會被歸為第一組。

實際上，間斷變數及連續變數的分組方法不太相同，不過，本書不詳細說明其差異，讀者只要稍加留意即可。

組中點的公式為：

$$組中點 = \frac{組下限 + 組上限}{2} \tag{3-5}$$

因此，第一組的組中點為：

$$\frac{54 + 60}{2} = 57$$

其他組的組中點依此類推。

5. 點算各組之次數。

確定了各組的上下限後，接著就依序將每個學生歸入適當的組別，最後再點算各組的次數。

以第 1 個學生為例，他的得分是 72，會歸入 66～72 這組，而不是 72～78 這組。第 2 個學生是 95 分，歸為 90～96 這組。第 3 個學生是 74 分，歸為 72～78 這組。其他學生依此類推。

6. 做成次數分配表。

本例題整理後如表 3-2。

表 3-2　分組後之次數與百分比

組別	組下限	組中點	組上限	次數	累積次數	百分比	累積百分比
48～54	48	51	54	3	3	3.75%	3.75%
54～60	54	57	60	9	12	11.25%	15.00%
60～66	60	63	66	16	28	20.00%	35.00%
66～72	66	69	72	18	46	22.50%	57.50%
72～78	72	75	78	17	63	21.25%	78.75%
78～84	78	81	84	12	75	15.00%	93.75%
84～90	84	87	90	4	79	5.00%	98.75%
90～96	90	93	96	1	80	1.25%	100.00%

(二) Excel 操作步驟（例題 3-2.xlsx）

1. 在 A1 到 A80 的儲存格依序輸入 80 名學生的成績（圖 3-26）。

2. 使用 MAX 及 MIN 函數計算最大值、最小值、及全距。

在儲存格 D1 輸入 "=**MAX(A1:A80)**" 以計算 A1 到 A80 的最大值。如果確定 A 欄沒有其他數值，也可以簡化為 "=**MAX(A:A)**"。D2 儲存格輸入 "=**MIN(A1:A80)**" 以計算最小值。全距，沒有現成的函數可用，使用 "=**D1−D2**" 來計算（圖 3-27）。

圖 3-26　輸入資料

	A
1	72
2	95
3	74
4	69
5	62
6	80
7	80
8	83
9	68
10	78
11	88
12	68
13	84
14	69
15	65
16	69
17	71
18	74
19	57
20	80

	A
21	82
22	63
23	50
24	63
25	90
26	74
27	77
28	61
29	82
30	51
31	76
32	58
33	65
34	89
35	58
36	60
37	72
38	68
39	71
40	73

	A
41	75
42	75
43	71
44	75
45	67
46	61
47	66
48	57
49	80
50	66
51	70
52	62
53	66
54	58
55	63
56	82
57	67
58	75
59	76
60	69

	A
61	79
62	58
63	68
64	69
65	63
66	85
67	73
68	83
69	77
70	69
71	54
72	74
73	80
74	57
75	74
76	56
77	65
78	62
79	65
80	77

圖 3-27　計算最大值、最小值、及全距

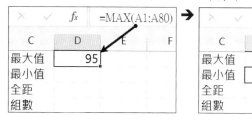  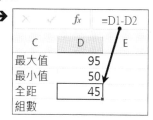

3.　計算組數。

在儲存格 D4 輸入 "**=1+3.322*LOG(80)**" 計算組數，結果為 7.3221，約等於 8（圖 3-28）。

圖 3-28　計算組數

C	D	E	F
最大值	95		
最小值	50		
全距	45		
組數	=1+3.322*LOG(80)		

fx =1+3.322*LOG(80)

C	D	E	F
最大值	95		
最小值	50		
全距	45		
組數	7.3221		

fx =1+3.322*LOG(80)

4. 計算組距。

在儲存格 D5 輸入 "**=D3/8**" 計算組距，結果為 5.625，大約等於 6（圖 3-29）。

圖 3-29　計算組距

		=D3/8				=D3/8
C	D	E		C	D	E
最大值	95			最大值	95	
最小值	50			最小值	50	
全距	45			全距	45	
組數	7.3221			組數	7.3221	
組距	=D3/8			組距	5.625	

5. 設定組下限及組上限。

在組下限的標題下輸入 48 及 54，並標記兩個儲存格，往下複製到 90，組上限為組下限加 6。**留意**：最低分組的下限（此例題為 48）要比全體的最小值（50）來得小，而最高分組的上限（96）要比全體的最大值（95）來得大，否則會有觀察體無法被分類（圖 3-30）。

圖 3-30　計算組下限及組上限

組下限	組中點	組上限		組下限	組中點	組上限		組下限	組中點	組上限
48				48		=F2+6		48		54
54				54				54		60
				60				60		66
				66				66		72
				72				72		78
				78				78		84
				84				84		90
90				90				90		96

6. 計算組中點。

在儲存格 G2 輸入"**=(F2+H2)/2**"以計算組中點，並加以複製到 G9（圖 3-31）。

圖 3-31　計算組中點

F	G	H
組下限	組中點	組上限
48	=(F2+H2)/2	
54		60
60		66
66		72
72		78
78		84
84		90
90		96

➜

F	G	H
組下限	組中點	組上限
48	51	54
54	57	60
60	63	66
66	69	72
72	75	78
78	81	84
84	87	90
90	93	96

7. 輸入各組之標題。

在「組別」之標題下 E2 儲存格，先輸入 48-54，接著在 E3 輸入 54-，此時在 Excel 2016 後之版本會自動出現建議的上限 60，並填滿到 90-96。Excel 2013 之前並無此功能，要自行輸入所有的組別代碼。

圖 3-32　輸入各組標題

E	F	G	H
組別	組下限	組中點	組上限
48-54	48	51	54
	54	57	60
	60	63	66
	66	69	72
	72	75	78
	78	81	84
	84	87	90
	90	93	96

➜

E	F	G	H
組別	組下限	組中點	組上限
48-54	48	51	54
54-60	54	57	60
60-66	60	63	66
66-72	66	69	72
72-78	72	75	78
78-84	78	81	84
84-90	84	87	90
90-96	90	93	96

8. 計算各組次數。

首先，選取 I2 到 I9 的儲存格（圖 3-33）。接著，在 I2:I9 插入 FREQUENCY 函數，Data_array 為 A1:A80（或 A:A 也可以），Bins_array 為「各組的上限」，位置在 H2:H9（圖 3-34）。

圖 3-33　選擇所有計算次數之儲存格

組別	組下限	組中點	組上限	次數
48-54	48	51	54	
54-60	54	57	60	
60-66	60	63	66	
66-72	66	69	72	
72-78	72	75	78	
78-84	78	81	84	
84-90	84	87	90	
90-96	90	93	96	

圖 3-34　插入 FREQUENCY 函數

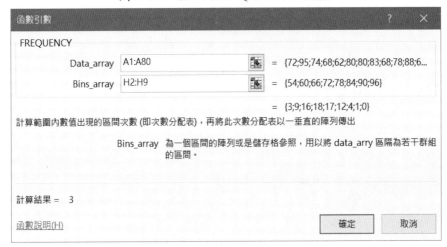

9. 設定完成後，**先同時按住 Ctrl + Shift 兩鍵**，再按 Enter 鍵（或【確定】按鈕），即可產生各數值的次數。

圖 3-35　各組別之次數

組別	組下限	組中點	組上限	次數
48-54	48	51	54	3
54-60	54	57	60	9
60-66	60	63	66	16
66-72	66	69	72	18
72-78	72	75	78	17
78-84	78	81	84	12
84-90	84	87	90	4
90-96	90	93	96	1

10. 依照前一節原始次數分配表的步驟，完成圖 3-36 之摘要表。

圖 3-36　分組之次數及百分比

E	F	G	H	I	J	K	L
組別	組下限	組中點	組上限	次數	累積次數	百分比	累積百分比
48-54	48	51	54	3	3	3.75%	3.75%
54-60	54	57	60	9	12	11.25%	15.00%
60-66	60	63	66	16	28	20.00%	35.00%
66-72	66	69	72	18	46	22.50%	57.50%
72-78	72	75	78	17	63	21.25%	78.75%
78-84	78	81	84	12	75	15.00%	93.75%
84-90	84	87	90	4	79	5.00%	98.75%
90-96	90	93	96	1	80	1.25%	100.00%

(三) SPSS 操作步驟（例題 3-2.sav）

1. 輸入變數及資料。

　　依前面所述的方法，先在**變數檢視**視窗輸入變數名稱（此例中命名為 X），
　　接著在**資料檢視**視窗輸入 80 個學生的成績，圖 3-37 僅顯示前 10 個學生的分
　　數。

圖 3-37　輸入變數及資料

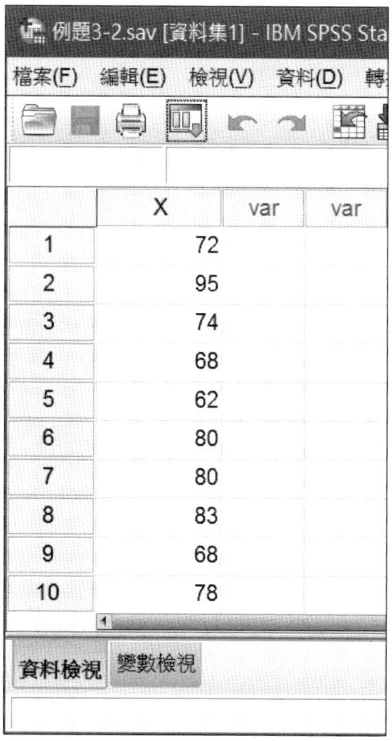

2. 進行分組。

SPSS 提供多種分組的方法，其中最簡單的方式是採用可視化分組。首先，在【轉換】中選擇【視覺化歸類】（Visual Binning）。接著將變數點選到右邊的【要歸類的變數】（變數至 Bin）框中，再按【繼續】按鈕（圖 3-38）。

圖 3-38　使用視覺化歸類程序

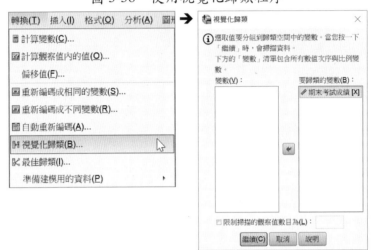

3. 設定分組之後的變數名稱及標記。

在【歸類的變數】中自行設定名稱及標記（在此分別為「XG」及「期末考成績分組」）。此時，畫面中自動顯示最小值為 50，最大值為 95（圖 3-39）。

4. 製作分割點。

在畫面中，至少要輸入 2 個數字，【第一個分割點位置】是第一組的組上限 54，【寬度】是就是組距 6。輸入完成後，會自動出現【分割點數目】為 7（分割 7 次，所以有 8 組）。下面也顯示【上一個分割點位置】是 90，表示最高分組的組下限是 90。接著，點選【套用】（圖 3-40）。

圖 3-39　設定分組之後的變數名稱及標記

視覺化歸類
已掃描的變數清單(C)：
期末考試成績 [X]
名稱：
標籤：
目前變數：
X
期末考試成績
歸類的變數(B)：
XG
期末考試成績分組
最小值：
50
非遺漏值
最大值：
95
輸入間隔截點，或按一下「製作截點」以取得自動間隔。
例如，截點值 10 會定義從先前間隔之上開始，在 10 結束的間隔。
網格(G)：
值
標籤
高
掃描的觀察值：
80
遺漏值：
0
複製歸類空間
從其他變數(F)...
至其他變數(T)...
上端點
已併入 (<=)(I)
已排除 (<)(E)
製作截點(M)...
製作標籤(A)
反轉比例(S)
確定
貼上(P)
重設(R)
取消
說明

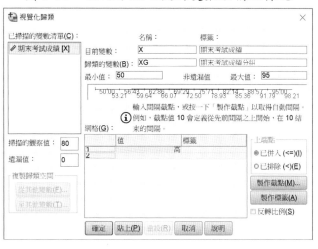

圖 3-40　設定分割點及組距

製作分割點
相等寬區間(E)
區間 - 填入至少兩個欄位
第一個分割點位置(F)：
54
分割點數目(N)：
寬度(W)：
6
上一個分割點位置：
以掃瞄的觀察值為基礎的相等百分比位數(U)
區間 - 填入兩個欄位中的任一個
分割點數目(N)：
寬度 (%)(W)：
以掃瞄的觀察值為基礎的平均值與所選標準差的分割點(C)
+/- 1 標準差
+/- 2 標準 離差(2)
+/-3 標準 離差(3)
套用將以此規格置換目前的分割點定義。
最終區間將包括所有剩餘值：N 分割點產生 N+1 區間。
套用(A)
取消
輔助說明
製作分割點
相等寬區間(E)
區間 - 填入至少兩個欄位
第一個分割點位置(F)：
54
分割點數目(N)：
7
寬度(W)：
6
上一個分割點位置：
90
以掃瞄的觀察值為基礎的相等百分比位數(U)
區間 - 填入兩個欄位中的任一個
分割點數目(N)：
寬度 (%)(W)：
以掃瞄的觀察值為基礎的平均值與所選標準差的分割點(C)
+/- 1 標準差
+/- 2 標準 離差(2)
+/-3 標準 離差(3)
套用將以此規格置換目前的分割點定義。
最終區間將包括所有剩餘值：N 分割點產生 N+1 區間。
套用(A)
取消
輔助說明

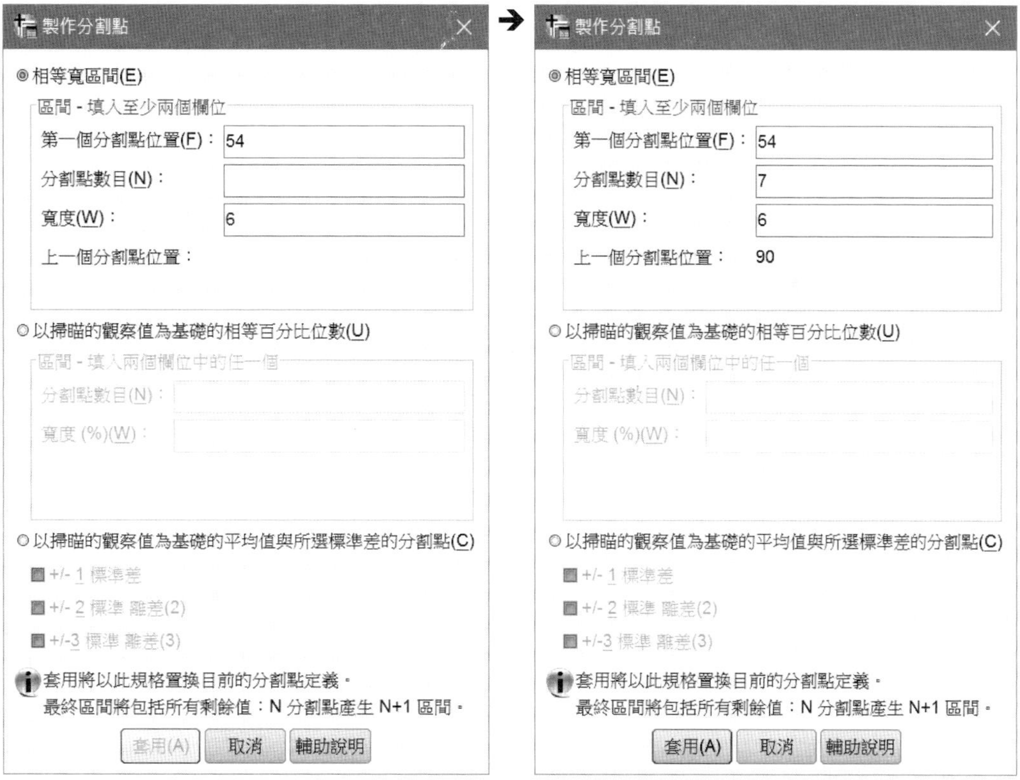

5.　製作標記。

點選【製作標記】按鈕，會自動產生各組的名稱。由於本例題的資料是間斷變數（分數都是整數），所以各組標記名稱是<=54、55－60、……、85－90、91+（圖 3-41）。如果是連續變數（有小數），則各組標記名稱是<=54.00、54.01－60.00、……、84.01－90.00、90.01+（圖 3-42）。

圖 3-41　製作標記──整數

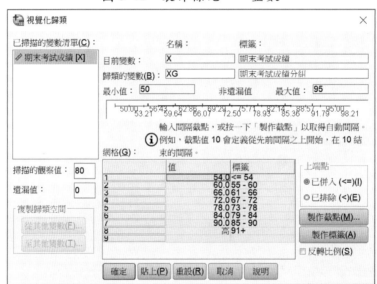

圖 3-42　製作標記──小數

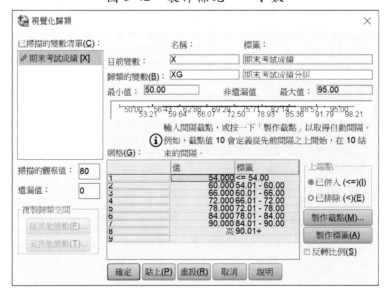

6. 列出次數分配表。

在【分析】選單中的【敘述統計】選擇【次數分配表】，將變數 XG（期末考成績分組）點選到【變數】框中，並按【確定】按鈕（圖 3-43）。分析後可得到次數分配表（圖 3-44）。使用 SPSS 分析的結果與 Excel 一致。

圖 3-43　選擇分析變數

圖 3-44　輸出報表

統計量

期末考成績分組

個數	有效的	80
	遺漏值	0

期末考成績分組

		次數	百分比	有效百分比	累積百分比
有效的	<= 54	3	3.8	3.8	3.8
	55 - 60	9	11.3	11.3	15.0
	61 - 66	16	20.0	20.0	35.0
	67 - 72	18	22.5	22.5	57.5
	73 - 78	17	21.3	21.3	78.8
	79 - 84	12	15.0	15.0	93.8
	85 - 90	4	5.0	5.0	98.8
	91+	1	1.3	1.3	100.0
	總和	80	100.0	100.0	

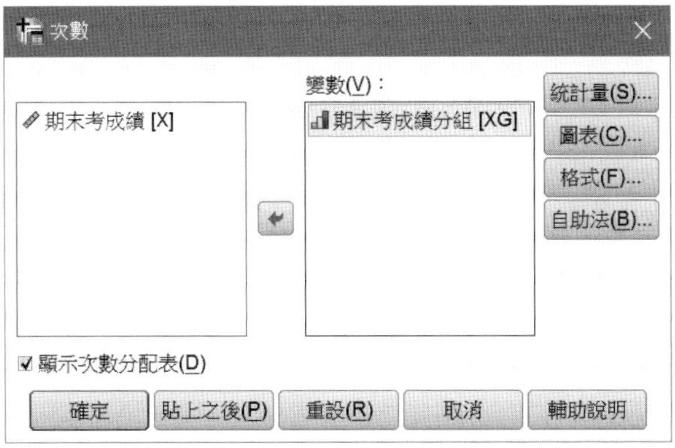

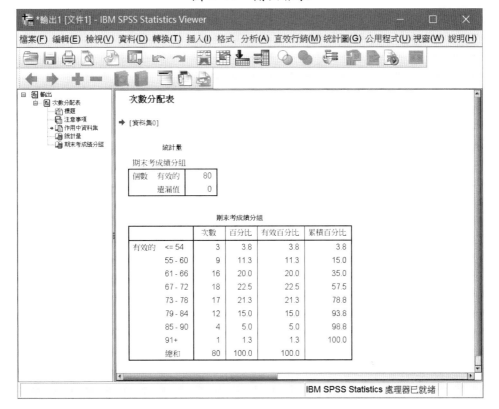

貳、二維交叉表

　　交叉表是二維度的表格，分別以行（或稱欄）與列代表兩個變數，細格中通常為個數，如有需要，也可以計算行或列的百分比。哪一個變數要設置在行（或列），並無影響。在 Excel 及 SPSS 中，如果要繪製集群長條圖，會將列變數設為第一層變數，因此，主要關心的變數「性別」最好設定在列，「組別」則設定在行。

　　表 3-3 是某高中 600 名二年級學生的分組情形，其中自然組女生有 80 人，社會組女生有 200 人，自然組男生有 250 人，社會組男生有 70 人。由交叉表可以看出：這所高中二年級學生在分組選擇時，女生多數選社會組，而男生則多數選自然組。

　　如果要計算列的百分比（代表性別內的百分比），則女生選自然組的百分比為：

$$\frac{80}{280} = 0.2857 = 28.57\%$$

而男生選自然組的百分比為：

$$\frac{250}{320} = 0.7813 = 78.13\%$$

行的百分比代表組內的百分比，在自然組中女生的百分比為：

$$\frac{80}{330} = 0.2424 = 24.24\%$$

自然組中男生的百分比為：

$$\frac{250}{330} = 0.7576 = 75.76\%$$

表 3-3　某高中二年級學生分組情形

		組別		總計
		自然組	社會組	
性別	女	80	200	280
	男	250	70	320
	總計	330	270	600

(一) Excel 操作步驟（例題 3-3.xlsx）

1. 資料的第一列為變數名稱，選取要分析的 A、B 兩欄後，從【插入】選單中【樞紐分析圖】選擇【樞紐分析圖和樞紐分析表】（圖 3-45）。

圖 3-45　插入樞紐分析圖和樞紐分析表

2. 選擇分析資料範圍後，指定建立後之樞紐分析表放到新的工作表（圖 3-46）。

圖 3-46　建立樞紐分析表

3. 初步結果如下圖，此時並未呈現圖或表（圖 3-47）。

圖 3-47　初步樞紐分析圖表

4. 將右側的【樞紐分析圖欄位】中的「□性別」拖曳到【座標軸（類別）】（交叉表的列），「□組別」拖曳到【圖例（數列）】（交叉表的行)中。此時，【Σ 值】可以是性別或組別。設定後，就會得到交叉表與集群長條圖（圖 3-48）。

圖 3-48　選擇樞紐分析圖欄位

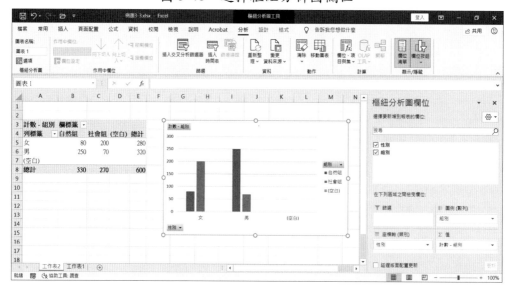

5. 點擊交叉表中【列標籤】或【欄標籤】旁的 ⏷ 按鈕，取消【空白】選項（圖 3-49）。

圖 3-49　取消空白列與行

6. 分析後所得交叉表及集群長條圖如圖 3-50。

圖 3-50　分析所得樞紐分析圖表

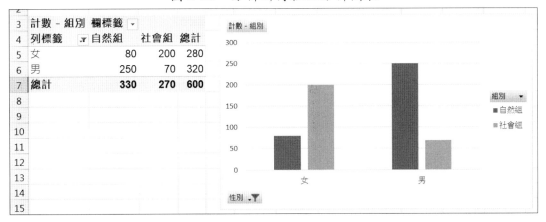

(二) SPSS 操作步驟（例題 3-3.sav）

1. 輸入變數名稱。

   在**變數檢視**視窗輸入兩個變數名稱分別為「性別」與「組別」，小數位設為 0，測量水準設為「名義」。在【值】中設定「性別」變數的 1 為「女」，2 為「男」，「組別」變數的 1 為「自然組」，2 為「社會組」（圖 3-51）。

圖 3-51　輸入變數名稱

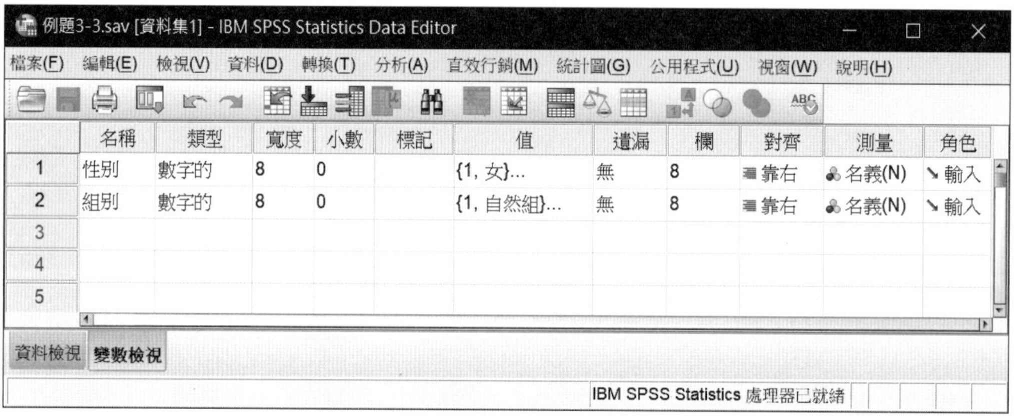

2. 輸入資料。

   分別輸入 600 名學生的性別及組別，此處僅顯示前 10 名學生資料（圖 3-52）。

圖 3-52　輸入資料

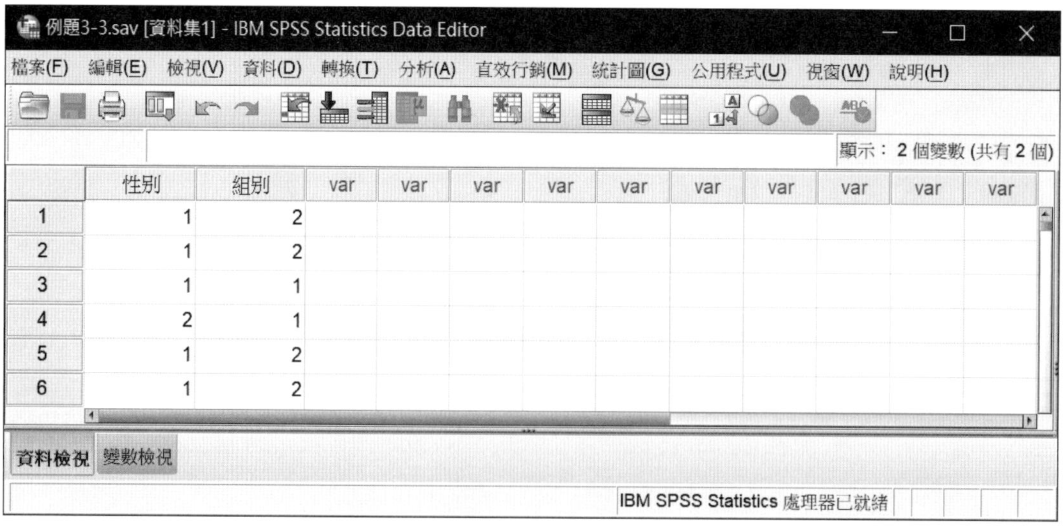

3. 進行交叉表分析程序。

　　在【分析】選單中選擇【敘述統計】之【交叉表】（圖 3-53）。

圖 3-53　交叉表程序

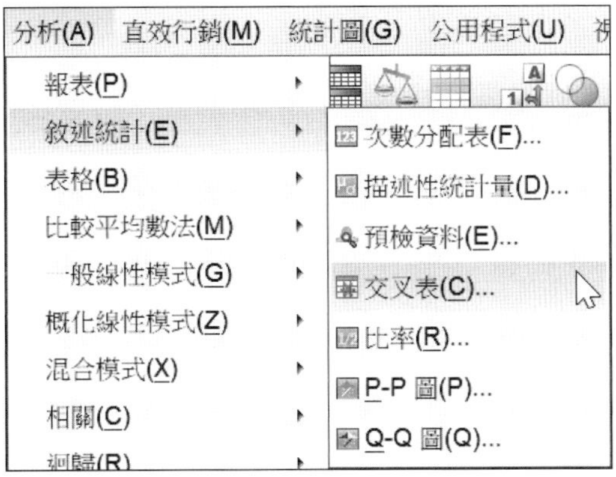

4. 選擇分析變數。

　　將「性別」變數點選到右邊的【列】框中，「組別」變數點選到右邊的
　　【欄】（行）框中，如果有需要，勾選【顯示集群長條圖】（圖 3-54）。

圖 3-54　選擇分析變數

5.　選擇行或列百分比。

　　如果有需要，可以在點擊圖 3-54 的【儲存格】，再勾選【列】或【行】百分比（圖 3-55）。

圖 3-55　交叉表：儲存格顯示對話框

6.　分析結果。

　　分析後會在輸出視窗顯示結果如圖 3-56。圖中第一部分是交叉表，與表 3-3 一致。第二部分是集群長條圖，以「組別」（列）為第一層變數。

圖 3-56　選擇分析變數

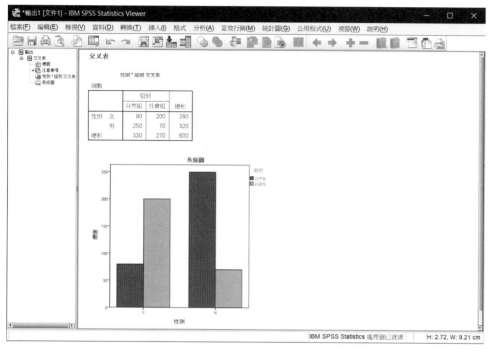

參、統計圖（statistical plots）

一、長條圖（bar chart）

1.　長條圖又稱直條圖或條形圖，如圖 3-57 所示。

圖 3-57　長條圖示例

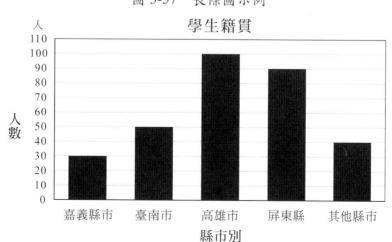

2. 長條圖是以條柱的高度（直條圖）或長度（橫條圖）表現數值，條柱愈長，表示數值愈大。

3. 條柱建議使用平面圖形，儘量不要使用立體條柱，以免影響高度（或長度）的判讀。

4. 條柱的寬度要**固定**，且最好不要用象形圖（pictogram）表示，否則會誤導讀者。圖 3-58 中乙校的升學率是甲校的 2 倍，但是因為用象形圖表示，長與寬同時改變，讀者會看到乙校是甲校的 4 倍（$2 \times 2 = 4$，面積），而不是 2 倍（高度）。

圖 3-58　象形圖

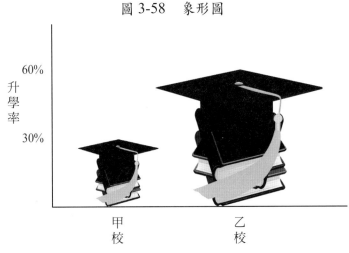

5. 長條圖適合於名義及次序變數，為了表示各類別間是不連續的，因此條柱間應有間隔。

6. 圖形的長與寬最好成 3:5 之黃金比例，且應有清楚的**標題**及**單位**。

7. 數量軸（通常為 Y 軸）要從原點開始，否則要畫缺口。圖 3-59 的 Y 軸從 20 開始，來自臺南市的學生（50 人）比嘉義縣市（30 人）多 20 人，但是視覺上會誤以為前者是後者的 3 倍。

圖 3-59　X 軸未從 0 開始

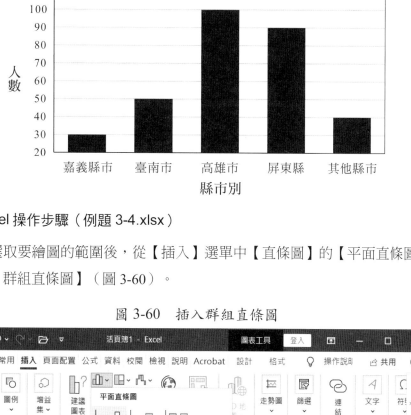

(一) Excel 操作步驟（例題 3-4.xlsx）

1. 選取要繪圖的範圍後，從【插入】選單中【直條圖】的【平面直條圖】選擇
【群組直條圖】（圖 3-60）。

圖 3-60　插入群組直條圖

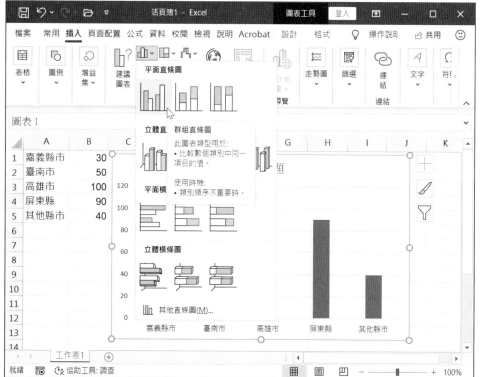

2. 初步完成的直條圖如圖 3-61。

圖 3-61　初步之長條圖

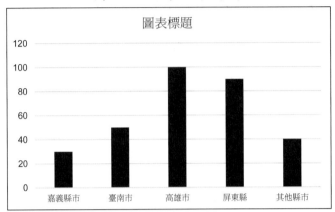

3. 選擇【圖表版面配置】中之【版面配置 9】得到圖 3-63。

圖 3-62　選擇版面配置 9

圖 3-63　加上「座標軸標題」

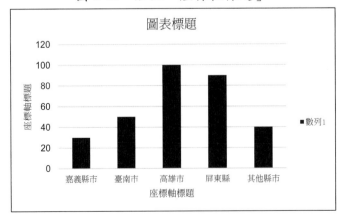

4. 也可以在統計圖右上方 **+** 號中的【圖表項目】勾選【座標軸標題】（圖 3-64）。

圖 3-64　勾選「座標軸標題」

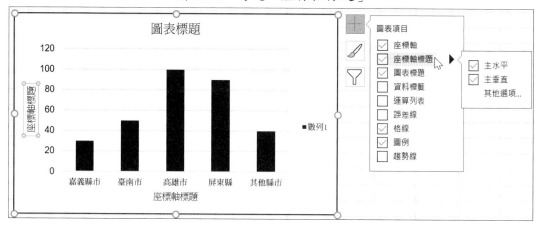

5. 修改標題名稱並刪除圖例，得到圖 3-65。

圖 3-65　修改座標軸標題名稱

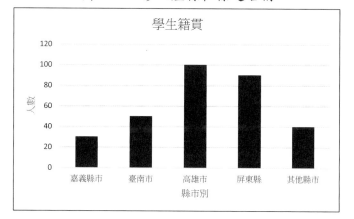

6. 在【設計】的選單中點選【移動圖表】到【新工作表】中，並自行命名為「長條圖」（圖 3-66）。

圖 3-66 移動到新工作表

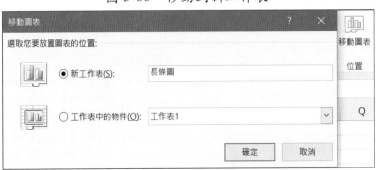

7. 最後繪製所得結果如圖 3-67（圖形經過細部修飾）。

圖 3-67 修改完成的長條圖

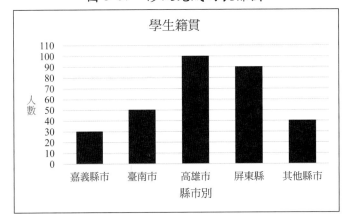

(二) SPSS 操作步驟（例題 3-4.sav）

1. 輸入變數名稱。

在**變數檢視**視窗輸入 2 個變數，名稱分別為「縣市」及「人數」，其中縣市因為要輸入文字，因此設定為字串，測量水準是名義變數。

圖 3-68 輸入變數名稱

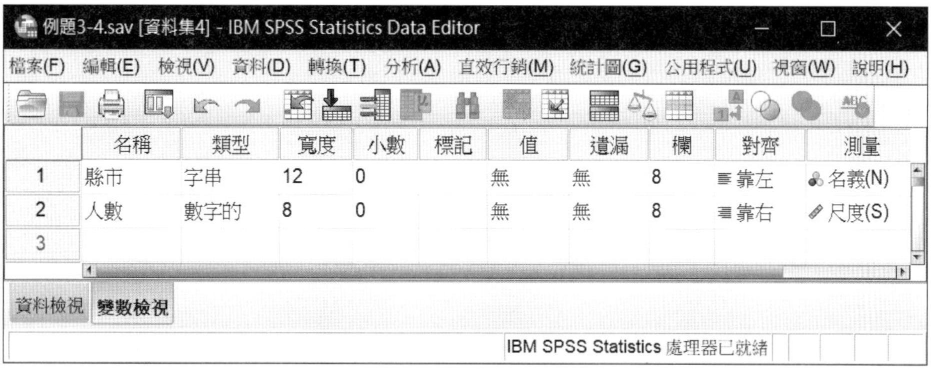

2. 輸入資料。

在**資料檢視**視窗依序輸入縣市名稱及人數。

圖 3-69 輸入資料

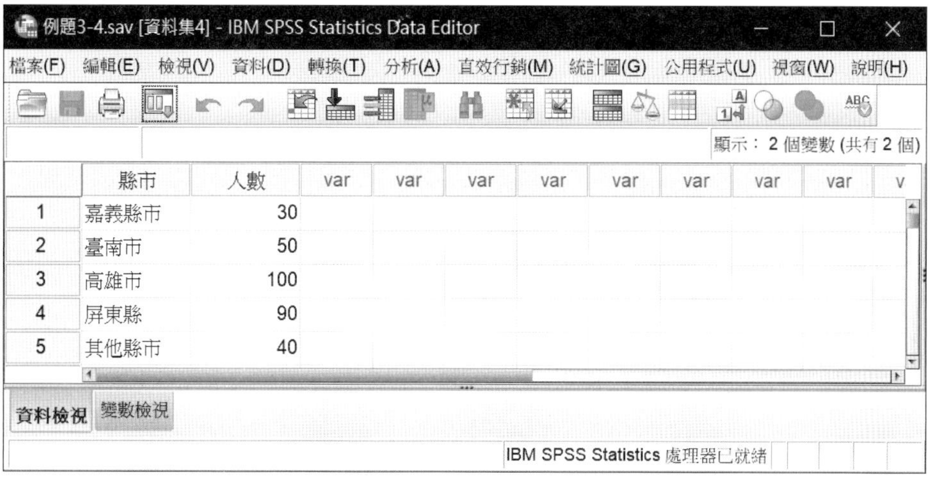

3. 進行加權。

因為上面的資料輸入方法是使用整理後的數據，最好先進行加權，否則就容
易出現錯誤 [1]。加權的方法是在【資料】的選單中選擇【加權觀察值】，再
將「人數」當成【觀察值加權依據】。完成後，資料視窗的右下角會出【加
權於】字樣。

---

[1] 除了繪圖外，如果要進行其他的統計分析，一定要設定加權變數，否則分析結果會出錯。

圖 3-70　選擇加權變數

4. 使用圖表建立器程序。

　　在【統計圖】選單中選擇【圖表建立器】。

圖 3-71　使用圖表建立器程序

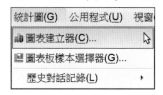

5. 使用長條圖程序。

　　進入圖表建立器後，先在【選擇來源】中選擇【長條圖】，接著將第一列的
　　第一個圖庫（簡單長條圖）拖曳到上方的對話框（圖 3-72）。

圖 3-72　選擇簡單長條圖程序

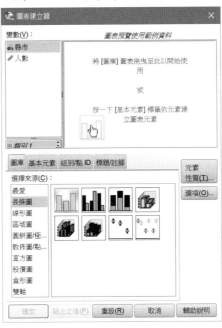

6.　選擇分析變數。

　　將變數（縣市別）拖曳到【水平軸】並點擊【確定】按鈕（圖 3-73）。

圖 3-73　選擇分析變數到 X 軸

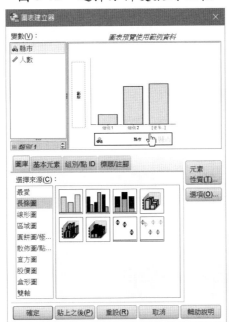

7.　完成繪製。

完成後的圖形如圖 3-74（依名稱筆劃多寡排列）。如果要再修改統計圖，可以在圖上雙擊滑鼠左鍵，進入圖表編輯器（圖 3-75）。本書不對此功能多加介紹，有興趣的讀者，可以再參考陳正昌（2017）的另一本著作。

圖 3-74　繪製所得長條圖

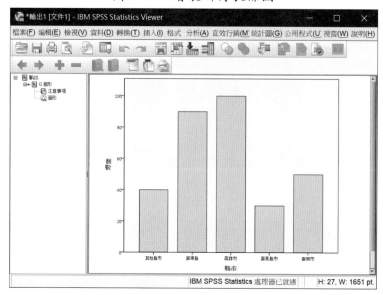

圖 3-75　編輯圖形

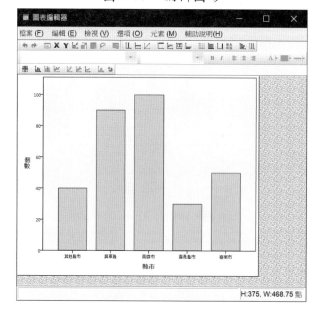

8. 不設定加權變數。

如果一開始不設定加權變數，則要將「人數」變數拖曳到【垂直軸】。此
時，Y 軸內定計算「平均數」。

圖 3-76　選擇 X 軸與 Y 軸變數

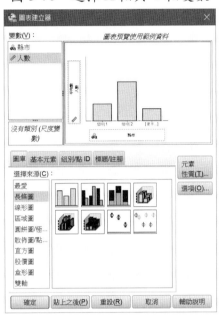

9. 修改統計量。

將【統計量】中的【平均數】改為【數值】，並點擊【套用】按鈕（圖 3-
77）。

圖 3-77　變更統計量類型為「數值」

10. 進行分析。

變更完成後，Y 軸改為「人數」，點擊「確定」按鈕進行分析。繪製所得圖形與圖 3-74 相同。

圖 3-78　完成設定，進行分析

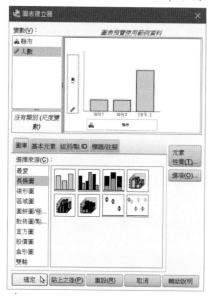

二、直方圖（histogram）

1. 直方圖如圖 3-79 所示。

圖 3-79　直方圖示例

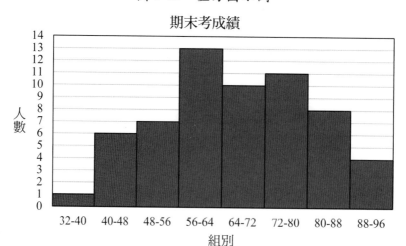

2. 直方圖與長條圖相同，也是以條柱的高度或長度表現數量。

3. 直方圖適合於等距及等比變數分組後之次數，由於它是以人為方式加以分組，為了表示連續的概念，各長條之間要**緊臨**，不可分開，這是直方圖與長條圖的主要差異。

(一) Excel 操作步驟（例題 3-2.xlsx）

1. 同時選擇組別及次數之儲存格。

   由於資料所在的欄位沒有緊臨，所以使用滑鼠選取之前，先按住 **Ctrl 鍵**，如此就可以選擇不同欄位的資料。（注：最好先選**次數**這一欄的資料。）

圖 3-80　選擇組別與次數

E 組別	F 組下限	G 組中點	H 組上限	I 次數	J 百分比	K 累積百分比
48-54	48	51	54	3	3.75%	3.75%
54-60	54	57	60	9	11.25%	15.00%
60-66	60	63	66	16	20.00%	35.00%
66-72	66	69	72	18	22.50%	57.50%
72-78	72	75	78	17	21.25%	78.75%
78-84	78	81	84	12	15.00%	93.75%
84-90	84	87	90	4	5.00%	98.75%
90-96	90	93	96	1	1.25%	100.00%

2. 插入群組直條圖。

   選取資料後，在【插入】選單中選擇【插入直條圖或橫條圖】（圖 3-81），即可得到初步的統計圖（圖 3-82）。

圖 3-81　插入直條圖或橫條圖

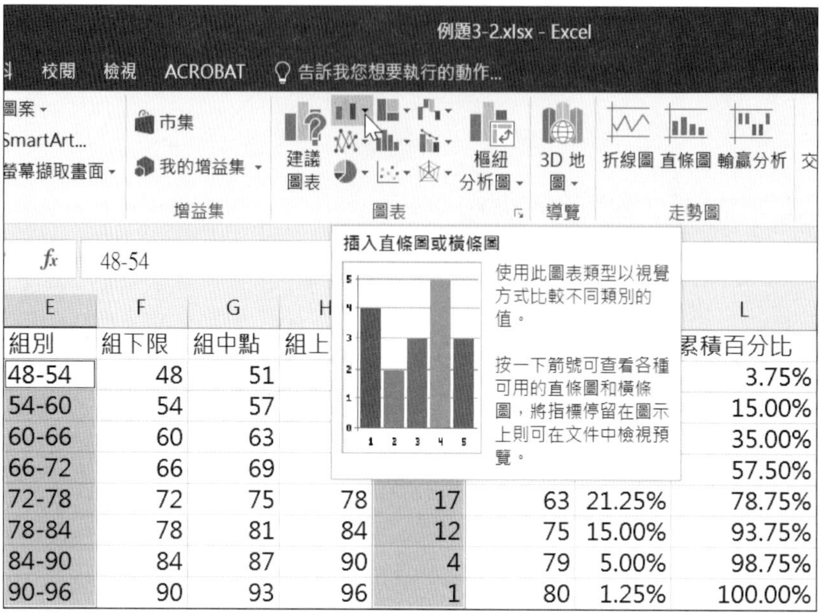

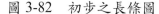

圖 3-82　初步之長條圖

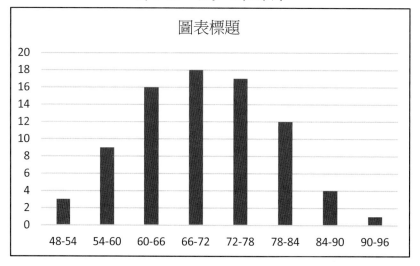

3.　選擇【圖表版面配置】中之【版面配置 8】如圖 3-83，得到圖 3-84。

圖 3-83　選擇版面配置 8

圖 3-84　更改為直方圖，並加上「座標軸標題」

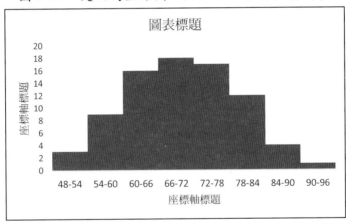

4.　加上標題，並經細部修飾後，得到圖 3-85 的直方圖。

圖 3-85　修改完成的直方圖

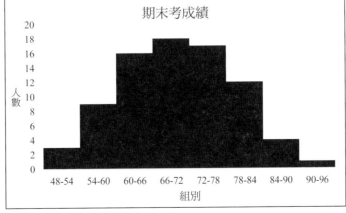

5. 直接繪製直方圖。

Excel 2016 之後版本增加了直方圖（中文版譯為長條圖），選擇原始數據
後，在【插入】中選擇【長條圖】（圖 3-86），即可得到初步的直方圖（圖
3-87）。

圖 3-86　插入長條圖

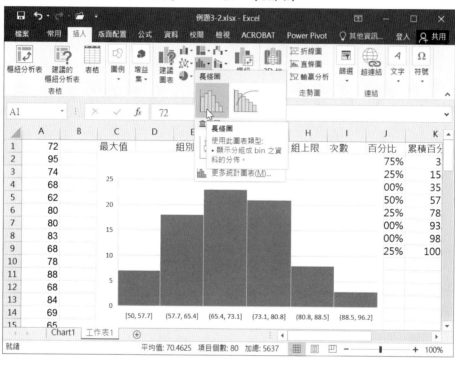

圖 3-87　初步之直方圖

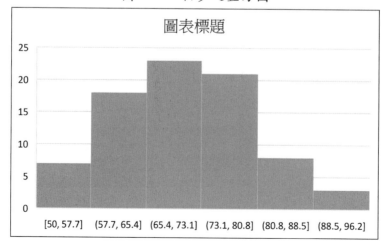

6. 修改組距。

在 X 軸雙擊，設定【間隔寬度】寬度為 6，【反向溢位間隔】為 54，表示組距為 6，54 分以下為第 1 組（圖 3-88）。設定新組距的直方圖如圖 3-89。

圖 3-88　修改組距

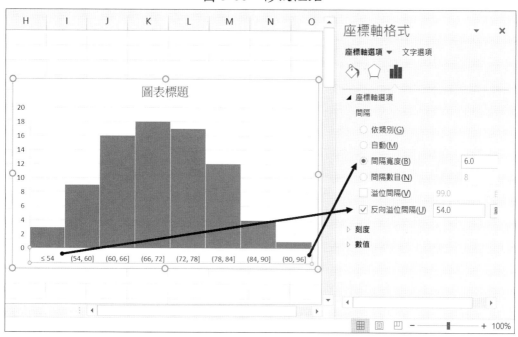

圖 3-89　組距已設定為 6

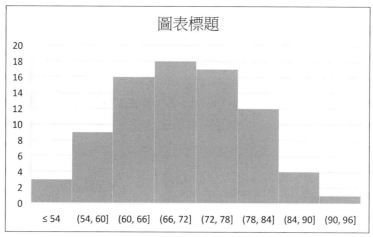

7.　增加座標軸標題。

在圖右上方 **＋** 號中的【圖表項目】勾選【座標軸標題】（圖 3-90）。

圖 3-90　勾選「座標軸標題」

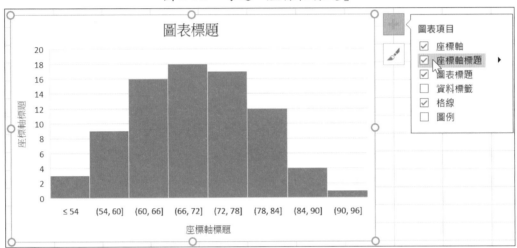

8.　完成的直方圖如圖 3-91，因為設定【反向溢位間隔】為 54，所以 54 分以下（≤）為第 1 組，54-60 為第 2 組。**留意**：第 2 組為 (54, 60]，表示 54 < X ≤ 60，54 分會被歸類為第 1 組。

圖 3-91　修改完成的直方圖

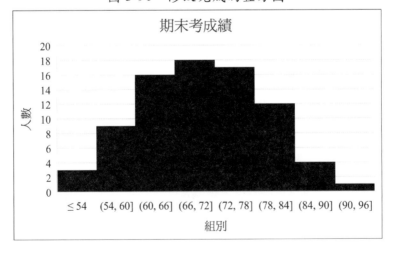

(二) SPSS 操作步驟（例題 3-2.sav）

1.　輸入資料。

　　此部分使用的資料與前面分組次數分配表相同，請參考該部分的說明。

2.　繪製直方圖。

　　在【統計圖】選單中選擇【圖表建立器】。接著在【選擇來源】中選擇【直方圖】，並將「期末考試成績」拖曳到水平軸，點擊【確定】按鈕（圖 3-92）。

圖 3-92　選擇直方圖程序及分析變數

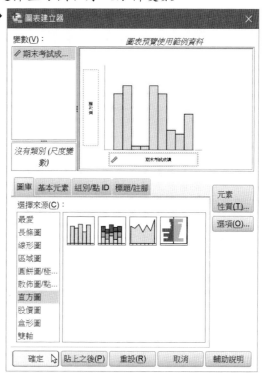

3.　修改直方圖組距。

　　因為是使用原始分數繪製直方圖，所以 SPSS 自行設定每一組的組距為 2（圖 3-93）。此時，可以雙擊圖形，進入圖表編輯器。點選條形部分後，在【直方圖選項】中設定【間隔寬度】（組距）為 6，【自訂錨的值】（第一個分割點）為 48.0。設定完成後，按【套用】按鈕（圖 3-94）。

圖 3-93　初步完成的直方圖

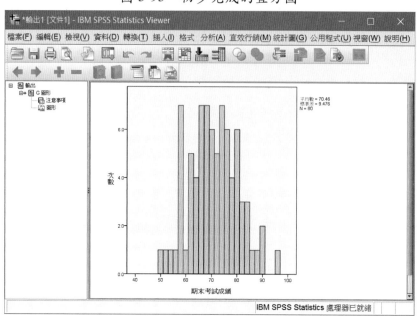

圖 3-94　設定組距為 6

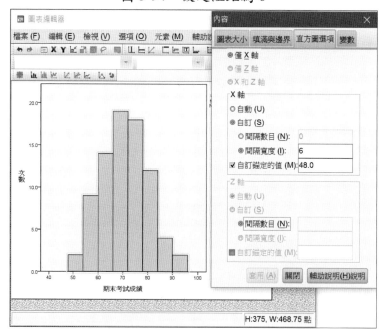

4.　修改 X 軸尺度。

如果要再修改 X 軸刻度，可以在【尺度】中修改，設定【最小值】為 48，
【最大值】為 96，【主要增量】為 6。設定完成後，按【套用】按鈕（圖 3-
95）。

圖 3-95　修改 X 軸尺度

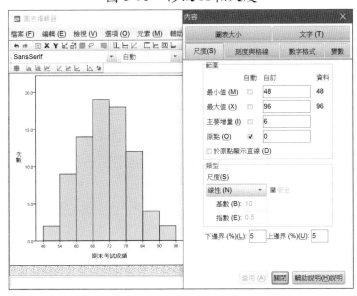

5.　完成的直方圖如圖 3-96。

圖 3-96　修改完成的直方圖

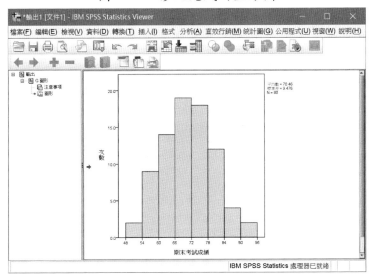

三、圓形比例圖 (pie chart)

1. 圓形比例圖又稱圓餅圖，如圖 3-97 所示。

圖 3-97　圓形比例圖示例

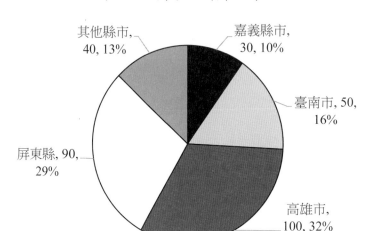

2. 圖形比例圖是以**扇形面積**表示數量，除了表示某個類別的數量外，更關心它在全體中所占的比例。

3. 每個類別所占圓心角 $= \dfrac{\text{次數}}{\text{總次數}} \times 360$。本例中學生總數為 310 人，其中來自臺南市的學生有 50 人，因此其圓心角為 $\dfrac{50}{310} \times 360 = 58.06$ 度。

4. 圓形比例圖適用於**質的變數**，但類別不宜太多，否則個別切片（slice）會太小，不利於閱讀。

5. 最好不要使用立體的圓形比例圖。圖 3-98 中三個部分所占的比例都是三分之一，但是「中部」感覺所占的比例較大，會誤導閱讀者。

圖 3-98　儘量不要使用立體圓形比例圖

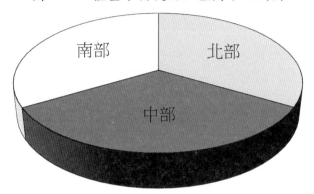

6.　由於閱讀時鐘的習慣，第一個切片的起始角度最好從 12 點鐘開始（圖 3-99 左），避免從其他地方開始（圖 3-99 右）。

圖 3-99　最好從 12 點鐘方向開始

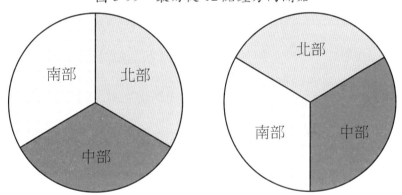

7.　使用圓形比例圖應留意總人數及遺漏值，不宜只看各類別的比例。如，研究者宣稱某個節目的**收視占有率**是 75%（30 / 40 * 100% = 75%），實際上是 40 個開電視的人當中有 30 個人看這節目，但是卻有 960 個人不看電視，如果計算**收視率**，則變為 3%（30 / (40 + 960) * 100% = 3%）。

(一) Excel 操作步驟（例題 3-4.xlsx）

1.　選取範圍後，從【插入】的選單中選取【圓形圖】之【平面圓形圖】。

圖 3-100　插入圓形圖

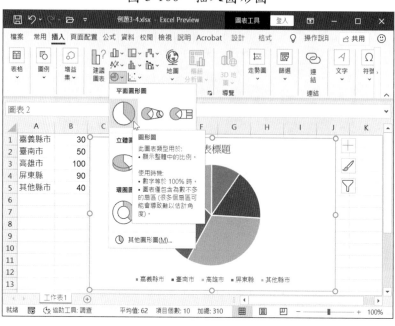

2.　在【設計】中之【圖表版面配置】選擇【版面配置 5】（圖 3-101），得到初
　　步的圓形圖（圖 3-102）。

圖 3-101　選擇版面配置 5

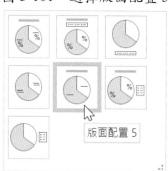

圖 3-102　初步之圓形比例圖

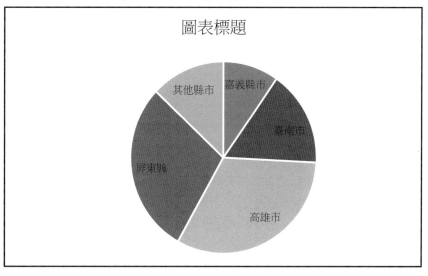

3.　在資料標籤上點滑鼠右鍵，或右上方**+**號【圖表項目】中【資料標籤】的
　　【其他選項】下，設定資料標籤格式（圖 3-103）。在標籤格式中勾選**值**及
　　百分比兩個選項（圖 3-104）。

圖 3-103　設定資料數列格式

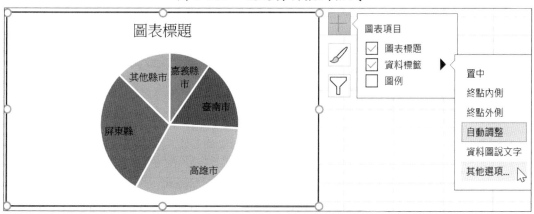

圖 3-104 勾選「數」與「百分比」

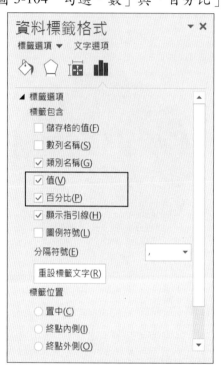

4. 修改完成的圓形比例圖如圖 3-105。

圖 3-105 修改完成的圓形比例圖

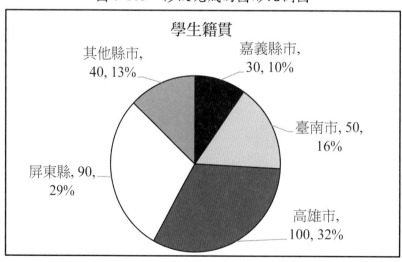

(二) SPSS 操作步驟（例題 3-4.sav）

1. 輸入資料及設定加權。

本處使用的資料與長條圖相同，因此輸入及加權的方法請見該處的說明。

2. 不使用人數當加權，繪製圓餅圖。

在【統計圖】選單中選擇【圖表建立器】。接著在【選擇來源】中選擇【圓餅圖/極座標】，並分別將「縣市別」拖曳到水平軸，「人數」拖曳到垂直軸，最後點擊【確定】按鈕。

圖 3-106　選擇圓餅圖程序及分析變數

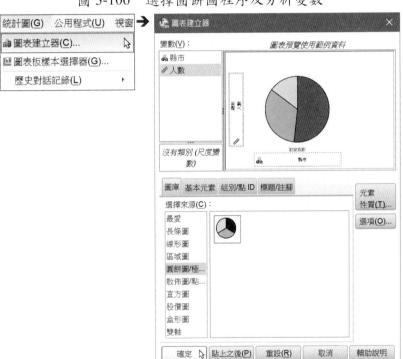

3. 修飾圓餅圖。

在統計圖上雙擊滑鼠左鍵，進入圖表編輯器。在【元素】選單中選擇【顯示資料標籤】（圖 3-107），接著在切片上再雙擊，在【資料值標記】中將縣市及個數移到上面的內容，接著點選【套用】按鈕（圖 3-108）。

圖 3-107 顯示資料標籤

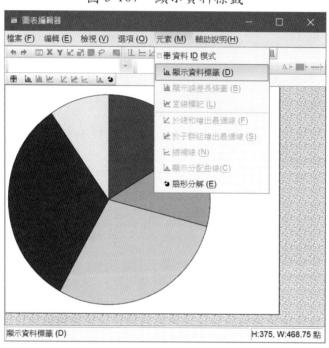

圖 3-108 選擇資料值標記內容

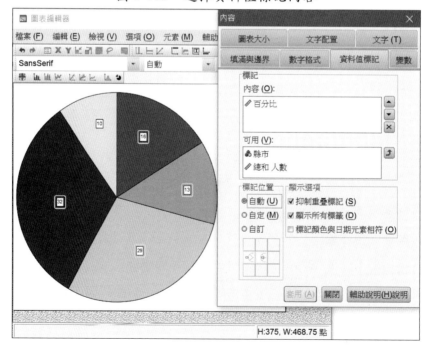

4.　完成的圓餅圖如圖 3-109。

圖 3-109　完成的圓餅圖

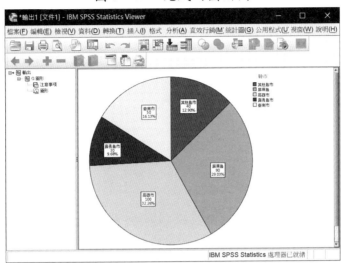

5.　使用人數當加權，繪製圓餅圖。

如果設定「人數」為加權，則只要將「縣市」拖曳到水平軸，並點擊【確定】按鈕即可。**留意**：不可以再將「人數」拖曳到垂直軸，否則會出錯（圖 3-110）。

圖 3-110　使用人數當加權，繪製圓餅圖

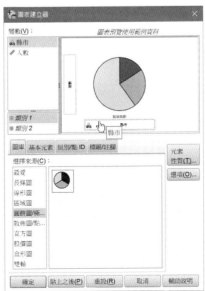

四、折線圖或多邊圖（frequency polygon）

1. 折線圖又稱線形圖，如圖 3-111 所示。

圖 3-111　折線圖示例

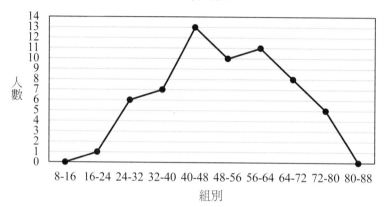

2. 折線圖是以高度表示數量，適合於等距及等比變數分組後之次數。

3. X 軸的上下兩端應設定為 0。

4. 折線圖所涵蓋面積等於直方圖條形面積總和（圖 3-112）。不過，目前多數的折線圖上下兩端的次數並不設定為 0。

圖 3-112　直方圖與折線圖

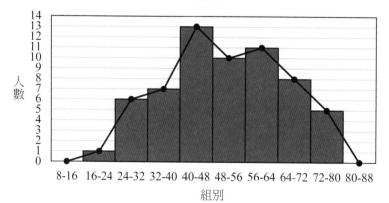

(一) Excel 操作步驟（例題 3-2.xlsx）

1.　先按住 Ctrl 鍵，選取「組別」與「次數」的數據後，在【插入】選單中選擇
【折線圖】（圖 3-113）。

圖 3-113　插入折線圖

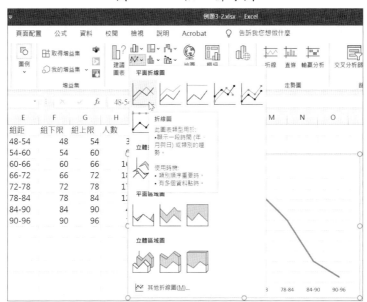

2.　初步圖形如圖 3-114。

圖 3-114　初步之折線圖

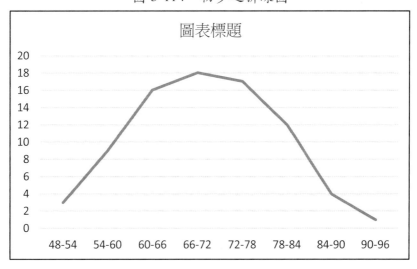

3. 在【設計】中【版面配置】選擇【版面配置 10】（圖 3-115），加上座標軸
   標題（圖 3-116）。

圖 3-115　選擇版面配置 10

圖 3-116　加上「座標軸標題」的折線圖

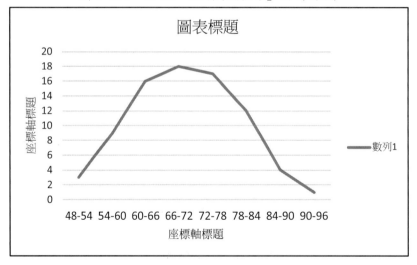

4. 加上標題，並經稍加修飾後，得到圖 3-117 的折線圖。

圖 3-117　修改完成的折線圖

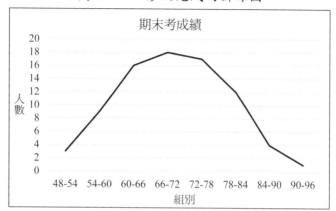

(二) SPSS 操作步驟（例題 3-2.sav）

1. 輸入資料。

此部分使用的資料與前面分組次數分配表及直方圖相同，請參考該部分的說明。

2. 繪製線形圖。

在【統計圖】選單中選擇【圖表建立器】。接著在【選擇來源】中選擇【線形圖】，並將「期末考試成績分組」拖曳到水平軸，點擊【確定】按鈕。（圖 3-118）

3. 完成的線形圖如圖 3-119。

圖 3-118 選擇線形圖程序及分析變數

圖 3-119 完成的線形圖

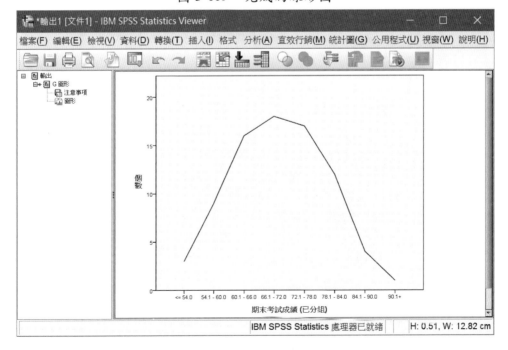

五、時間數列圖（time series plot）

1. 時間數列圖或稱時間序列圖，在經濟學或人口學領域經常使用，如圖 3-120 所示。

圖 3-120　時間數列圖示例

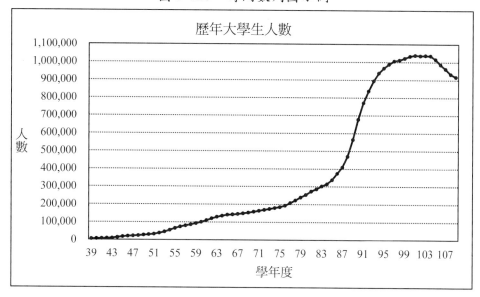

2. 時間數列圖也是以 Y 軸的高度表示數量，X 軸則為時間。

(一) Excel 操作步驟（例題 3-5.xlsx）

1. 先選取數值範圍（不要包含「學年度」），在【插入】選單中選擇【折線圖】（圖 3-121）。此時，X 軸並未正確設定為時間（圖 3-122）。

圖 3-121 插入折線圖

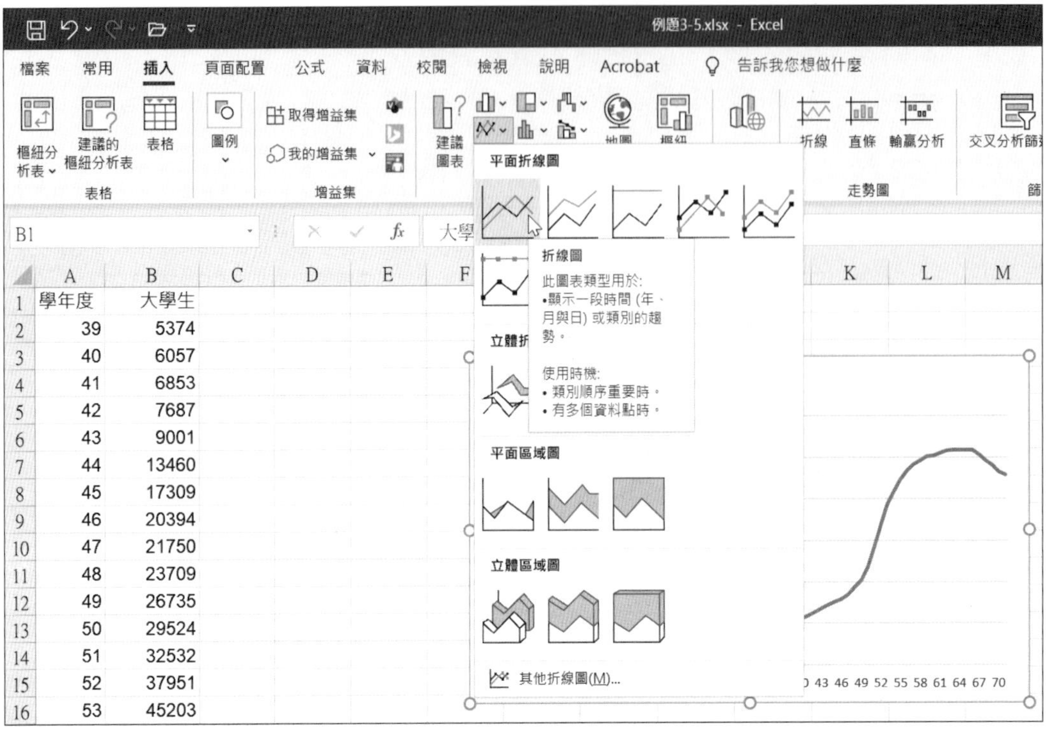

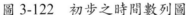

	A	B
1	學年度	大學生
2	39	5374
3	40	6057
4	41	6853
5	42	7687
6	43	9001
7	44	13460
8	45	17309
9	46	20394
10	47	21750
11	48	23709
12	49	26735
13	50	29524
14	51	32532
15	52	37951
16	53	45203

圖 3-122 初步之時間數列圖

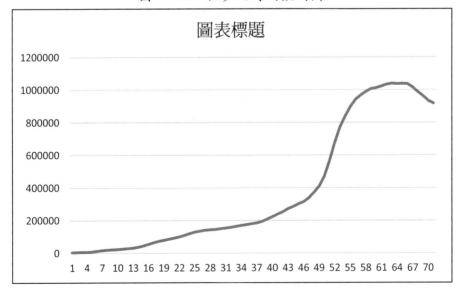

2. 選擇時間標籤。

    先在 X 軸上點擊滑鼠右鍵，選擇【選取資料】（圖 3-123），接著，選擇【水平（類別）軸座標軸標籤】（圖 3-124）。

圖 3-123 選取資料

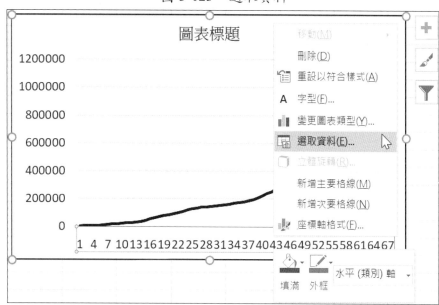

圖 3-124 設定水平（類別）座標軸標籤

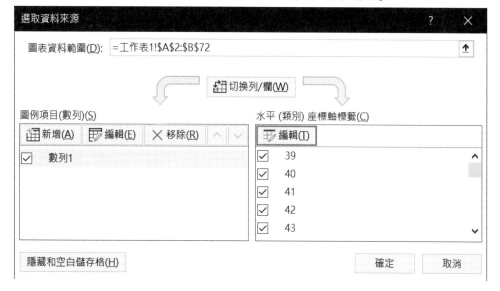

3. 完成的時間數列圖如圖 3-125。

圖 3-125　完成的時間數列圖

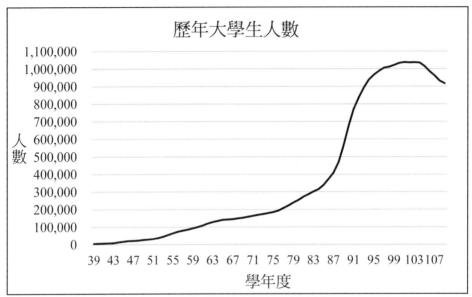

(二) SPSS 操作步驟（例題 3-5.sav）

1. 輸入資料，有「學年度」及「大學生數」兩個變數。

2. 使用圖表建立器程序。

   在【統計圖】選單中選擇【圖表建立器】。接著在【選擇來源】中選擇【線形圖】，並將「學年度」拖曳到水平軸，「大學生數」拖曳到垂直軸，點擊【確定】按鈕（圖 3-126）。

圖 3-126　選擇線形圖程序及分析變數

3. 　繪製完成並修改 X 軸尺度的時間數列圖如圖 3-127。

圖 3-127　修改完成的時間數列圖

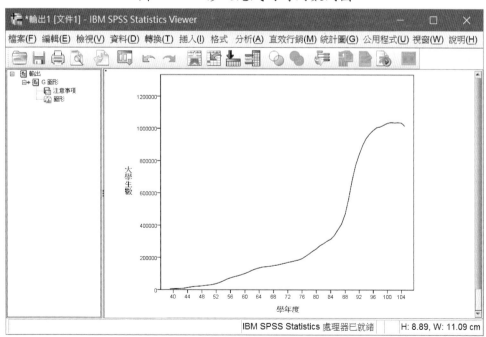

4. 使用序列圖程序。

在【分析】選單中的【預測】選擇【序列圖】（圖 3-128）。

圖 3-128　使用序列圖程序

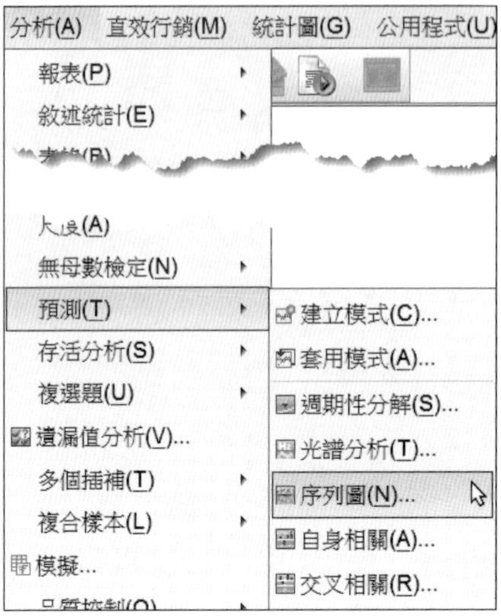

5. 選擇分析變數。

接著將「大學生數」選擇到【變數】，「學年度」選擇到【時間軸標記】，
並點擊【確定】按鈕（圖 3-129）。

圖 3-129　選擇分析變數

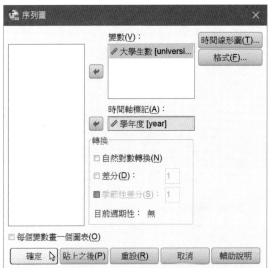

6.　繪製完成的時間數列圖如圖 3-130。

圖 3-130　完成的時間數列圖

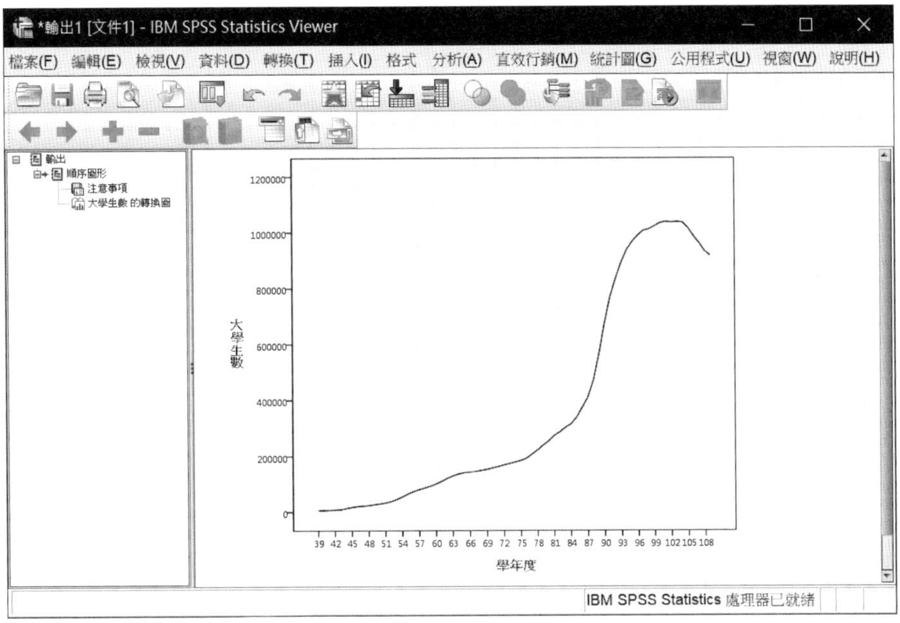

六、莖葉圖（stem-and-leaf plot）

1.　莖葉圖包含莖與葉兩部分，如圖 3-131 所示。

圖 3-131　莖葉圖示例

```
3. 147788
4. 0012334445577889
5. 0000244567888
6. 011224456788
7. 0114489
```

2.　莖葉圖由 J. W. Tukey 所發展。

3.　莖葉圖可以保留原始數據，且有直方圖功能，把莖葉圖左轉 90 度，就類似直方圖。

圖 3-132　旋轉後之莖葉圖

```
3. 147788
4. 001233444557789
5. 00002445677888
6. 01122445677888
7. 0114489
```

4. 製作的順序為：(1)先將原始數據排序。(2)將最後一位數（通常是個位數）當葉片，其他部分當莖。(3)依次將最後一位數填上葉片部分。

5. 圖 3-131 中，莖的部分是十位數，分別為 30 ~ 70；葉的部分代表個位數。由圖可看出：有 13 個學生的分數介於 50~59 之間，其中 50 分有 4 人，52 分有 1 人，54 分 2 人，55 分 1 人，56 分 1 人，57 分 1 人，58 分 3 人。

6. 有時觀察體太多，莖葉圖會太長，此時每片葉子可以代表多個觀察體（如 5 個或 7 個不等）。

7. 如果莖的部分太少，統計軟體會將它分成 2 或 5 組。如圖 3-133 即以 5 分為一組，最後一位數（個位數）是 0 ~ 4 為一組，5 ~ 9 者為另一組，亦即莖的部分在倒數第二位數（十位數）分為兩組。

圖 3-133　改用 5 分一組

```
3. 14
3. 7788
4. 001233444
4. 5577889
5. 0000244
5. 567888
6. 0112244
6. 56788
7. 01144
7. 89
```

(一) SPSS 操作步驟（例題 3-2.sav）

1.　輸入資料。

　　方法與分組之次數分配相同，不再贅述。

2.　進行預檢資料分析。

　　在【分析】選單中的【敘述統計】選取【預檢資料】（圖 3-134）。

圖 3-134　使用預檢資料程序

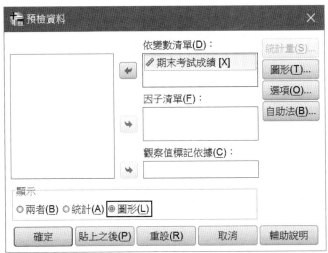

3.　選擇變數及設定圖形。

　　將原始變數 X（期末考成績）點選到右邊【依變數清單】中。在【顯示】中
選擇【圖形】（圖 3-135）。

圖 3-135　選擇分析變數

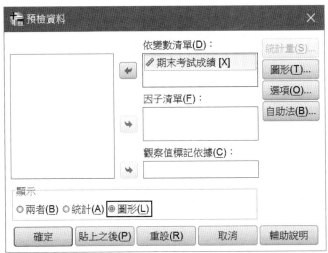

4. 選擇莖葉圖。

在【圖形】的選項下，可以看到內定輸出【莖葉圖】。【盒形圖】的部分，
選擇【無】，不繪製（圖 3-136）。盒形圖請見下一部分之說明。

圖 3-136　勾選莖葉圖選項

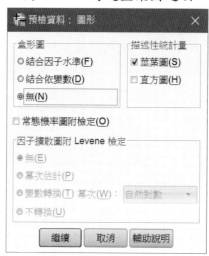

5. 完成的莖葉圖如圖 3-137。

圖 3-137　完成的莖葉圖

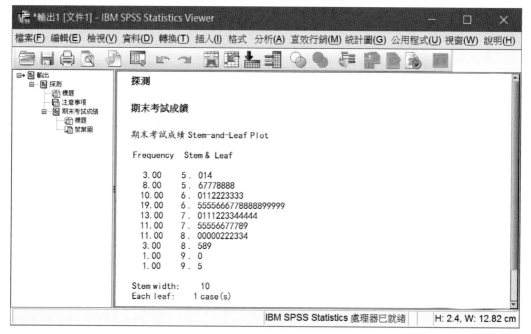

七、盒鬚圖 (box-and-whiskers plot)

1. **盒鬚圖**又稱為**盒形圖**（box plot），如圖 3-138 所示。

圖 3-138 盒鬚圖示例

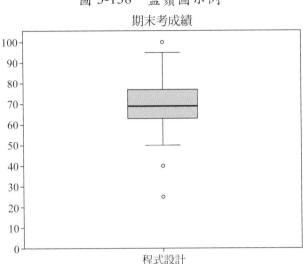

2. 盒鬚圖同樣是由 J. W. Tukey 所發展。

3. 盒鬚圖由盒子與鬚組成。圖 3-139 中，盒子的上緣是 Q_3，下緣是 Q_1，中間的粗線是 Q_2，盒子的高度是 $Q_3 - Q_1$，稱為 IQR（四分位全距）。鬚的長度是 IQR 的 1.5 倍，超過 $Q_3 + 1.5*IQR$ 或 $Q_1 - 1.5*IQR$ 的數值，稱為離異值（outlier）或極端值（extreme）[2]。

4. 由盒鬚圖可以看出數值的分布情形，並可以看出是否有離異值。

---

[2] 國中教科書介紹的盒鬚圖與本處的說明有所不同，讀者要多留意。另外，盒鬚圖有較細微的界定，本書不多介紹，請參考陳正昌（2017）的著作。

圖 3-139　盒鬚圖之意義

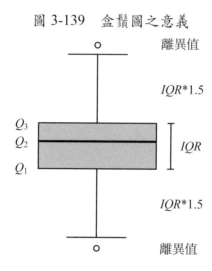

(一) Excel 操作步驟 (例題 3-6.xlsx)

1. 本處所用資料與例題 3-2 相同，只是另外加入 40、100、20 等 3 個成績。部分資料格式如圖 3-140。此處，A 欄是科目名稱，可以有不同的科目，B 欄是期末考成績。

圖 3-140　部分資料

	A	B	C	D	E	F	G	H
1	科目	期末考成績						
2	程式設計	72						
3	程式設計	95						
4	程式設計	74						
5	程式設計	69						
6	程式設計	62						
7	程式設計	80						
8	程式設計	80						
9	程式設計	83						
10	程式設計	68						
11	程式設計	78						
12	程式設計	88						
13	程式設計	68						
14	程式設計	84						
15	程式設計	69						
16	程式設計	65						
17	程式設計	69						
18	程式設計	71						

工作表1　⊕

2.　先選取數值範圍，在【插入】選單中選擇【盒鬚圖】。

圖 3-141　插入盒鬚圖

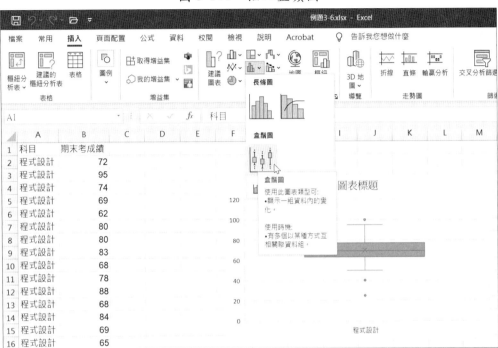

3.　初步的圖形如圖 3-142。

圖 3-142　初步之盒鬚圖

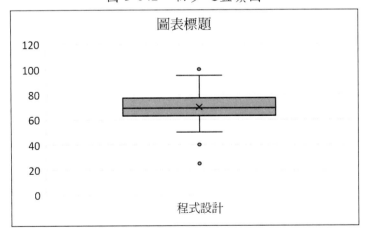

4. 經細部修改後，得到圖 3-143。

圖 3-143　修改完成的盒鬚圖

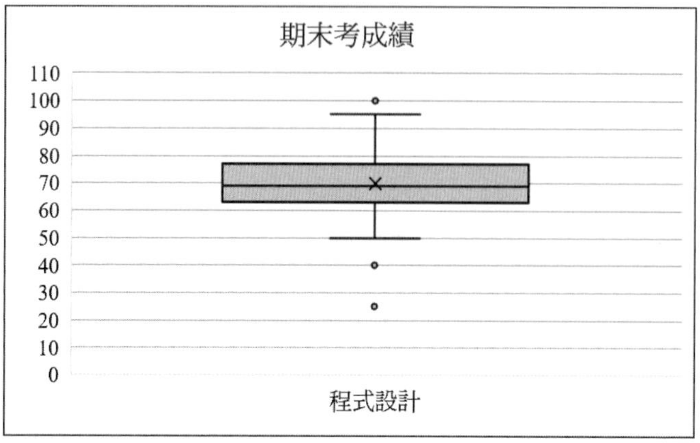

(二) SPSS 操作步驟（例題 3-6.sav）

1. 輸入資料。

   此部分使用的資料與例題 3-2 的資料相似，只是多了 3 個學生的成績，請參考該部分的說明。

2. 繪製線形圖。

   在【統計圖】選單中選擇【圖表建立器】。接著在【選擇來源】中選擇【盒形圖】，並將「期末考試成績」拖曳到垂直軸，點擊【確定】按鈕。（見圖 3-144）

圖 3-144 選擇盒形圖程序及分析變數

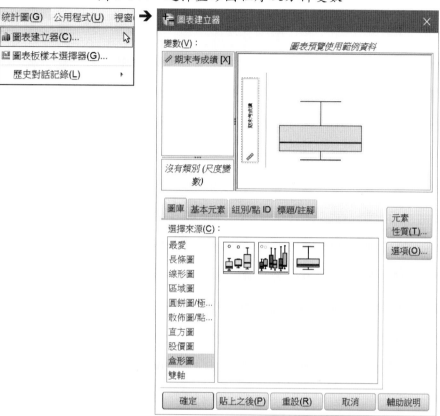

3. 輸出報表。

   繪製所得報表如圖 3-145。其中 81 ~ 83 等 3 個人為離異值，82 號學生的成績
   比較高，81 及 83 號成績較低。

圖 3-145　完成的盒鬚圖

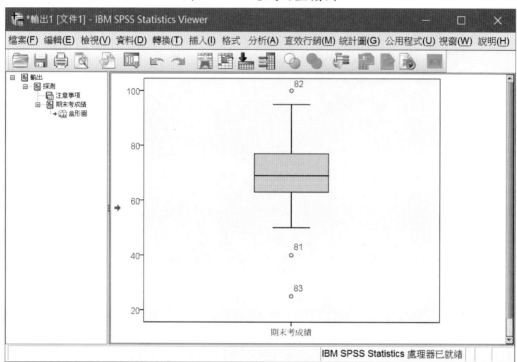

4. 使用預檢資料程序。

在 SPSS 中，也可以使用預檢資料程序繪製盒形圖。在【分析】選單中的【敘述統計】選擇【預檢資料】。

圖 3-146　使用預檢資料程序

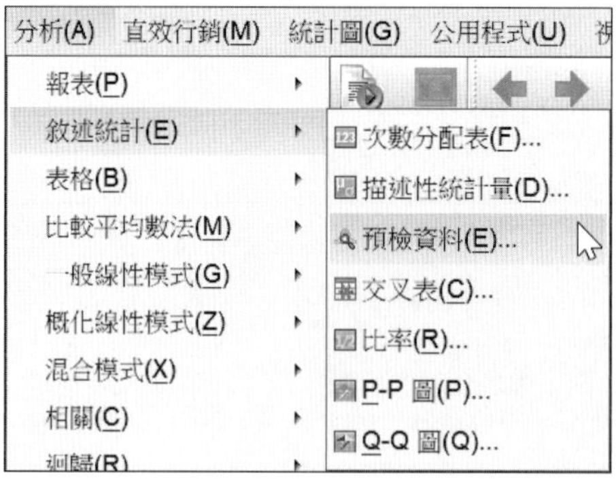

5.　選擇分析變數。

將「期末考成績」點選到【依變數清單】框中，【顯示】部分，只保留【圖形】（圖 3-147）。

圖 3-147　選擇分析變數

6.　選擇需要的圖形。

在【圖形】項下，只保留【盒形圖】當中的【結合因子水準】。完成後依序點擊【繼續】及【確定】按鈕即可（見圖 3-148）。輸出結果與圖 3-145 相同。

圖 3-148　選擇盒形圖

肆、習題

一、某大學餐旅管理學系學生的籍貫如下表，以 Excel 或 SPSS 繪製長條圖。

縣市	人數
臺中市	15
彰投雲	25
嘉義縣市	20
臺南市	65
高雄市	105
屏東縣	70
其他地區	30

二、配合習題 3-2 之身高資料，以 5 公分為一組，製成次數分配表，並繪製成直方圖。

三、配合習題 3-3 之體重資料，繪製成盒鬚圖（留意：須使用 Excel 2016 以後之版本）。

四、配合習題 3-4 之歷年小學生人數資料，繪製成時間數列圖。

第4章
集中量數

本章概要

1. 集中量數代表一組資料的中心位置。

2. 常用的集中量數有：眾數、中位數、算術平均數、幾何平均數、及調和平均數。

3. 眾數是一組資料中，出現最多的數值或類別，比較適用於名義變數。

4. 中位數是一組資料中，經過排序後最中間位置的數值，比較適用於次序變數。

5. 算術平均數先計算一組資料的總和，再除以個數，比較適用於等距與等比變數。

6. 當有極端值時，算術平均數可能無法代表整體數值，此時最好改用中位數。

7. 當每個數值的權重不相等時，要使用加權平均數，不可以直接計算算術平均數。

　　集中量數是對一群觀察體集中情形的描述，用一個量數來代表全體的中心位置。常用的集中量數有：眾數、中位數（或稱中數）、算術平均數（通常簡稱平均數）、幾何平均數、及調和平均數。

壹、眾數（mode）

一、統計基本概念

　　眾數的定義是：一組資料中，出現最多的數值或類別。它的優點是不會受到極端值的影響，而且適用於非數值的資料。眾數比較適用於**名義變數**，但是次序變數、等距變數、及等比變數也都可以使用眾數來表示集中情形。

　　假設有 9 個學生的期中考成績如下表，因為 85 分者有 3 人，是次數最多的分數，所以眾數就是 85 分。

80、85、75、85、90、85、70、65、75

　　要留意的是，眾數**不是**出現最多的**次數**。例如，資訊管理學系的學生有男性 100 人，女性 200 人，因為女性人數較多，所以資管系學生性別的眾數就是「女性」，而不是「200」人。

　　另一方面，一個變數有可能有多個眾數，如果 9 個學生的成績如下：

> 65、70、75、75、80、80、90、95、100

　　此時 75 分及 80 分各有 2 個人，因此有雙眾數。Excel 的 MODE.SNGL 或 MODE 函數在計算多個眾數時，只會顯示第一個出現的眾數，所以上面資料的眾數是 75。但是，如果排列的順序如下表，則眾數就成了 80。

> 100、95、90、80、80、75、70、75、65

　　如果明確知道有多個眾數，可以使用 MODE.MULT 函數。步驟如下：

1. 視個別需要選擇要呈現眾數的儲存格，在此假定為 B1 到 B4，並點擊插入函數按鈕（圖 4-1）。

圖 4-1　選擇要呈現眾數的儲存格

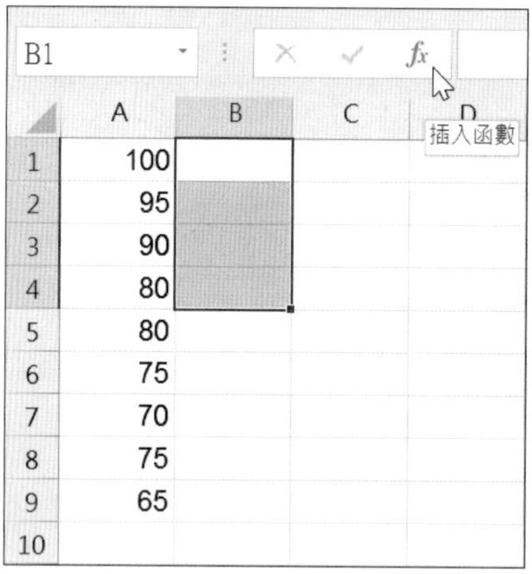

2. 在【統計】類函數中選擇 MODE.MULT，並點擊【確定】按鈕（圖 4-2）。

圖 4-2　插入 MODE.MULT 函數

3. 在第一個引數中選擇要計算眾數的原始數值，在此為 A1:A9（圖 4-3），如果 A 欄沒有其他不相關的數值，可以直接選擇 A:A，較有彈性。

圖 4-3　選擇原始數值範圍

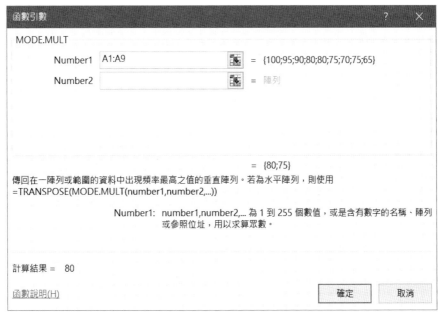

4.　選擇後，要先同時按住 **Ctrl + Shift** 兩個鍵，再按 Enter 鍵或點選【確定】按鈕，即可出現眾數。在本例中眾數為 80 與 75，多餘的儲存格會出現#N/A（not available）字元（圖 4-4），因此，可以一開始只選擇 B1 與 B2 儲存格即可。

圖 4-4　計算結果

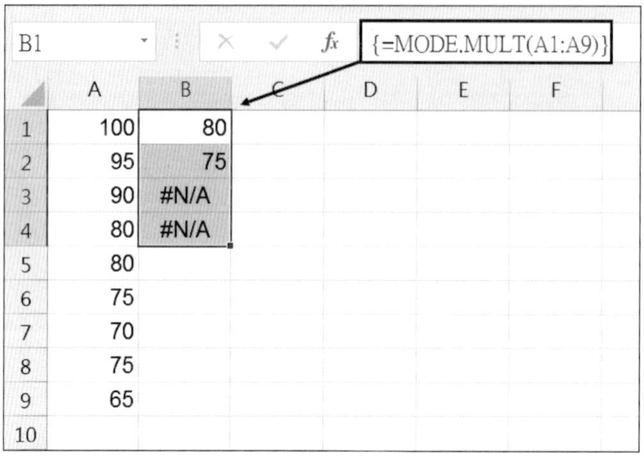

SPSS 在計算多個眾數時，會顯示較小的數值，所以上表的眾數是 75，但是會加註「存在多個眾數，顯示的為最小值」，如圖 4-5。

圖 4-5　SPSS 分析所得的眾數

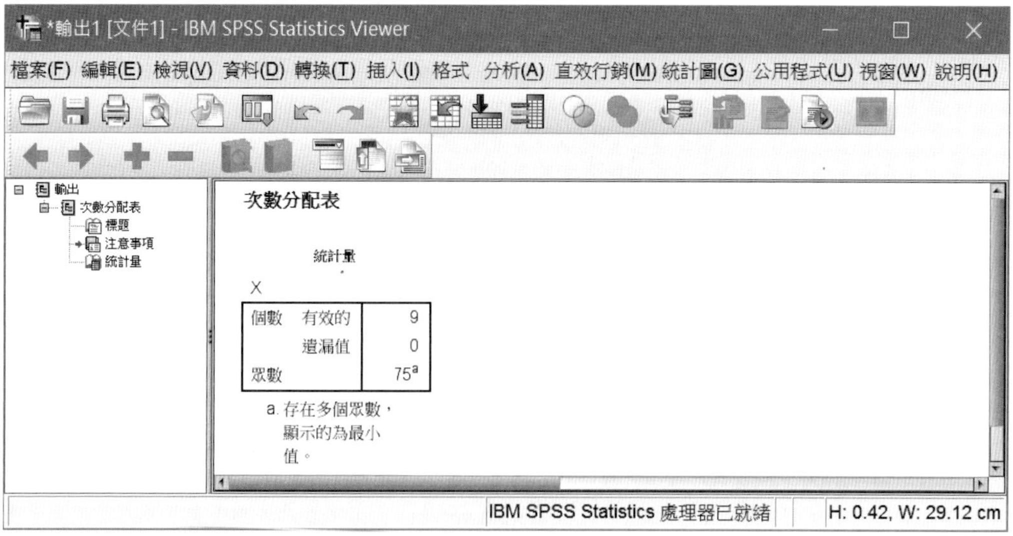

　　有時候，變數也可能沒有眾數。如 9 個學生的成績如下表，此時每個分數都只有 1 人，因此就沒有眾數。然而，SPSS 統計軟體仍會顯示有多個眾數，而眾數是 65（因為是最小的數值）；Minitab 及 SAS 統計軟體就會顯示沒有眾數。

> 60、65、70、75、80、85、90、95、100

二、Excel 操作步驟（例題 4-1.xlsx）

1. 眾數的英文為 mode，這也是 Excel 早期的函數名稱。不過，在 Excel 2010 版後，已改為 MODE.SNGL 與 MODE.MULT（MODE 函數仍然可用）。

2. 使用第三章 80 個學生的成績（放在 A1 到 A80 的儲存格），在儲存格中直接輸入 "**=MODE.SNGL(A1:A80)**"，計算 A1 到 A80 的眾數（圖 4-6）。

圖 4-6　使用 MODE.SNGL 函數計算眾數

	A	B	C	D	E	F	G
1	72		眾數	69			
2	95						
3	74						
4	69						
5	62						

（D1　=MODE.SNGL(A1:A80)）

3. 也可以在【公式】的選單中用【插入函數】的方式進行（圖 4-7）。

圖 4-7　插入函數按鈕

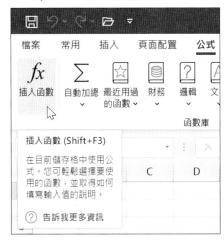

4. 選擇【統計】中的 MODEL.SNGL 函數（圖 4-8）。

圖 4-8 插入 MODE.SNGL 函數

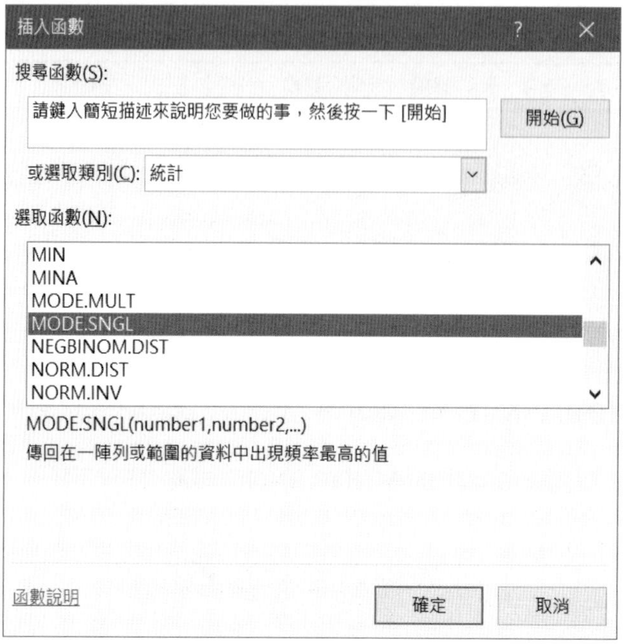

5. 第一個陣列中輸入 "A1:A80"，此時下面就會顯示計算結果 69（圖 4-9）。點選【確定】之後，在儲存格中即出現計算後之數值。

圖 4-9 輸入原始數值範圍

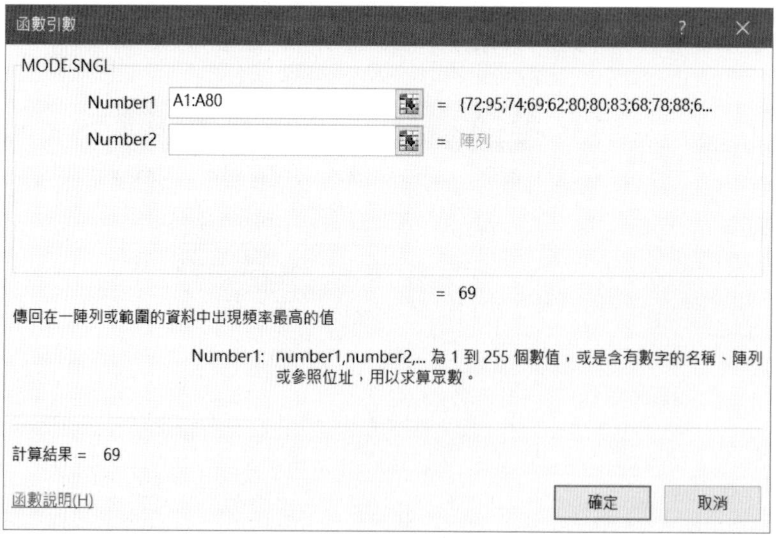

6. 也可以點選右邊的按鈕之後，再選擇所需的儲存格位置（A1 到 A80）（圖 4-10）。

圖 4-10　點擊按鈕

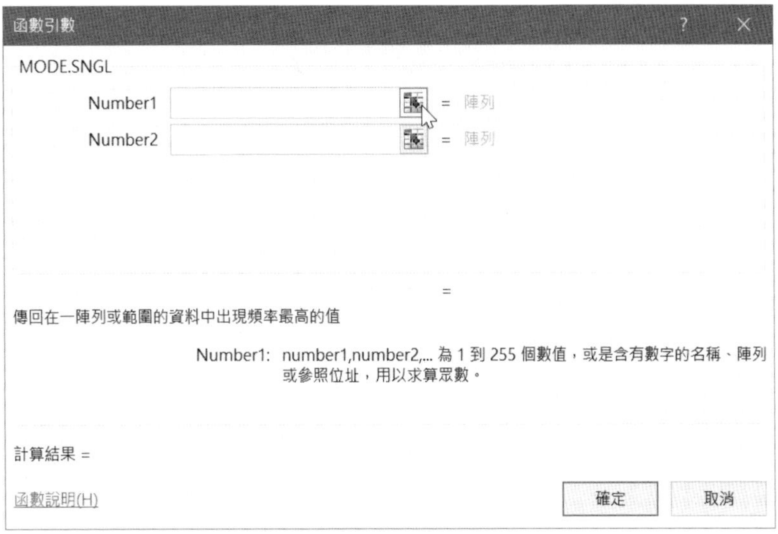

7. 選擇所需的儲存格位置後，再點選右邊的按鈕（圖 4-11），即可出現結果（圖 4-12）。

圖 4-11　選擇原始數值範圍

圖 4-12　計算結果

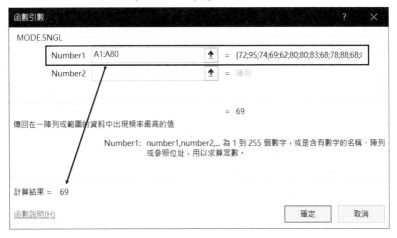

三、SPSS 操作步驟（例題 4-1.sav）

1.　使用次數分配表程序。

在【分析】選單中的【敘述統計】選擇【次數分配表】（圖 4-13）。

圖 4-13　使用次數分配表程序

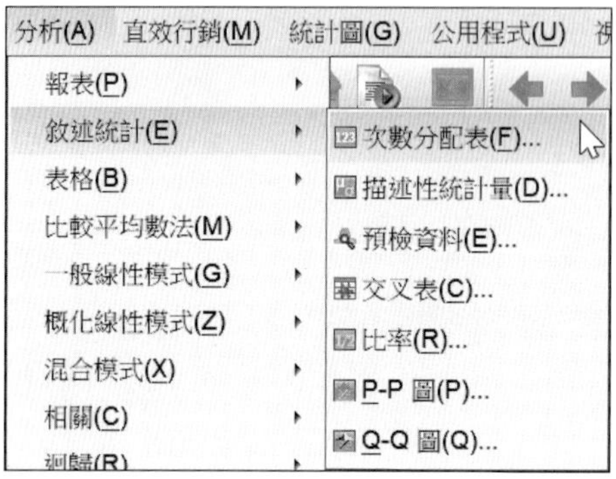

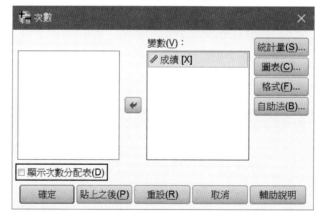

2.　選擇分析變數。

將變數 X（成績）點選到右邊的【變數】中，並取消左下角的【顯示次數分配表】選項（圖 4-14）。

圖 4-14　選擇分析變數

3.　選擇眾數統計量。

在【統計量】中，勾選【眾數】選項（圖 4-15），完成後點選【繼續】再按【確定】即可進行分析。

圖 4-15　勾選眾數

4.　輸出報表。

分析之後得到眾數 69（圖 4-16）。

圖 4-16　輸出報表

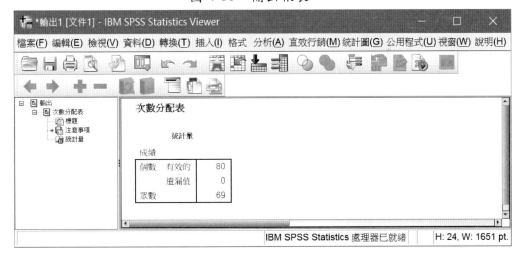

貳、中位數（median）

一、統計基本概念

中位數或稱中數，它的定義是：一組資料中最中間位置的**數值**，是數值中第 50 個百分位數。也就是有二分之一的數值小於或等於中位數，同樣地，也有二分之一的數值大於或等於中位數。

中位數的計算步驟如下：

1.　先將原始數值由小到大排序。

2.　找出最中間的位置。

　　(1)　如果觀察值是奇數，則位置是在 $(n+1)/2$。

　　(2)　如果觀察值是偶數，則位置是在 $n/2$ 及 $(n/2)+1$ 之間。

　　(3)　實務上，不管觀察值是奇數或偶數，位置可以統一為以下公式，比較容易記憶：

$$中位數位置：\frac{n+1}{2} \tag{4-1}$$

3.　找到該位置的數值。要強調的是，中位數不是找到最中間的**位置**就好，還要找到這個**數值**。

4.　中位數的位置也可以用公式 4-2 計算，不過，計算後還要再判斷：

$$p = \frac{n}{2} \tag{4-2}$$

　　(1)　如果 p 是整數（可以整除），則取第 p 個與第 $p+1$ 個數值之和再除以 2（也就是兩個數值的算術平均數）。

　　(2)　如果 p 不是整數（不能整除），則無條件進位，取大於第 p 個之最小整數位的數值。

第 4 點的概念與第五章的四分位數計算方式相同，也請參見該章第貳節的說明。

例如，9 個學生的成績排序後如下表：

60、70、75、78、80、85、87、90、95

使用公式 4-1，中位數位置 $=\dfrac{9+1}{2}=5$，第 5 個人的成績是 80 分，因此中位數是 80（**留意**：非 5）。

如果使用公式 4-2 計算，$\dfrac{9}{2}=4.5$，因為不是整數（無法整除），所以進位取第 5 個人的成績 80，與公式 4-1 的結果一致。

又如，10 個學生的成績排序後如下表：

60、70、75、78、80、85、87、90、95、97

使用公式 4-1，中位數位置 $=\dfrac{10+1}{2}=5.5$，此時取就第 5 個人（80 分）及第 6 個人（85 分）成績的平均值 $=\dfrac{80+85}{2}=82.5$。

如果使用公式 4-2 計算，$\dfrac{10}{2}=5$，因為可以整除，同樣取第 5 個人與第 6 個人的成績的平均值，也與公式 4-1 的結果一致。

由計算結果可看出，10 個分數中並無 82.5 分，因此中位數不一定存在於資料的數值中。眾數則一定是資料中的某個數值。

中位數有以下的特點：

1. 計算簡單。

2. 適用於**次序變數**。

3. 不受極端值影響。如，9 個學生的成績排序後如下，

65、70、75、78、80、85、87、90、95

如果最小值改為 6 分，最大值改為 195，如下表：

6、70、75、78、80、85、87、90、195

兩個數列的中位數都是 80，並不會受到極端值的影響。反之，它的缺點也在

此，就是不敏感，不能反映整體的趨勢。

4. 當數值中有些數值不清楚時（如 ∞），應使用中位數。例如，有 8 個受試者接受走迷宮實驗，完成的時間排序後如下表（單位：分），由於有一個人在一定的時間內一直無法走出迷宮，因此無法計算平均花費的時間，此時可以計算中位數（$\frac{8.0+8.5}{2}=8.25$）。

5.0、7.5、7.8、8.0、8.5、10.7、19.0、∞

---

5. $\Sigma|X - 中位數| \leq \Sigma|X - 非中位數|$，也就是每個數減去**中位數**後的絕對值總和，會小於或等於每個數減去**非中位數**後的絕對值總和。

6. 中位數的缺點在於只計算中間的數值，因此比較不具有代表性。如果沒有極端值，而且符合等距或等比變數的條件，最好使用算術平均數來代表集中趨勢，而不要使用中位數。

二、Excel 操作步驟（例題 4-1.xlsx）

1. 直接使用函數計算。

   Excel 提供 MEDIAN 函數，可以直接計算中位數。方法是在儲存格中輸入 "**=MEDIAN(A1:A80)**"，即可得到中位數 69.5 分（圖 4-17）。

圖 4-17　使用 MEDIAN 函數計算中位數

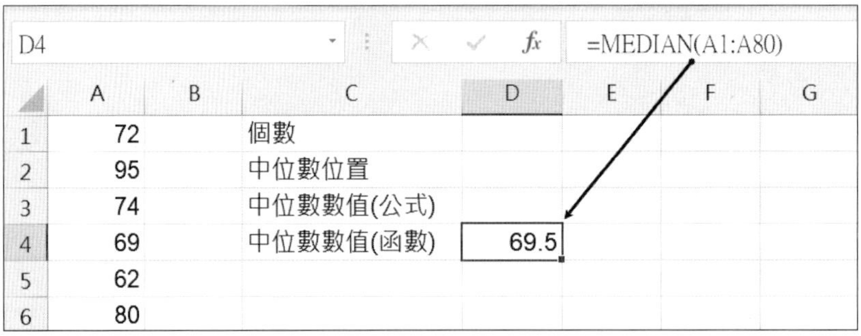

2. 計算觀察體個數。

   在儲存格中輸入 "**=COUNT(A1:A80)**"，即可得到個數 80（圖 4-18）。

圖 4-18　使用 COUNT 函數計算觀察體個數

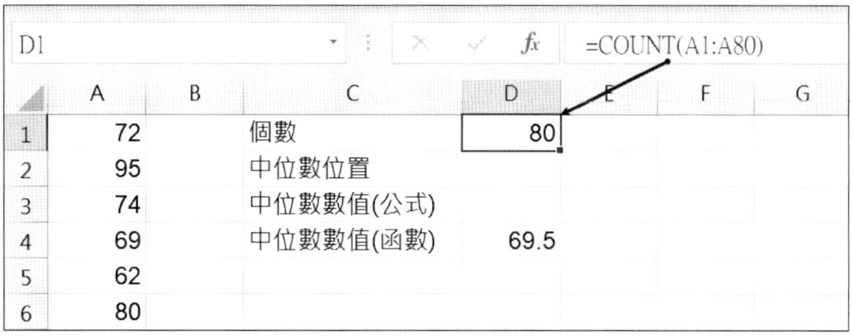

3. 計算中位數位置。

在儲存格中輸入 "**=(D1+1)/2**"，即可得到中位數位置 40.5，因此取第 40 及 41 個數值的平均數（圖 4-19）。

圖 4-19　計算中位數位置

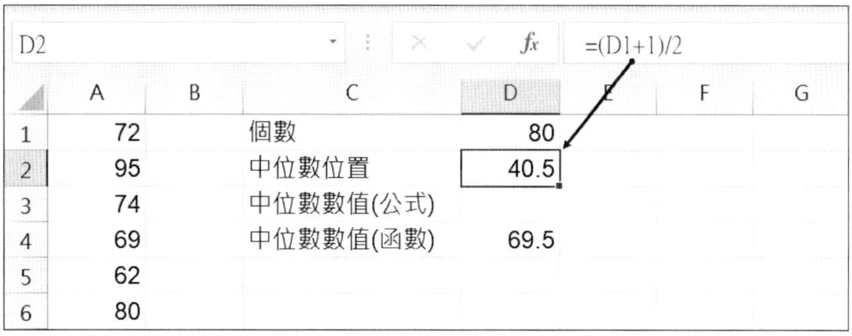

4. 將原始資料排序。

如果不是使用現成函數，記得一定要將所有資料排序，否則會計算錯誤。排序時先選取資料範圍（A1 到 A80），然後在【常用】中選擇【排序與篩選】，排序方法採【從小到最大排序】或【從大到最小排序】都不影響結果。這個步驟也可移到步驟 1，在計算觀察體個數之前，就先排序（圖 4-20）。

圖 4-20　將數值由小到大排序

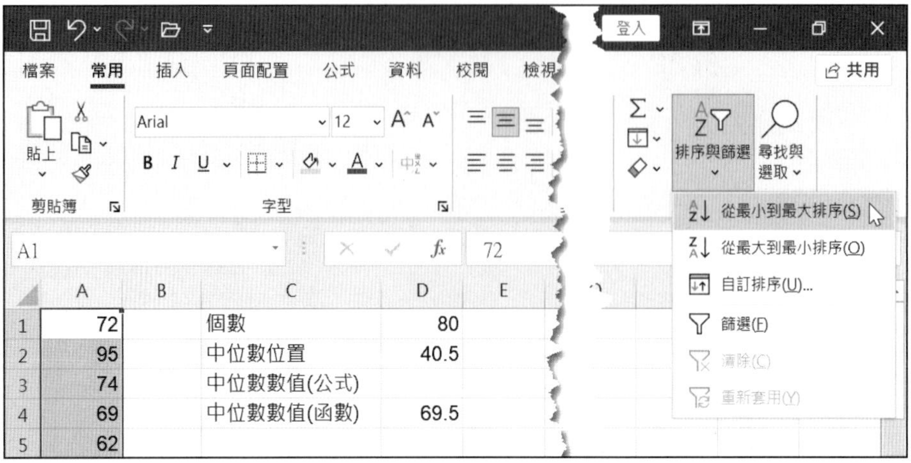

5.　計算中位數之數值。

在儲存格中輸入"**=(A40+A41)/2**"，求第 40 及 41 兩個數值之平均數，計算結果為 69.5（圖 4-21），與直接使用函數所得的結果相同。

圖 4-21　計算中位數數值

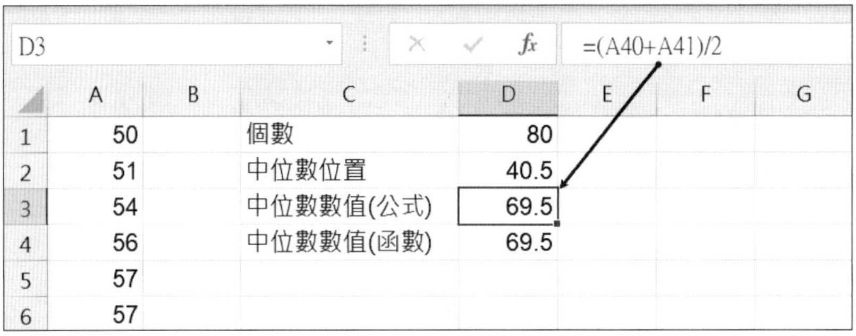

三、SPSS 操作步驟（例題 4-1.sav）

1.　使用次數分配表程序。

在【分析】選單中的【敘述統計】選擇【次數分配表】（圖 4-22）。

圖 4-22　使用次數分配表程序

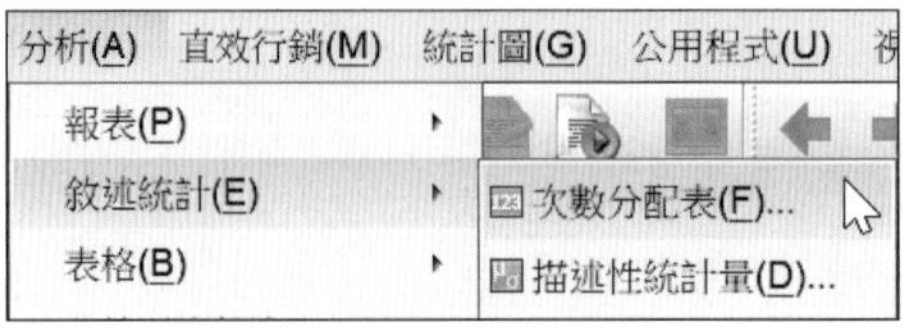

2.　選擇分析變數。

　　將變數 X（成績）點選到右邊的【變數】中，取消左下角的【顯示次數分配表】選項（圖 4-23）。

圖 4-23　選擇分析變數

3.　選擇中位數統計量。

　　在【統計量】中，勾選【中位數】選項（圖 4-24），完成後點選【繼續】再按【確定】即可進行分析。

圖 4-24　勾選中位數

4. 輸出報表。

分析之後得到中位數 69.50（圖 4-25）。

圖 4-25　輸出報表

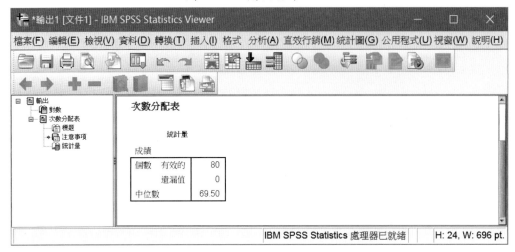

參、算術平均數（Arithmetic mean）

一、統計基本概念

(一) 算術平均數

算術平均數常簡稱為平均數，它的定義是：所有數值的總和除以總觀察值數，母群體的算術平均數公式為：

$$\mu = \frac{\sum_{i=1}^{N} X_i}{N} \quad \text{簡寫為} \quad \mu = \frac{\sum X}{N} \tag{4-3}$$

如果是抽樣所得的樣本算術平均數，公式為：

$$M = \bar{X} = \frac{\sum_{i=1}^{n} X_i}{n} \quad \text{簡寫為} \quad M = \frac{\sum X}{n} \tag{4-4}$$

其中 N 代表母群體的總觀察體數，n 是抽樣所得的樣本數。

它的計算步驟為：

1. 將所有數值加總，得到總和 $\sum X$ 。

2. 將總和 $\sum X$ 除以數值的數目 n ，得到 $\dfrac{\sum X}{n}$ 。

算術平均數具有以下的特性：

1. 適用於**等距**或**等比變數**，名義及次序變數則不適用。

2. 算術平均數是一組數據的重心。在圖 4-26 中，有 1、2、2、3、7、9 等 6 個數值，它們的算術平均數是 $\dfrac{1+2+2+3+7+9}{6}=4$ ，如果以數線中 4 的位置當支點，就可以使兩邊得到平衡。

圖 4-26　算術平均數可使支點兩邊平衡

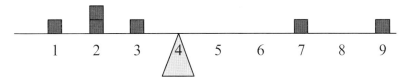

　　　　　計算支點兩端的作用力可以得到：

$$|1-4|+2\times|2-4|+|3-4|=|7-4|+|9-4|$$

3. 算術平均數考量到所有數值（也就是使用所有資訊量），比較具有代表性，但也因此容易受到極端值的影響。如果有極端值出現時，最好改用中位數，不要使用算術平均數。

　　例如，有兩位選手，他們最近 5 次參加 100 公尺徑賽所花的秒數分別是：

> 甲：10.1、10.3、10.0、19.9、10.2
>
> 乙：12.2、12.0、11.9、12.5、11.9

兩個人的算術平均數都是 12.1 秒。

　　如果只看平均數，會誤以為兩個人的表現相同。實際上，可能甲選手在第 4 次比賽時不小心跌倒，因此花了比較久的時間，如果扣除 19.9 秒這個極端值，則他的 4 次平均數是 10.15 秒，而乙選手則是相當穩定地維持在 12.1 秒上下。因此，甲選手的實力比乙選手優秀許多。

又如，某公司 5 名員工每個月的薪資分別是 3、3、4、5、20 萬，此時如果以每個月「平均」7 萬元來描述該公司的薪資，是相當沒有代表性的，因為有 4 名員工的薪資都低於 7 萬。此時如果以中位數 4 萬來代表該公司的每月薪資，會更適當。

4.　2018 年，當時的行政院賴清德院長說：「臺灣勞工每月總薪資的平均數是 49989 元。」行政院施俊吉副院長甚至說：「2018 年第 1 季二三級產業受僱員工實質總薪資的平均數為 59852 元。」賴院長也坦承：「在社會上必然有超過半數人的薪資，是在這個平均數字以下的。」（取自賴清德 Facebook）可見，使用算術平均數代表全體勞工的薪資，會有高估現象，此時最好採用中位數。

5.　團體中每個數值都加減一常數 C，則算術平均數也加減 C。例如，考試之後全班的平均成績不理想，老師宣布每個同學都加 10 分，則全班的平均成績也會提高 10 分。

6.　團體中每個數值都乘一個常數 C（可正可負），則算術平均數為原來的 C 倍。

7.　團體中每個數值都減去算術平均數，總和為 0，也就是 $\sum(X - \mu) = 0$。這一特性相當重要，後面的章節將再說明。

8.　$SS = \sum(X - \mu)^2 < \sum(X - 非平均數的任意數)^2$。也就是，如果每個數值都減掉非 $\overline{X}$ 的數，則其平方和都會比 SS 來得大。SS 稱為**離均差平方和**，在後面的章節會經常使用到。

(二) 截尾平均數

因為算術平均數容易受到極端值的影響，所以可以刪除最大及最小各一定比例的觀察體，然後再求算術平均數，此稱為**截尾平均數**（trimmed mean）。在一些比賽（如跳水或體操），常會將評分最高與最低者各剔除 1~2 人，再計算其他分數的算術平均數，這就是截尾平均數。

截尾平均數的計算步驟是：

1.　先將原始數值排序，刪除前後一定比例的觀察體（由研究者自定，通常為上下各 5%，共 10%）。

2.　同樣使用 $\dfrac{\sum X}{n}$ 公式求剩餘觀察體的算術平均數。

例如，有 100 個數值，如果刪除兩極端各 5% 的數值，則公式可以寫成：

$$\frac{\sum\limits_{i=6}^{95} X_i}{90}$$

(三) 加權平均數

上述的算術平均數，每個數值的重要性都相等，但是，在學校中計算學生的學期成績，會考量到每個科目的學分數，因此每個分數的重要性並不相等，此時就要使用**加權算術平均數**，它的公式是：

$$\mu = \frac{\sum \omega X}{\sum \omega} \qquad ，其中\ \omega\ 是加權數 \tag{4-4}$$

例如，表 4-1 有個大學生修了五門課，學分數及學期成績如表 4-1。則他的學期總平均分數是：

$$\frac{3\times95 + 4\times70 + 4\times65 + 2\times90 + 1\times85}{3 + 4 + 4 + 2 + 1} = \frac{1090}{14} = 77.86$$

而不是：

$$\frac{95 + 70 + 65 + 90 + 85}{5} = \frac{405}{5} = 81$$

表 4-1　某大學生之學期成績

科　目	學分數	成績	加權成績
統計學	3	95	285
經濟學	4	70	280
會計學	4	65	260
管理學	2	90	180
行政學	1	85	85
總　和	14	405	1090
平均數			77.86

二、Excel 操作步驟（例題 4-1.xlsx）

1. 直接使用函數計算。

   Excel 提供 AVERAGE 函數，可以直接計算算術平均數。方法是在儲存格中輸入 "**=AVERAGE(A1:A80)**"，即可得到平均數 70.475（圖 4-27）。

   圖 4-27　使用 AVERAGE 函數計算算術平均數

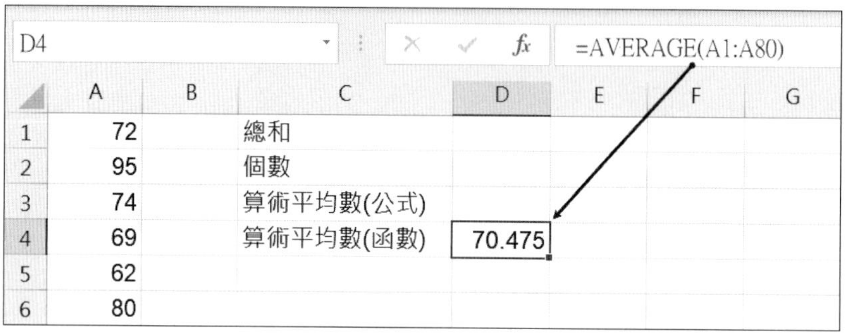

2. 計算總和。

   因為算術平均數的公式是 $\dfrac{\sum X}{n}$，所以可以先計算總和 $\sum X$ 再除以觀察體數 n。總和的函數是 SUM，在儲存格輸入 "**=SUM(A1:A80)**" 即可得到總和 5638（圖 4-28）。

   圖 4-28　使用 SUM 函數計算總和

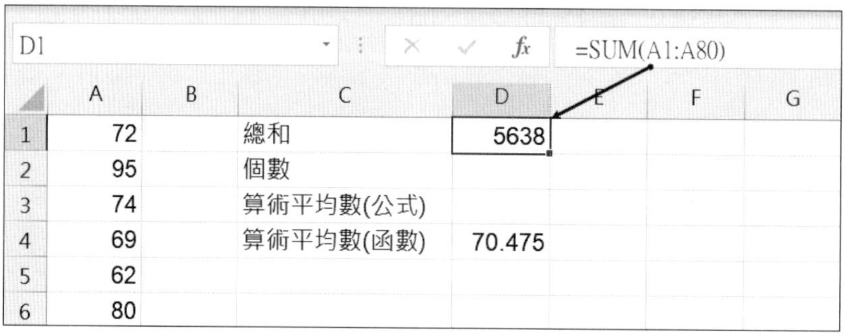

3. 計算觀察體總數。

   在儲存格輸入 "**=COUNT(A1:A80)**" 即可得到總人數 80（圖 4-29）。

圖 4-29　使用 COUNT 函數計算數值個數

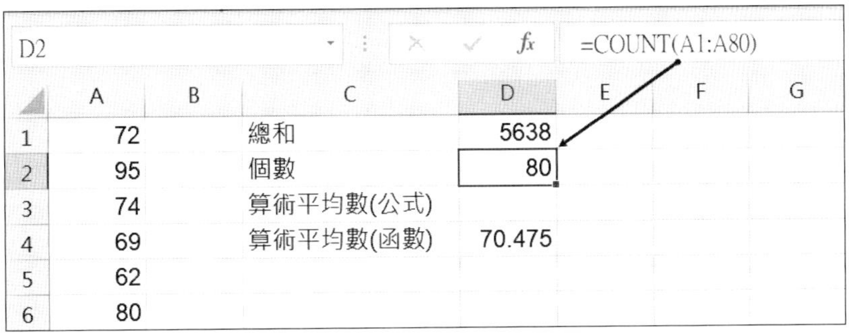

4.　計算算術平均數。

在儲存格輸入 "**=D1/D2**"，用 D1 的總和除以 D2 的個數，即可得到平均數 70.475（圖 4-30）。

圖 4-30　以總和除以個數求算術平均數

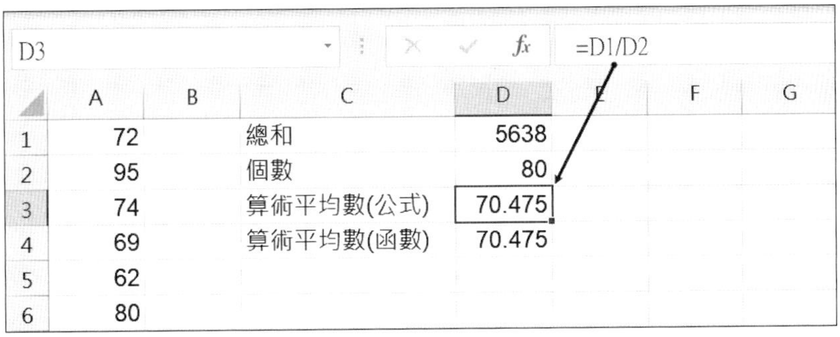

5.　計算截尾平均數。

在儲存格輸入 "**=TRIMMEAN(A1:A80,0.1)**"，計算 A1 到 A80 儲存格中截去 10%數據（上下各 5%）的平均數，即可得到截尾平均數 70.347（圖 4-31），與上述的算術平均數差異很小，表示極端值不多（或是極小值與極大值正好平衡）。

圖 4-31　使用 TRIMMEAN 函數計算截尾平均數

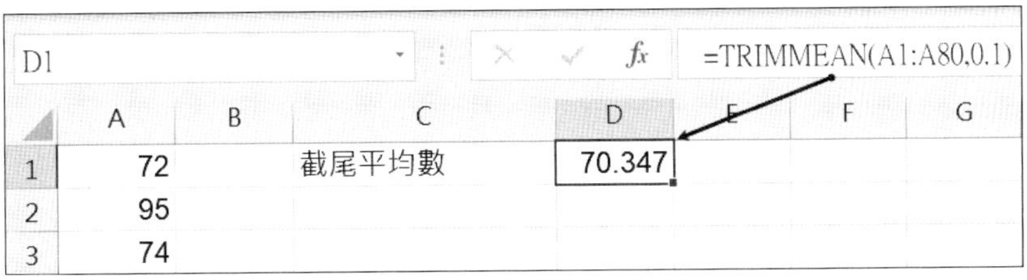

三、SPSS 操作步驟（例題 4-1.sav）

1. 使用【次數分配表】計算算術平均數。

(1) 使用次數分配表程序。

在【分析】選單中的【敘述統計】選擇【次數分配表】（圖 4-32）。

圖 4-32　使用次數分配表程序

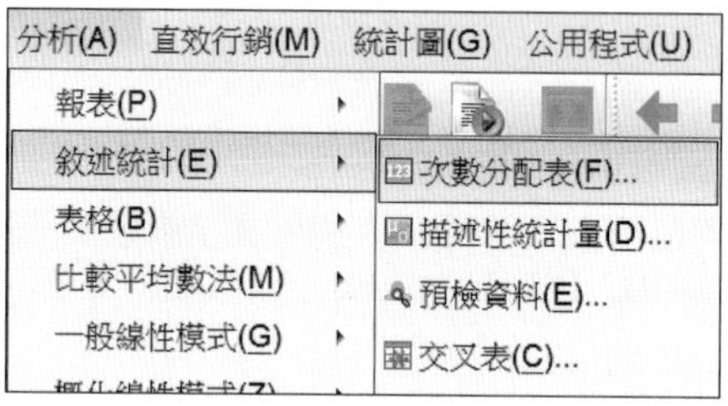

(2) 選擇分析變數。

將變數 X（成績）點選到右邊的【變數】中，取消左下角的【顯示次數分配表】選項（圖 4-33）。

圖 4-33　選擇分析變數

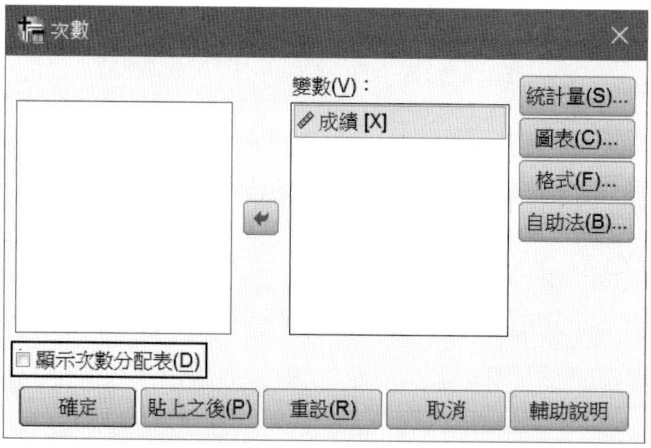

(3) 選擇平均數統計量。

在【統計量】中，勾選【平均數】選項（如果有需要，也可以勾選【總和】）（圖 4-34）。完成後點選【繼續】，再按【確定】，即可進行分析。

圖 4-34　勾選平均數與總和

(4)　輸出報表。

分析之後得到平均數 70.48，總和 5638（圖 4-35）。

圖 4-35　輸出報表

2.　使用【描述性統計量】計算算術平均數。

(1)　使用描述性統計量程序。

在【分析】選單中的【敘述統計】選擇【描述性統計量】（圖 4-36）。

圖 4-36　使用描述性統計量程序

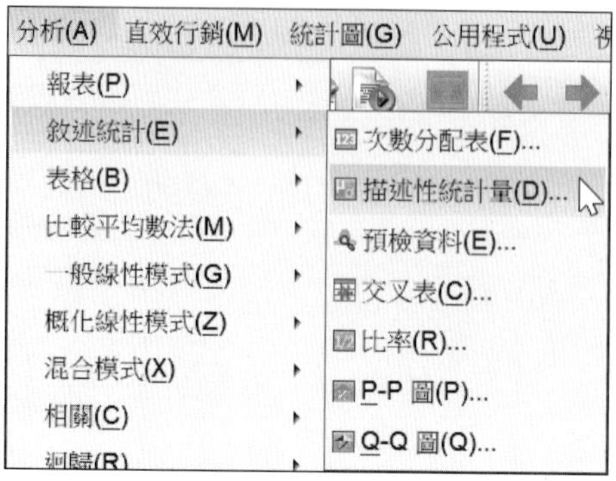

(2)　選擇分析變數。

將變數 X（成績）點選到右邊的【變數】中（圖 4-37）。

圖 4-37　選擇分析變數

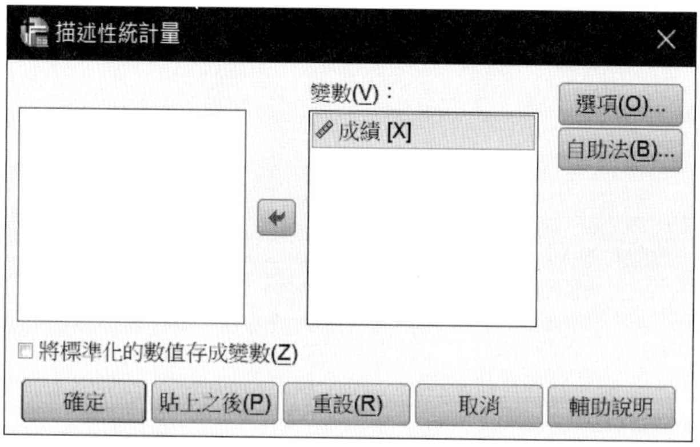

(3)　選擇平均數統計量。

在【選項】中，勾選【平均數】選項（如果有需要，也可以勾選【總和】）（圖 4-38）。完成後點選【繼續】，再按【確定】，即可進行分析。

圖 4-38　勾選平均數與總和

(4) 輸出報表。

　　分析之後得到平均數 70.47，總和 5638（圖 4-39）。

圖 4-39　輸出報表

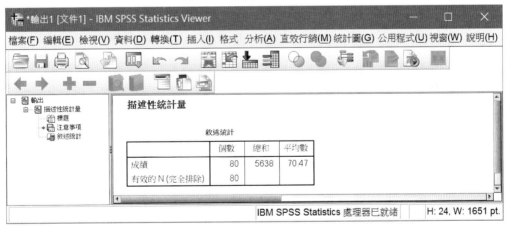

3.　計算截尾平均數。

(1) 使用預檢資料程序。

　　在【分析】選單中的【敘述統計】選擇【預檢資料】（圖 4-40）。

圖 4-40　使用預檢資料程序

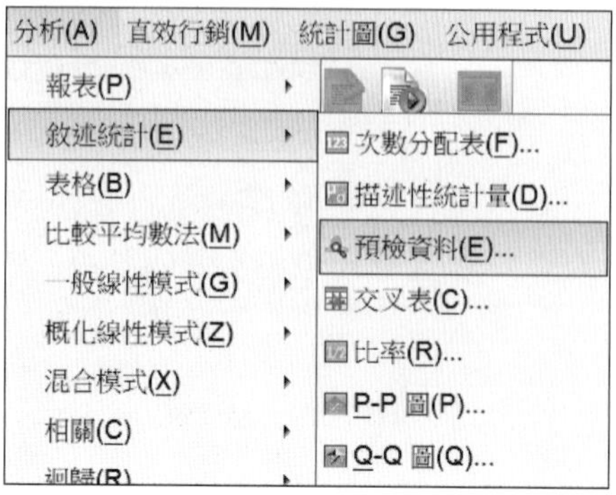

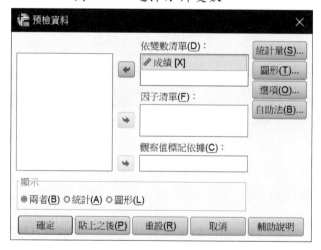

(2)　選擇分析變數。

將變數 X（成績）點選到右邊【依變數清單】框中，左下角的【顯示】
中只選【統計】，最後點選【確定】即可（圖 4-41）。

圖 4-41　選擇分析變數

(3)　輸出報表。

分析之後得到平均數 70.48，刪除兩極端各 5%觀察值之平均數（截尾平
均數）為 70.35（圖 4-42）。

圖 4-42　輸出報表

			統計量	標準誤
期末考試成績	平均數		70.48	1.059
	平均數的 95% 信賴區間	下限	68.37	
		上限	72.58	
	刪除兩極端各 5% 觀察值之平均數		70.35	
	中位數		69.50	
	變異數		89.746	
	標準差		9.473	
	最小值		50	
	最大值		95	
	範圍		45	
	四分位全距		14	
	偏態		.140	.269
	峰度		-.314	.532

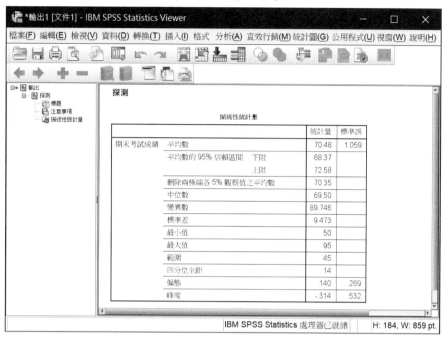

4.　計算加權平均數。

(1)　輸入資料。

在【資料檢視】視窗輸入資料如圖 4-43。

圖 4-43　輸入資料

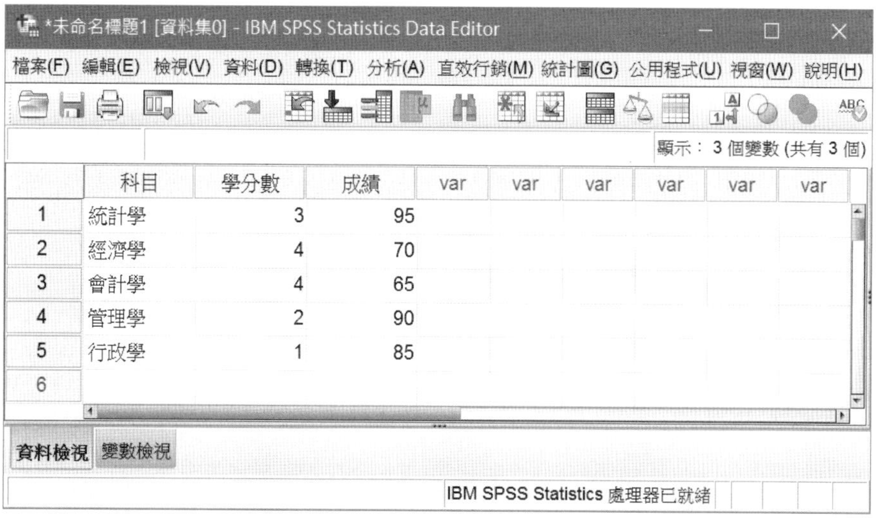

	科目	學分數	成績	var	var	var	var	var	var
1	統計學	3	95						
2	經濟學	4	70						
3	會計學	4	65						
4	管理學	2	90						
5	行政學	1	85						
6									

(2) 進行加權。

在【資料】選單中選擇【加權觀察值】（圖 4-44）。

圖 4-44　使用加權觀察值程序

(3) 選擇加權的變數。

將「學分數」點選到右邊的【觀察值加權依據】框中，再點擊【確定】
按鈕（圖 4-45）。此時會以「學分數」進行加權。

圖 4-45　選擇加權變數

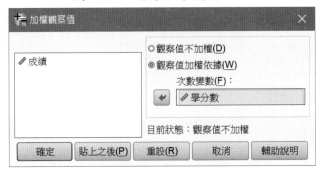

(4) 使用描述性統計量程序。

在【分析】選單中的【敘述統計】選擇【描述性統計量】（圖 4-46）。

圖 4-46　使用描述性統計量程序

(5) 選擇分析變數。

將成績點選到右邊的【變數】框中（圖 4-47）。

圖 4-47　選擇分析變數

(6) 選擇總和及平均數統計量。

在【選項】中，勾選【平均數】及【總和】選項（圖 4-48）。完成後點
選【繼續】，再按【確定】，即可進行分析。

圖 4-48　勾選平均數與總和

(7) 輸出報表。

分析之後得到加權平均數 77.86，總和 1090 是加權總數，個數 14 是學分數（圖 4-49）。

圖 4-49　輸出報表

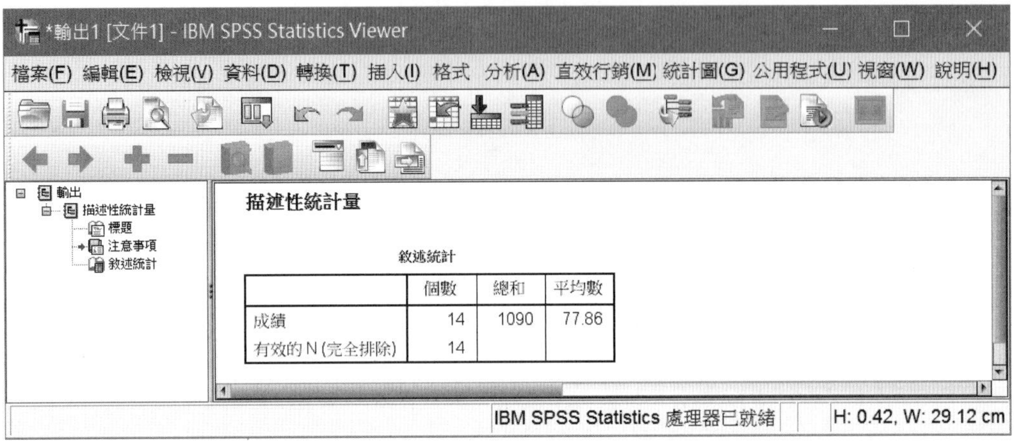

肆、幾何平均數（Geometric mean）

一、統計基本概念

幾何平均數適合使用在**倍數**計算之後的平均數，公式為：

$$\sqrt[n]{\prod_{i=1}^{n} X_i} \quad 簡寫為 \quad \sqrt[n]{\prod X} \tag{4-5}$$

因此計算步驟是：

1. 將 n 個數值連乘得到 $\prod X$。

2. 再對連乘積 $\prod X$ 取 n 次方根得到 $\sqrt[n]{\prod X}$。

例如，依據行政院主計總處資料，臺灣在 2017 ～ 2020 年的經濟成長率分別是 2.17%、3.31%、2.79%、2.96%、3.12%，應使用幾何平均數較恰當。計算結果為：

$$\sqrt[5]{1.0217 \times 1.0331 \times 1.0279 \times 1.0296 \times 1.0312} - 1$$
$$= 1.02869 - 1$$
$$= 0.02869$$
$$= 2.869\%$$

因此最近 5 年的平均經濟成長率是 2.869%，如果改用算術平均數，平均經濟成長率為 2.87%：

$$\frac{1.0217 + 1.0331 + 1.0279 + 1.0296 + 1.0312}{5} - 1$$
$$= 1.0287 - 1$$
$$= 0.0287$$
$$= 2.87\%$$

與算術平均數相比，幾何平均數 ≤ 算術平均數，也就是，**幾何平均數的最大值等於算術平均數**。

另舉一個例子，假設某個人在 2018 年底投資 100000 元，獲利金額繼續投資，2019 及 2020 年的獲利率分別是 14% 與 11%，兩年平均獲利率為：

$$\sqrt[2]{(1 + 0.14) \times (1 + 0.11)} - 1$$
$$= 1.1249 - 1$$
$$= 0.1249$$
$$= 12.49\%$$

則 2020 與 2021 年初的總資金分別為：

$$2020： 100000 \times 1.14 = 114000$$

$$2021： 114000 \times 1.11 = 126540$$

如果以平均獲利率 12.49% 計算，則 2021 年初的總資金為：

$$100000 \times 1.1249 \times 1.1249 = 126540$$

可發現 2021 年初的總資金是相同的。然而，如果改用算術平均數計算獲利率為 (14% + 11%) = 12.5%，那麼 2021 年初的總資金變為：

$$100000 \times 1.125 \times 1.125 = 126562.5$$

與前面的計算結果不同。總之，計算平均經濟成長率或獲利率，應使用**幾何平均數**，而不是**算術平均數**。

幾何平均數的優點是：1.不受極端值影響；2.適合**等比變數**。缺點則是：1.反應不靈敏；2.不可以有負數。

二、Excel 操作步驟（例題 4-1.xlsx）

1. 直接使用函數計算。

   Excel 提供 GEOMEAN 函數，可以直接計算幾何平均數。方法是在儲存格中輸入"**=GEOMEAN(A1:A80)**"，即可得到幾何平均數 69.842。

   圖 4-50　使用 GEOMEAN 函數計算幾何平均數

2. 使用公式計算。

   如果要使用公式計算，首先以 "**PRODUCT(A1:A80)**" 計算 80 個數值的連乘積，得到 3.3835E+147（圖 4-51），也就是大約等於 3.3835×10^{147}。將數值取 1/80 次方（也就是開 80 次方根），得到 69.842（圖 4-52）。

   圖 4-51　使用 PRODUCT 函數計算連乘積

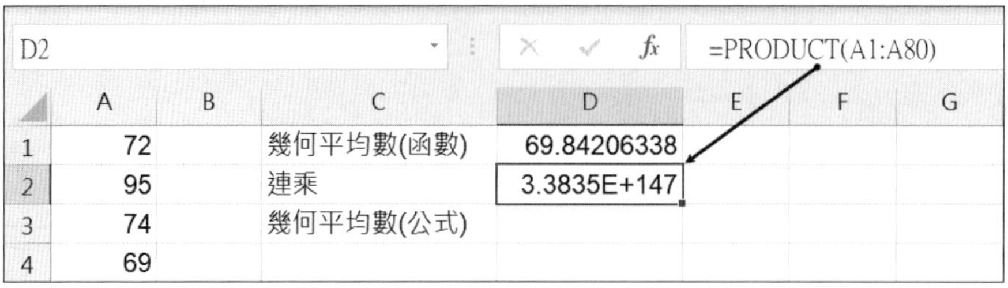

圖 4-52　取 1/80 次方，得到幾何平均數

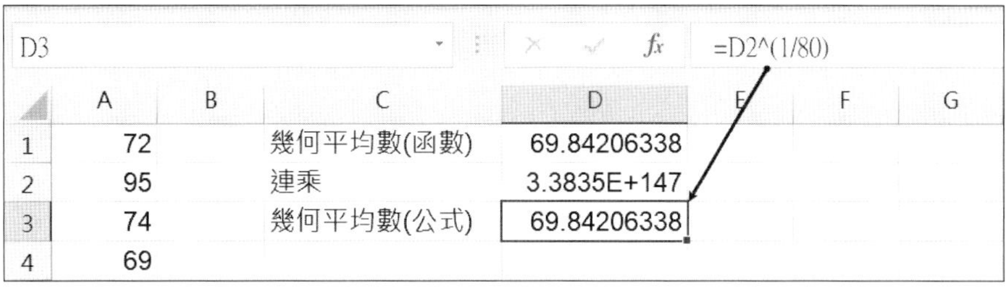

	A	B	C	D	E	F	G
1	72		幾何平均數(函數)	69.84206338			
2	95		連乘	3.3835E+147			
3	74		幾何平均數(公式)	69.84206338			
4	69						

D3 欄位 fx =D2^(1/80)

三、SPSS 操作步驟（例題 4-1.sav）

1. 使用觀察體摘要程序。

在【分析】選單中的【報表】選擇【觀察值摘要】（圖 4-53）。

圖 4-53　使用觀察值摘要程序

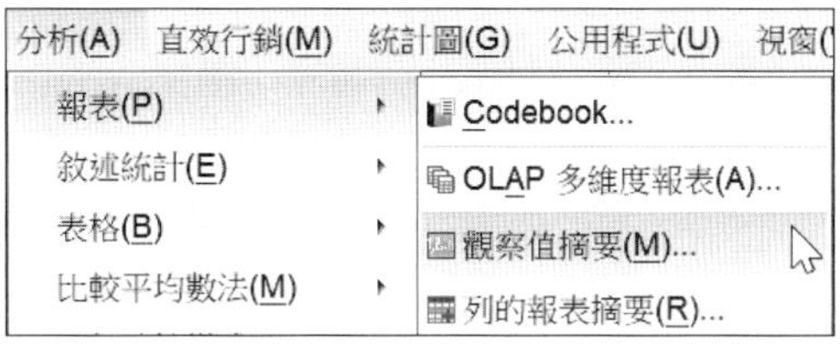

2. 選擇分析變數。

將變數 X（成績）點選到右邊的【變數】中，取消左下角的【顯示觀察值】選項（圖 4-54）。

圖 4-54　選擇分析變數

3. 選擇幾何平均數統計量。

在【統計量】中，將【幾何平均數】點選到右邊的【儲存格統計量】框中（圖 4-55）。完成後點選【繼續】，再按【確定】，即可進行分析。

圖 4-55　選擇幾何平均數統計量

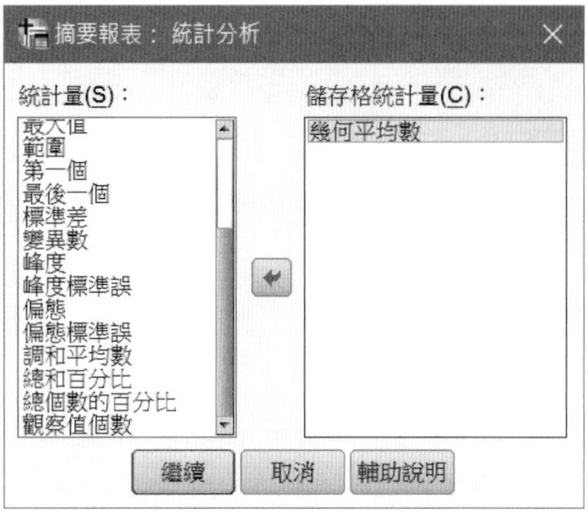

4. 輸出報表。

分析之後得到圖 4-56，幾何平均數為 69.84。

圖 4-56　輸出報表

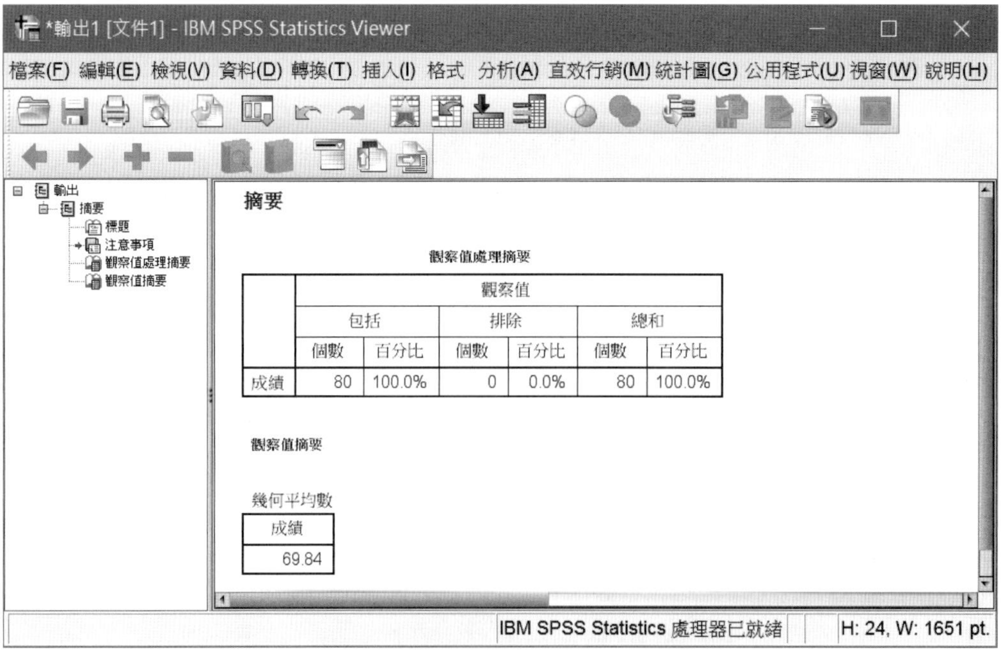

伍、調和平均數（Harmonic mean）

一、統計基本概念

調和平均數適用於計算一組比率（分子固定）的平均數，公式是：

$$\frac{n}{\sum_{i=1}^{n}\frac{1}{X_i}} \quad 簡寫為 \quad \frac{n}{\sum\frac{1}{X}} \tag{4-6}$$

因此計算步驟是：

1. 將每個數 X 取倒數得到 $\frac{1}{X}$，相加總和即為 $\sum\frac{1}{X}$。

2. 再用 n 除以總和，即得 $\dfrac{n}{\sum\frac{1}{X}}$。

例如，四所大學的生師比（每位老師教幾名學生）分別為 20、30、35、40，此時各校的學生數與教師數都不相同，則其平均數應求調和平均數：$\dfrac{4}{\dfrac{1}{20}+\dfrac{1}{30}+\dfrac{1}{35}+\dfrac{1}{40}}=$ 29.33，因此四校的平均生師比為 29.22。

又如，某人駕車來回開了一段路程，去程的時速是 60 公里，回程的時速是 80 公里，則平均時速不是：

$$\frac{60+80}{2}=70$$

而應是：

$$\frac{2}{\dfrac{1}{60}+\dfrac{1}{80}}=68.57$$

假設這段路是 240 公里，則來回所花的時間分別是：

$$240 / 60 = 4$$

$$240 / 80 = 3$$

總共花了 4 + 3 = 7 小時，因此，來回 480 公里的平均時速為：

$$480 / 7 = 67.57$$

讀者可以改用其他路程計算（例如 120 公里或 360 公里），結果仍會是 67.54。

二、Excel 操作步驟（例題 4-1.xlsx）

1. 直接使用函數計算。

   Excel 提供 HARMEAN 函數，可以直接計算調和平均數。方法是在儲存格中輸入"**=HARMEAN(A1:A80)**"，即可得到調和平均數 69.204。

圖 4-57　使用 HARMEAN 函數計算調和平均數

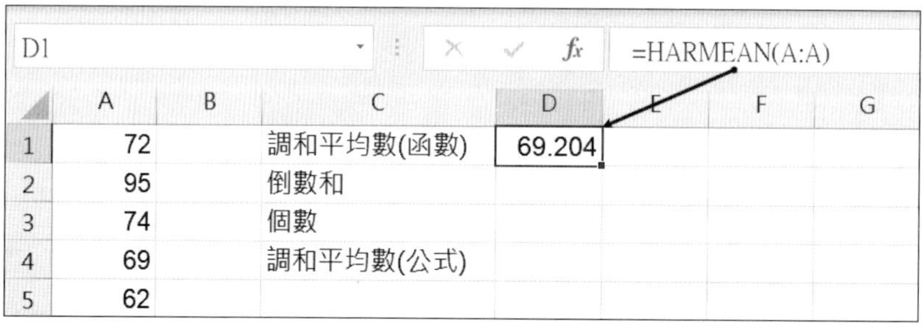

D1 =HARMEAN(A:A)

	A	B	C	D	E	F	G
1	72		調和平均數(函數)	69.204			
2	95		倒數和				
3	74		個數				
4	69		調和平均數(公式)				
5	62						

2. 使用公式計算。

   如果要使用公式計算，首先在 B 欄輸入 1 除以 A 欄得到原始數值的倒數。其次，在 E1 儲存格輸入 "**=SUM(B1:B80)**" 函數，得到倒數和（圖 4-58）。最後，在 E2 輸入 "**=80/E1**"，即可得到調和平均數 69.204（圖 4-59）。

圖 4-58　計算倒數總和

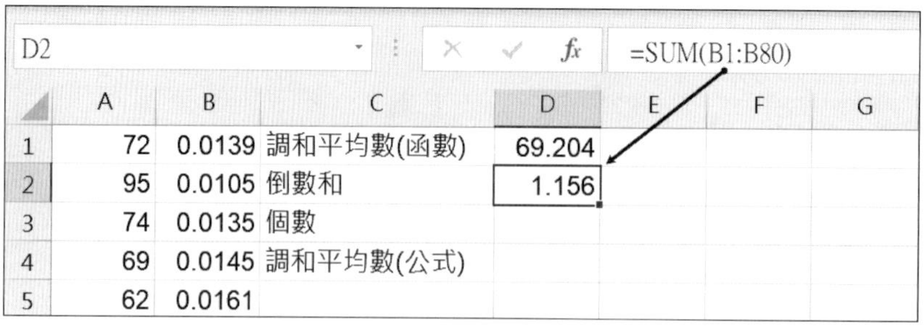

D2 =SUM(B1:B80)

	A	B	C	D	E	F	G
1	72	0.0139	調和平均數(函數)	69.204			
2	95	0.0105	倒數和	1.156			
3	74	0.0135	個數				
4	69	0.0145	調和平均數(公式)				
5	62	0.0161					

圖 4-59　以個數除以倒數和，得到調和平均數

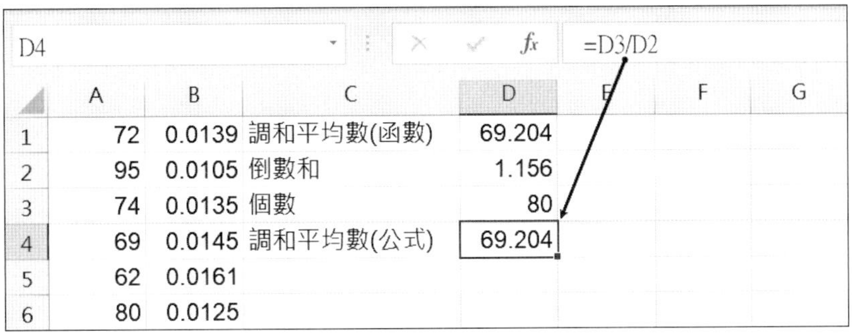

三、SPSS 操作步驟（例題 4-1.sav）

1. 使用觀察值摘要程序。

   在【分析】選單中的【報表】選擇【觀察值摘要】（圖 4-60）。

圖 4-60　使用觀察值摘要程序

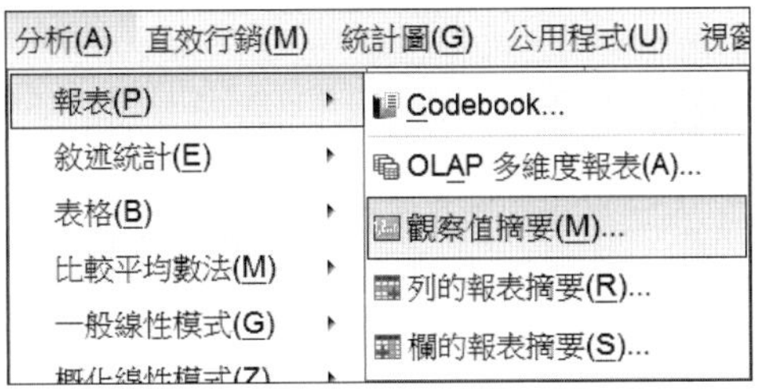

2. 選擇分析變數。

   將變數 X（成績）點選到右邊的【變數】中，取消左下角的【顯示觀察值】
   選項（圖 4-61）。

圖 4-61 選擇分析變數

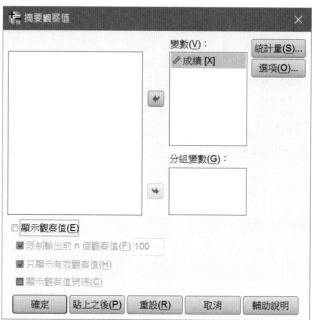

3. 選擇調和平均數統計量。

在【統計量】中，將【調和平均數】點選到右邊的【儲存格統計量】框中（圖 4-62）。完成後點選【繼續】，再按【確定】，即可進行分析。

圖 4-62 選擇調和平均數統計量

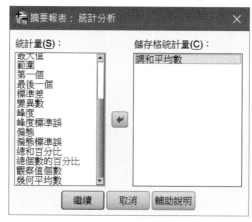

4. 輸出報表。

分析之後得到圖 4-63，調和平均數是 69.20（圖 4-63，省略第一部分報表）。

圖 4-63　輸出報表

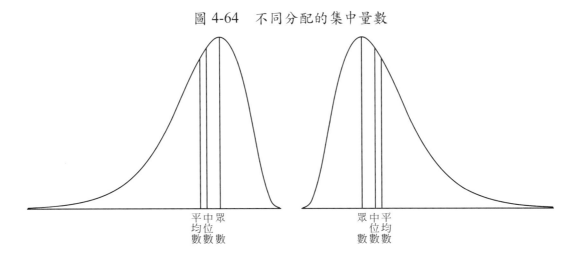

陸、眾數、中位數、算術平均數的位置

當數值為常態或對稱分配時，眾數、中位數、算術平均數（簡稱平均數）會在同一位置。但是，如果資料有偏態，則三個集中量數就不會相等，如圖 4-64 所示。圖左是左偏態（或正偏態），此時是算術平均數 < 中位數 < 眾數。圖右是右偏態（或負偏態），此時是眾數 < 中位數 < 算術平均數。一般情形下，算術平均數與眾數的差距，大約是算術平均數與中位數差距的 3 倍。

圖 4-64　不同分配的集中量數

平中眾
均位
數數數

眾中平
位均
數數數

柒、各集中量數之適用情形

綜合前面所述各種集中量數的適用情形，可以整理成表 4-2。

如果是名義變數，則只能計算眾數，不可以求中位數或是平均數；次序變數不僅可以計算眾數，也可以求中位數，但是不能計算平均數；等距變數一般使用算術平均數；如果是等比變數，則可以使用各種集中量數，不過，算術平均數仍是使用最廣的集中量數。

在統計學中，幾何平均數及調和平均數較少使用，本書後續也不會用到這兩個統計量數。

表 4-2　集中量數適用情形

	眾數	中位數	算術平均數	幾何平均數	調和平均數
名義變數	✓				
次序變數	✓	✓			
等距變數	✓	✓	✓		
等比變數	✓	✓	✓	✓	✓

捌、習題

一、配合習題 4-1 之資料，使用 Excel 函數及 SPSS 計算各種集中量數。

二、某一鄉公所招考清潔隊員，考生被要求參加一項體能測驗。20 個考生的測驗成績（以分鐘計）如習題 4-2 之資料。求算術平均數、中位數、眾數（資料來源：101 年四等地方特考經建行政類，《統計學概要》）。

三、小明大學畢業後微型創業，開了一家文創工作室，開幕後的 16 天營業額如下（單位：元）（資料來源：107 年原住民族四等特考經建行政科，《統計學概要》）。

1198, 1428, 1083, 715, 922, 1267, 1520, 761,

1773, 853, 2118, 1428, 1543, 25, 738, 1083

1.　請計算營業額的平均數、中位數及眾數。

2.　小題 1 那個測量值最適合描述此資料之中央集中趨勢？並說明理由。

四、某生各科的學分數及成績如下表，使用 Excel 及 SPSS 計算學生之學期成績。

科目	學分數	分數
國文	4	86
英文	3	68
統計學	4	78
經濟學	5	80
會計學	2	90
計算機概論	2	75
程式語言	3	94

第 5 章
變異量數

本章概要

1.　變異量數代表一組資料的分散情形，數值愈大，代表資料愈分散。

2.　常用的變異量數有：全距、四分位全距／四分差、平均差、變異數、標準差、及變異係數。

3.　全距是最大值與最小值的差數。

4.　四分位全距是 Q_3 與 Q_1 的差數，有 50% 的觀察體在這一段區間。它比較適用於次序變數。

5.　四分差又稱為半四分位全距，大約等於所有數值與中位數的平均距離。

6.　標準差是所有數值與算術平均數的平均距離。

7.　標準差是變異數的平方根，變異數是標準差的平方（中國大陸稱為方差）。

8.　標準差與變異數適用於等距或等比變數。

9.　變異係數是一種相對差異量數，是標準差與平均數的比值。

　　上一章說明集中量數，它代表一組數據的中心位置。然而，只呈現資料的集中情形並不夠，仍需要了解它的分散情形，也就是以某種量數代表資料的變異情形。

　　圖 5-1 是兩個班級學業成績的分布圖，兩個班的眾數、中位數、及算術平均數都等於 10。如果詢問老師：願意選擇教哪一班級？多數老師應該都會選擇甲班。因為甲班分散程度較小，程度比較「整齊」，乙班程度比較「參差不齊」。

圖 5-1　兩個班級的成績分布

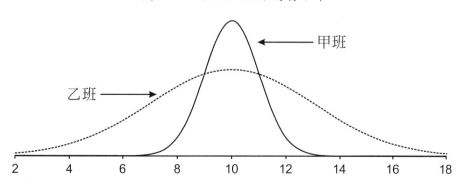

再假設有三家便利商店，他們最近一星期的營業額（單位：萬元）分別是：

> 甲店：6、6、6、6、6、6、6
>
> 乙店：4、3、5、6、8、7、9
>
> 丙店：0、2、4、6、8、10、12

由數據來看，三家店每天的平均營業額都是 6 萬元，如果只看算術平均數，會以為三家超商的營業情形都相同。但是，如果問：他們營業額的「變化」如何？以常識來看，甲店完全沒有變化，最穩定，丙店變化最大，乙店則居中。如果你是店長，會希望經營哪家店呢？甲店看起來很平穩，但是可能沒有發展性；丙店呈等差級數增加，說不定後勢看好；乙店在穩定中則仍有發展的可能。

又如，目前世界各國愈來愈關心氣候變化對人類及地球生態造成的影響。以降雨量而言，臺灣近年來的年平均降雨量或許沒有太大的改變，但是有時連續好幾星期晴空萬里，有時卻又下起百年不遇的大雨，也就是不下雨或下豪雨（extremely heavy rain）的天數增加了，極端的情形愈來愈常見，這就是變異增加了。

以上的例子說明除了集中量數外，變異量數也是重要的量數。變異量數是對一組數據**分散**情形的描述，如果分散情形愈大，則變異程度愈大。常用的變異量數有：全距、四分位距、四分差、平均差、標準差、及變異數。

壹、全距（range）

一、統計基本觀念

全距的定義是最大值減最小值，公式為：

$$\omega = X_H - X_L \tag{5-1}$$

例如，7 個學生的成績如下表：

> 80 85 75 85 90 75 70

其中最大值為 90，最小值為 70，因此全距為：

$$\omega = 90 - 70 = 20$$

全距的優點是很容易計算。然而，因為全距只考慮最大值及最小值，所以無法反映全體的變異，不夠精確。如下表，它的全距也是 20，平均數與上表一樣，都是 80，但是這 7 個數值的變異情形就不同。「感覺起來」，它們除了最大值及最小值之外，其他 5 個數都是 80，因此變異情形「似乎」會比上表來得小（實際情形如何，我們留待第 219 頁再來分析）。

90 80 80 80 80 80 70

也因為全距只考慮最大值及最小值，所以另一個缺點是會受極端值影響。如下面兩個表，其中只有最小值不同，全距就分別為 80 及 30，差異極大。

100 95 90 85 80 75 20

100 95 90 85 80 75 70

二、Excel 操作步驟（例題 5-1.xlsx）

1. 計算最大值。

   在儲存格 D1 輸入 "**=MAX(A1:A12)**" 以計算 A1 到 A12 數值中的最大值，結果為 96（圖 5-2）。

圖 5-2　使用 MAX 函數計算最大值

	A	B	C	D	E	F	G
				fx	=MAX(A1:A12)		
1	85		最大值	96			
2	75		最小值				
3	85		全距				
4	90						
5	75						
6	68						
7	72						
8	92						
9	88						
10	77						
11	96						
12	66						

2. 計算最小值。

在儲存格 D2 輸入 "**=MIN(A1:A12)**" 以計算最小值，結果為 66（圖 5-3）。

圖 5-3　使用 MIN 函數計算最小值

3. 計算全距。

全距，在 Excel 中沒有現成的函數可用，可以在 D3 儲存格使用 "**=D1−D2**" 來計算，結果為 30（圖 5-4）。

圖 5-4　用最大值減最小值計算全距

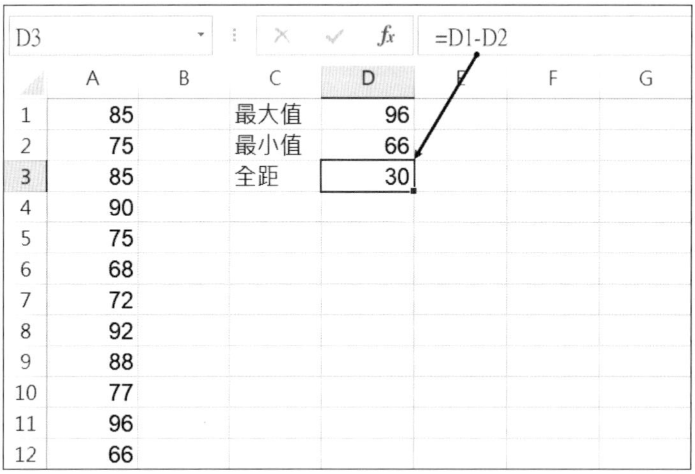

三、SPSS 操作步驟（例題 5-1.sav）

1. 使用描述性統計量程序。

在【分析】中之【敘述統計】選擇【描述性統計量】（圖 5-5）。

圖 5-5　使用描述性統計量程序

2. 選擇分析變數。

將變數 X 選擇到右邊的【變數】框中，接著，在【選項】下選擇所需要的統計量（圖 5-6）。

圖 5-6　選擇分析變數

3. 選擇需要的統計量。

勾選【最小值】、【最大值】、及【範圍】（就是全距）（圖 5-7），接著點選【繼續】再按【確定】，進行分析。

圖 5-7　勾選需要的統計量

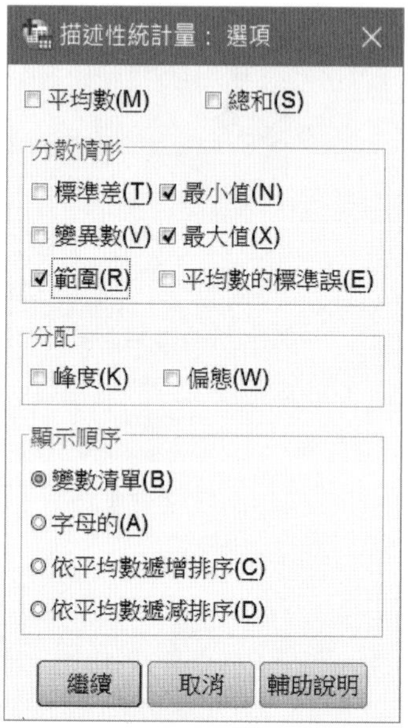

4. 輸出報表。

分析後輸出畫面如圖 5-8，最大值為 96，最小值為 66，全距（範圍）為 30。

圖 5-8　輸出報表

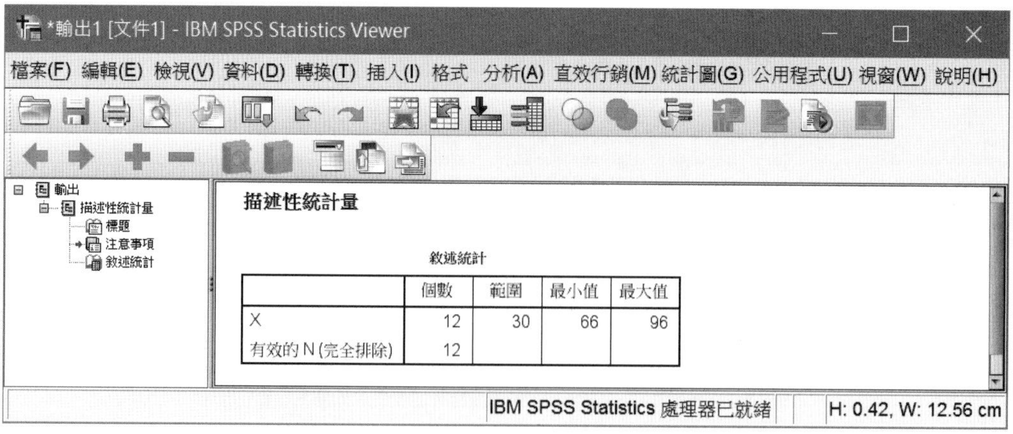

描述性統計量

敘述統計

	個數	範圍	最小值	最大值
X	12	30	66	96
有效的 N (完全排除)	12			

貳、四分位距（interquartile range, IQR）

一、統計基本觀念

四分位距用來顯示一群數值中間 50% 資料分散的程度，它的公式是：

$$IQR = Q_3 - Q_1 \tag{5-2}$$

Q_1 是一群數值中第 25 個百分位數，也就是有四分之一的資料小於或等於 Q_1；而 Q_3 是第 75 個百分位數，有四分之三的資料小於或等於 Q_3。

四分位數有許多計算方法，本書採用中學教科書的方法，它的計算步驟是：

1. 將原始數據由小到大排序（此步驟很重要）。

2. 計算第 1 個四分位數 Q_1。

    (1)　Q_1 的位置在 $p = \dfrac{n}{4}$。

    (2)　如果 p 是整數（可以整除），則取第 p 個與第 $p + 1$ 個數值之和再除以 2（也就是兩個數值的算術平均數）。

    (3)　如果 p 不是整數（不能整除），則無條件進位，取大於第 p 個之最小整數位的數值。

3. 計算第 3 個四分位數 Q_3，Q_3 的位置在 $p = \dfrac{n}{4} \times 3$，判斷的方法與 Q_1 相同。

例如，某公司 8 個分店上個月的營業額（單位：萬元）排序後如下表：

30　45　48　55　63　76　79　80

Q_1 的位置在：

$$\frac{8}{4} = 2$$

因為 2 是整數，因此取第 2 個及第 3 個營業額加以平均，

$$\frac{45 + 48}{2} = 46.5$$

Q_3 的位置在：

$$\frac{8}{4} \times 3 = 6$$

6 同樣是整數，因此取第 6 個及第 7 個營業額加以平均，

$$\frac{76 + 79}{2} = 77.5$$

所以，四分位距 IQR 為，

$$77.5 - 46.5 = 31$$

如果分店數改為 9，營業額排序後如下表：

30　45　48　55　63　76　79　80　90

Q_1 的位置在：

$$\frac{9}{4} = 2.25$$

因為 2.25 不是整數，所以無條件進位，取第 3 個營業額 48 萬，

Q_3 的位置在：

$$\frac{9}{4} \times 3 = 6.75$$

6.75 同樣不是整數，因此取第 7 個營業額 79 萬，

所以，四分位距 IQR 為，

$$79 - 48 = 31$$

如果把 IQR 再除以 2，則稱半四分位距（semi-interquartile range），又稱四分差，它大約等於所有數值與中位數的平均距離。

另一種方法是採用內插的方式計算，不過，Q_1 與 Q_3 的位置分別在 $\dfrac{n+1}{4}$ 及 $\dfrac{n+1}{4} \times 3$。在下表的 8 家店中，它們的位置分別在 $\dfrac{8+1}{4} = 2.25$ 與 $\dfrac{8+1}{4} \times 3 = 6.75$。

30 45 48 55 63 76 79 80

用內插法（SPSS 中的加權平均值法）計算，數值分別是：

$$Q_1 = 45 + (48 - 45) \times 0.25 = 45 + 0.75 = 45.75$$

$$Q_3 = 76 + (79 - 76) \times 0.75 = 76 + 2.25 = 78.25$$

因此四分位距是 78.25 − 45.75 = 32.5，四分差是 32.5 / 2 = 16.25。

四分位距的優點是：1.計算容易。2.不受極端值影響。缺點則是：1.不利代數處理。2.只考量 Q_1 與 Q_3 點內資料，反應不靈敏。

二、Excel 操作步驟（例題 5-1.xlsx）

1. 輸入資料並排序。

在 A1 到 A12 儲存格輸入原始數據，接著由小到大進行排序（圖 5-9）。

圖 5-9　輸入資料並排序

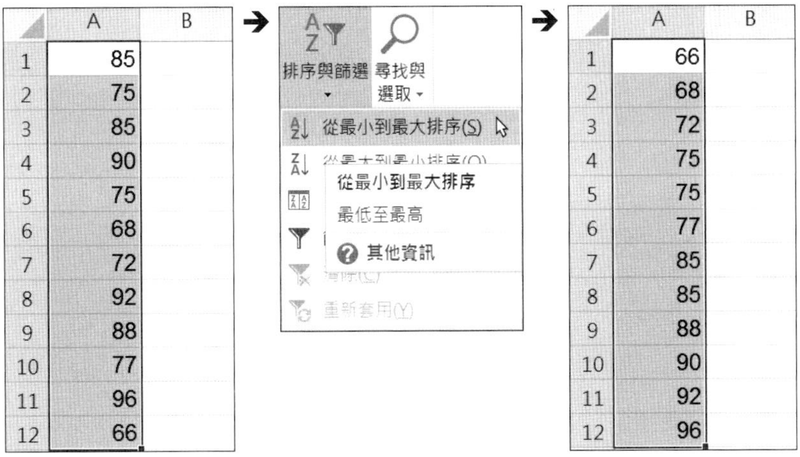

2. 計算個數。

在 D1 儲存格輸入"=**COUNT(A:A)**"，計算 A 行的數值個數，結果為 12（圖 5-10）。（注：如果要較精確，則輸入"=**COUNT(A1:A12)**"），但也會變得較沒有彈性。）

圖 5-10　使用 COUNT 函數計算個數

3. 計算 Q_1 的位置。

在 D4 儲存格輸入"=**D1/4**"，計算 Q_1 的位置，結果為 3（圖 5-11），因為可以整除，所以須取第 3 位及第 4 位數值的平均數。

圖 5-11　計算 Q_1 的位置

4.　計算 Q_1 的數值。

在 E4 儲存格輸入 "=(A3+A4)/2"，取第 3 位及第 4 位數值的平均數，結果為 73.5（圖 5-12）。

圖 5-12　計算 Q_1 的數值

	A	B	C	D	E	F	G
					fx	=(A3+A4)/2	
1	66		個數	12			
2	68						
3	72			位置	數值		
4	75		Q1	3	73.5		
5	75		Q2				
6	77		四分位全距				
7	85		四分差				
8	85						
9	88						
10	90						
11	92						
12	96						

5.　計算 Q_3 的位置。

在 D5 儲存格輸入 "=D1/4*3"，計算 Q_3 的位置，結果為 9（圖 5-13），可以整除，所以須取第 9 位及第 10 位數值的平均數。

圖 5-13　計算 Q_3 的位置

	A	B	C	D	E	F	G
					fx	=D1/4*3	
1	66		個數	12			
2	68						
3	72			位置	數值		
4	75		Q1	3	73.5		
5	75		Q2	9			
6	77		四分位全距				
7	85		四分差				
8	85						
9	88						
10	90						
11	92						
12	96						

6.　計算 Q_3 的數值。

在 E5 儲存格輸入“**=(A9+A10)/2**”，取第 9 位及第 10 位數值的平均數，結果為 89（圖 5-14）。

圖 5-14　計算 Q_3 的數值

	A	B	C	D	E	F	G
					=(A9+A10)/2		
1	66		個數	12			
2	68						
3	72			位置	數值		
4	75		Q1	3	73.5		
5	75		Q2	9	89		
6	77		四分位全距				
7	85		四分差				
8	85						
9	88						
10	90						
11	92						
12	96						

7.　計算 *IQR* 的數值。

在 D6 儲存格輸入“**=E5−E4**”，計算 $Q_3 - Q_1$，結果為 15.5（圖 5-15）。

圖 5-15　計算四分位全距

	A	B	C	D	E	F	G
				=E5-E4			
1	66		個數	12			
2	68						
3	72			位置	數值		
4	75		Q1	3	73.5		
5	75		Q2	9	89		
6	77		四分位全距	15.5			
7	85		四分差				
8	85						
9	88						
10	90						
11	92						
12	96						

8. 計算 Q 的數值。

在 D7 儲存格輸入 "=(E5−E4)/2"，計算 $\dfrac{Q_3 - Q_1}{2}$，結果為 7.75（圖 5-16）。

圖 5-16　計算四分差

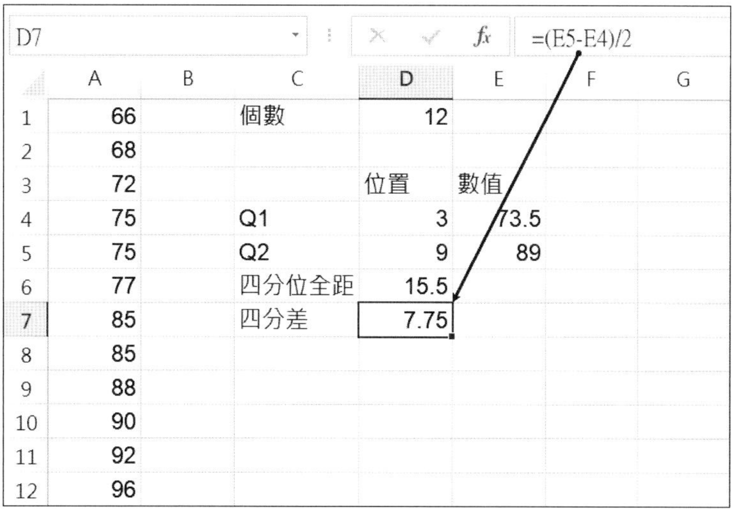

9. 使用 QUARTILE.EXC 函數。

Excel 2016 之後的版本有 QUARTILE.EXC 及 QUARTILE.INC 兩個函數，使用內插法計算四分位數 [1]。其中 QUARTILE.EXC 計算結果與 SPSS 的「加權平均值」相同，輸入 "=QUARTILE.EXC(A1:A12,1)" 與 "=QUARTILE.EXC(A1:A12,3)" 分別得到 72.75 及 89.5（圖 5-17），因此四分位距是 89.5 − 72.75 = 16.75，四分差是 16.75 / 2 = 8.375。讀者要留意：使用函數計算與前面的結果不相同。

---

[1] QUARTILE.EXC 用 (N+1)×0.25 計算 Q_1 位置，QUARTILE.INC 則用 1+(N−1)×0.25 計算。

圖 5-17　使用 QUARTILE.EXC 函數計算四分位數

F5				f_x	=QUARTILE.EXC(A:A,3)		
	A	B	C	D	E	F	G	H
1	66		個數	12				
2	68							
3	72			位置	數值	函數計算		
4	75		Q1	3	73.5	72.75		
5	75		Q3	9	89	89.5		
6	77		四分位全距	15.5				
7	85		四分差	7.75				
8	85							
9	88							
10	90							
11	92							
12	96							

三、SPSS 操作步驟（例題 5-1.sav）

1. 使用預檢資料程序。

    在【分析】中之【敘述統計】選擇【預檢資料】（圖 5-18）。

2. 選擇分析變數。

    將變數 X 點選到右邊【依變數清單】框中，左下角的【顯示】中只選【統計】，按著點選【統計量】（圖 5-19）。

3. 選擇需要的統計量。

    勾選【描述性統計量】及【百分位數】，接著點選【繼續】再按【確定】，進行分析（圖 5-20）。

圖 5-18　使用預檢資料程序

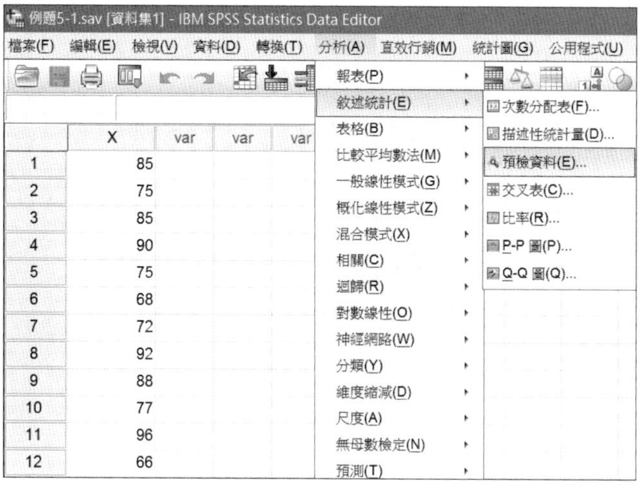

圖 5-19　選擇分析變數

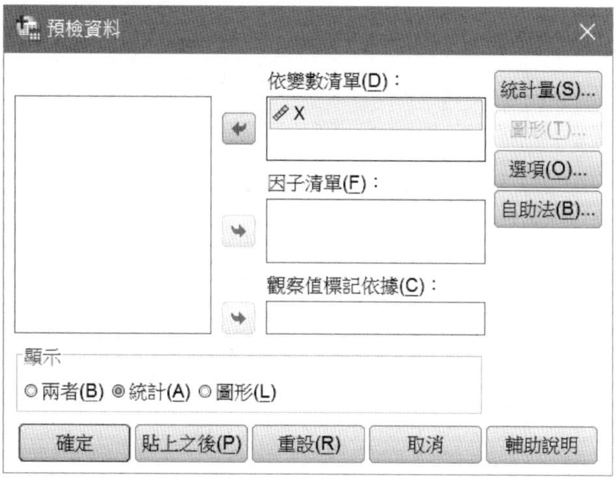

圖 5-20　勾選描述統計量與百分位數

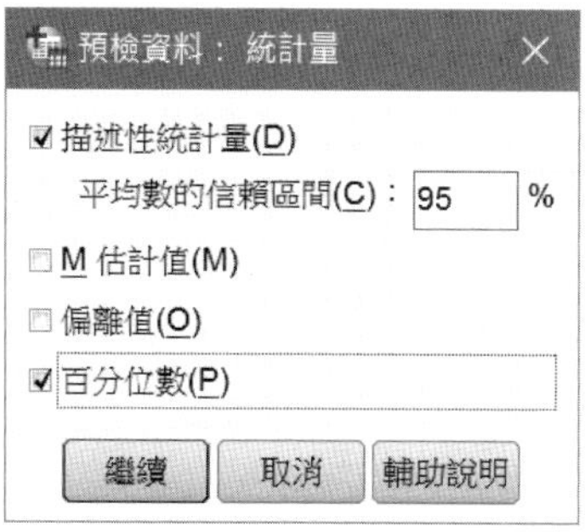

4. 輸出報表。

分析後輸出畫面如圖 5-21，在報表中 Tukey 摘要值處 $Q_1 = PR_{25} = 73.50$，$Q_3 = PR_{75} = 89.00$，因此四分位距為 15.5，與 Excel 的計算結果一致。第二個報表顯示了四分位全距為 16.75，它是由加權平均值中的 89.50 − 72.75 計算而得，讀者應多加留意。

圖 5-21　輸出報表

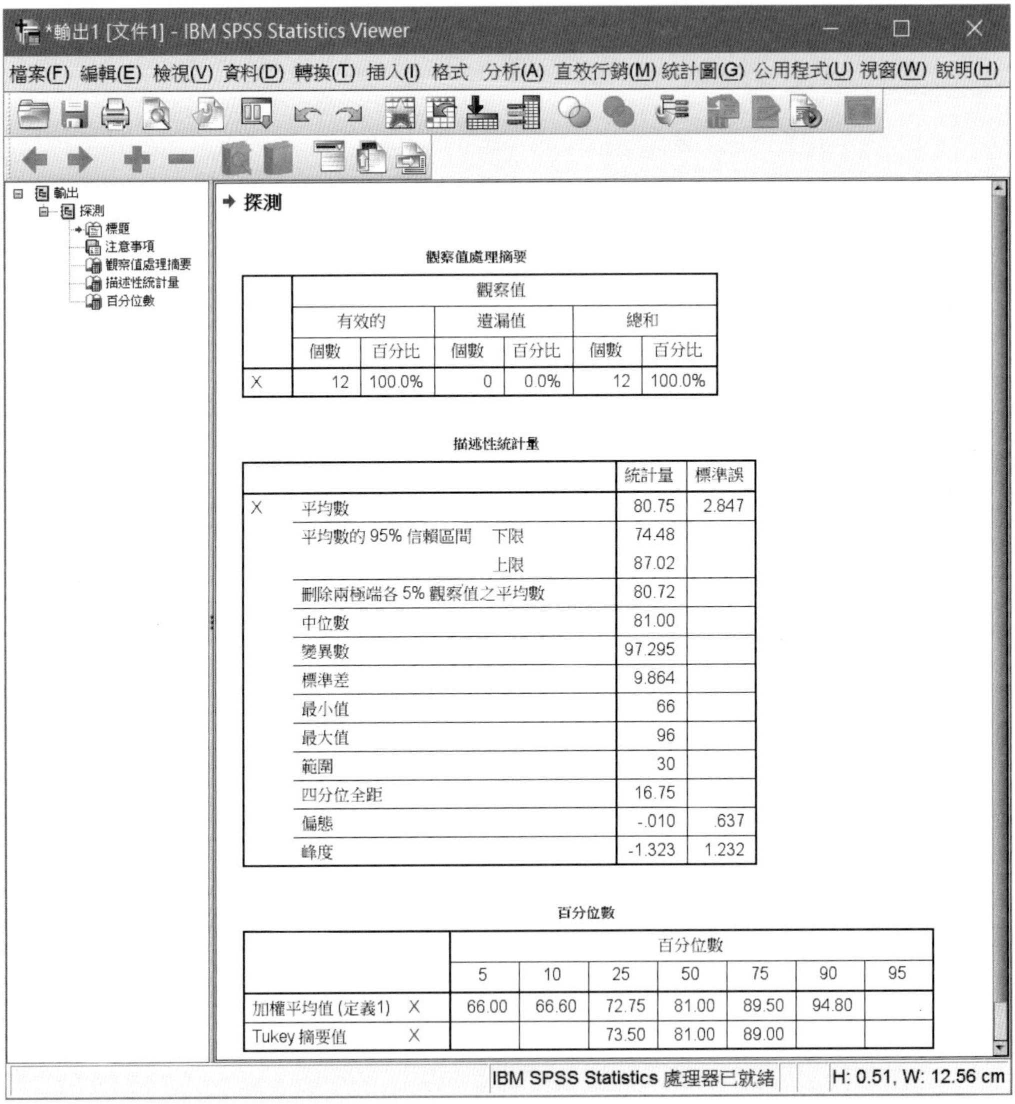

觀察值處理摘要

	觀察值					
	有效的		遺漏值		總和	
	個數	百分比	個數	百分比	個數	百分比
X	12	100.0%	0	0.0%	12	100.0%

描述性統計量

			統計量	標準誤
X	平均數		80.75	2.847
	平均數的 95% 信賴區間	下限	74.48	
		上限	87.02	
	刪除兩極端各 5% 觀察值之平均數		80.72	
	中位數		81.00	
	變異數		97.295	
	標準差		9.864	
	最小值		66	
	最大值		96	
	範圍		30	
	四分位全距		16.75	
	偏態		-.010	.637
	峰度		-1.323	1.232

百分位數

		百分位數						
		5	10	25	50	75	90	95
加權平均值 (定義1)	X	66.00	66.60	72.75	81.00	89.50	94.80	.
Tukey 摘要值	X			73.50	81.00	89.00		

參、平均差（average deviation）

一、基本統計觀念

前面所說的全距及四分位距都只計算兩個數值，因此反應比較不靈敏。如果要考量到每個數據，最簡單的方法「似乎是」計算每個數值與平均數的差數，再求總和。也就是計算：

$$\Sigma(X - \mu)$$

然而，這些差數會正負抵消，因此永遠等於 0，也就是：

$$
\begin{aligned}
\Sigma(X - \mu) &= \Sigma X - N\mu \\
&= \Sigma X - N\frac{\Sigma X}{N} \\
&= \Sigma X - \Sigma X \\
&= 0
\end{aligned}
$$

為了不使正負相互抵消，可以取絕對值，得到距離總和，

$$\Sigma\left|X - \mu\right|$$

或是取平方，

$$\Sigma(X - \mu)^2$$

以下表的數據為例，

1	2	6	7	9

算術平均數為：

$$\bar{X} = \frac{1 + 2 + 6 + 7 + 9}{5} = 5$$

距離總和等於：

$$|1-5|+|2-5|+|6-5|+|7-5|+|9-5|=14$$

如圖 5-22 所示。

圖 5-22　平均差代表各數值與平均數的平均距離

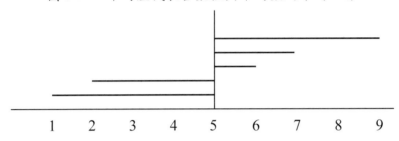

如果考量到數據的數目 N，再計算平均距離，就可以得到**平均差**（average deviation, AD），它的公式就是：

$$AD = \frac{\Sigma\left|X-\mu\right|}{N} \tag{5-3}$$

用在樣本，公式改為：

$$AD = \frac{\Sigma\left|X-\bar{X}\right|}{n} \tag{5-4}$$

因此，平均差的定義是：所有數值與算術平均數的平均距離。它的計算步驟：

1. 計算樣本算術平均數 $\bar{X}$。
2. 計算每個數值與平均數的距離（差數取絕對值），並加總，得到 $\Sigma\left|X-\bar{X}\right|$。
3. 計算總距離的平均數，得到 $\frac{\Sigma\left|X-\bar{X}\right|}{n}$。

平均差的優點是：1.考量所有數值。2.計算容易。缺點則是不利於代數處理，因此多數的統計軟體都不提供平均差的計算。

二、Excel 操作步驟（例題 5-2.xlsx）

1. 輸入資料。

   在 B2 到 B9 儲存格輸入原始數據，其他儲存格則輸入適當的標題（圖 5-23）。

圖 5-23　輸入資料及標題

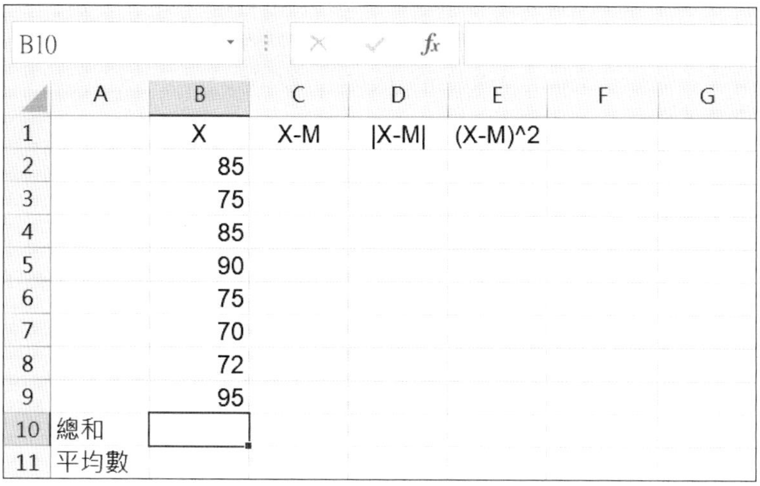

2. 計算總和。

   在 B10 儲存格輸入 "**=SUM(B2:B9)**"，計算 B2 到 B9 的總和 ΣX （圖 5-24）。

圖 5-24　使用 SUM 函數計算總和

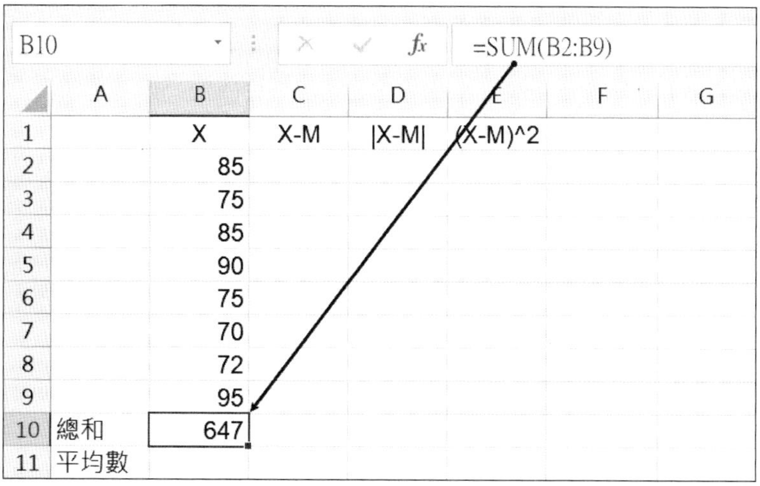

3. 計算算術平均數。

在 B11 儲存格輸入“**=AVERAGE(B2:B9)**”，計算 B2 到 B9 的算術平均數 $\frac{\Sigma X}{n}$（圖 5-25）。

圖 5-25　使用 AVERAGE 計算算術平均數

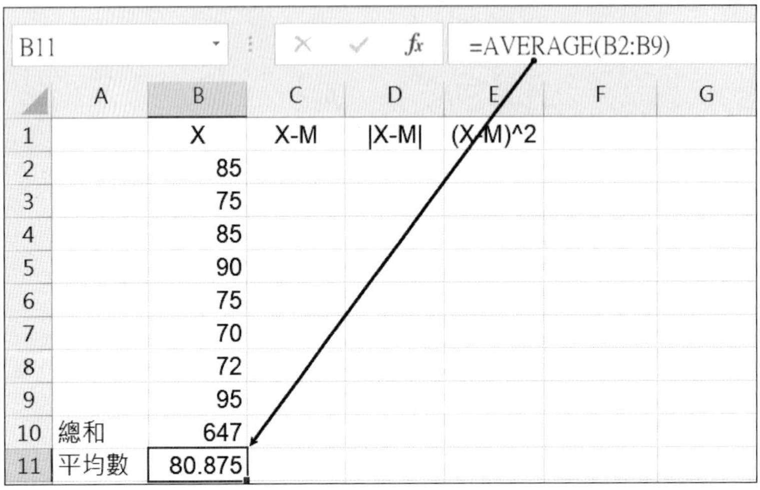

B11　=AVERAGE(B2:B9)

	A	B	C	D	E	F	G
1		X	X-M	|X-M|	(X-M)^2		
2		85					
3		75					
4		85					
5		90					
6		75					
7		70					
8		72					
9		95					
10	總和	647					
11	平均數	80.875					

4. 計算數值與平均數的差數。

在 C2 儲存格輸入“**=B2−B$11**”，計算 B2 與平均數（ M 或 $\bar{X}$ ）的差數（圖 5-26）。

圖 5-26　計算 $(X_i - \bar{X})$

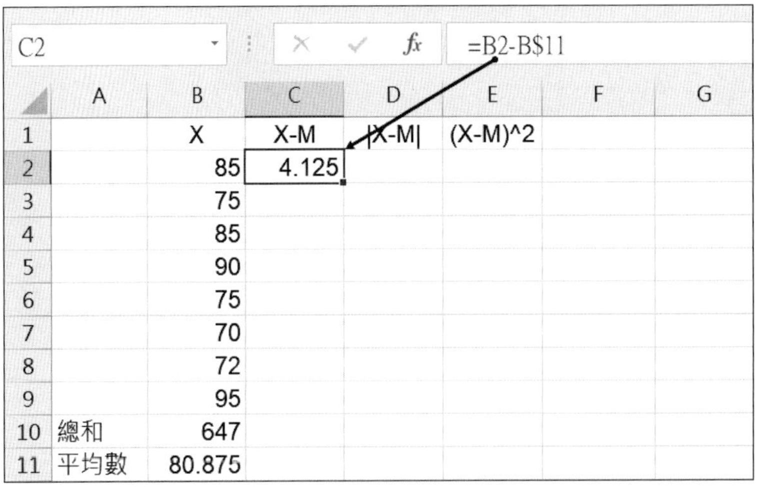

C2　=B2-B$11

	A	B	C	D	E	F	G
1		X	X-M	|X-M|	(X-M)^2		
2		85	4.125				
3		75					
4		85					
5		90					
6		75					
7		70					
8		72					
9		95					
10	總和	647					
11	平均數	80.875					

5. 計算每個數值與平均數的差數。

將 C2 儲存格的算式一直複製到 C9 為止（將 C2 右下角的+字拉到 C9 右下角為止），計算 B2 到 B9 中每個數值與平均數的差數（$X_i - \bar{X}$）（圖 5-27）。

圖 5-27　複製算式，計算 $(X_i - \bar{X})$

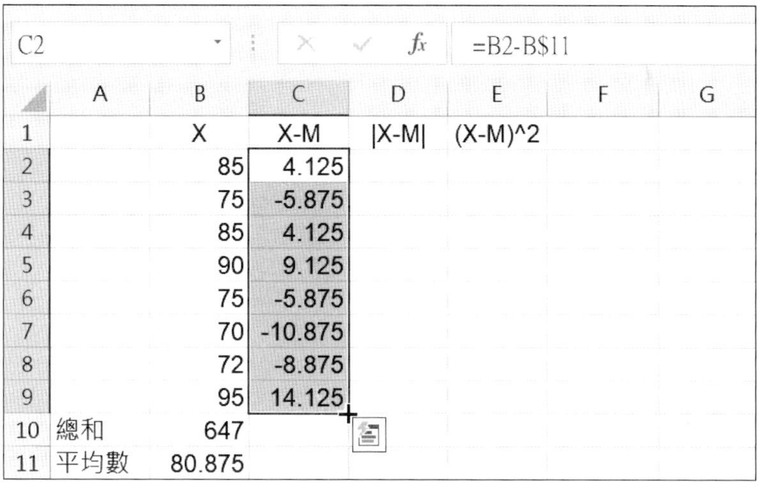

6. 計算每個數值與平均數差數的總和。

在將 C10 儲存格輸入"**=SUM(C2:C9)**"，以計算 $\Sigma(X_i - \bar{X})$，由畫面可看出結果為 0（圖 5-28）。

圖 5-28　加總計算 $\Sigma(X_i - \bar{X})$，結果為 0

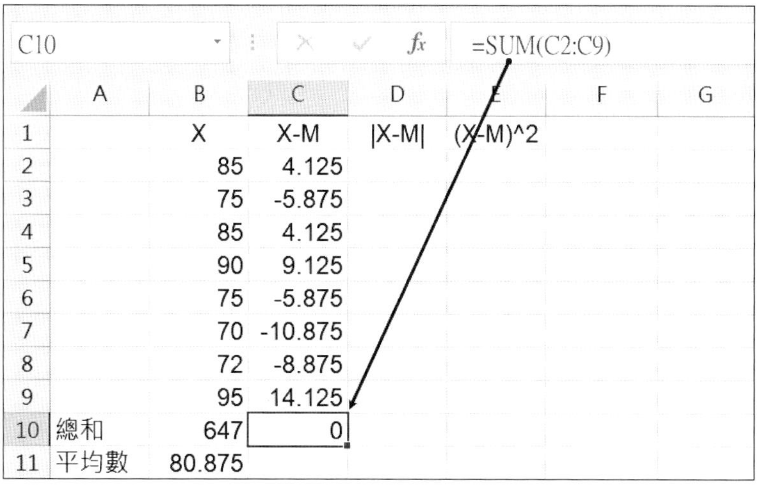

7. 計算每個數值與平均數差數的絕對值。

在 D2 儲存格輸入 "**=ABS(C2)**"，計算 B2 與平均數差數的絕對值，並將 D2 儲存格的算式一直複製到 D9 為止，計算 B2 到 B9 中每個數值與平均數差數的絕對值（$|X_i - \overline{X}|$）（圖 5-29）。

圖 5-29　計算 $|X_i - \overline{X}|$

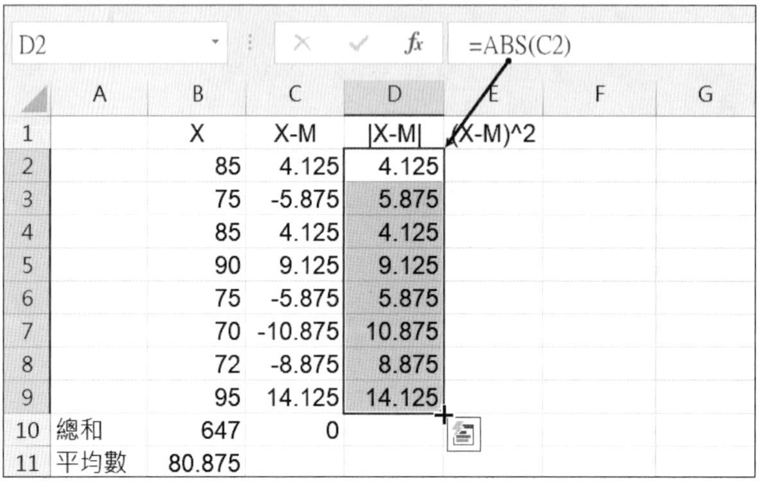

8. 計算每個數值與平均數差數絕對值的總和。

在 D10 儲存格輸入 "**=SUM(D2:D9)**"，以計算 $\Sigma|X_i - \overline{X}|$，由畫面可看出結果為 63（圖 5-30）。

圖 5-30　加總得到 $\Sigma|X_i - \overline{X}|$

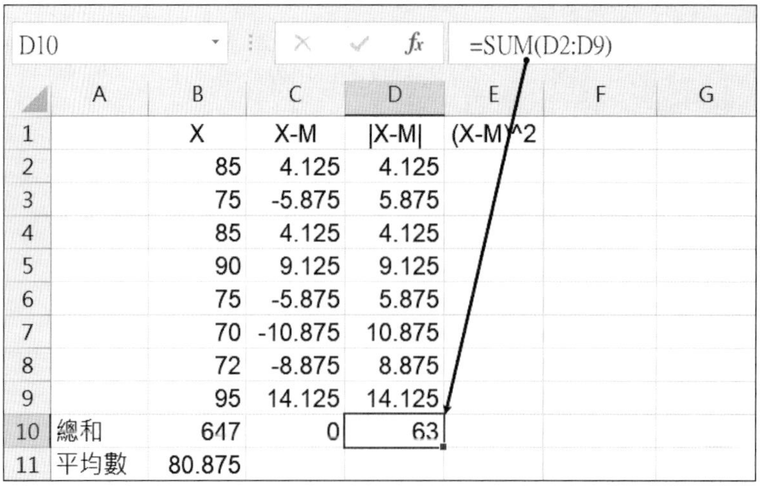

9. 計算平均差。

在 D11 儲存格輸入"**=AVERAGE(D2:D9)**"，以計算 $\dfrac{\Sigma\left|X_i-\bar{X}\right|}{n}$，由畫面可看出結果為 7.875（圖 5-31）。

圖 5-31 $\Sigma\left|X_i-\bar{X}\right|$ 的平均數就是平均差

	A	B	C	D	E	F	G
		X	X-M	|X-M|	(X-M)^2		
2		85	4.125	4.125			
3		75	-5.875	5.875			
4		85	4.125	4.125			
5		90	9.125	9.125			
6		75	-5.875	5.875			
7		70	-10.875	10.875			
8		72	-8.875	8.875			
9		95	14.125	14.125			
10	總和	647	0	63			
11	平均數	80.875		7.875			

D11 =AVERAGE(D2:D9)

10. 使用函數計算平均差。

在 D12 儲存格輸入"**=AVEDEV(B2:B9)**"（留意：函數後要輸入原始數據的儲存格 B2 到 B9），直接計算平均差，結果也會等於 7.875（圖 5-32）。

圖 5-32 使用 AVEDEV 函數計算平均差

	A	B	C	D	E	F	G
		X	X-M	|X-M|	(X-M)^2		
2		85	4.125	4.125			
3		75	-5.875	5.875			
4		85	4.125	4.125			
5		90	9.125	9.125			
6		75	-5.875	5.875			
7		70	-10.875	10.875			
8		72	-8.875	8.875			
9		95	14.125	14.125			
10	總和	647	0	63			
11	平均數	80.875		7.875			
12			平均差	7.875			

D12 =AVEDEV(B2:B9)

肆、標準差及變異數（standard deviation & variance）

一、基本統計觀念

前面說到為了不使正負抵消，使得 $\Sigma(X-\mu)=0$ 的第二種方法就是計算**平方和**（sum of squares, SS），它是從算術平均數算起的面積總和，完整名稱是**離均差平方和**，公式是：

$$SS = \sum_{i=1}^{N}(X_i - \mu)^2 \quad 簡寫為 \quad SS = \Sigma(X-\mu)^2 \tag{5-5}$$

圖示如圖 5-33：

圖 5-33　SS 是各數值與算術平均數的面積總和

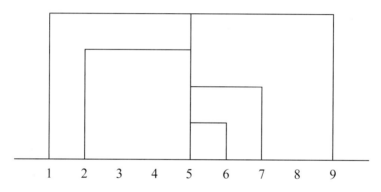

1	2	6	7	9

以上表同樣的數據計算，算術平均數為 5，平方和 SS 為：

$$\begin{aligned} SS &= (1-5)^2 + (2-5)^2 + (6-5)^2 + (7-5)^2 + (9-5)^2 \\ &= 16+9+1+4+16 \\ &= 46 \end{aligned}$$

將 SS 除以數據個數 N，就是平均面積，稱為**母群變異數**，

$$\sigma^2 = \frac{SS}{N} = \frac{\Sigma(X_i-\mu)^2}{N} = \frac{1}{N}\Sigma(X_i-\mu)^2 \tag{5-6}$$

上表的母群變異數為 $\dfrac{46}{5} = 9.2$。

將母群變異數取平方根，稱為**母群標準差**，公式為：

$$\sigma = \sqrt{\frac{\Sigma(X_i - \mu)^2}{N}} = \sqrt{\frac{1}{N}\Sigma(X_i - \mu)^2} \tag{5-7}$$

上表的母群標準差為 $\sqrt{\dfrac{46}{5}} = 3.03$。

上述的計算，如果用在樣本，公式 5-6 改寫為：

$$S^2 = \frac{\Sigma(X_i - \overline{X})^2}{n} = \frac{1}{n}\Sigma(X_i - \overline{X})^2 \tag{5-8}$$

不過，在推論統計中，以公式 5-8 推論母群的變異數通常會低估，如果分母改為 $n-1$ 就會是**不偏估計式**（unbiased estimator），因此**樣本變異數**的公式就成了：

$$s^2 = \frac{\Sigma(X_i - \overline{X})^2}{n-1} = \frac{1}{n-1}\Sigma(X_i - \overline{X})^2 \tag{5-9}$$

計算所得樣本變異數為 $\dfrac{46}{5-1} = 11.5$。

樣本變異數取平方根，稱為**樣本標準差**，公式為：

$$s = \sqrt{\frac{\Sigma(X_i - \overline{X})^2}{n-1}} = \sqrt{\frac{1}{n-1}\Sigma(X_i - \overline{X})^2} \tag{5-10}$$

計算之樣本標準差為 $\sqrt{\dfrac{46}{5-1}} = 3.39$。

綜言之，**樣本標準差**的計算步驟為：

1.　計算樣本平均數 $\overline{X}$。

2.　計算每個數值與平均數的差數之平方，並加總得到**離均差平方和** $SS = \Sigma(X_i - \overline{X})^2$。

3.　將 SS 除以 $n-1$，得到**樣本變異數** $s^2 = \dfrac{\Sigma(X_i - \overline{X})^2}{n-1}$。

4. 將樣本**變異數**取平方根號即為樣本**標準差** $s^2 = \sqrt{\dfrac{\Sigma(X_i - \bar{X})^2}{n-1}}$ 。

標準差的優點是：1.考量所有數值，使用所有訊息量。2.可以進行代數演算。3.受抽樣影響較小，是變異量數中最穩定者。而缺點則是：1.計算較不易，一般人較難理解。2.受極端值影響較大。

標準差具有以下的特性：

1. 團體中每個數值都加一個常數 C（可正可負），則變異數及標準差均不變。因此，如果公司中每名員工都加薪 1000 元，則變異情形並不會改變。

2. 團體中每個數值都乘一個常數 C（可正可負），則變異數為原來之 C^2 倍，標準差為原來之 $|C|$ 倍。因此，如果公司中每名員工都加薪 5%（也就是乘以 1.05），則變異數是原來的 1.025 倍($1.05^2 = 1.025$)，而標準差則是原來的 1.05 倍。

3. 因為一開始取了平方，所以變異數及標準差恆大於等於 0。如果所有數值都相同，則完全沒有變異，因此變異數及標準差都等於 0。

二、Excel 操作步驟（例題 5-2.xlsx）

1. 計算離均差的平方。

在 E2 儲存格計算 C2（數值與平均數的差數）的平方（圖 5-34）。

圖 5-34　計算 $(X_i - \bar{X})^2$

	A	B	C	D	E	F	G
		X	X-M	|X-M|	(X-M)^2		
1							
2		85	4.125	4.125	17.016		
3		75	-5.875	5.875			
4		85	4.125	4.125			
5		90	9.125	9.125			
6		75	-5.875	5.875			
7		70	-10.875	10.875			
8		72	-8.875	8.875			
9		95	14.125	14.125			
10	總和	647	0	63			
11	平均數	80.875		7.875			

E2　　fx　=C2^2

2. 計算所有離均差的平方。

將 E2 儲存格的計算式複製到 E9，計算每個$(X_i - \bar{X})^2$（圖 5-35）。

圖 5-35　複製算式計算$(X_i - \bar{X})^2$

	A	B	C	D	E	F	G
				f_x	=C2^2		
1		X	X-M	|X-M|	(X-M)^2		
2		85	4.125	4.125	17.016		
3		75	-5.875	5.875	34.516		
4		85	4.125	4.125	17.016		
5		90	9.125	9.125	83.266		
6		75	-5.875	5.875	34.516		
7		70	-10.875	10.875	118.27		
8		72	-8.875	8.875	78.766		
9		95	14.125	14.125	199.52		
10	總和	647	0	63			
11	平均數	80.875		7.875			

3. 計算離均差平方和 *SS*。

在 E10 輸入 "**=SUM(E2:E9)**"，計算離均差平方和$\Sigma(X_i - \bar{X})^2$，由畫面可知結果為 582.88（圖 5-36）。由於$\mu = \bar{X}$，因此$\Sigma(X_i - \bar{X})^2$等於$\Sigma(X_i - \mu)^2$

圖 5-36　加總得到$\Sigma(X_i - \bar{X})^2$

	A	B	C	D	E	F	G
				f_x	=SUM(E2:E9)		
1		X	X-M	|X-M|	(X-M)^2		
2		85	4.125	4.125	17.016		
3		75	-5.875	5.875	34.516		
4		85	4.125	4.125	17.016		
5		90	9.125	9.125	83.266		
6		75	-5.875	5.875	34.516		
7		70	-10.875	10.875	118.27		
8		72	-8.875	8.875	78.766		
9		95	14.125	14.125	199.52		
10	總和	647	0	63	582.88		
11	平均數	80.875		7.875			

4. 使用函數計算離均差平方和 SS。

在 F10 輸入"**=DEVSQ(B2:B9)**"（指出原始數據所在位置 B2 到 B9），計算離均差平方和 $\Sigma(X_i - \bar{X})^2$，結果也會是 582.88（圖 5-37）。

圖 5-37 使用 DEVSQ 函數計算 SS

5. 計算母群變異數。

在 E11 輸入"**=AVERAGE(E2:E9)**"，計算 $\dfrac{\Sigma(X_i - \mu)^2}{N}$，此為母群變異數。由圖 5-38 可知結果為 72.859。

圖 5-38 SS 除以 N 得到母群變異數

6. 使用函數計算母群變異數。

在 F11 輸入"=**VAR.P(B2:B9)**"（P 代表母群 population），計算母群變異數 $\dfrac{\Sigma(X_i - \mu)^2}{N}$，結果也會是 72.859（圖 5-39）。（留意：Excel 2007 以前的版本用 VARP 函數，使用方法與 VAR.P 相同。）

圖 5-39　使用 VAR.P 函數計算母群變異數

		A	B	C	D	E	F	G	H
F12						f_x	=VAR.P(B2:B9)		
		A	B	C	D	E	F	G	H
1			X	X-M	|X-M|	(X-M)²			
2			85	4.125	4.125	17.016			
3			75	-5.875	5.875	34.516			
4			85	4.125	4.125	17.016			
5			90	9.125	9.125	83.266			
6			75	-5.875	5.875	34.516			
7			70	-10.875	10.875	118.27			
8			72	-8.875	8.875	78.766			
9			95	14.125	14.125	199.52			
10	總和		647	0	63	582.88	582.875	離均差平方和	
11	平均數		80.875		7.875	72.859	72.8594	母群變異數	
12							72.8594	母群變異數	

7. 計算樣本變異數。

在 E12 輸入 "=**E10/7**"，計算 $\dfrac{\Sigma(X_i - \bar{X})^2}{n-1}$，此為樣本變異數。由 5-39 可知結果為 83.268（圖 5-40）。

圖 5-40　SS 除以 $n-1$ 得到樣本變異數

		A	B	C	D	E	F	G	H
E12						f_x	=E10/7		
		A	B	C	D	E	F	G	H
1			X	X-M	|X-M|	(X-M)²			
2			85	4.125	4.125	17.016			
3			75	-5.875	5.875	34.516			
4			85	4.125	4.125	17.016			
5			90	9.125	9.125	83.266			
6			75	-5.875	5.875	34.516			
7			70	-10.875	10.875	118.27			
8			72	-8.875	8.875	78.766			
9			95	14.125	14.125	199.52			
10	總和		647	0	63	582.88	582.875	離均差平方和	
11	平均數		80.875		7.875	72.859	72.8594	母群變異數	
12						83.268		樣本變異數	

8. 使用函數計算樣本變異數。

在 F12 輸入"**=VAR.S(B2:B9)**"（*S* 代表為樣本 sample），計算樣本變異數 $\dfrac{\Sigma(X_i - \bar{X})^2}{n-1}$，結果也會是 83.268（圖 5-41）。（**留意**：Excel 2007 以前的版本用 VAR 函數，使用方法與 VAR.S 相同。）

圖 5-41　使用 VAR.S 函數計算樣本變異數

	A	B	C	D	E	F	G	H
F12				f_x	=VAR.S(B2:B9)			
1		X	X-M	|X-M|	(X-M)²			
2		85	4.125	4.125	17.016			
3		75	-5.875	5.875	34.516			
4		85	4.125	4.125	17.016			
5		90	9.125	9.125	83.266			
6		75	-5.875	5.875	34.516			
7		70	-10.875	10.875	118.27			
8		72	-8.875	8.875	78.766			
9		95	14.125	14.125	199.52			
10	總和	647	0	63	582.88	582.875	離均差平方和	
11	平均數	80.875		7.875	72.859	72.8594	母群變異數	
12					83.268	83.2679	樣本變異數	

9. 計算樣本標準差。

在 E13 輸入"**=E12^0.5**"（^0.5 表示計算某數的 0.5 次方，也就是取平方根）或是 "**SQRT(E12)**"，計算 $\sqrt{\dfrac{\Sigma(X_i - \bar{X})^2}{n-1}}$，此即為樣本標準差。由圖 5-42 可知結果為 9.1251。

圖 5-42　變異數取平方根就是標準差

	A	B	C	D	E	F	G	H
E13				f_x	=E12^0.5			
1		X	X-M	|X-M|	(X-M)²			
2		85	4.125	4.125	17.016			
3		75	-5.875	5.875	34.516			
4		85	4.125	4.125	17.016			
5		90	9.125	9.125	83.266			
6		75	-5.875	5.875	34.516			
7		70	-10.875	10.875	118.27			
8		72	-8.875	8.875	78.766			
9		95	14.125	14.125	199.52			
10	總和	647	0	63	582.88	582.875	離均差平方和	
11	平均數	80.875		7.875	72.859	72.8594	母群變異數	
12					83.268	83.2679	樣本變異數	
13					9.1251		樣本標準差	

10. 使用函數計算樣本標準差。

在 F13 輸入 "**=STDEV.S(B2:B9)**"，計算樣本標準差 $\sqrt{\dfrac{\Sigma(X_i - \bar{X})^2}{n-1}}$，結果也會是 9.1251（圖 5-43）。（**留意**：Excel 2007 以前的版本用 STDEVS 函數，使用方法與 STDEV.S 相同。如果要計算母群標準差 $\sqrt{\dfrac{\Sigma(X_i - \mu)^2}{N}}$，則使用 STDEV.P 或 STDEVP 函數。）

圖 5-43　使用 STDEV.S 函數計算樣本標準差

F13				f_x	=STDEV.S(B2:B9)		
	A	B	C	D	E	F	G	H
1		X	X-M	|X-M|	(X-M)^2			
2		85	4.125	4.125	17.016			
3		75	-5.875	5.875	34.516			
4		85	4.125	4.125	17.016			
5		90	9.125	9.125	83.266			
6		75	-5.875	5.875	34.516			
7		70	-10.875	10.875	118.27			
8		72	-8.875	8.875	78.766			
9		95	14.125	14.125	199.52			
10	總和	647	0	63	582.88	582.875	離均差平方和
11	平均數	80.875		7.875	72.859	72.8594	母群變異數
12					83.268	83.2679	樣本變異數
13					9.1251	9.12512	樣本標準差

11. 使用增益集之資料分析工具。

在【資料】選單中點選【資料分析】，再選擇【敘述統計】（圖 5-44）。

圖 5-44　使用資料分析工具的敘述統計

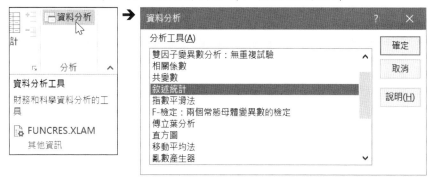

12. 選取資料範圍並進行分析。

　　在【輸入範圍】中選取$A$1:$A$9，在【輸出選項】中選擇【新工作表】並
　　命名（不命名也可以），且勾選【摘要統計】選項。由於 A1 是變數名稱，
　　因此也要勾選【類別軸標記在第一列上】（圖 5-45）。

圖 5-45　選取資料範圍

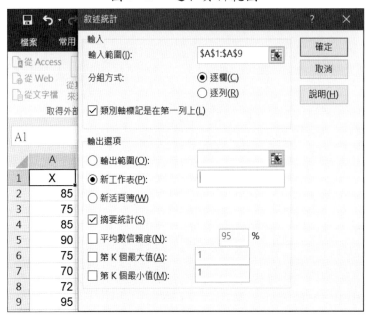

13. 分析結果如圖 5-46。其中包含常用的集中量數（眾數、中位數/中間值、平均
　　數）、變異量數（最小值、最大值、全距/範圍、標準差、變異數）、峰度、
　　及偏態。

圖 5-46　分析結果

	A	B
1		X
2		
3	平均數	80.875
4	標準誤	3.2262
5	中間值	80
6	眾數	85
7	標準差	9.1251
8	變異數	83.268
9	峰度	-1.4439
10	偏態	0.3328
11	範圍	25
12	最小值	70
13	最大值	95
14	總和	647
15	個數	8

14. 進行兩組數據分析（例題 5-3.xlsx）。

一開始提及兩組全距相等的數據如果要進行敘述統計分析，首先在 A、B 兩欄輸入原始數據，接著點選【資料分析】，在【輸入範圍】中選取$A$1:$B$8，在【輸出選項】中選擇【新工作表】並命名，且勾選【摘要統計】選項。**留意**：由於第一列是變數名稱 X 與 Y，此時要勾選【類別軸標記是在第一列上】（圖 5-47）。

圖 5-47　使用兩組數值進行分析

	A	B
1	X	Y
2	80	90
3	85	80
4	75	80
5	85	80
6	90	80
7	75	80
8	70	70

敘述統計

輸入
輸入範圍(I):　$A$1:$B$8
分組方式:　◉ 逐欄(C)　○ 逐列(R)
☑ 類別軸標記是在第一列上(L)

輸出選項
○ 輸出範圍(O):
◉ 新工作表(P):
○ 新活頁簿(W)
☑ 摘要統計(S)
☐ 平均數信賴度(N):　95　%
☐ 第 K 個最大值(A):　1
☐ 第 K 個最小值(M):　1

確定
取消
說明(H)

15. 分析後 X 變數的標準差是 7.0711，Y 變數的標準差是 5.7735，因此 X 變數的變異程度較大（圖 5-48）。

圖 5-48　X 變數的變異程度較大

	A	B	C	D
1	X		Y	
2				
3	平均數	80	平均數	80
4	標準誤	2.6726	標準誤	2.1822
5	中間值	80	中間值	80
6	眾數	85	眾數	80
7	標準差	7.0711	標準差	5.7735
8	變異數	50	變異數	33.333
9	峰度	-1.2	峰度	3
10	偏態	0	偏態	0
11	範圍	20	範圍	20
12	最小值	70	最小值	70
13	最大值	90	最大值	90
14	總和	560	總和	560
15	個數	7	個數	7

三、SPSS 操作步驟（例題 5-2.sav）

1. 使用描述性統計量程序。

在【分析】中之【敘述統計】選擇【描述性統計量】（圖 5-49）。

圖 5-49　使用描述性統計量程序

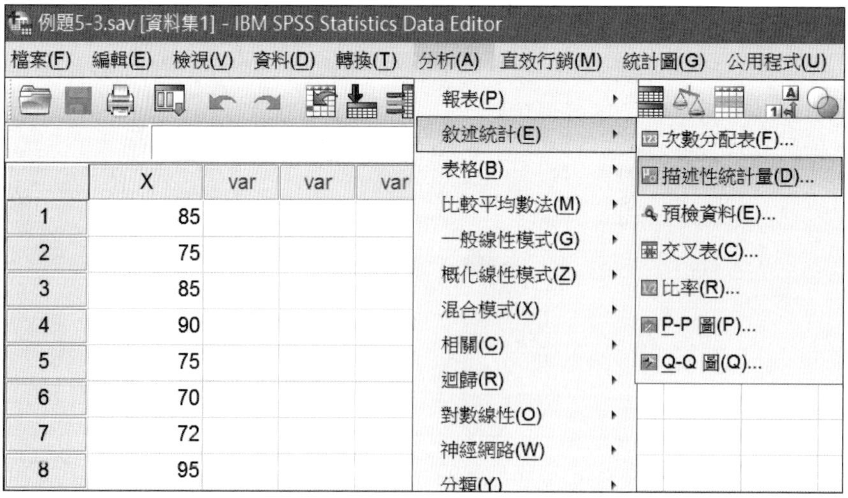

2. 選擇分析變數。

將變數 X 點選到右邊【變數】框中，按著點選【選項】（圖 5-50）。

圖 5-50　選擇分析變數

3. 選擇需要的統計量。

勾選【標準差】及【變異數】（圖 5-51），接著點選【繼續】再按【確定】，進行分析。

圖 5-51　勾選標準差與變異數

4. 輸出報表。

分析後輸出畫面如圖 5-52，標準差為 9.125，變異數為 83.268。SPSS 只能計算分母為 $n-1$ 的樣本標準差及樣本變異數，如果要計算母群變異數，可以先將樣本變異數乘以 $n-1$，再除以 N，變異數取平方根就是標準差。

圖 5-52　輸出報表

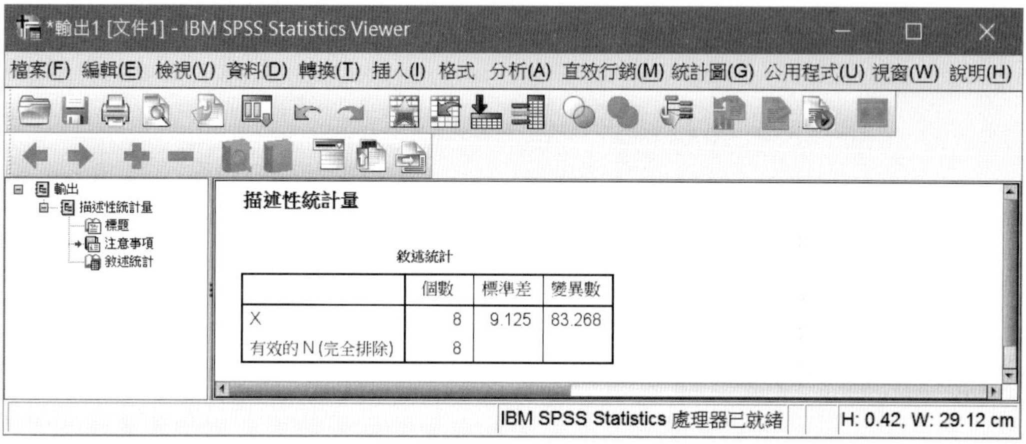

伍、變異係數（coefficient of variation, CV）

當單位不同的資料要比較其變異情形（如，國小一年級學童體重與身高的變異），或單位相同但平均數相差很大的資料（如，女性與男性的身高）要比較變異情形時，此時我們要使用**變異係數** CV，它是標準化的變異量數，在母群中，公式為：

$$CV = \frac{\sigma}{\mu} \times 100 \tag{5-11}$$

如果是樣本，公式改為：

$$CV = \frac{s}{M} \times 100 \tag{5-12}$$

例如，某連鎖便利超商 6、7 兩個月營業額的標準差分別是 0.5 萬及 0.6 萬，看起來 7 月分的變異較大。但是，如果考量平均數分別是 5.1 萬及 6.2 萬，則變異係數分別是：

$$\frac{0.5}{5.1} \times 100 = 9.80$$

$$\frac{0.6}{6.2} \times 100 = 9.68$$

使用變異係數，6 月分的變異反而較大。

不過，變異係數只適用在等比變數，像攝氏及華氏溫度這樣的等距變數就不適用。

陸、各變異量數之適用情形

綜合前面所述各種變異量數，其適用情形可以整理成表 5-1。

如果是名義變數，只能計算全距；次序變數不僅可以計算全距，也可以求四分位距，但是不能計算變異數及標準差；等距變數最常使用標準差；如果是等比變數，則可以使用各種變異量數，不過，標準差仍是使用最廣的變異量數。

由於許多研究都把變數視為等距尺度，因此在描述統計中提供算術平均數及標準差是基本的要求（另一個則是樣本數）。

表 5-1　變異量數適用情形

	全距	四分位 全　距	標準差 變異數	變異 係數
名義變數	✓			
次序變數	✓	✓		
等距變數	✓	✓	✓	
等比變數	✓	✓	✓	✓

柒、習題

一、配合習題 5-1 之資料，使用 Excel 函數及 SPSS 計算各種變異量數。

二、配合習題 5-2 之資料，使用 Excel 及 SPSS 計算四分位數、四分位全距、及四分差。

三、配合習題 5-3 之資料，使用 Excel 及 SPSS 計算四分位數、四分位全距、及四分差。

四、假設全臺灣成年女性體重的分布為常態分布，體重平均（mean）以符號 μ 表示，體重變異數（variance）以符號 σ^2 表示，標準差（standard deviation, SD）。今從全臺灣成年女性中隨機抽出 9 個人，分別為 48、49、50、51、52、53、54、55、56 公斤（資料來源：104 年三級高考衛生行政等類科，《生物統計學》）。

1. 樣本平均值。
2. 樣本變異數（使用無偏估計方法）。
3. 樣本標準差（standard deviation, SD）。

五、小明大學畢業後微型創業，開了一家文創工作室，開幕後的 16 天營業額如下（單位：元）（資料來源：107 年原住民族四等特考經建行政科，《統計學概要》）。

1198, 1428, 1083, 715, 922, 1267, 1520, 761,
1773, 853, 2118, 1428, 1543, 25, 738, 1083

1. 請計算營業額的標準差、變異係數及四分位距。
2. 小題 1 哪個測量值最適合描述此資料之離散程度？並說明理由。

六、某班學生的數學成績平均數為 60，標準差為 10.00，而英文成績平均數為 40，標準差為 8.00，試問該班學生的兩科目成績何者的差異較大？（資料來源：105 年四等身障特考教育行政類，《教育測驗與統計概要》）。

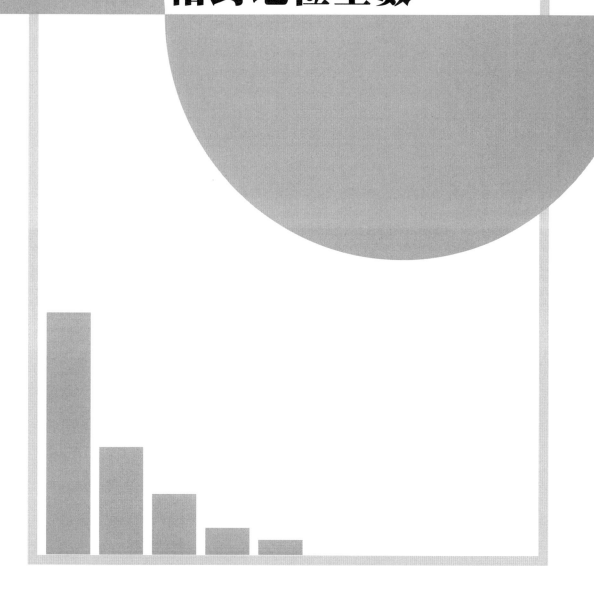

第 **6** 章
相對地位量數

本章概要

1. 相對地位量數是用來描述某個數值在團體中的地位。

2. 常用的相對地位量數有：百分等級、百分位數、及各種標準分數。

3. 百分位數是利用累積相對次數將一組數值分成 100 等之後所得到對應的數值。

4. 百分等級是在一組資料中，某個數值在 100 個等級中，可以勝過多少個等級。

5. Z 分數是最常用的標準化分數，公式是：（數值－平均數）÷標準差。

6. 透過 Z 分數，可以轉換成其他標準分數。

7. 日本考試常用的偏差值，就是 T 分數，也是一標準化分數。

　　有兩人各自參加不同縣市的地方特考，結果都考了第二名，可以說兩個人的程度相同嗎？或許甲縣市有 50 人報名，乙縣市卻有 500 人報名，此時第二名代表的意義便不相同。同樣地，在這兩個縣市的考試中，成績勝過 45 個考生，代表的意義也不同。如果考量到報考人數，那麼同樣是第二名或是同樣勝過 45 個考生，代表的意義也不相同，此時，就需要使用相對地位量數來加以描述。

　　相對地位量數是用來描述某個數值在團體中的地位，就是與其他觀察體相比，其等級如何。常用的相對地位量數有：百分等級、百分位數，及各種標準分數。

壹、百分位數（percentile）

一、統計基本觀念

　　百分位數是利用累積相對次數，用 1%、2%、3%、……、99%將資料均分成 100 等分，中間 99 個分割點所得到對應的數值，稱為該資料的第 1、2、3、……、99 百分位數。第 75 個百分位數就是在一組資料中，累積到 75%時（也可以說勝過 75% 的數值），所對應的**數值**。第 75 百分位數也等於第三個四分位數。

百分位數的計算步驟與第五章的四分位數相似：

1. 先將原始數據**由小到大排序**。

2. 找出百分位數在原始數據中的位置。

   (1) 百分位數的位置在 $p = \dfrac{n}{100} \times PR$。它的思考邏輯是：把 n 個數值分割為 100 等分，再取其中的第 PR 個分割點。

   (2) 如果 p 是整數（可以整除），則取第 p 個與第 $p + 1$ 個數值之和再除以 2 （也就是兩個數值的算術平均數）。

   (3) 如果 p 不是整數（不能整除），則無條件進位，取大於第 p 個之最小整數位的數值。

例題 6-1

12 個學生的經濟學成績排序後如下表，分別求第 20 及 75 百分位數（也就是百分等級 20 及 75 的數值）。

55　66　68　72　75　77　80　85　88　90　96　100

首先，求**百分等級**（percentile rank, PR）20 所在的位置：

$$\frac{12}{100} \times 20 = 2.4$$

由於無法整除，因此無條件進位，取第 3 個學生的分數 68，所以第 20 個百分位數為 68 分。

其次，求百分等級 75 所在的位置：

$$\frac{12}{100} \times 75 = 9$$

由於可以整除，因此取第 9 個及第 10 個分數的平均數（$\dfrac{88 + 90}{2} = 89$），所以第 75 個百分位數為 89 分。

二、Excel 操作步驟（例題 6-1.xlsx）

1. 計算 PR20 的位置。

   在儲存格 D2 輸入 “**=12/100*20**” 以計算在 12 個數值中 PR20 之位置，結果為 2.4（圖 6-1）。

圖 6-1　計算 PR20 的位置

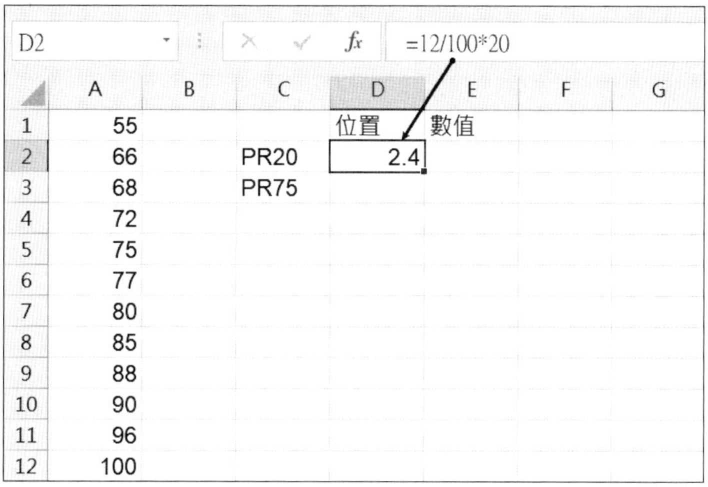
D2　=12/100*20

	A	B	C	D	E	F	G
1	55			位置	數值		
2	66		PR20	2.4			
3	68		PR75				
4	72						
5	75						
6	77						
7	80						
8	85						
9	88						
10	90						
11	96						
12	100						

2. 計算 PR20 的數值。

   因為 2.4 不是整數，因此無條件進位，取第 3 位（A3），結果為 68（圖 6-2）。**留意**：原始數據要先由小到大排序。

圖 6-2　計算 PR20 的數值

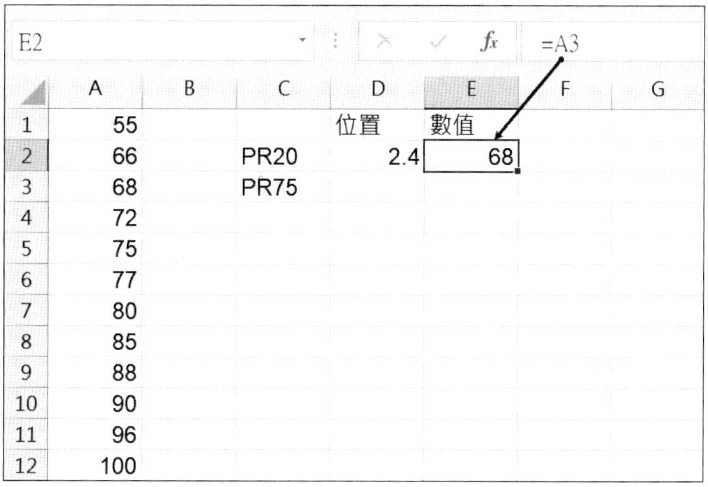
E2　=A3

	A	B	C	D	E	F	G
1	55			位置	數值		
2	66		PR20	2.4	68		
3	68		PR75				
4	72						
5	75						
6	77						
7	80						
8	85						
9	88						
10	90						
11	96						
12	100						

3. 計算 PR75 的位置。

在儲存格 D3 輸入 “**=12/100*75**” 以計算在 12 個數值中 PR75 之位置，結果為 9（圖 6-3）。

圖 6-3 計算 PR75 的位置

D3 =12/100*75

	A	B	C	D	E	F	G
1	55			位置	數值		
2	66		PR20	2.4	68		
3	68		PR75	9			
4	72						
5	75						
6	77						
7	80						
8	85						
9	88						
10	90						
11	96						
12	100						

4. 計算 PR75 的數值。

因為 9 為整數，所以取第 9 位（A9）及第 10 位（A10）的平均數，結果為 89（圖 6-4）。

圖 6-4 計算 PR75 的數值

E3 =(A9+A10)/2

	A	B	C	D	E	F	G
1	55			位置	數值		
2	66		PR20	2.4	68		
3	68		PR75	9	89		
4	72						
5	75						
6	77						
7	80						
8	85						
9	88						
10	90						
11	96						
12	100						

貳、百分等級（percentile rank, PR）

一、統計基本觀念

百分等級與百分位數可以相互轉換。百分位數是在 100 個等級中，要勝過某個等級（也就是 PR），其**數值**是多少（也就是 P），是由等級 PR 求數值 P。而百分等級的定義是：在一組資料中，某個數值在 100 個等級中，可以勝過多少個**等級**。是由數值求百分等級 PR。

(一) 沒有同分情形

由原始分數計算 PR 值的步驟：

1. 先將原始數值由小到大排列。
2. 計算各數值所在等級 R。
3. 將等級 R 減去 0.5（或勝過的人數（$R-1$）再加 0.5），得到「勝過人數」。
4. 公式：$PR = \dfrac{(R-0.5)\times 100}{n}$。$PR$ 值通常取整數。

例如，某公司舉辦週年慶，由北到南的 11 家分店營業額如下表（單位：萬元），其中 80 萬這家店的百分等級是多少？

140　120　100　80　75　105　95　110　65　60　150

首先，將營業額由小到大排列，如下表：

60　65　75　80　95　100　105　110　120　140　150

80 萬的等級是 4（$R=4$），勝過 3 家分店。但是這家店本身要取 0.5（因為有一半勝過自己，一半沒有勝過自己），因此它的位置是 $4-0.5=3.5$（也就是 $R-0.5$）或是 $3+0.5=3.5$。

在 11 家店中的位置是 3.5，轉換為 100 個等級中的位置 PR，公式是：$11:3.5=100:PR$，因此，

$$PR = \frac{3.5\times 100}{11} = 31.82 \cong 32$$

上述的算式通則化後就是：

$$PR = \frac{(R - 0.5) \times 100}{n} \tag{6-1}$$

不過，習慣上我們會使用**名次表示位置**，如營業額 120 萬這家分店的名次是第 3 名，則它的位置是：

$$總數 - 名次 + 0.5 = 11 - 3 + 0.5 = 8.5$$

也就是第 3 名的分店，在 11 家店中勝過 8.5 家。代入公式，得到：

$$PR = \frac{8.5 \times 100}{11} = 77.27 \cong 77$$

(二) 有同分情形

假如有同分的情形，或是使用分組之後的次數分配表時，公式為：

$$PR = \frac{\left(cf - \dfrac{f}{2}\right) \times 100}{n} \tag{6-2}$$

其中 cf 等於公式 6-1 中的 R，$\dfrac{f}{2}$ 表示有同分的情形時，要將該分數（或該組）的次數取一半，同樣表示勝過一半的人數，但也未勝過一半的人數。如果沒有同分，f 就等於 1，$\dfrac{f}{2} = 0.5$。

例如，表 6-1 是某個班級 38 個學生的考試成績統計表，其中 76 分者共有 9 人，累積次數為 26，勝過的人數是 26 - 9 / 2 = 21.5，換算成百分等級為：

$$\frac{\left(26 - \dfrac{9}{2}\right) \times 100}{38} = 56.58 \cong 57$$

其他各分數的百分等級計算後如表 6-1，計算過程則見後面操作步驟的說明。

表 6-1　學生考試成績統計表與百分等級

分數	次數 f	累積次數 cf	勝過次數 $(cf - f/2)$	百分等級 PR
70	1	1	0.5	1
71	2	3	2.0	5
72	0	3	3.0	8
73	3	6	4.5	12
74	4	10	8.0	21
75	7	17	13.5	36
76	9	26	21.5	57
77	6	32	29.0	76
78	4	36	34.0	89
79	2	38	37.0	97

例題 6-2（沒有同分情形）

12 個學生的經濟學成績排序後如下，分別求 77 分及第 3 名學生的百分等級。

55　66　68　72　75　77　80　85　88　90　96　100

首先，計算 77 分學生的百分等級。

1. 排序後的等級是 6，因此勝過的人數是 6 − 0.5 = 5.5。

2. 代入公式後，$PR = \dfrac{(6 - 0.5) \times 100}{12} = 45.83 \cong 46$。

其次，計算第 3 名學生（得分 90）的百分等級。

1. 第 3 名勝過的人數為 12 − 3 + 0.5 = 9.5。

2. 轉換成百分等級，$PR = \dfrac{9.5 \times 100}{12} = 79.17 \cong 79$。

例題 6-3（有同分情形）

16 個學生的微積分成績排序後如下，求 76 分學生的百分等級。

45　50　53　65　65　76　76　76　80　86　90　90　93　95　99　100

計算步驟說明如下：

1. 76 分以下（含 76 分）的人數有 8 人，因此 $cf = 8$。

2. 76 分共有 3 人，取一半為 1.5，也就 $\frac{f}{2} = 1.5$。

3. 代入公式，$PR = \dfrac{\left(8 - \dfrac{3}{2}\right) \times 100}{16} = 40.625 \cong 41$。

4. 因此 76 分這 3 個人的百分等級為 41。

百分等級的優點有：

1. 容易計算，且多數人可以了解。如果有人說他在某項測驗的 PR 值是 81，我們就知道他的表現在中上水準；如果 PR 值是 30，則是中下水準。

2. 適用於所有的測驗，可做為不同測驗分數的比較。例如，某生在高中學科能力測驗的國文及英語都答對 25 題，並不代表他的兩項語文能力相等。假如換算成 PR 值之後分別為 45 及 56，則表示他的中文能力比一般考生來得低，而英語能力較一般考生高。

3. 原始數值不一定要成常態分配，不管分配型態是什麼，都可以使用。

百分等級的缺點則是：

1. 不具有相等的單位，是次序變數。因此，PR 值 30、40、50 之間的距離並不相等，也就是 $50 - 40 \neq 40 - 30$。

2. 不能進行四則運算。因此，如果某生在國文、英文、數學三科的 PR 值分別是 44、59、53，他的整體相對地位不是 $(44 + 59 + 53) / 3 = 52$，而需要將三科原始分數相加，再與其他考生相比較，才能求得整體的 PR 值。

最後要說明，百分等級 100 不合邏輯，因此 PR 值最大為 99；而 PR 值 0 與 1 會合併為 1，因此 PR 值最小為 1。

二、Excel 操作步驟（例題 6-4.xlsx）

1. 計算累積次數。

    先在 A 與 B 兩行輸入分數及次數。在儲存格 C2 輸入 "**=SUM(B$2:B2)**" 以計算累積次數 cf（圖 6-5）。

圖 6-5　使用 SUM 函數計算累積次數

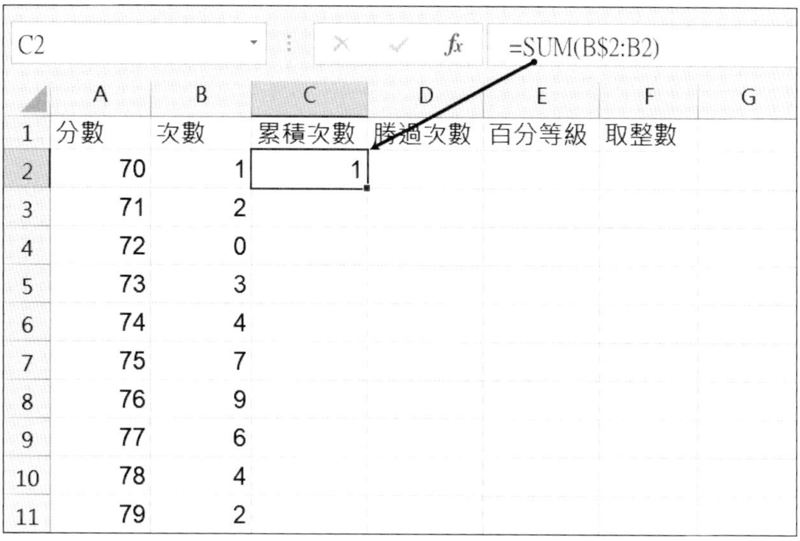

2. 複製累積次數。

將儲存格 C2 的算式複製到 C11（圖 6-6）。（**留意**：Excel 儲存格的左上角如果出現▶三角形符號，表示有可能出錯。這是因為 C2 與其他儲存格的公式不一致，是正常現象，可以選擇忽略錯誤，不會影響計算結果。）

圖 6-6　複製算式

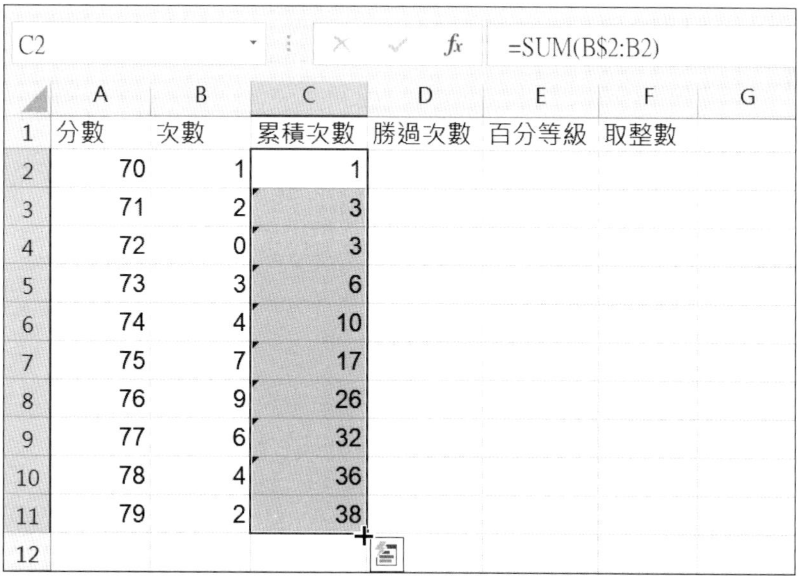

3.　計算勝過次數。

在儲存格 D2 輸入 "**=C2-B2/2**"（即 $cf - f / 2$）（圖 6-7）。

圖 6-7　使用累積次數減次數的一半計算勝過次數

4.　複製勝過次數。

將儲存格 D2 的算式複製到 D11（圖 6-8）。

圖 6-8　複製算式

5. 計算百分等級。

在儲存格 E2 輸入"**=D2/C\$11*100**"以計算百分等級。接著將 E2 算式複製到
E11（圖 6-9）。（**留意**：儲存格 C11 就是總人數 38，C\$11 表示 D 欄固定第
11 列的數值，設定\$C\$11 也可以。）

圖 6-9　以勝過次數除以總人數計算百分等級

E2			:	×	✓	*fx*	=D2/C\$11*100	
	A	B	C	D	E	F	G	
1	分數	次數	累積次數	勝過次數	百分等級	取整數		
2	70	1	1	0.5	1.31579			
3	71	2	3	2	5.26316			
4	72	0	3	3	7.89474			
5	73	3	6	4.5	11.8421			
6	74	4	10	8	21.0526			
7	75	7	17	13.5	35.5263			
8	76	9	26	21.5	56.5789			
9	77	6	32	29	76.3158			
10	78	4	36	34	89.4737			
11	79	2	38	37	97.3684			
12								

6. 對百分等級取整數。

在儲存格 F2 輸入"**=ROUND(E2,0)**"對 E2 的數值四捨五入取到個位數（逗點
後的 0，表示取到個位數）。接著將 F2 算式複製到 F11（圖 6-10）。

圖 6-10　四捨五入取整數

F2			:	×	✓	*fx*	=ROUND(E2,0)	
	A	B	C	D	E	F	G	
1	分數	次數	累積次數	勝過次數	百分等級	取整數		
2	70	1	1	0.5	1.31579	1		
3	71	2	3	2	5.26316	5		
4	72	0	3	3	7.89474	8		
5	73	3	6	4.5	11.8421	12		
6	74	4	10	8	21.0526	21		
7	75	7	17	13.5	35.5263	36		
8	76	9	26	21.5	56.5789	57		
9	77	6	32	29	76.3158	76		
10	78	4	36	34	89.4737	89		
11	79	2	38	37	97.3684	97		
12								

參、標準分數（standard score）

一、統計基本觀念

目前，警察特種考試有身高限制，男性要在 165 公分以上，女性則是 160 公分以上。如果只看表面上的數值，好像對男性的限制比較嚴格，但是，如果考慮到臺灣成年男女的平均身高大約是 172 公分與 160 公分（標準差大約都是 5），那麼對女性的要求反而比較嚴格。

不同單位的原始數值，是不能互相比較的，如果要比較，就要化成「標準分數」，而其中最常使用的是 Z 分數。經由直線轉換，Z 分數可以化成其他的標準分數。

(一) Z 分數

Z 分數是將原始數值減去平均數，再除以標準差。在母群體中，Z 分數的公式為：

$$Z = \frac{X - \mu}{\sigma} \tag{6-3}$$

如果使用在樣本，則公式為：

$$Z = \frac{X - \bar{X}}{s} \tag{6-4}$$

它的計算步驟為：

1. 計算平均數 $\bar{X}$ 及標準差 s。
2. 計算每個數值與平均數的差異（即 $X_i - \bar{X}$）。
3. 將差異除以標準差（即 $\frac{X_i - \bar{X}}{s}$）。

由於標準差恆大於等於 0（如果標準差為 0，就不能也不需要計算 Z 分數），因此 Z 分數的正負就取決於 $X_i - \bar{X}$。如果數值高於平均數，Z 分數就為正數；如果數值低於平均數，Z 分數就為負數；如果數值等於平均數，Z 分數就為 0。而 Z 分數絕對值的大小，就表示數值與平均數差異的大小，Z 絕對值愈大，表示該數值與平均數差異愈大。

Z 分數的特性為：

1.　平均數為 0，即 $\mu_Z = 0$。

2.　變異數為 1，即 $\sigma_Z^2 = 1$。

3.　標準差為 1，即 $\sigma_Z = 1$。

Z 分數的優點是：

1.　計算精確。

2.　Z 分數為等距變數，可進行四則運算。

3.　不同測驗間的分數要透過 Z 分數才可以比較。

例如，甲乙兩人上學期的兩門必修科目成績如表 6-2：

表 6-2　兩個學生的成績

科　　目	統計學		經濟學	
學　　生	甲	乙	甲	乙
原始分數	70	80	80	70
Z　分　數	0	2	−0.5	−1.5
平　均　數	70		85	
標　準　差	5		10	

如果由原始成績來看，兩個人的總分都是 150 分，看起來似乎是不相上下。然而，如果考量到全班的平均數及標準差，則甲生在兩科的 Z 分數分別是：$\frac{70-70}{5}=0$ 及 $\frac{80-85}{10}=-0.5$；乙生在兩科的 Z 分數分別是：$\frac{80-70}{5}=2$ 及 $\frac{70-85}{10}=-1.5$。各自加總後，甲的 Z 分數總和是 −0.5，乙是 0.5，因此乙生的成績比甲生高。

Z 分數的缺點有：

1.　會有負數，一般人不容易接受。

2.　不易理解。如，Z 分數等於 3，看來似乎不高，但是如果資料呈常態分配，則此時的 PR 值已經是 99，可說是最高等級了。

(二) T 分數

在日本，升學考試的分數要轉換成「學力偏差值」，它的公式是：

(個人成績 − 所有考生平均成績) ÷ 標準差 × 10 + 50

其中，(個人成績 − 所有考生平均成績) ÷ 標準差就是個人的 Z 分數

實際上，「學力偏差值」就是 T 分數。T 分數是由 W. A. McCall 所創，公式為：

$$T = 10 \times Z + 50$$

T 分數較常在心理與教育領域使用，它的特性有：

1. 平均數為 50，即 $\mu_T = 50$。
2. 標準差為 10，即 $\sigma_T = 10$。
3. 變異數為 100，即 $\sigma_T^2 = 100$。

醫學上，骨質密度檢查（BMD）結果會用 T 評分表示，實際上它是 Z 分數，如果在−1 或+1 之間，表示骨質密度與健康的年輕人相比，差異小於±1 個標準差，代表骨質密度正常；如果在−2.5 以下，表示有骨質疏鬆症。

(三) 其他標準分數

經由 Z 分數，研究者可以自行設定要轉換的公式，得到新的標準分數。$Z' = \sigma \times Z + \mu$，其中 σ 是轉換後的標準差，μ 是轉換後的平均數。假如設定轉換後的標準差及平均數各是 100 及 500，則新的分數就是：

$$Z' = 100 \times Z + 500$$

不同的分數，可以透過 Z 分數加以比較及轉換。魏氏智力測驗的平均數 $\mu = 100$，標準差 $\sigma = 15$，比西智力測驗的平均數 $\mu = 100$，標準差 $\sigma = 16$，如果在魏氏智力測驗的得分為 130，則，

$$Z = \frac{130 - 100}{15} = 2$$

再轉換為比西智力測驗的得分，

$$BS = 16 \times 2 + 100 = 132$$

因此在魏氏智力測驗得分 130，相當於在比西智力測驗的得分為 132。

又如，SAT（Scholastic Assessment Test，學術評量測驗）語言部分的平均數 $\mu = 500$，標準差 $\sigma = 100$，ACT（American College Testing，美國大學測驗）的平均數 $\mu = 18$，標準差 $\sigma = 6$。如果在 SAT 的語言部分得分 550，則，

$$Z = \frac{550 - 500}{100} = 0.5$$

轉換為 ACT 得分為，

$$ACT = 6 \times 0.5 + 18 = 21$$

因此，在 SAT 得分 550，相當於在 ACT 的得分為 21。

二、Excel 操作步驟（例題 6-5.xlsx）

1. 計算平均數。

   首先在 B2 到 B10 輸入原始分數，接著在 B11 輸入“**=AVERAGE(B2:B10)**”以計算平均數，結果為 78.7778（圖 6-11）。

圖 6-11　使用 AVERAGE 函數計算平均數

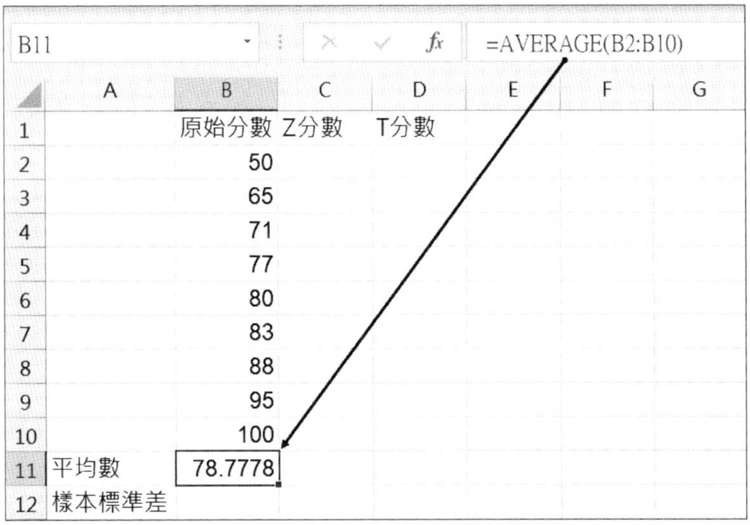

2. 計算標準差。

在 B12 輸入"**=STDEV.S(B2:B10)**"以計算樣本標準差，結果為 15.409（圖 6-12）。（**留意**：如果不做推論統計，應使用"**=STDEV.P(B2:B10)**"計算母群標準差，此處為了配合 SPSS，分母使用 $n - 1$。）

圖 6-12　使用 STDEV.S 函數計算樣本標準差

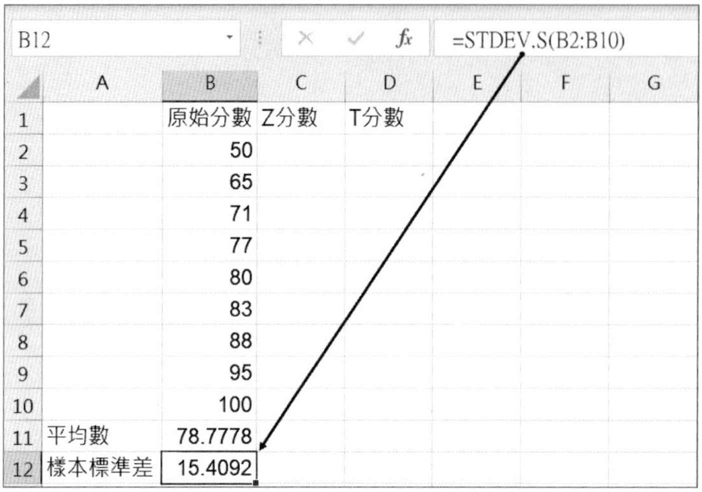

3. 計算 Z 分數。

先在 C2 輸入"**=(B2-B\$11)/B\$12**"以計算 B2 數值的 Z 分數（**留意**：平均數及標準差要使用絕對位址），接著將算式複製到 C10（圖 6-13）。

圖 6-13　計算 Z 分數

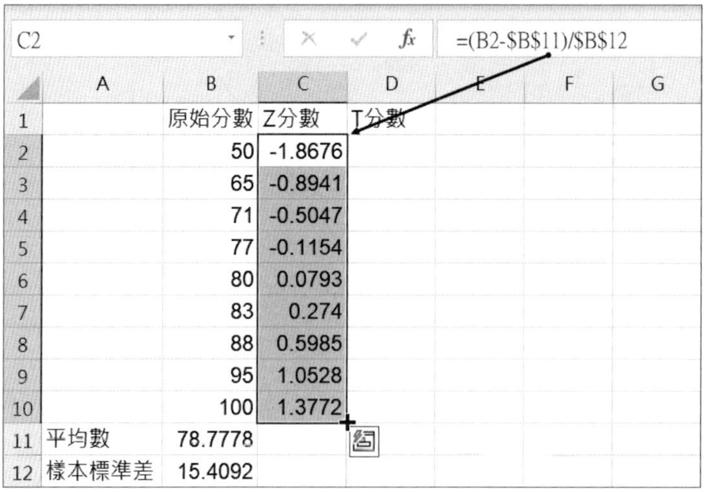

4. 計算 Z 分數之平均數及標準差。

　　將 B11 及 B12 的算式複製到 C11 及 C12，得到 Z 分數的平均數為 0，標準差為 1（圖 6-14）。（**留意**：4E-16 是科學表示法，代表 $4×10^{-16}$，也就是 0，這是由於各個 Z 分數四捨五入之後所產生的誤差。）

圖 6-14　Z 分數之平均數及標準差分別為 0 與 1

	A	B	C	D	E	F	G
				f_x	=AVERAGE(B2:B10)		
1		原始分數	Z分數	T分數			
2		50	-1.8676				
3		65	-0.8941				
4		71	-0.5047				
5		77	-0.1154				
6		80	0.0793				
7		83	0.274				
8		88	0.5985				
9		95	1.0528				
10		100	1.3772				
11	平均數	78.7778	4E-16				
12	樣本標準差	15.4092	1				
13							

5. 計算 T 分數。

　　先在 D2 輸入 "**=10*C2+50**" 以計算 C2 數值的 T 分數，接著將算式複製到 D10（圖 6-15）。

圖 6-15　使用 $10*Z+50$ 計算 T 分數

	A	B	C	D	E	F	G
				f_x	=10*C2+50		
1		原始分數	Z分數	T分數			
2		50	-1.8676	31.324			
3		65	-0.8941	41.059			
4		71	-0.5047	44.953			
5		77	-0.1154	48.846			
6		80	0.0793	50.793			
7		83	0.274	52.74			
8		88	0.5985	55.985			
9		95	1.0528	60.528			
10		100	1.3772	63.772			
11	平均數	78.7778	4E-16				
12	樣本標準差	15.4092	1				

6. 計算 T 分數之平均數及標準差。

將 C11 及 C12 的算式複製到 D11 及 D12，得到 T 分數的平均數為 50，標準差為 10（圖 6-16）。

圖 6-16　T 分數之平均數及標準差分別為 50 與 10

三、SPSS 操作步驟（例題 6-5.sav）

1. 輸入資料並選擇描述統計程序。

首先在變數檢視視窗輸入變數名稱 X，並在資料檢視視窗輸入數據。接著在【分析】選單中的【敘述統計】選擇【描述性統計量】（圖 6-17）。

圖 6-17　輸入資料並選擇描述統計程序

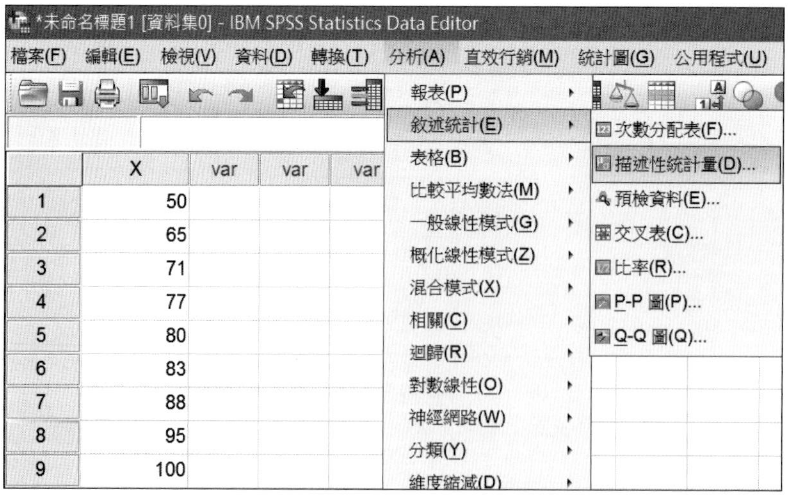

2. 選擇分析變數。

將變數 X 點選到右邊的【變數】框中，勾選左下角之【將標準化的數值存成變數】，按【確定】完成分析（圖6-18）。

圖 6-18　選擇分析變數，並將變數標準化

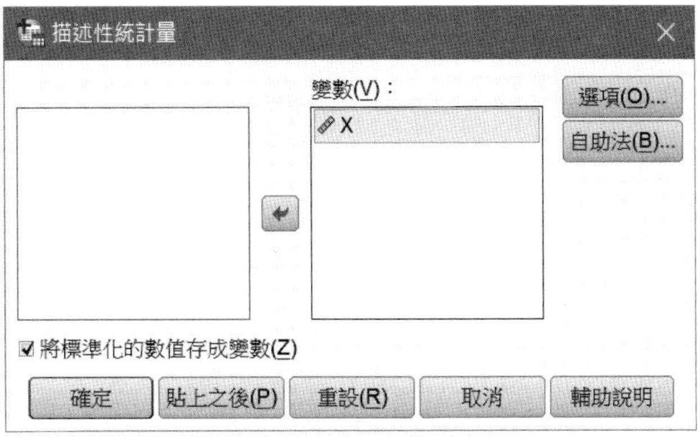

3. 得到 Z 分數。

分析之後會得到新的變數 ZX，畫面中為各觀察體的 X 及 ZX 數值（圖 6-19）。

圖 6-19　分析後得到 Z 分數

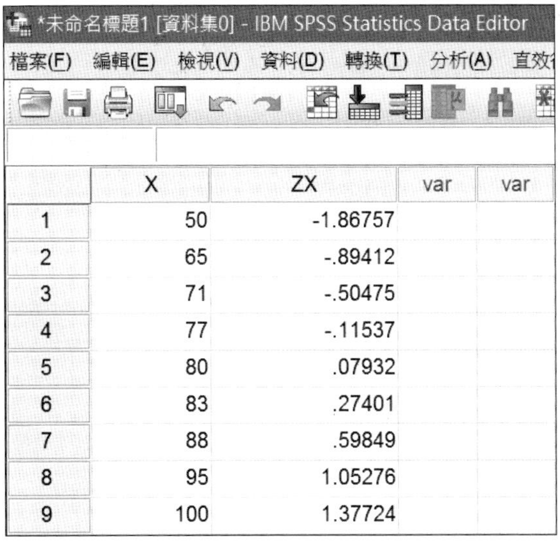

	X	ZX	var	var
1	50	-1.86757		
2	65	-.89412		
3	71	-.50475		
4	77	-.11537		
5	80	.07932		
6	83	.27401		
7	88	.59849		
8	95	1.05276		
9	100	1.37724		

4. 計算 T 分數。

在【轉換】選單中選擇【計算變數】（圖 6-20）。

圖 6-20　使用計算變數程序

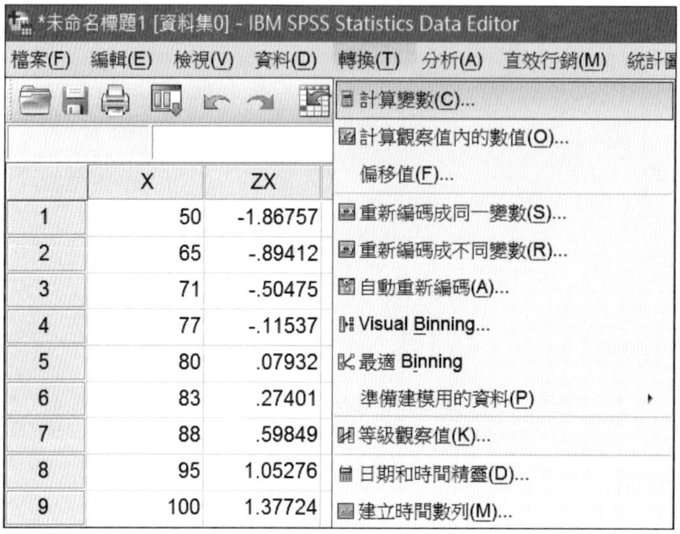

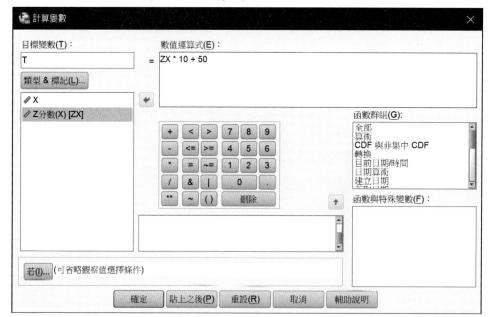

5. 輸入算式。

在【目標變數】中輸入 T，【數值運算式】則輸入 ZX * 10 + 50（圖 6-21）。

圖 6-21　運算式 T = ZX * 10 + 50

6. 得到 T 分數。

分析之後會得到新的變數 T，畫面中為各觀察體的 X、ZX，及 T 之數值（圖 6-22）。

圖 6-22　計算後得到 T 分數

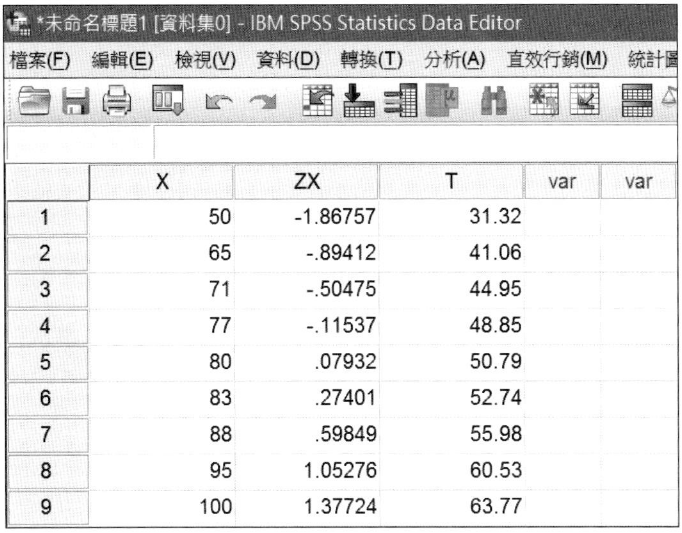

	X	ZX	T	var	var
1	50	-1.86757	31.32		
2	65	-.89412	41.06		
3	71	-.50475	44.95		
4	77	-.11537	48.85		
5	80	.07932	50.79		
6	83	.27401	52.74		
7	88	.59849	55.98		
8	95	1.05276	60.53		
9	100	1.37724	63.77		

7. 對 ZX 及 T 進行描述統計。

同樣地，在【分析】選單中的【敘述統計】選擇【描述性統計量】（圖 6-23）。

圖 6-23　使用描述性統計量程序

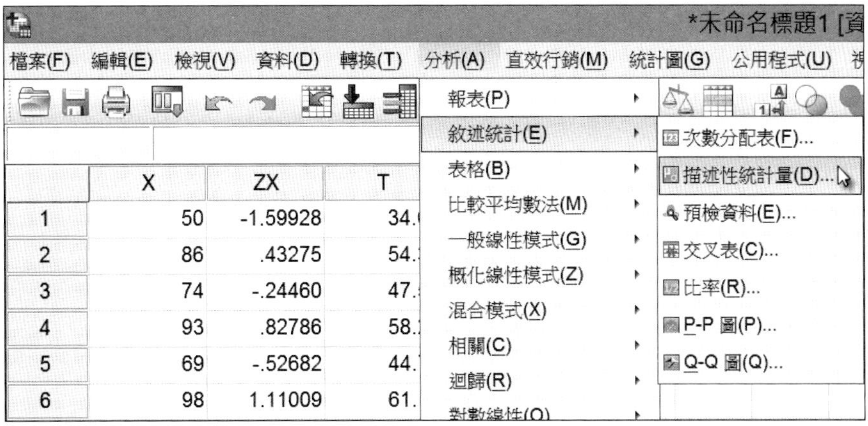

	X	ZX	T
1	50	-1.59928	34.
2	86	.43275	54.
3	74	-.24460	47.
4	93	.82786	58.
5	69	-.52682	44.
6	98	1.11009	61.

8.　選擇分析變數。

　　將變數 *ZX* 及 *T* 點選到右邊的【變數】框中，取消左下角之【將標準化的數
值存成變數】，再按【選項】選擇需要的統計量（圖 6-24）。

圖 6-24　選擇分析變數

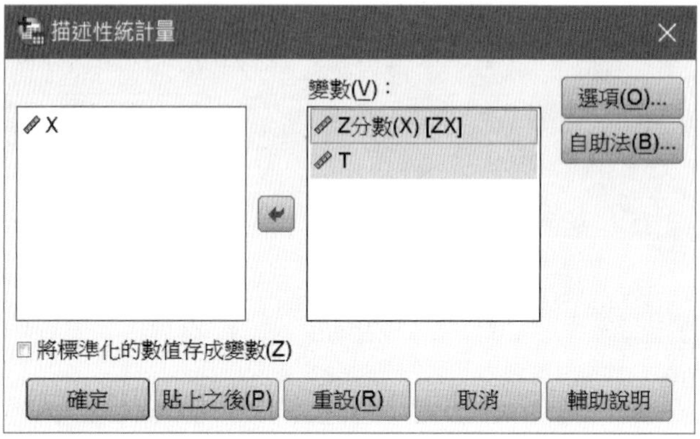

9.　選擇需要的統計量。

　　勾選【平均數】、【標準差】、【變異數】、【最小值】，及【最大值】，
按【繼續】之後再按【確定】進行分析（圖 6-25）。

圖 6-25　勾選需要的統計量

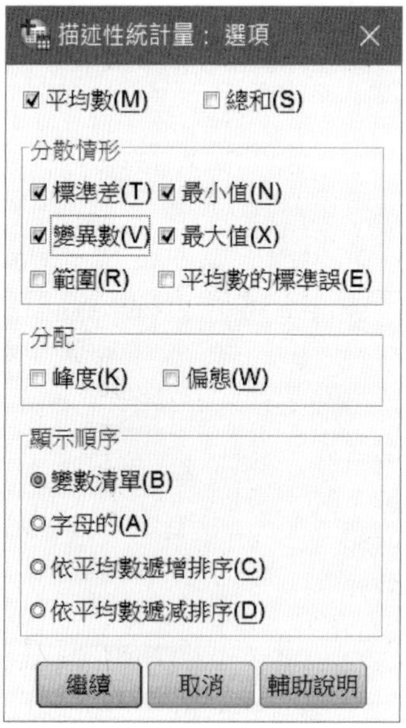

10. 輸出報表。

由圖 6-26 中可看出：Z 分數的平均數為 0，標準差及變異數都是 1；T 的平均
數為 50，標準差為 10，變異數為 100（圖 6-26）。

圖 6-26 輸出報表

描述性統計量						
敘述統計						
	個數	最小值	最大值	平均數	標準差	變異數
Z分數(X)	9	-1.86757	1.37724	.0000000	1.00000000	1.000
T	9	31.32	63.77	50.0000	10.00000	100.000
有效的 N (完全排除)	9					

IBM SPSS Statistics 處理器已就緒　　H: 0.42, W: 13.79 cm

肆、各相對地位量數之適用情形

綜合前面所述的相對地位量數，其適用情形可以整理成表 6-3。

如果是名義變數，因為無法比較大小，所以也就沒有相對地位量數。次序變數可
以比較大小，適用百分等級及百分位數。如果是等距及等比變數，則可以使用各種標
準分數。

表 6-3 相對地位量數適用情形

	百分等級 百分位數	標準分數
名義變數		
次序變數	✓	
等距變數	✓	✓
等比變數	✓	✓

伍、習題

一、配合習題 6-1 之資料，使用 Excel 計算各種百分位數。

二、配合習題 6-2 之資料。

    1.   得分 25 者，百分等級是多少？

    2.   得分 145 者，百分等級是多少？

    3.   全班第 8 名，百分等級是多少？

三、某生之 Z 分數為 1.0，請問轉換成 T 分數、AGCT 分數（平均數 100、標準差 20）、CEEB 分數（平均數 500、標準差 100）、離差智商（魏氏量表 DIQ，平均數 100、標準差 15）以及離差智商（斯比量表 DIQ，平均數 100、標準差 16）各為多少？（資料來源：105 年四等身障特考教育行政類科，《教育測驗與統計概要》）

四、將表格中的原始分數轉換成各種標準分數，並配合 SPSS 進行分析。

學生	分數	Z 分數	T 分數	AGCT	Z'(M=200, SD=50)
學生 1	10				
學生 2	15				
學生 3	20				
學生 4	35				
學生 5	41				
學生 6	78				
學生 7	98				
學生 8	100				
學生 9	69				
學生 10	70				
學生 11	85				
平均數					
樣本標準差					

五、 某研究隨機抽取全國 1250 名學生接受一份標準化智力測驗，小明的排名是第 200 名。請問小明的 PR 值是多少？請列出算式及計算結果。（資料來源：105 年普通考試教育行政類科，《教育測驗與統計概要》）。

六、 某國中三年級有兩個班級：為甲班和乙班，分別由兩位老師教學國語文科目。學期末時，校長想從兩個班級中擇一國語文成績最高者給予獎勵。學生 A 為甲班國語文成績最優者，成績是 94 分，學生 B 為乙班國語文成績最優者，成績亦是 94 分。因考量兩位老師給學生的分數寬嚴不一，因此擬將學生國語文成績轉換為標準分數，然後進行比較。已知甲班國語文成績之平均數為 86，標準差為 8，乙班國語文成績之平均數為 84，標準差為 5。（資料來源：110 年身心障礙三等特考教育行政類科，《教育測驗與統計》）

1. 請問學生 A 和學生 B 的 Z 分數（Z score）及 T 分數（T score）各為多少？（應陳列計算過程）

2. 就標準分數計算的結果，校長應該頒獎給哪一位學生較適切？為什麼？

第7章
常態分配與 t 分配

本章概要

1. 社會科學及自然科學研究的變數，其分配形態常常很接近常態分配。

2. 常態分配是許多統計方法的基礎。

3. 常態分配由平均數及標準差決定，平均數決定常態分配的水平軸位置，標準差決定常態分配的陡峭程度。

4. 平均數為 0，標準差為 1 的常態分配，稱為標準化常態分配，又叫 Z 分配。

5. t 分配是一個族系的分配，它的型態由自由度 $(n-1)$ 決定，當自由度 ≥ 29 時，t 分配就趨近於 Z 分配。

6. 基於 t 分配所做的檢定稱為 t 檢定，在本書的第 9～11 章會說明常用的 t 檢定。

　　社會科學及自然科學研究的變數（如，人類的身高、智力、壽命、燈泡的使用壽命、手機電池的待機時間等），其分配形態常常很接近常態分配，而許多統計方法也建立在常態分配的假設上（如，t 檢定、變異數分析），因此本章先說明常態分配的相關議題，接著說明 t 分配、偏態與峰度。

壹、常態分配

　　常態分配曲線的機率密度函數（高度）公式為：

$$Y = f(X; \mu, \sigma^2) = \frac{1}{\sigma\sqrt{2\pi}} e^{-\frac{1}{2}\left(\frac{X-\mu}{\sigma}\right)^2} \tag{7-1}$$

　　其中 Y 是某個 X 點的高度，而 X 介於正負無限大之間，$\pi = 3.14159$，e 是自然對數的底 2.71828，如果確定了母群平均數 μ 及標準差 σ（變異數為 σ^2），就可以算出高度。圖 7-1 為不同平均數及標準差的常態分配曲線。μ 代表常態曲線在座標軸的位置，而 σ 則決定常態曲線陡峭或扁平的程度。σ 愈大，常態曲線愈扁平；σ 愈小，常態曲線愈陡峭（賈俊平，2017）。

圖 7-1　不同平均數及標準差的常態分配曲線

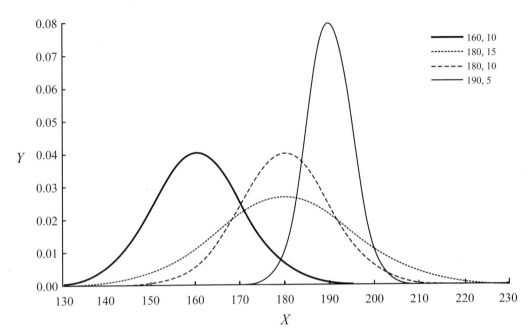

常態分配有以下的特點：

1. 常態分配為線對稱的鐘形分配，對稱軸為平均數 μ。

2. 曲線下面積為 1。

3. 有兩個反曲點，分別在 -1σ 及 $+1\sigma$ 處。

4. 常態分配下，平均數 = 中位數 = 眾數。

5. 偏態值及峰度值均為 0。

6. 如果資料為常態分配，則：

    (1) $\mu \pm 1\sigma$ 之間的機率為 0.6827。

    (2) $\mu \pm 2\sigma$ 之間的機率為 0.9545。

    (3) $\mu \pm 3\sigma$ 之間的機率為 0.9973。

7. 上述的機率大約為 68%、95%、99.7%，此為**經驗法則**（empirical rule）

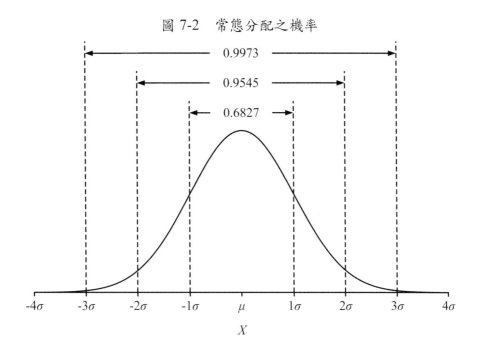

圖 7-2　常態分配之機率

貳、標準常態分配

由於常態分配曲線有無限多條，使用上並不方便，如果將 X 化為 Z 分數，

$$Z = \frac{X_i - \mu}{\sigma}$$

此時平均數 $\mu = 0$，標準差 $\sigma = 1$（變異數 $\sigma^2 = 1$），曲線高度的公式便成了：

$$Y = f(Z;0,1) = \frac{1}{\sqrt{2\pi}} e^{-\frac{z^2}{2}} \tag{7-2}$$

此時即為標準化常態分配（又稱 Z 分配）曲線，下圖為標準化常態分配機率密度函數。

圖 7-3　標準常態分配

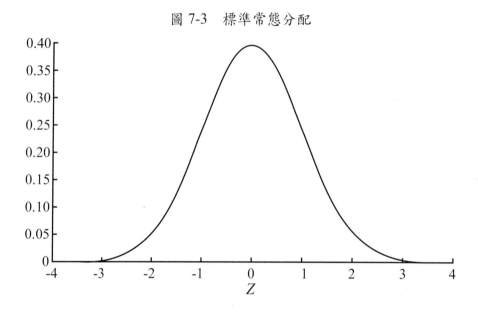

不過，上述的機率密度函數並不實用，一般比較常用的是**常態分配累積函數** (cumulative distribution function, CDF)。在圖 7-4 中，$Z \leq -1$ 的機率為 0.1587，$Z \leq 0$ 的機率為 0.5000，$Z \leq 2$ 的機率為 0.9772。如果資料成常態分配，$Z = 2$ 時，PR 值已經是 98 了。

圖 7-4　標準常態累積分配函數

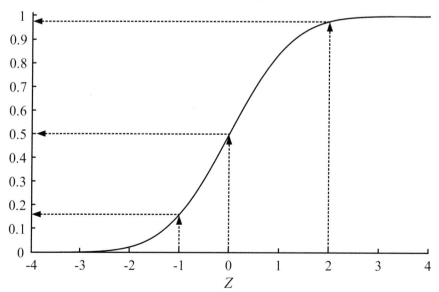

根據標準化常態分配累積函數，可以算出：

1.　Z 在 0 ± 1 之間的機率為 0.6827。

2.　Z 在 0 ± 2 之間的機率為 0.9545。

3.　Z 在 0 ± 3 之間的機率為 0.9973。

圖 7-5　標準常態分配之機率

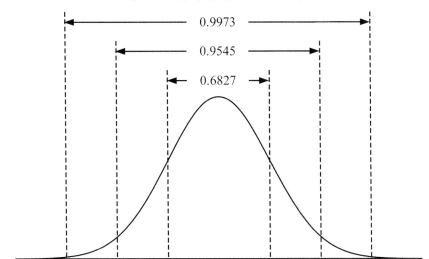

4.　Z 在 0 ± 1.96 之間的機率為 .9500。此部分請見後面之計算說明。

圖 7-6　Z 值 ± 1.96 間之機率為 .9500

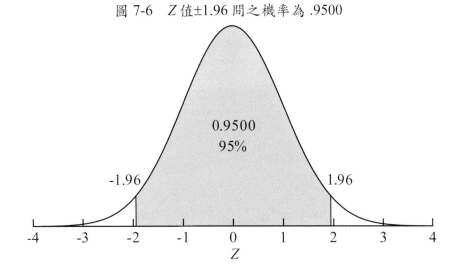

5. Z 在 0 ± 2.58 之間的機率為 .9900。

圖 7-7 Z 值 ± 2.58 間之機率為 .9900

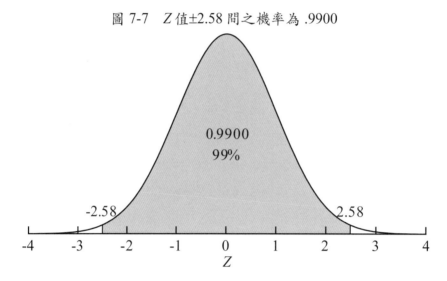

6. 當用在推論統計時，隨機變數 $Z = \dfrac{X - \mu}{\sigma / \sqrt{n}}$ 為標準常態分配。這在單一樣本 Z 檢定中會用到。

參、Excel 操作步驟

一、繪製標準化常態分配曲線

1. 先在儲存格 A1 輸入 –4，接著在【常用】選單中之【填滿】選擇【數列】。

圖 7-8 先輸入 –4

2. 在【數列資料取自】中選擇【欄】，【間距值】則輸入 0.1（表示每次增加 0.1），【終止值】為 4，表示要產生從 -4 每次增加 0.1 到 4 的數列到 A 欄中[1]。

圖 7-9　填滿-4 到 4 的數列，每次增加 0.1

3. 在 B1 插入統計函數 NORM.S.DIST（Excel 2007 版為 NORMDIST）。

圖 7-10　插入 NORM.S.DIST 函數

---

[1] 理論上 Z 值可從 $-\infty$ 到 ∞，不過多數情形下，從 -4 到 4 已經足夠了。

4. Excel 2021 的 NORM.S.DIST 包含 2 個引數，其中第 1 個為 Z 值（在此指定為 A1 儲存格之 -4），第 2 個引數則為是否要累積，如果不累積（輸入 0）表示要計算密度函數（高度），如果要累積（輸入 1）表示要計算累積分配函數。因為此處要計算高度，所以設定不累積。

圖 7-11　NORM.S.DIST 函數的引數

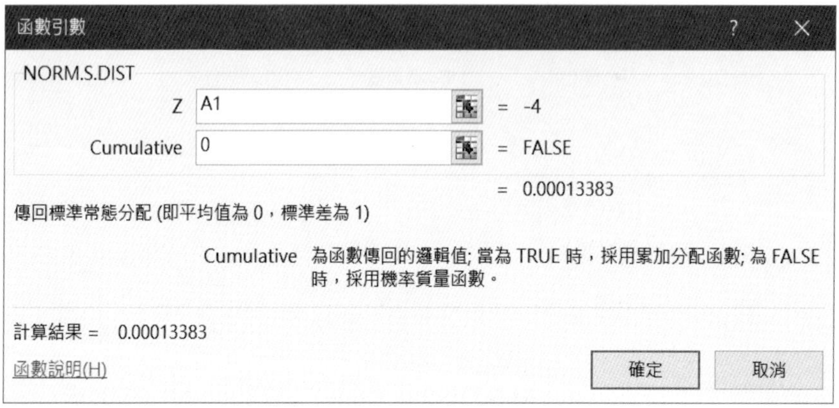

Excel 2007 版只有 NORMDIST 或 2016 之後版本的 NORM.DIST 函數，需要 4 個引數。第 1 個為 X 值，在此輸入為 A1 的 -4。第 2 個引數為平均數，因為是標準化常態分配，所以平均數是 0。第 3 個引數為標準差，輸入為 1。第 4 個引數表示不累積，所以輸入 0。以上兩個函數的功能相同，只是 Excel 2021 的 NORM.S.DIST 由於已經設定平均數為 0，標準差為 1，使用上會比較簡單。

圖 7-12　NORM.DIST 函數的引數

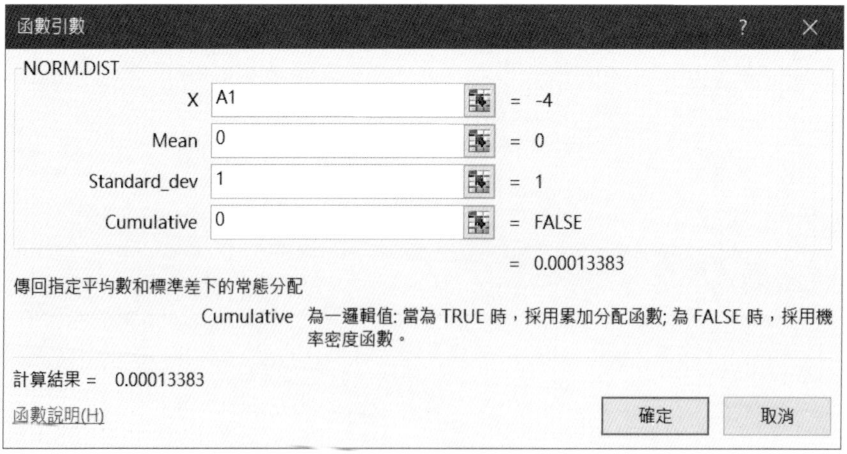

5. 將 B1 的算式複製到 B81 為止，完成 Z 從 -4 到 $+4$ 的高度之計算。

圖 7-13 複製算式

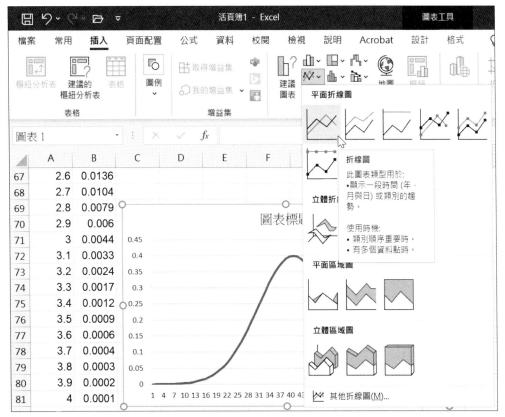

6. 先選擇 B1 到 B81 儲存格，接著【插入】選單中【插入折線圖】選擇【平面折線圖】的【折線圖】（圖 7-14）。

圖 7-14 插入折線圖

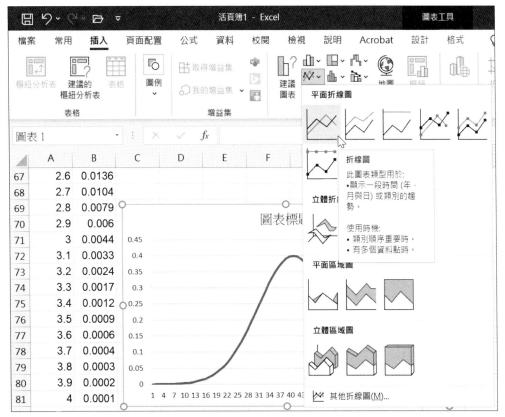

7. 在初步完成圖形的 X 軸點選滑鼠右鍵，選擇【選取資料】（圖 7-15）。

圖 7-15 選取資料

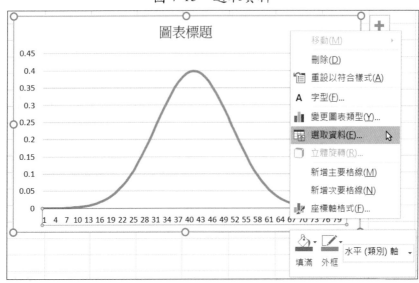

8. 在【水平（類別）座標軸標籤】中點選【編輯】（圖 7-16），接著選擇 A1 到 A81 的 Z 值，再按【確定】（圖 7-17）。

圖 7-16 設定水平軸標籤

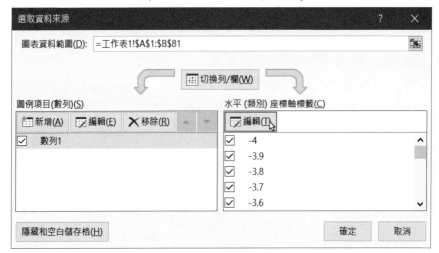

圖 7-17　選擇水平軸標籤範圍

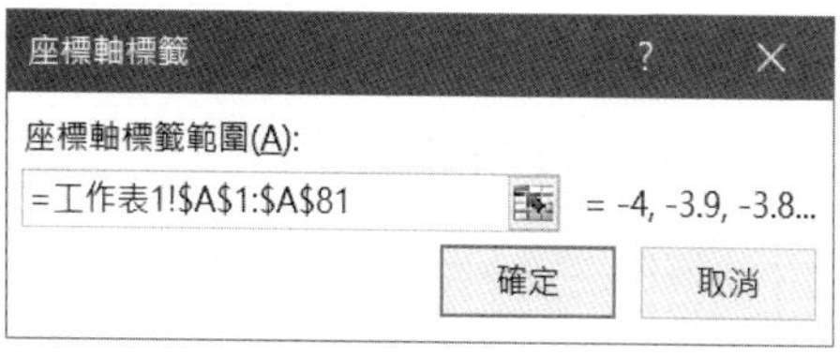

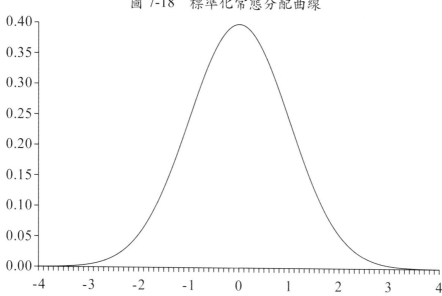

9.　完成之標準化常態分配曲線如圖 7-18。

圖 7-18　標準化常態分配曲線

二、求 $Z \leq -1$ 之機率。(答案：0.1587)

1.　在 Excel 2021 版輸入 "**=NORM.S.DIST(-1,1)**"，或 "**=NORM.DIST(-1,0,1,1)**" 或在 Excel 2007 版輸入 "**=NORMSDIST(-1)**"，即可得到 0.1587。表示 *Z* 值在 -1 以下的機率為 0.1587，所以 $Z = -1$，轉換為 *PR* 值等於 16（圖示如圖 7-22）。

2.　**=NORM.S.DIST(-1,1)** 的第 1 個引數為 *Z* 值，第 2 個引數為 1 表示要計算累積分配函數（也就是機率值）（圖 7-19）。

圖 7-19　$Z \leq -1$ 之機率為 0.1587（使用 NORM.S.DIST 函數）

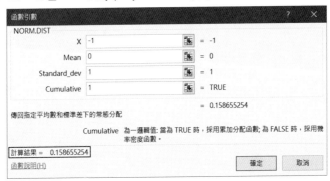

3.　**=NORM.DIST(-1,0,1,1)** 的第 1 引數為 Z 值，第 2 個引數為平均數 0，第 3 個引數為標準差 1，第 4 個引數為 1 表示要計算累積分配函數 [2]（圖 7-20）。

圖 7-20　$Z \leq -1$ 之機率為 0.1587（使用 NORM.DIST 函數）

4.　**=NORMSDIST(-1)** 只有 1 個引數 Z 值，內定為計算累積分配函數 [3]（圖 7-21）。

圖 7-21　$Z \leq -1$ 之機率為 0.1587（使用 NORMSDIST 函數）

---

[2]　Excel 2007 版為 **=NORMDIST(-1,0,1,1)**。

[3]　此為 Excel 2007 版函數，在 2016 之後版本建議使用 **=NORM.S.DIST(-1,1)**。

圖 7-22　Z ≤ −1 之機率為 0.1587

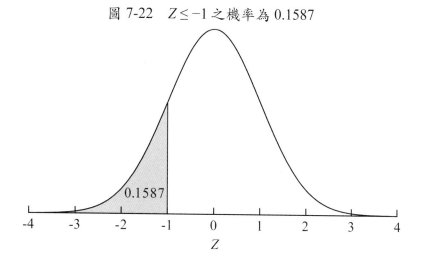

5.　如果要計算 Z ≥ −1 之機率，算式為：1 − 0.1587 = 0.8413（圖 7-23）。

圖 7-23　Z ≥ −1 之機率為 0.8413

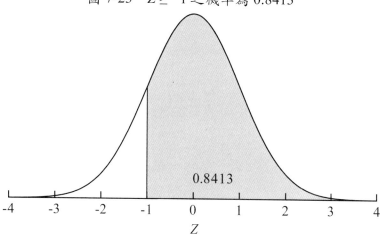

6.　在 R 的提示符號 > 後輸入 **"pnorm(−1, m=0, sd=1)"** 可以得到 0.1586553。在 R
　　中，pnorm 可以計算某個分位點（quantile）的累積機率值，括號中依序輸入
　　分位點、平均數、標準差，如果是標準常態分配，可以簡寫為 **"pnorm(−1)"**
　　（圖 7-24）。

7.　在 R 中輸入 **"1−pnorm(−1)"** 或是 **"pnorm(−1, lower.tail = FALSE)"** 可以得到
　　0.8413447。其中 lower.tail = FALSE 表示取右尾的機率；如果省略，表示取左
　　尾機率（圖 7-24）。

圖 7-24　使用 R 計算之結果

```
RGui (64-bit)
檔案 編輯 看 其他 程式套件 視窗 輔助

R R Console                                                    _ □ ✕
> pnorm(-1, m=0, sd=1)
[1] 0.1586553
> pnorm(-1)
[1] 0.1586553
> 1-pnorm(-1)
[1] 0.8413447
> pnorm(-1, lower.tail = FALSE)
[1] 0.8413447
> |
```

三、求 $Z \leq 1.645$ 之機率。(答案：0.9500)

1.　在 Excel 2021 輸入 "**=NORM.S.DIST(1.645,1)**"，或在 Excel 2007 輸入 "**=NORMDIST(1.645,0,1,1)**" 或 "**=NORMSDIST(1.645)**"，即可得到 0.9500。表示 Z 值在 1.645 以下的機率為 0.9500，因此 $Z = 1.645$ 時，PR 值為 95（圖示如圖 7-25）。

2.　$Z = 1.645$ 為重要的數據，在進行單尾假設檢定時會用到它，讀者應加以留意。

圖 7-25　$Z \leq 1.645$ 之機率為 0.9500

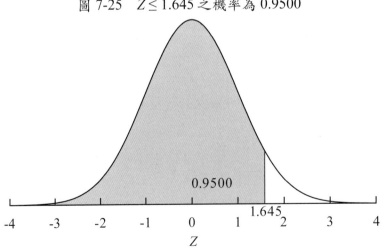

0.9500

1.645

-4　-3　-2　-1　0　1　2　3　4

Z

3. 如果要計算 $Z \geq 1.645$ 之機率，算式為：$1 - 0.9500 = 0.0500$（圖 7-26）。

圖 7-26　$Z \geq 1.645$ 之機率為 0.0500

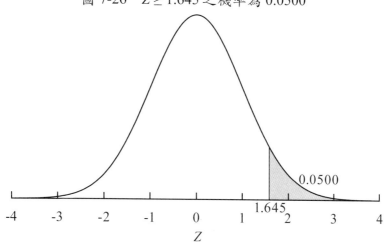

4. 在 R 中輸入 "pnorm(1.645)" 可以得到 0.9500151，輸入 "1 − pnorm(−1.645)" 或是 "pnorm(−1.645, lower.tail = FALSE)" 可以得到 0.04998491。

四、求 $-1 \leq Z \leq 0$ 之機率。（答案：0.3413）

1. 在 Excel 2021 輸入 "**=NORM.S.DIST(0,1)**"，或在 Excel 2007 或 2010，輸入 "**=NORMDIST(0,0,1,1)**" 或 "**=NORMSDIST(0)**"，即可得到 0.5。表示 Z 值在 0 以下的機率為 0.5。

2. 前面已知 $Z \leq -1$ 之機率為 0.1587。

3. 因此 $-1 \leq Z \leq 0$ 之機率等於 $0.5 - 0.1587 = 0.3413$（圖示如圖 7-27）。

4. 另外，由於常態分配曲線為對稱圖形，因此 $-1 \leq Z \leq 1$ 之機率為 0.3413 * 2 = 0.6826 [4]。

5. 在 R 中輸入 "**pnorm(0)−pnorm(−1)**" 可以得到 0.3413447。

---

[4] 比較精確為 0.6827。

圖 7-27 $-1 \leq Z \leq 0$ 之機率為 0.3413

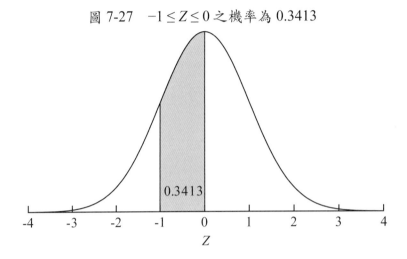

五、求 $-2 \leq Z \leq 2$ 之機率。(答案：0.9545)

1. 先輸入 "=**NORMDIST(–2,0,1,1)**" 或 "=**NORMSDIST(–2)**" 或 "=**NORM.S.DIST(–2,1)**" 得到機率值為 0.0228。

2. 接著輸入 "=**NORMDIST(2,0,1,1)**" 或 "=**NORMSDIST(2)**" 或 "=**NORM.S.DIST(2,1)**" 得到機率值為 0.9772。

3. 計算 0.9772 – 0.0228，結果為 0.9545。表示 Z 值在 ±2 之間的機率為 0.9545。（圖示如圖 7-28）

4. 使用相似的方法也可以計算 Z 值在 ±1 或 ±3 之間的機率。

5. 在 R 中輸入 "**pnorm(2)–pnorm(–2)**" 可以得到 0.9544997。

圖 7-28 $-2 \leq Z \leq 2$ 之機率為 0.9545

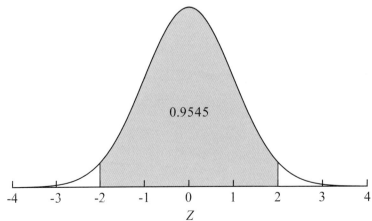

六、求 $Z \leq -1.96$ 或 $Z \geq 1.96$ 之機率。（答案：0.0500）

1. 先輸入 "=NORMDIST(-1.96,0,1,1)" 或 "=NORMSDIST(-1.96)" 或 "=NORM.S.DIST(-1.96,1)" 得到機率值為 0.0250。

2. 再輸入 "=NORMDIST(1.96,0,1,1)" 或 "=NORMSDIST(1.96)" 或 "=NORM.S.DIST(1.96,1)" 得到機率值為 0.9750，表示 $Z \leq 1.96$ 的機率是 0.9750。但是因為題目要求計算 $Z \geq 1.960$ 的機率，所以 $1 - 0.9750 = 0.0250$。

3. $0.0250 + 0.0250 = 0.0500$（圖示如圖 7-29）。

4. 由於常態分配曲線是對稱的圖形，所以 $Z \leq -1.96$ 與 $Z \geq 1.96$ 的機率相同，因此也可以直接用 $0.0250 * 2 = 0.0500$ 求得，如此會更快速。

5. 如果要計算 $-1.96 \leq Z \leq 1.96$ 的機率，則為 $1 - 0.0500 = 0.9500$。± 1.96 是計算平均數 95% 信賴區間的臨界值，應多加留意。

6. 在 R 中輸入 "pnorm(-1.96)+(1-pnorm(1.96))" 或是 "pnorm(-1.96) + pnorm (1.96, lower.tail = FALSE)" 可以得到 0.04999579。

圖 7-29　$|Z| \geq 1.96$ 之機率為 0.0500

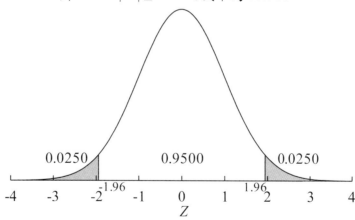

七、$PR = 75$，則 Z 值是多少？（答案：0.6745）

1. 本題是由累積機率反求 Z 值，因此應使用反函數（inverse function）。

2. 將百分等級 75 轉換為機率值，等於 0.75。

3. 在 Excel 2021 中輸入 "**=NORM.S.INV(0.75)**" 或是 "**=NORM.INV(0.75,0,1)**" 都可以得到 *Z* 值 0.6745。在 Excel 2007 中則改用 "**=NORMSINV(0.75)**" 或是 "**=NORMINV (0.75,0,1)**"。

4. 因此，百分等級 75，轉換為 *Z* 值，等於 0.6745（圖示如圖 7-32）。

5. **=NORM.INV(0.75,0,1)**的第 1 引數為機率值 0.75，第 2 個引數為平均數 0，第 3 個引數為標準差 1。

圖 7-30　PR75，$Z = 0.6745$（使用 NORM.INV 函數）

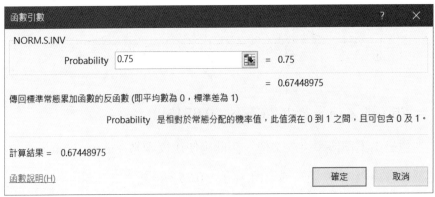

6. **=NORM.S.INV(0.75)**只有 1 個引數機率值 0.75，內定為計算累積分配函數。

圖 7-31　PR75，$Z = 0.6745$（使用 NORM.S.INV 函數）

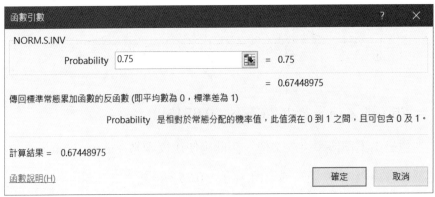

7. **=NORMSINV(0.75)**同樣只有 1 個引數機率值 0.75，內定為計算累積分配函數。

8. 在 R 中輸入 **"qnorm(0.75)"** 可以得到 0.6744898。qnorm 函數是由累積機率值計算分位點。

圖 7-32　PR75，$Z = 0.6745$

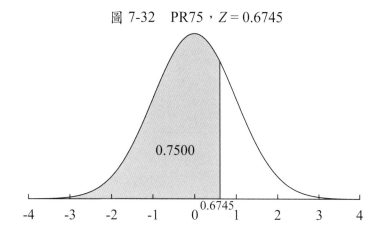

八、如果身高成常態分配，已知臺灣女性身高的平均數為 160 公分，標準差為 5.5 公分，則身高在 165 公分以下的百分比是多少？(答案：82%)

1. 本題設定為常態分配，$\mu = 160$，$\sigma = 5.5$，使用累積分配函數。

2. 輸入 **"=NORM.DIST(165,160,5.5,1)"**，其中第 1 個引數為題目要求之 165，第 2 個引數是母群平均數 160，第 3 個引數是母群標準差 5.5，第 4 個引數表示使用累積分配函數 [5]。

3. 計算結果為 0.8184，換算成百分比為 82%，PR 值為 82（圖示如圖 7-33）。

4. 如果要計算超過 165 公分的百分比，則用 1 − .8184 = .1816，為 18%。

5. 在 R 中輸入 **"pnorm(165, m=160, sd=5.5)"** 可以得到 0.8183489，輸入 **"pnorm (165, m=160, sd=5.5, lower.tail = FALSE)"** 可以得到 0.1816511。

---

[5] 在 Excel 2007 中使用**=NORMDIST(165,160,5.5,1)**。

圖 7-33　平均數 160，標準差 5.5，身高在 165 公分以下的百分比是 82%

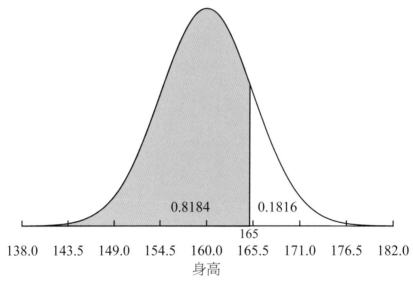

九、如果日光燈的使用壽命成常態分配，已知某廠牌日光燈的使用壽命平均數為 8000 小時，標準差為 600 小時，則買到可以使用超過 9000 小時燈管的機率是多少？（答案：0.0478）

1. 本題設定為常態分配，$\mu = 8000$，$\sigma = 600$，使用累積分配函數。

2. 輸入 "=**NORM.DIST(9000,8000,600,1)**"，其中第 1 個引數為題目要求之 9000，第 2 個引數是平均數 8000，第 3 個引數是標準差 600，第 4 個引數表示使用累積分配函數。

3. 計算結果為 0.9522，表示使用時數在 9000 小時以下的機率為 0.9522。

4. 然而，題目要求的是計算超過 9000 小時的機率，因此 1 − 0.9522 = 0.0478（圖示如圖 7-34）。

5. 在 R 中輸入 "**pnorm(9000, m=8000, sd=600, lower.tail = FALSE)**" 可以得到 0.04779035。

圖 7-34　平均數 8000，標準差 600，在 9000 小時以上的機率是 0.0478

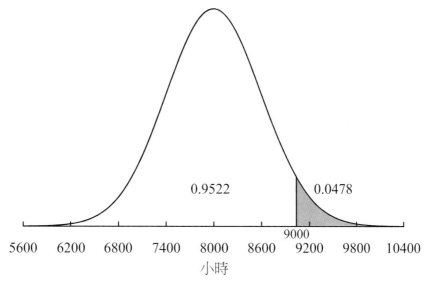

0.9522　　　0.0478

9000

5600　6200　6800　7400　8000　8600　9200　9800　10400

小時

十、在**魏氏智力**（平均數 = 100，標準差 = 15）中 $PR = 65$，則得分是多少？
（答案：大約 106)

1.　本題是由累積機率反求 X 值，應使用反函數 NORM.INV。

2.　將百分等級 65 轉換為機率值，等於 0.65。

3.　在 Excel 2021 中輸入 "**=NORM.INV(0.65,100,15)**" 可以得到 X 值 105.7798，大約為 106（圖示如圖 7-35）。在 Excel 2007 中則改用 "**=NORMINV(0.65,100,15)**"。

4.　在 R 中輸入 "**qnorm(0.65, m=100, sd=15)**" 可以得到 105.7798。如果輸入 "**round(qnorm(0.65, m=100, sd=15), 0)**" 表示四捨五入到整數位，得到 106。

圖 7-35　在魏氏智力測驗中，PR65，得分約為 106

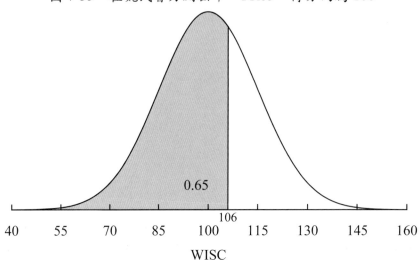

肆、函數彙整

綜合 Excel 2021 常用的 6 種常態分配函數，摘要整理如表 7-1，其中 NORM 表示常態分配，DIST 表示分配，S 是標準化，INV 則是反函數。

NORM.DIST 可以計算**各種常態分配**（可以設定不同的平均數及標準差）的密度及累積分配函數，NORM.S.DIST 限定計算**標準化常態分配**（限定平均數為 0，標準差為 1）的密度及累積分配函數，而 Excel 2007 版的 NORMSDIST 則只能計算**標準化常態分配**的累積分配函數，不能計算密度函數。

NORM.INV 可以計算**各種累積**常態分配的反函數，NORM.S.INV 及 NORMSINV 則只能計算累積**標準化**常態分配的反函數。

表 7-1　Excel 常用的常態分配函數

函　　數	功　能	用　　法
NORM.DIST	由 X 求 P	=NORMDIST(X,μ,σ,1)　求 CDF 之 P =NORMDIST(X,μ,σ,0)　求高度 Y
NORM.S.DIST	由 Z 求 P	=NORM.S.DIST(Z,1)　求 CDF 之 P =NORM.S.DIST(Z,0)　求高度 Y
NORMSDIST (2007 版)	由 Z 求 P	=NORMSDIST(Z)
NORM.INV	由 P 求 X	=NORMINV(P,μ,σ)
NORM.S.INV	由 P 求 Z	=NORM.S.INV(P)
NORMSINV (2007 版)	由 P 求 Z	=NORMSINV(P)

伍、t 分配

t 分配是由英國統計學家 W. S. Gosset 所發現的分配,由於他使用 Student 的筆名發表文章,因此一般常稱為 Student 的 t 分配。

如果 Z 是標準常態分配隨機變數,V 是自由度為 v 的 χ^2(卡方)隨機變數,而兩者獨立,隨機變數 T 是:

$$T = \frac{Z}{\sqrt{V/v}}$$

此時,T 是自由度為 v 的 t 分配,它的機率密度函數是:

$$Y = f(X,v) = \frac{\Gamma\left(\dfrac{v+1}{2}\right)}{\sqrt{\pi v}\,\Gamma\left(\dfrac{v}{2}\right)}\left(1+\frac{X^2}{v}\right)^{-\frac{1}{2}(v+1)}$$

其中 v(讀為 nu)是自由度,Γ 是 gamma 函數符號。

t 分配的特性如下：

1. t 分配也是線對稱的鐘形分配。

2. 曲線下面積為 1。

3. 當 $v > 2$ 時，t 分配的平均數 $\mu = 0$，變異數為 $\dfrac{v}{(v-2)}$。由於 $\dfrac{v}{(v-2)}$ 會大於 1，

   因此 t 分配會比標準常態分配平坦，也就是中間高度較低，兩端較高。

4. t 分配只由一個參數決定，也就是自由度 v，不同的自由度 v，所得到的 t 分配也不同。圖 7-36 由下而上是自由度分別為 1、2、4、10、29、及標準常態分配的機率密度函數。當自由度為 29 時，t 分配已經非常接近標準常態分配了。事實上，當 $v = \infty$ 時，t 分配等於標準常態分配。

5. 當用在推論統計時，隨機變數 $T = \dfrac{X - \mu}{s/\sqrt{n}}$ 為自由度 $v = n - 1$ 的 t 分配。這在後面章節的單一樣本 t 檢定中會用到。

圖 7-36　不同自由度的 t 分配

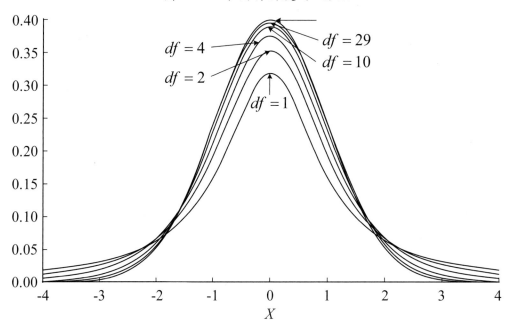

陸、偏態與峰度

一、統計基本觀念

前面所述的常態分配只是理論上的分配，但是實際資料常會偏離常態分配，此時就需要使用偏態（skewness）及峰度（kurtosis）來描述分配的型態。

偏態的公式是：

$$g_1 = \frac{\Sigma(X - \mu)^3}{N\sigma^3}$$

在樣本上則是使用以下公式當做估計式：

$$g_1 = \frac{n}{(n-1)(n-2)}\Sigma\left(\frac{X - \bar{X}}{s}\right)^3$$

當 $g_1 = 0$ 時，曲線為左右對稱；$g_1 > 0$，低分者較多，稱為**正偏態**或**右偏態**；$g_1 < 0$，高分者較多，稱為**負偏態**或**左偏態**。圖示如圖 7-37。

圖 7-37　不同的偏態

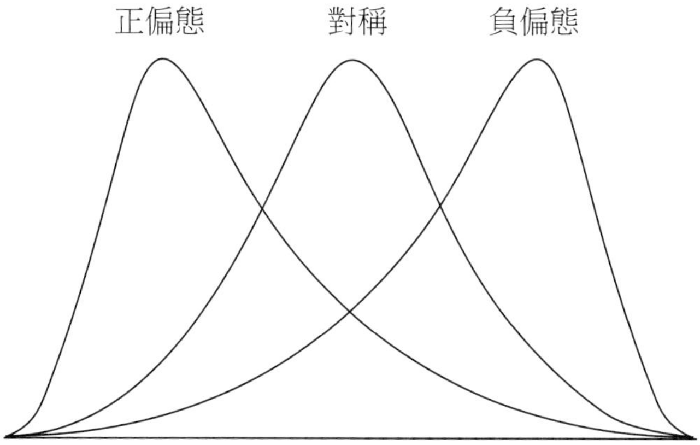

峰度的公式是：

$$g_2 = \frac{\Sigma(X - \mu)^4}{N\sigma^4} - 3$$

在樣本上則是使用以下公式當做估計式：

$$g_2 = \left[\frac{n(n+1)}{(n-1)(n-2)(n-3)} \sum \left(\frac{X-\overline{X}}{s} \right)^4 \right] - \frac{3(n-1)^2}{(n-2)(n-3)}$$

當常態分配時，$g_2 = 0$；$g_1 > 0$，稱為**高狹峰**（leptokurtic），極端值較多；$g_2 < 0$，稱為**低闊峰**（platykurtic），極端值較少。圖示如圖 7-38：

圖 7-38　不同的峰度

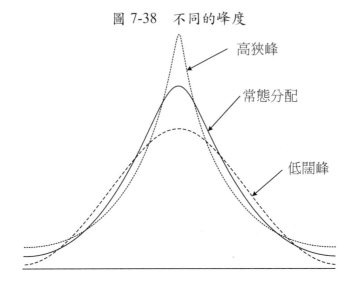

例題 7-1

假設有 40 個大學男生的身高如下表，求偏態及峰度值。

172.2　164.3　178.9　168.3　167.5　174.6　168.1　167.5　165.3　166.3

166.5　163.0　182.1　161.3　174.6　157.9　175.1　163.0　180.8　167.8

166.4　166.4　173.7　173.8　178.7　180.6　172.7　166.6　175.1　165.8

175.6　169.0　180.1　169.5　177.0　180.8　181.3　171.4　172.0　168.3

二、Excel 操作步驟（例題 7-1.xlsx）

1. 計算偏態值。

    在儲存格 A1 到 A40 輸入資料，接著在 D1 插入統計函數 SKEW（圖 7-39）。

圖 7-39　插入 SKEW 函數

2. 選擇資料陣列 A1:A40，計算結果為 0.101726625，是正偏態（圖 7-40）。

圖 7-40　SKEW 函數的引數

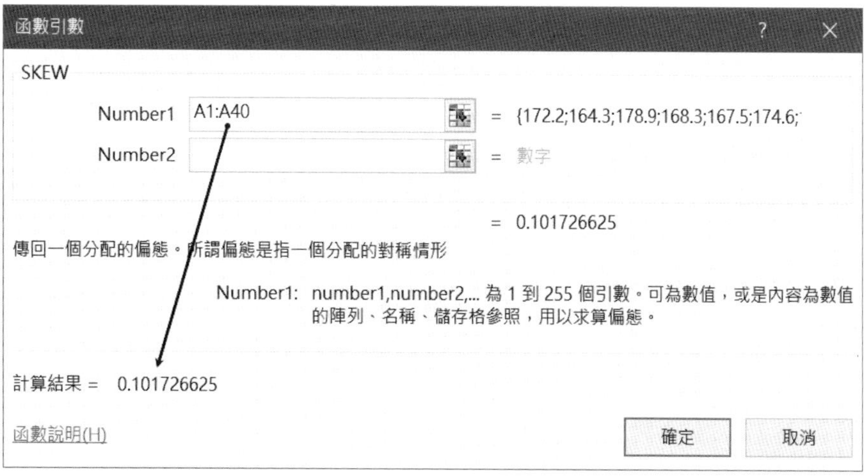

3. 計算峰度值。

在 D2 插入統計函數 KURT（圖 7-41）。

圖 7-41　插入 KURT 函數

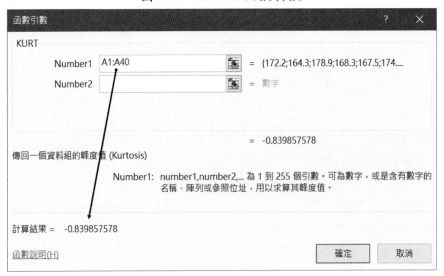

4. 選擇資料陣列 A1:A40，計算結果為 −0.839857578，是低闊峰，極端值稍微少
　一些（圖 7-42）。

圖 7-42　KURT 函數引數

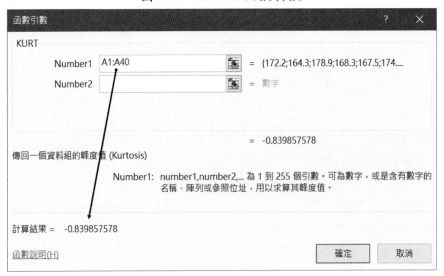

5.　使用增益集之資料分析工具。

在【資料】選單中點選【資料分析】，再選擇【敘述統計】。

圖 7-43　使用資料分析工具

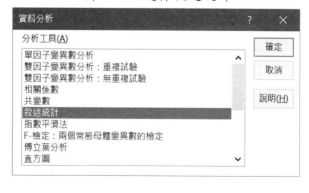

圖 7-44　選擇敘述統計

6.　選取資料範圍並進行分析。

在【輸入範圍】中選取$A$1: $A$40，在【輸出選項】中選擇【新工作表】
並命名為「敘述統計」，且勾選【摘要統計】選項（圖 7-45）。

圖 7-45　選擇資料範圍

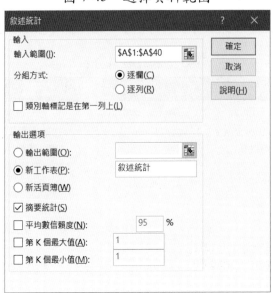

7.　分析結果如圖 7-46。

其中偏態值是 0.10173，為正偏態，峰度值是 −0.8399，為低闊峰。雖然偏態
及峰度值都不是 0，但是並沒有與 0 相差太多，所以應該還不算是太偏離常
態分配。偏態及峰度可以進行考驗，也可以使用 P-P 或 Q-Q 圖分析是否符合
常態性，此部分不在本書探討。

圖 7-46　分析結果

	A	B
1	欄1	
2		
3	平均數	171.248
4	標準誤	0.98678
5	中間值	170.45
6	眾數	168.3
7	標準差	6.24097
8	變異數	38.9497
9	峰度	-0.8399
10	偏態	0.10173
11	範圍	24.2
12	最小值	157.9
13	最大值	182.1
14	總和	6849.9
15	個數	40

三、SPSS 操作步驟（例題 7-1.sav）

1. 使用描述性統計量程序。

   在【分析】中之【敘述統計】選擇【描述性統計量】（圖 7-47）。

圖 7-47　使用描述性統計量程序

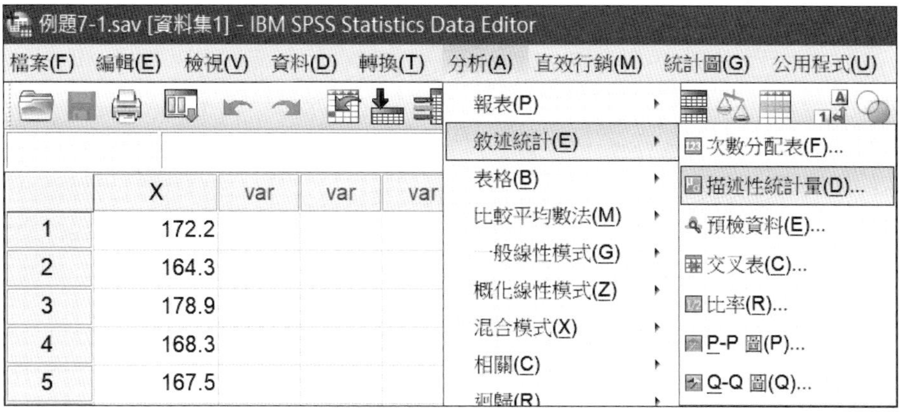

2. 選擇分析變數。

   將變數 X 選擇到右邊的【變數】框中，接著，在【選項】下選擇所需要的統計量（圖 7-48）。

圖 7-48　選擇分析變數

3. 選擇需要的統計量。

勾選【峰度】及【偏態】（圖 7-49），接著點選【繼續】再按【確定】，進行分析。

圖 7-49 勾選峰度與偏態

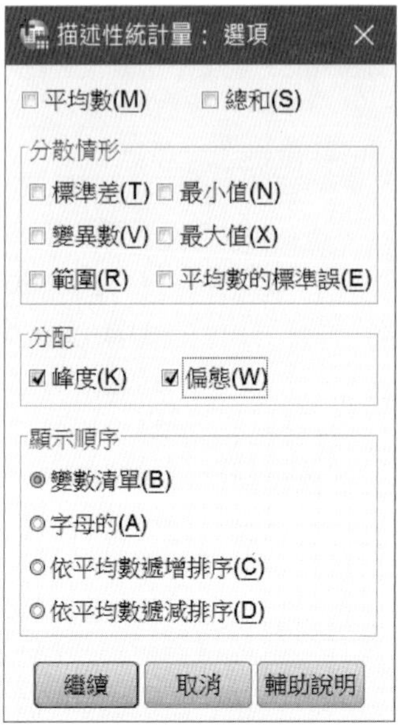

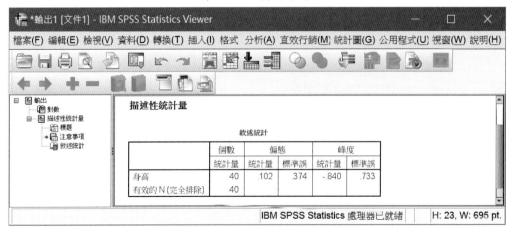

4. 輸出報表。

分析後輸出畫面如圖 7-50，偏態值為 0.102，峰度值為−0.840，與 Excel 計算結果相同。

圖 7-50 輸出報表

描述性統計量					
			敘述統計		
	個數	偏態		峰度	
	統計量	統計量	標準誤	統計量	標準誤
身高	40	.102	.374	-.840	.733
有效的 N (完全排除)	40				

柒、習題

一、使用 Excel 或 R，計算以下之機率。

1.　$Z \leq 1.65$。

2.　$Z \geq -1.35$。

3.　$Z \geq -1.20$ 且 $Z \leq 1.55$。

4.　$Z \leq -0.55$ 或 $Z \geq 1.25$。

二、某大學去年有 1,000 位畢業同學找到了第一份工作，根據最近的調查，這 1,000 位畢業生的月薪平均25,600 元，月薪的標準差為 2,200 元。試問：如果月薪的分布為一鐘形分布，有多少畢業生每月的薪資是介於 19,000 元及 32,200 元間？

（資料來源：103 年四等關務特考關稅統計類科，《統計學概要》）

三、常態曲線及分配是一種統計理論模式，透過此一理論模式，配合平均數及標準差，我們可以對實證研究所得之資料分配，做出精確之描述及推論。根據人力銀行調查，大學畢業生初進公司的平均起薪為新臺幣 28,000 元，標準差為 4,000 元的常態分布。若一位大學畢業生準備就業：

1.　希望起薪能高於 30,000 元的機率為何？

2.　起薪有 90% 的機率會高於多少新臺幣？

四、某次國營事業單位招聘人員考試報考人數共計 2500 人，若已知考試成績 X 呈現平均數為 μ，標準差為 σ 的常態分配，即 X~N(μ ,σ)，且考試成績之第二四分位數 $Q_2 = 63.25$ 分及第三四分位數 $Q_3 = 72.5$ 分，請依據上面之訊息，試求：

1.　母體平均數 μ＝？

2.　第一四分位數 Q_1＝？

3.　母體標準差為 σ＝？

4.　約有多少應考人成績高於 80 分？

（資料來源：107 年公務人員普通考試經建行政類科，《統計學概要》）

五、在比西智力測驗中（平均數 = 100，標準差 = 16），PR 值 75，得分是多少？

六、配合習題 7-6 之資料，使用 Excel 及 SPSS，計算偏態值及峰度值。

第 8 章
平均數的估計

本章概要

1. 推論統計主要包括估計與檢定，而估計又分為點估計與區間估計。

2. 用來估計母群參數的統計量稱為估計式。

3. 好的估計式要符合：1.不偏性；2.有效性；3.漸近不偏性；4.一致性；5.充分性。

4. 中央極限定理：反覆從平均數為 μ，標準差為 σ 的母群有放回隨機抽取樣本大小為 n $(n \geq 30)$ 的樣本，每次都計算樣本平均數 $\overline{X}$，則樣本平均數 $\overline{X}$ 的平均數為 μ，標準差為 $\sigma/\sqrt{n}$。

5. 平均數區間估計的公式是：樣本平均數 ± 誤差界限。

6. 誤差界限 = 臨界值 × 平均數標準誤。

7. 當母群的 σ 已知時，平均數區間的公式為：$\overline{X} \pm Z_{(\alpha/2)} \times \dfrac{\sigma}{\sqrt{n}}$。

8. 當母群的 σ 未知時，平均數區間的公式為：$\overline{X} \pm t_{(\alpha/2, n-1)} \times \dfrac{s}{\sqrt{n}}$。

9. 當母群的 σ 未知又為大樣本時，平均數區間的公式可改為：$\overline{X} \pm Z_{(\alpha/2)} \times \dfrac{s}{\sqrt{n}}$。

10. SPSS 只能使用 $\overline{X} \pm t_{(\alpha/2, n-1)} \times \dfrac{s}{\sqrt{n}}$ 進行平均數區間估計。

　　推論統計主要藉由抽樣，計算樣本的各種統計量（statistic），進而推論母群體的參數（parameter，又稱母數），而其中最常使用的是對母群體平均數的估計。

壹、母群平均數的點估計

　　估計（estimation）又分為點估計（point estimation）及區間估計（interval estimation），點估計就是以樣本所得的統計量直接估計母群的參數（或稱母數），而且由樣本統計量計算所得的值，要盡可能接近母群參數的實際值。用來估計母群參數所用的統計量稱為估計式（estimator），而代入估計式求得的數值稱為估計值（estimate）。

例如，以樣本變異數 s^2 估計母群變異數 σ^2，則樣本的變異數就是母群變異數的估計式，其公式為：

$$s^2 = \frac{\Sigma(X - \bar{X})^2}{n-1}$$

假設計算後的樣本變異數是 15.7，則它就是母群變數的估計值。

一個好的估計式，要符合：1.不偏性；2.有效性；3.漸近不偏性；4.一致性；5.充分性。

如果只做一次估計，估計式可能會高估或低估參數，但是如果重複做了多次的估計後，整體而言就沒有高估或低估的情形，也就是統計量的平均數等於參數，此稱為**不偏性**。樣本變異數是母群的不偏估計式，但是樣本標準差則不是母群標準差的不偏估計式。

每次進行估計後，將估計式減去參數得到誤差再求平方，反覆進行多次估計後，誤差平方的平均值如果愈小，表示該估計式愈具有**有效性**。

有些估計式在小樣本時雖然是偏誤的估計式，但是當樣本逐漸增加時，偏誤就會愈來愈小，逐漸接近 0，此稱為**漸近不偏性**。

當樣本數增加時，估計值會逐漸趨近於參數的實際值，此稱為**一致性**。

充分性是指估計式充分利用樣本資料的訊息。例如，樣本平均數會利用到每個樣本的資料，但是中位數則只利用到最中間樣本的資料，因此平均數比中位數具有充分性。

要對母群平均數 μ 進行點估計，樣本的算術平均數 $\bar{X}$（或 M）是最佳的估計式，公式如下：

$$\bar{X} = \frac{\Sigma X}{n}$$

貳、母群平均數的區間估計

一、統計基本觀念

(一) 信賴區間

　　點估計雖然簡單，但是畢竟只是一次的抽樣，可能會有高估或低估的情形，如果再進行另一次抽樣，所得的數值可能就不相同，因此一般會以一次的抽樣進行區間估計。

　　要了解區間估計，須先知道**中央極限定理**（central limit theorem）。此定理宣稱：

1. 反覆無限次從平均數為 μ，標準差為 σ 的母群，有放回抽取樣本大小為 n（$n \geq 30$）的樣本，每次都計算樣本平均數 $\overline{X}$，不管母群是何種分配，這些平均數都會成為常態分配。

2. 對這些樣本平均數，再計算平均數，則樣本平均數的平均數 $\mu_{\overline{X}}$ 會等於 μ。

3. 這些樣本平均數的標準差 $\sigma_{\overline{X}}$〔稱為平均數的**標準誤**（standard error, SE）〕會等於 $\sigma/\sqrt{n}$。

　　假設母群體為常態分配（$\mu = 1$、$\sigma = 1$），如果每次抽取的樣本數為 1，並計算樣本平均數，重複抽樣 1 萬次後，$\mu_{\overline{X}} = 0$，$\sigma_{\overline{X}} = 1/\sqrt{1} = 1$（圖 8-1）。

圖 8-1　樣本數為 1 的平均數分配

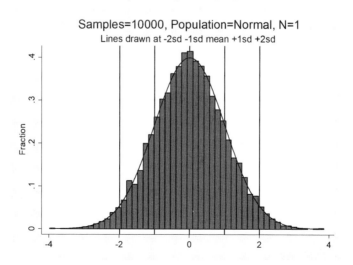

如果樣本數改為 25，則 $\mu_{\bar{X}} = 0$，$\sigma_{\bar{X}} = 1/\sqrt{25} = 0.2$（圖 8-2）。

圖 8-2　樣本數為 25 的平均數分配

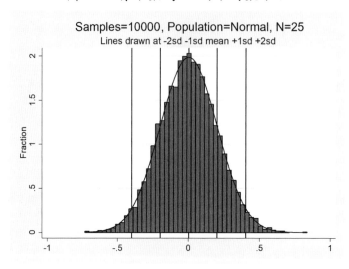

當樣本數為 100 時，$\mu_{\bar{X}} = 0$，$\sigma_{\bar{X}} = 1/\sqrt{100} = 0.1$（圖 8-3）。

圖 8-3　樣本數為 100 的平均數分配

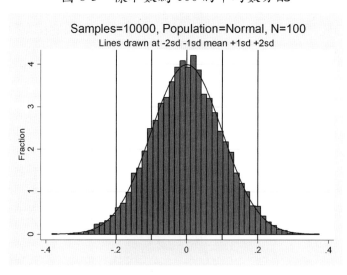

即使母群不是常態分配，只要樣本數量在 30 以上，平均數的抽樣分配還是會接近常態分配。圖 8-4 是假設母群為均勻分配，樣本數量為 30，經過 1 萬次反覆抽樣，樣本平均數非常接近常態分配。

圖 8-4　母群為均勻分配，樣本數為 30 的平均數分配

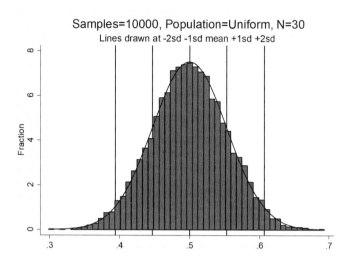

其次，在第七章的常態分配中，我們知道：$\mu \pm 1.96\sigma$ 之間的機率為 .95，$\mu \pm 2.58\sigma$ 之間的機率為 .99。

結合了以上兩個定理，就可以知道：

1.　抽樣所得到的樣本平均數 $\overline{X}$ ，有 .95 的機率（也就是 95%）會在 $\mu \pm 1.96\dfrac{\sigma}{\sqrt{n}}$ 這段區間中。

2.　樣本平均數 $\overline{X}$ 有 .99 的機率會在 $\mu \pm 2.58\dfrac{\sigma}{\sqrt{n}}$ 這段區間中。

但是，由於母群平均數 μ 是未知的（如果是已知，就不須進行估計了），所以就要反過來，由樣本平均數 $\overline{X}$ 加減一段**誤差界限**（margin of error），以得到母群平均數的區間。公式為：

$$樣本平均數 \pm 誤差界限 = 樣本平均數 \pm 臨界值 \times 標準誤$$

此段區間要涵蓋參數的次數，由研究者決定，就是**信賴區間**（confidence interval），如果是 .95（即 95%）的信賴區間，則公式是：

$$\overline{X} \pm 1.96\frac{\sigma}{\sqrt{n}}$$

如果是 .99（即 99%）的信賴區間，則公式是：

$$\bar{X} \pm 2.58 \frac{\sigma}{\sqrt{n}}$$

其中，1.96 及 2.58 分別是標準常態分配下，$\alpha = .05$ 及 $\alpha = .01$ 的臨界值，$\sigma/\sqrt{n}$ 就是平均數的標準誤。其中 .05 及 .01 是研究者設定的**顯著水準**（level of significance），也是犯**第一類錯誤**的機率值 α（見第九章的說明）。

由於母群的平均數是常數，並不會因為每次抽樣而有不同，因此，由樣本平均數加減誤差界限之後，只有兩種結果（雖然是未知的結果），就是：1.有涵蓋到母群平均數；2.沒有涵蓋到母群平均數。所以 95%區間的意義是，在反覆進行 100 次抽樣及區間估計後，95 次有涵蓋到母群平均數，5 次沒有涵蓋到母群平均數。

圖 8-5 是反覆進行 20 次抽樣及計算 95%信賴區間估計，其中〇代表樣本平均數，●代表誤差界的上下限。其中箭頭所指的 1 次未涵蓋到母群平均數，其他 19 次都涵蓋到母群平均數。

圖 8-5　區間估計示意

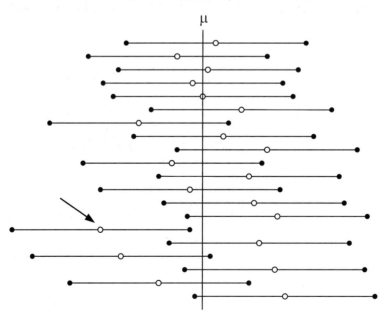

由於母群平均數的信賴區間是由樣本平均數加減誤差界限而得，而誤差界限則是

由臨界值乘上標準誤而得。因此，誤差界限的大小取決於兩個條件：1.樣本數；2.顯著水準。如果樣本數愈小，則標準誤就愈大；而顯著水準愈小，信賴區間就愈大，所需臨界值就愈大。要維持相同的信賴區間，又要使得誤差界限減小的方法，就是增加樣本數。當樣本數變為原來的 4 倍，誤差界限就變成原來的 $\dfrac{1}{2}$。

(二) 平均數信賴區間之計算

　　假設母群為常態分配，要計算母群平均數的信賴區間，首先要判斷母群標準差 σ（或是母群的變異數 σ^2）是否已知。如果 σ **已知**，平均數的標準誤是 $\sigma/\sqrt{n}$，將樣本平均數標準化後會接近常態分配，此時，使用的公式是：

$$\bar{X} \pm Z_{(\alpha/2)} \times \frac{\sigma}{\sqrt{n}} \tag{8-1}$$

$Z_{(\alpha/2)}$ 是特定機率下的臨界值

　　如果 σ **未知**，要使用樣本標準差 s 來估計 σ，平均數的標準誤是 $s/\sqrt{n}$，將樣本平均數標準化後會接近自由度為 $n-1$ 的 t 分配，此時，使用的公式是：

$$\bar{X} \pm t_{(\alpha/2,\, n-1)} \times \frac{s}{\sqrt{n}} \tag{8-2}$$

$t_{(\alpha/2,\, n-1)}$ 是特定機率及自由度下的臨界值

　　如果是大樣本（$n \geq 30$），將樣本平均數標準化後會接近**常態分配**，此時，可以改用以下的公式，

$$\bar{X} \pm Z_{(\alpha/2)} \times \frac{s}{\sqrt{n}} \tag{8-3}$$

　　在第七章中已經說明 t 分配是一個族系的分配，自由度（在此是 $n-1$）不同，分配的形狀就不同，因此臨界值也就不同。不過，當樣本數很大時，t 分配就會接近標準化常態 Z 分配，因此在實務上，常會用 $\bar{X} \pm t_{(\alpha/2,\, n-1)} \times \dfrac{s}{\sqrt{n}}$ 取代 $\bar{X} \pm Z_{(\alpha/2)} \times \dfrac{s}{\sqrt{n}}$。也由於 σ 通常是未知的，SPSS 軟體甚至也不提供 $\bar{X} \pm Z_{(\alpha/2)} \times \dfrac{\sigma}{\sqrt{n}}$ 的信賴區間。

總結前面所述，母群平均數估計之流程可以圖示如圖 8-6 [1]：

圖 8-6　平均數區間估計流程

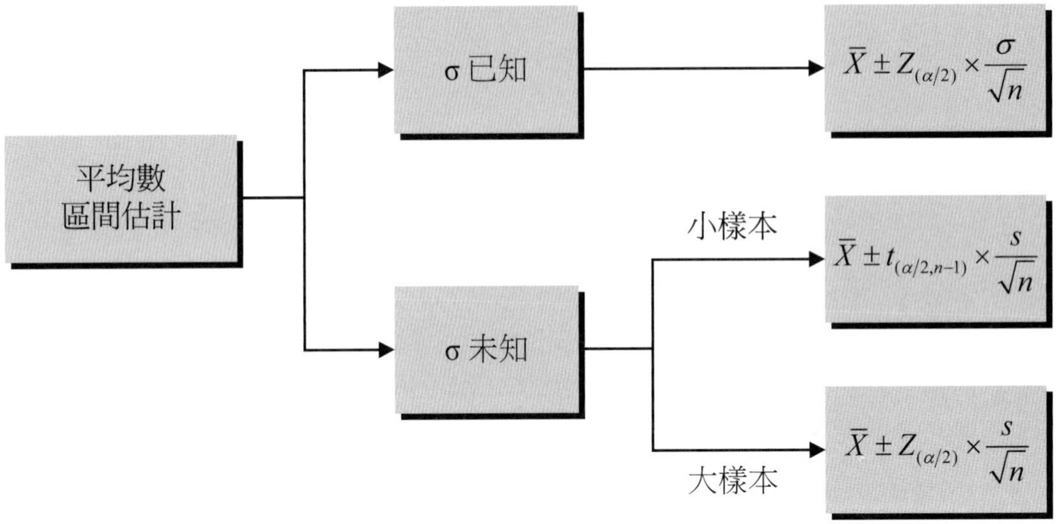

(三) 平均數信賴區間之計算步驟

平均數信賴區間之計算，有以下步驟：

1. 計算樣本數 n 及樣本平均數 $\overline{X}$。

2. 如果不知道母群的標準差 σ，就計算樣本標準差 s，如果已知母群標準差，則略過此步驟。

3. 計算平均數的標準誤 $\sigma/\sqrt{n}$ 或 $s/\sqrt{n}$。

4. 計算臨界值。

5. 以臨界值乘以標準誤，得到誤差界限。

6. 將樣本平均數加減誤差界限，得到下限及上限。

---

[1] 此流程圖假設母群為常態分配，如果母群不是常態分配要改用其他公式。

(四) 比例的區間估計

在報紙或雜誌中，我們常會看到類似以下的說明：

> 本次調查以臺灣地區住宅電話為母體清冊，尾數兩位隨機抽樣，於 2 月 26 日至 28 日晚間舉行，成功訪問了 953 位成人，另有 354 人拒訪。在百分之九十五的信心水準下，抽樣誤差為正負 3.17%。

這段話告訴了讀者幾項訊息：

1. 母群體是臺灣地區有電話的家庭，採隨機抽樣方式。

2. 該調查進行了三個晚上，以電話進行訪問。

3. 總共訪問了 1307 位成人，接受調查的有 953 位成人，354 位拒絕受訪。

4. 分析時，顯著水準訂為 .05，因此信賴區間為 1 − .05 = .95 = 95%。

5. 誤差界限為 3.17%，因此對報導中所呈現的百分比，均應加減 3.17%。假設有 53% 的人滿意目前的生活品質，則其信賴區間為 53% ± 3.17%，為 49.83% ~ 56.17%，如圖 8-7 所示。

圖 8-7　比例的區間估計

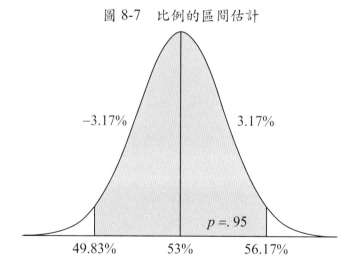

報導中的 3.17% 是如何求得呢？因為二項分配的變異數是 $\hat{p} \times (1 - \hat{p})$，取最大值為 $.5 \times (1 - .5) = .25$，所以標準差為 $\sqrt{.25}$。比例的標準誤為 $\sqrt{\dfrac{\hat{p} \times (1 - \hat{p})}{n}} = \sqrt{\dfrac{.25}{953}} = 0.0162$，此時的臨界值為 1.96，$0.0162 \times 1.96 = 0.0317 = 3.17\%$。

　　以下有三個例題，分別為母群標準差已知、母群標準差未知小樣本、母群標準差未知大樣本之平均數信賴區間估計。例題 8-1 只能使用 Excel 分析，例題 8-2 及 8-3 同時使用 Excel 及 SPSS 進行分析。

📊 例題 8-1

某國中以隨機抽樣方式選出了 10 名一年級學生，對他們實施魏氏智力測驗（已知母群標準差為 15），各學生的智商如下，請算出該校新生平均智商的 95% 信賴區間。

| 86 | 123 | 101 | 95 | 90 | 96 | 100 | 125 | 97 | 141 |

📊 例題 8-2

某大學想要了解應屆畢業生就業後的薪資情形，於是隨機選出了 18 名校友，詢問他們目前每月的薪資（單位：萬元），資料如下，請算出該校應屆畢業生平均薪資的 99% 信賴區間。

| 2.9 | 3.2 | 3.0 | 2.6 | 3.0 | 3.4 | 3.1 | 2.7 | 3.0 |
| 3.6 | 2.9 | 2.8 | 3.0 | 2.7 | 2.9 | 2.7 | 3.0 | 3.5 |

📊 例題 8-3

行銷學者想要了解消費者在某便利超商的平均消費金額，於是在出口隨機訪問了 40 名受訪者，得到下表的資料（單位：元），請算出平均消費額的 95% 信賴區間。

97	82	31	67	79	43	48	20	27	80
75	27	41	75	67	25	17	69	88	58
58	43	32	92	100	62	86	46	56	71
67	110	108	61	65	25	102	86	16	112

二、Excel 操作步驟（例題 8-1.xlsx）

1. 使用“**=COUNT(A:A)**”計算 A 欄數值的數目，共有 10 人（圖 8-8）。如果 A 欄還有其他數據，則最好直接指定 COUNT(A1:A10)。

圖 8-8　以 COUNT 函數計算樣本數

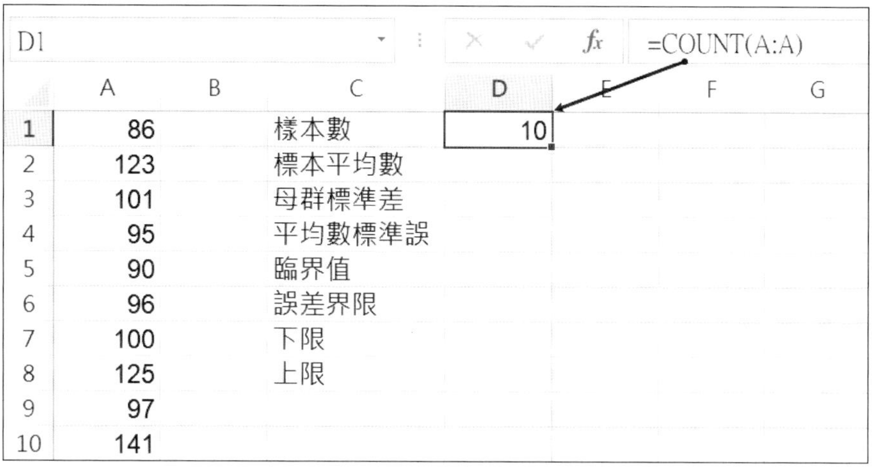

D1　=COUNT(A:A)

	A	B	C	D	E	F	G
1	86		樣本數	10			
2	123		標本平均數				
3	101		母群標準差				
4	95		平均數標準誤				
5	90		臨界值				
6	96		誤差界限				
7	100		下限				
8	125		上限				
9	97						
10	141						

2. 使用“**=AVERAGE(A:A)**”計算 A 欄數值的平均數，為 105.4（圖 8-9）。點估計就是以 105.4 來估計母群的平均數，所以該校全體學生的平均智商最有可能是 105.4。

圖 8-9　以 AVERAGE 函數計算樣本平均數

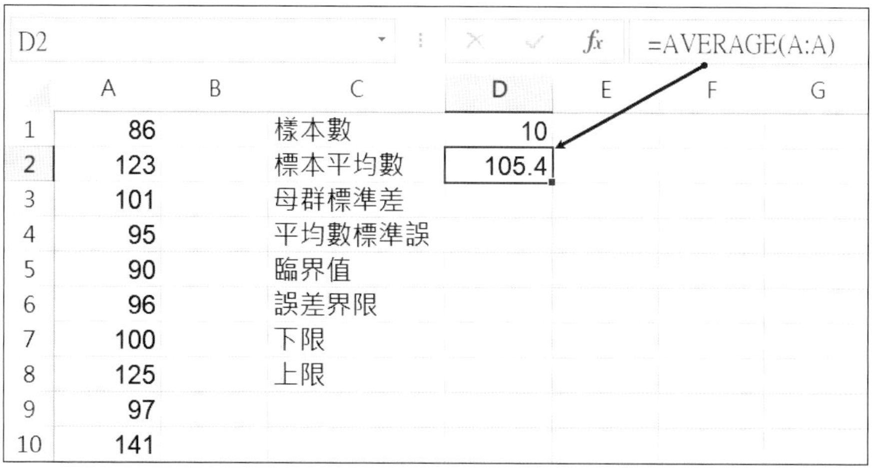

D2　=AVERAGE(A:A)

	A	B	C	D	E	F	G
1	86		樣本數	10			
2	123		標本平均數	105.4			
3	101		母群標準差				
4	95		平均數標準誤				
5	90		臨界值				
6	96		誤差界限				
7	100		下限				
8	125		上限				
9	97						
10	141						

3. 因為母群的標準差已知，因此直接輸入 15（圖 8-10）。

圖 8-10　母群標準差已知為 15

4. 將母群標準差除以樣本數的平方根（0.5 次方），求得平均數的標準誤，為 4.7434（圖 8-11）。

5. 母群標準差已知時，使用標準化常態分配的臨界值，而且要計算 95% 信賴區間，因此使用標準常態分配的反函數，在儲存格中輸入"**=NORM.S.INV(1-(0.05/2))**"，得到 1.96（圖 8-12）。此部分，請見第 6 點之補充說明。

圖 8-11　以 $\sigma / \sqrt{n}$ 計算平均數標準誤

圖 8-12　以 NORM.S.INV 計算 Z 的臨界值

	D5				⋮	✕	✓	f_x	=NORM.S.INV(1-(0.05/2))		
	A	B	C		D	E	F	G	H		
1	86		樣本數		10						
2	123		標本平均數		105.4						
3	101		母群標準差		15						
4	95		平均數標準誤		4.7434						
5	90		臨界值		1.96						
6	96		誤差界限								
7	100		下限								
8	125		上限								
9	97										
10	141										

6. 例題 8-1 在求 95% 信賴區間，是圖 8-13 左邊灰黑色的區域（機率為 .95），白色部分的總和為 .05（此為 α，是**第一類型錯誤**的機率，也等於考驗的**顯著水準**）。由於 Excel 的 NORM.S.INV 函數只能計算小於某個臨界值的機率，此時，要計算的機率是 .95 + .05/2 = .975，或是 1 − .05/2 = .975，接著，使用反函數計算機率為 .975 時的 Z 值，就是 1.96。如果直接計算機率為 .025 的臨界值，則得到−1.96，兩者是對稱的。假使要求如圖 8-13 右邊 99% 的信賴區間，則臨界值是 2.576（取小數二位，則為 2.58）。

圖 8-13　95%與99%信賴區間

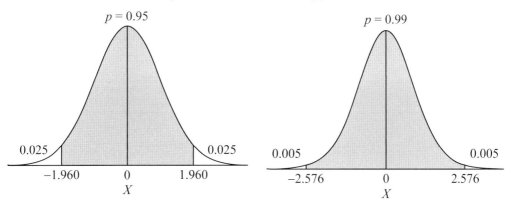

7. 將臨界值乘上標準誤就是誤差界限，為 9.2969（圖 8-14）。

圖 8-14　以臨界值乘以標準誤計算誤差界限

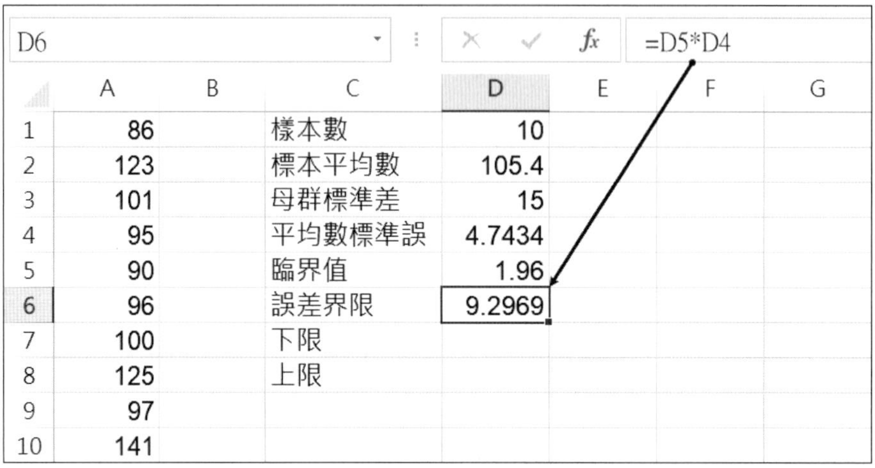

D6			:	×	✓	f_x	=D5*D4
	A	B	C	D	E	F	G
1	86		樣本數	10			
2	123		標本平均數	105.4			
3	101		母群標準差	15			
4	95		平均數標準誤	4.7434			
5	90		臨界值	1.96			
6	96		誤差界限	9.2969			
7	100		下限				
8	125		上限				
9	97						
10	141						

8. 將樣本平均數減去誤差界限稱為下限，為 96.103（圖 8-15）。

圖 8-15　樣本平均數減誤差界限得到下限

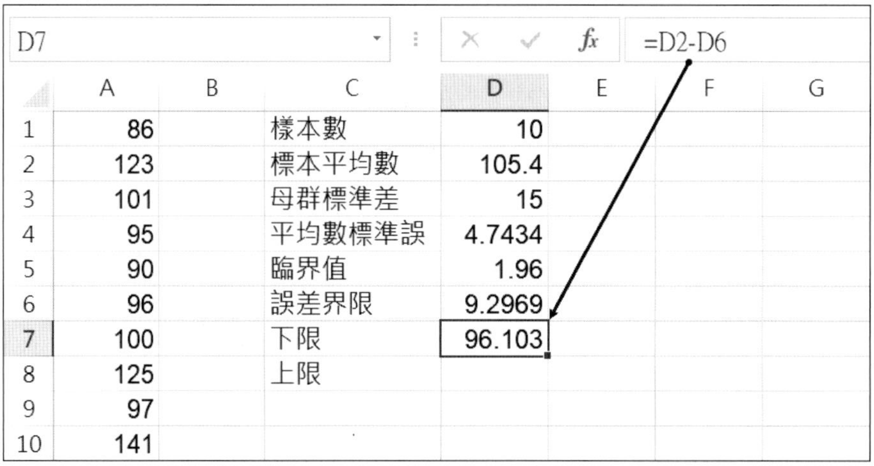

D7			:	×	✓	f_x	=D2-D6
	A	B	C	D	E	F	G
1	86		樣本數	10			
2	123		標本平均數	105.4			
3	101		母群標準差	15			
4	95		平均數標準誤	4.7434			
5	90		臨界值	1.96			
6	96		誤差界限	9.2969			
7	100		下限	96.103			
8	125		上限				
9	97						
10	141						

9. 將樣本平均數加上誤差界限稱為**上限**，為 114.7（圖 8-16）。因此，母群體平均數的 95% 信賴區間為 [96.103, 114.7]，圖示如圖 8-17。

圖 8-16 樣本平均數加誤差界限得到上限

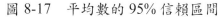

D8				:	×	✓	f_x	=D2+D6	
	A	B		C		D	E	F	G
1	86		樣本數			10			
2	123		標本平均數			105.4			
3	101		母群標準差			15			
4	95		平均數標準誤			4.7434			
5	90		臨界值			1.96			
6	96		誤差界限			9.2969			
7	100		下限			96.103			
8	125		上限			114.7			
9	97								
10	141								

圖 8-17 平均數的 95% 信賴區間

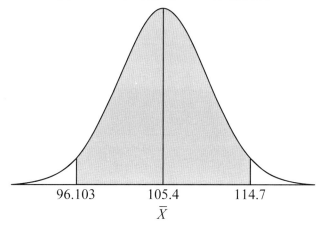

96.103 105.4 114.7
$\bar{X}$

10. Excel 有 CONFIDENCE.NORM 函數，可以直接算出標準常態分配下的誤差界限。函數中要輸入 3 個引數，分別是 α 值、標準差、及樣本數（圖 8-18）。使用此函數的計算結果與前面步驟計算所得相同（圖 8-19）。

圖 8-18　CONFIDENCE.NORM 函數的引數

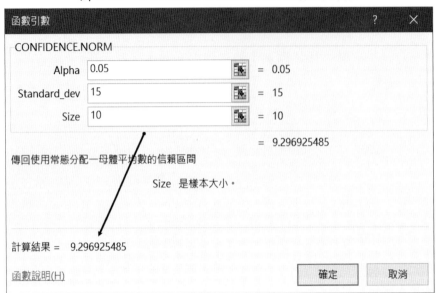

圖 8-19　使用 CONFIDENCE.NORM 函數計算誤差界限

	A	B	C	D	E	F	G
				fx	=CONFIDENCE.NORM(0.05,15,10)		
1	86		樣本數	10			
2	123		標本平均數	105.4			
3	101		母群標準差	15			
4	95		平均數標準誤	4.7434			
5	90		臨界值	1.96			
6	96		誤差界限	9.2969	9.2969		
7	100		下限	96.103			
8	125		上限	114.7			
9	97						
10	141						

11. 使用筆者設計的小工具[2]。

　　先選擇左下角【已知標準差之平均數區間估計】工作表，接著在 A 欄輸入原始資料，並在 D 欄分別輸入 Alpha 值及已知的母群標準差，即可得到各項結

---

[2] 計算工具設有工作表保護，如果要取消保護，自行修改公式，密碼為「1」。

果，平均數 95% 信賴區間為 [96.10307, 114.6969]（圖 8-20），與自行計算的結果相同。

圖 8-20　平均數 95% 信賴區間為 [96.10307, 114.6969]

	A	B	C	D	E	F
1	86		Alpha 值	0.05	樣本數	10
2	123		母群標準差	15	樣本平均數	105.4
3	101				平均數的標準誤	4.743416
4	95				雙尾臨界 Z 值	1.959964
5	90				誤差界限	9.296925
6	96				95.00% 信賴區間	
7	100				平均數下限	96.10307
8	125				平均數上限	114.6969
9	97					
10	141					

三、Excel 操作步驟（例題 8-2.xlsx）

1. 母群標準差未知的情形下，如果是小樣本，要使用 t 分配的臨界值，多數計算步驟與例題 8-1 相同，此處僅說明相異之處。

    在此處，使用 "=STDEV.S(A:A)" 或 "=STDEV(A:A)" 計算樣本標準差（母群標準差的估計式），結果為 0.2787（圖 8-21）。

圖 8-21　以 STDEV.S 計算樣本標準差

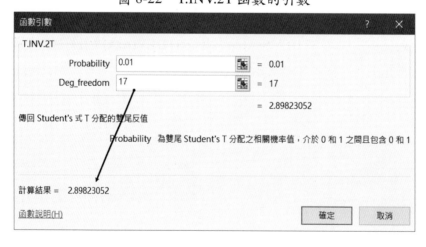

	A	B	C	D	E	F	G
D3				=STDEV.S(A:A)			
1	2.9		樣本數	18			
2	3.2		標本平均數	3			
3	3.0		樣本標準差	0.2787			
4	2.6		平均數標準誤				
5	3.0		臨界值				
6	3.4		誤差界限				
7	3.1		下限				
8	2.7		上限				
9	3.0						
10	3.6						
11	2.9						
12	2.8						
13	3.0						
14	2.7						
15	2.9						
16	2.7						
17	3.0						
18	3.5						

2. 例題 8-2 在求 99%信賴區間，此時，使用反函數 "**=T.INV.2T(0.01,17)**" 計算 t 值，結果為 2.898 [3]（圖 8-22）。

圖 8-22　T.INV.2T 函數的引數

函數引數 ? ✕

T.INV.2T

Probability　0.01　　　　　　= 0.01

Deg_freedom　17　　　　　　= 17

= 2.89823052

傳回 Student's 式 T 分配的雙尾反值

Probability 為雙尾 Student's T 分配之相關機率值，介於 0 和 1 之間且包含 0 和 1

計算結果 = 2.89823052

函數說明(H)　　　　　　　　　　　確定　　取消

---

[3] 在 Excel 2007 版中，使用 "**=T.INV(1-0.01/2,17)**" 計算臨界值。

3. 將樣本平均數 3.0 萬加減誤差界限 0.1904，得到母群體平均數的 99% 信賴區間為 [2.8096, 3.1904]（圖 8-23）。我們有 99% 的信心說，該校全體應屆畢業生每月薪資的平均數在 2.8096 萬到 3.1904 萬之間（圖示如圖 8-24）。

圖 8-23　樣本平均數減誤差界得到上下限

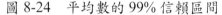

	A	B	C	D	E	F	G
				=D2+D6			
1	2.9		樣本數	18			
2	3.2		標本平均數	3			
3	3.0		樣本標準差	0.2787			
4	2.6		平均數標準誤	0.0657			
5	3.0		臨界值	2.8982			
6	3.4		誤差界限	0.1904			
7	3.1		下限	2.8096			
8	2.7		上限	3.1904			
9	3.0						
10	3.6						
11	2.9						
12	2.8						
13	3.0						
14	2.7						
15	2.9						
16	2.7						
17	3.0						
18	3.5						

圖 8-24　平均數的 99% 信賴區間

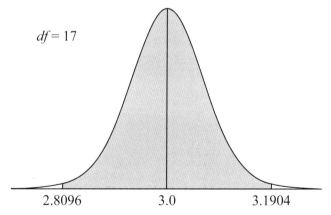

$df = 17$

2.8096　　　　3.0　　　　3.1904

4. Excel 有 CONFIDENCE.T 函數，可以直接算出 t 分配下的誤差界限。函數中要輸入 3 個引數，分別是 α 值、標準差、及樣本數（圖 8-25）。使用此函數的計算結果與前面步驟計算所得相同（圖 8-26）。

圖 8-25　CONFIDENCE.T 函數的引數

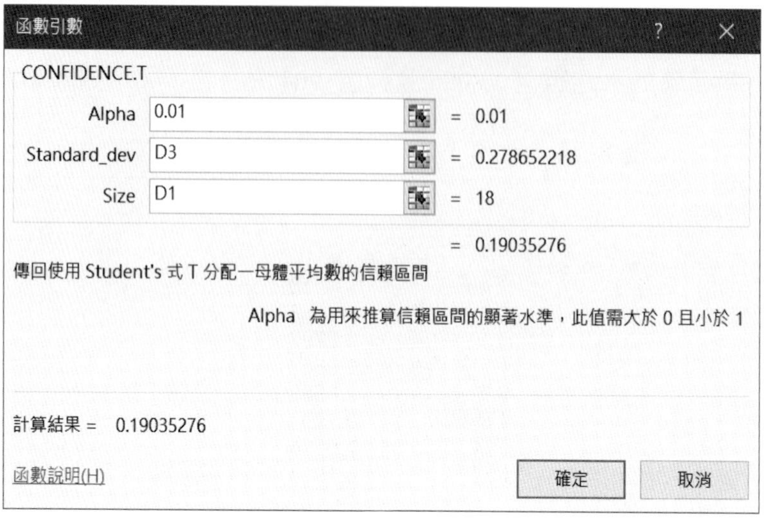

圖 8-26　使用 CONFIDENCE.T 函數計算誤差界限

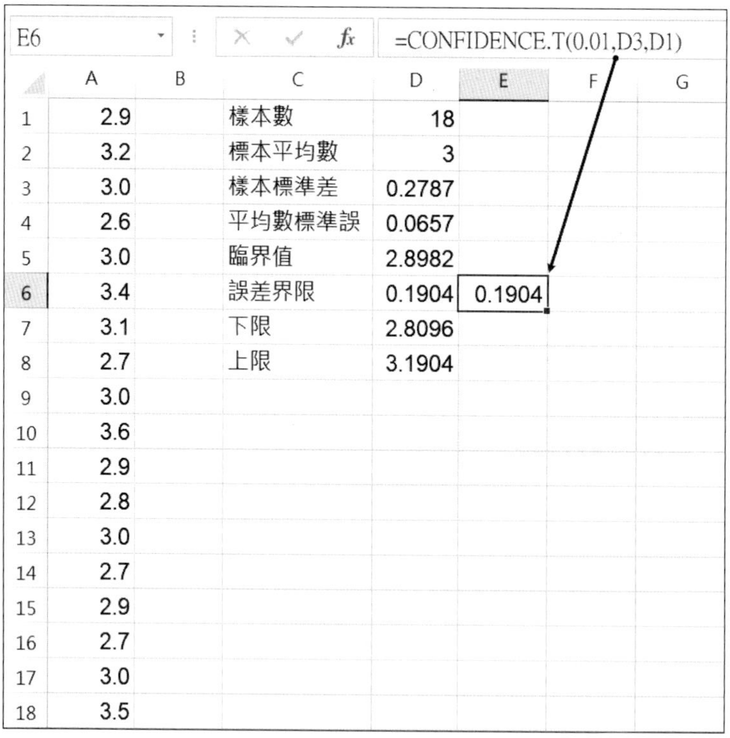

	A	B	C	D	E	F	G
1	2.9		樣本數	18			
2	3.2		標本平均數	3			
3	3.0		樣本標準差	0.2787			
4	2.6		平均數標準誤	0.0657			
5	3.0		臨界值	2.8982			
6	3.4		誤差界限	0.1904	0.1904		
7	3.1		下限	2.8096			
8	2.7		上限	3.1904			
9	3.0						
10	3.6						
11	2.9						
12	2.8						
13	3.0						
14	2.7						
15	2.9						
16	2.7						
17	3.0						
18	3.5						

5.　使用筆者設計的小工具。

先選擇左下角【小樣本平均數區間估計】工作表，接著在 A 欄輸入原始資料，並在 D 欄分別輸入 Alpha 值（樣本標準差會自行計算），即可得到各項結果，平均數 99% 信賴區間為 [2.809647, 3.190353]（圖 8-27），與自行計算的結果相同。

圖 8-27　平均數 99% 信賴區間為 [2.809647, 3.190353]

	A	B	C	D	E	F
1	2.9		Alpha 值	0.01	樣本數	18
2	3.2		樣本標準差	0.278652	自由度	17
3	3				樣本平均數	3
4	2.6				平均數的標準誤	0.065679
5	3				雙尾臨界 t 值	2.898231
6	3.4				誤差界限	0.190353
7	3.1				99.00% 信賴區間	
8	2.7				平均數下限	2.809647
9	3				平均數上限	3.190353
10	3.6					
11	2.9					
12	2.8					
13	3					
14	2.7					
15	2.9					
16	2.7					
17	3					
18	3.5					

四、Excel 操作步驟（例題 8-3.xlsx）

1.　例題 8-3 的樣本數為 40，屬於大樣本，理論上可以使用 Z 分配的臨界值 1.960（如圖 8-28 左）。如果使用 t 分配的臨界值為 2.023（如圖 8-28 右），兩者相差不多，因此統計軟體常使用 t 分配的信賴區間來代替 Z 分配的信賴區間。

圖 8-28　Z 分配與 t 分配的臨界值

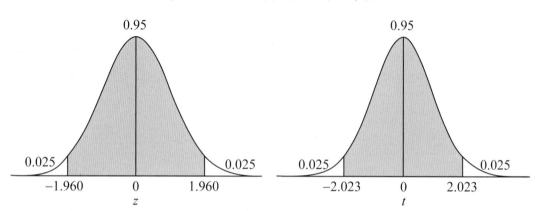

2. 使用兩種分配計算所得的信賴區間，兩者相差不多（圖 8-29）。詳細計算步驟請參考例題 8-1 及 8-2。使用 Z 分配計算所得的平均數區間估計如圖 8-30。

圖 8-29　分別使用 Z 分配及 t 分配計算所得的平均數信賴區間

	A	B	C	D	E	F	G
1	97		樣本數	40			
2	82		標本平均數	62.85			
3	31		樣本標準差	27.7771			
4	67		平均數標準誤	4.39194			
5	79		z 臨界值	1.95996		t 臨界值	2.02269
6	43		誤差界限	8.60805		誤差界限	8.88354
7	48		下限	54.2419		下限	53.9665
8	20		上限	71.4581		上限	71.7335
9	27						

圖 8-30 使用 Z 分配計算所得的平均數 95% 信賴區間

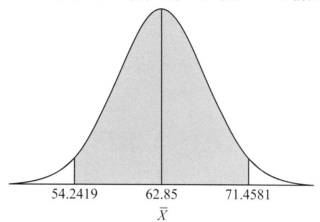

54.2419　　62.85　　71.4581
$\overline{X}$

3. 使用筆者設計的小工具。

先選擇左下角【大樣本平均數區間估計】工作表，接著在 A 欄輸入原始資料，並在 D 欄分別輸入 Alpha 值（樣本標準差會自行計算），即可得到各項結果，平均數 95% 信賴區間為 [54.24195, 71.45805]（圖 8-31），與自行計算的結果相同。

圖 8-31 平均數 95% 信賴區間為 [54.24195, 71.45805]

D1			f_x	0.05	
	A	B	C	D	E	F
1	97		Alpha 值	0.05	樣本數	40
2	82		樣本標準差	27.77709	樣本平均數	62.85
3	31				平均數的標準誤	4.391943
4	67				雙尾臨界 Z 值	1.959964
5	79				誤差界限	8.608051
6	43				95.00% 信賴區間	
7	48				平均數下限	54.24195
8	20				平均數上限	71.45805
9	27					

五、SPSS 操作步驟（例題 8-2.sav）

1. 使用單一樣本 T 檢定程序。

在【分析】選單中的【比較平均數法】選擇【單一樣本 T 檢定】（圖 8-32）。

圖 8-32　使用單一樣本 *t* 檢定程序

	X	var	var	var		var	var	var
1	2.9							
2	3.2							
3	3.0							
4	2.6							
5	3.0							
6	3.4							
7	3.1							
8	2.7							
9	3.0							
10	3.6							
11	2.9							
12	2.8							
13	3.0							
14	2.7							
15	2.9							
16	2.7							
17	3.0							
18	3.5							

2. 選擇分析變數。

將變數 *X*（每月薪資）點選到右邊的【檢定變數】中（圖 8-33）。

圖 8-33　選擇分析變數

3. 更改信賴區間百分比。

在【選項】下，更改【信賴區間百分比】為 99%（圖 8-34）。接著點選【繼續】再按【確定】即可。

圖 8-34　更改信賴區間百分比

4. 輸出報表。

分析後得到圖 8-35 中兩個表格。第一個表格顯示樣本數為 18，平均數為 3.000，標準差為 0.2787，平均數標準誤為 0.0657。第二個表格顯示的自由度為 17，99% 信賴區間為 [2.810, 3.190]。其他部分不是此次分析的重點，可略過不看。

圖 8-35　輸出報表

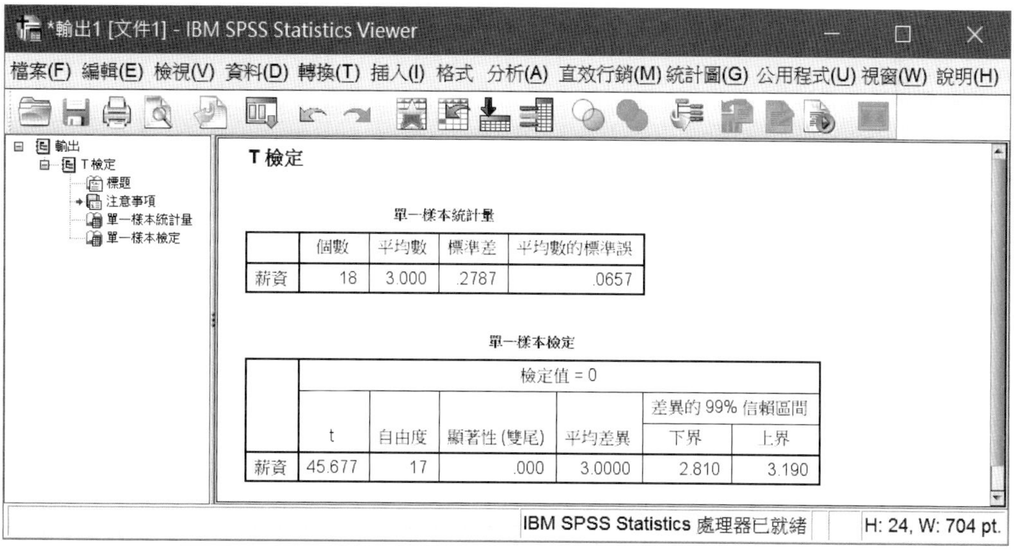

T 檢定

單一樣本統計量

	個數	平均數	標準差	平均數的標準誤
薪資	18	3.000	.2787	.0657

單一樣本檢定

	檢定值 = 0				差異的 99% 信賴區間	
	t	自由度	顯著性 (雙尾)	平均差異	下界	上界
薪資	45.677	17	.000	3.0000	2.810	3.190

六、SPSS 操作步驟（例題 8-3.sav）

1. 更改信賴區間百分比。

   其他分析步驟與例題 8-2 相同，不再贅述。只要在【選項】下，更改【信賴區間百分比】回 95% 即可。95% 也是 SPSS 內定的信賴區間百分比。

圖 8-36　更改信賴區間百分比

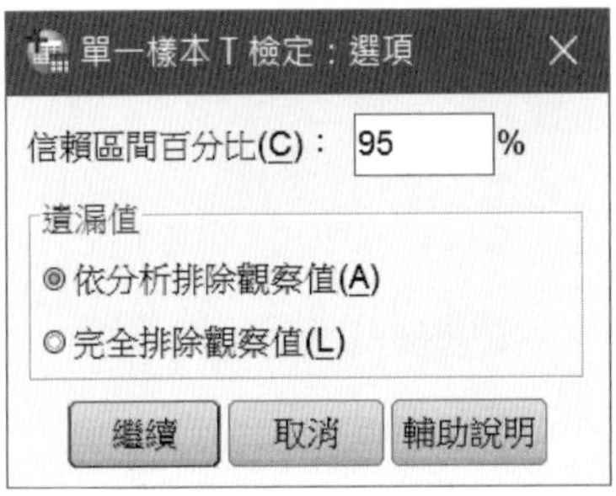

2. 輸出報表。

   分析後得到圖 8-37 中兩個表格。第一個表格顯示樣本數為 40，平均數為 62.85，標準差為 27.777，平均數標準誤為 4.392。第二個表格顯示自由度為 39，95% 信賴區間為 [53.97, 71.73]。

圖 8-37　輸出報表

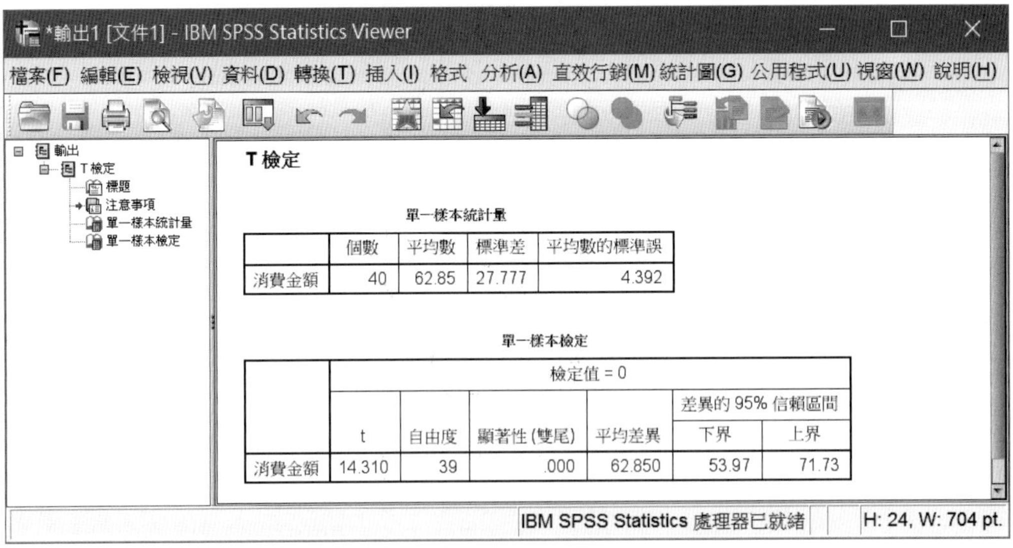

參、習題

一、某個縣的教育處以自編數學成就測驗（已知標準差為 17），抽測全縣 95 名國中
　　三年級學生，得到習題 8-1 之資料。請計算該縣全體三年級學生數學平均成績的
　　95% 信賴區間。

二、研究者想要了解某公司員工每星期平均上班時數，於是隨機訪問了 20 名受訪者，
　　得到習題 8-2 之資料。請計算該公司全體員工平均上班時數的 99% 信賴區間。

三、陳醫師擔任某家大班醫院的檢驗師。他最近檢驗了 25 名女性的膽固醇指數並記
　　錄得到習題 8-3 之資料。請計算膽固醇指數平均數的 90% 信賴區間（資料來源：
　　101 年三等地方特考經建行政類科，《統計學》）。

第 9 章
一個平均數的檢定

本章概要

1. 虛無假設通常是研究者想要蒐集證據予以推翻的假設，用 H_0 表示；對立假設通常是研究者傾向支持的假設，用 H_1 表示。

2. 拒絕真的虛無假設所犯的錯誤稱為**第一類型錯誤**；不拒絕假的虛無假設所犯的錯誤稱為**第二類型錯誤**。

3. 一個平均數的檢定，在檢定一個母群平均數與某個特定值之間是否有顯著差異，比較常用者為 t 檢定。

4. 一個平均數檢定的公式可簡化為：檢定值 $= \dfrac{\text{平均數的差數}}{\text{平均數的標準誤}}$。

5. 檢定之後裁決的方法有四種：(1)標準臨界值法；(2) p 值法；(3)原始信賴區間法；(4)差異信賴區間法。

推論統計包含**估計**與**檢定**（test，又譯為**考驗**、**檢驗**），而估計與檢定是一體兩面，兩者的結果是一致的。

壹、檢定的步驟

一、虛無假設與對立假設

在進行假設檢定時，通常有以下四個步驟：

1. 根據研究假設寫出**對立假設**（alternative hypothesis, H_1 或 H_a）及**虛無假設**（null hypothesis, H_0）。

2. 採用適當的統計方法。

3. 宣稱願冒的**第一類型錯誤**的大小，並劃定拒絕區。

4. 進行統計分析、裁決，並解釋結果。

以下針對各步驟加以說明。

　　在進行研究前，研究者通常都會先閱讀相關文獻，整理出研究的待答問題。例如，行銷學者想要了解：

　　　　顧客在便利商店單次消費金額的平均數是否與 60 元有差異？

接著，他會將這待答問題以肯定的方式寫成研究假設：

　　　　顧客在便利商店單次消費金額的平均數與 60 元有差異。

　　在統計學上，常會將研究假設直接寫成對立假設 H_1，它是通常用來表達研究者傾向支持的看法。由於研究者關心的是母群體的平均數 μ，因此對立假設為：

$$H_1 : \mu \neq 60$$

　　虛無假設通常是研究者想要蒐集證據予以推翻的假設，用 H_0 表示。在此處，虛無假設為：

$$H_0 : \mu = 60$$

　　因此，這位行銷學者得到的統計假設是：

$$\begin{cases} H_0 : \mu = 60 \\ H_1 : \mu \neq 60 \end{cases}$$

以下是常見的待答問題：

1. 本校學生的平均智商是否與全國平均數 100 有差異？
2. 縣民對縣長的施政滿意度是否高於六成？
3. 本批產品使用壽命的標準差是否小於 300 小時。
4. 大學生每週的自學時間是否與學期成績有關聯？

　　將它們寫成統計假設分別是：

1. $$\begin{cases} H_0 : \mu = 100 \\ H_1 : \mu \neq 100 \end{cases}$$

2. $\begin{cases} H_0 : p \le 0.6 \\ H_1 : p > 0.6 \end{cases}$

3. $\begin{cases} H_0 : \sigma \ge 300 \\ H_1 : \sigma < 300 \end{cases}$

4. $\begin{cases} H_0 : \rho = 0 \\ H_1 : \rho \ne 0 \end{cases}$

　　撰寫時，先留意待答問題中關心的是哪一個母體參數（平均數、變異數、標準差、比例、或相關係數），並選擇適當的統計符號。接著以肯定的方式寫成對立假設，並選擇適合的數學關係式（≠、>、<）。虛無假設與對立假設相反，且含等號，因此對立假設如果是 ">"，則虛無假設就是 "≤"[1]。

二、雙尾檢定與單尾檢定

　　在前面的四個統計假設中：

1. 統計假設 1 及 4 只關心**等於或不等於**的問題，稱為**雙尾檢定**（two-tailed test，或譯為**雙側檢定**）。

2. 統計假設 2 及 3 是關心**大於或小於**的問題，稱為**單尾檢定**（one-tailed test）。

3. 假設 2 的對立假設只關心**大於**某數，稱為**右尾檢定**（right-tailed test）。

4. 假設 3 的對立假設只關心**小於**某數，稱為**左尾檢定**（left-tailed test）。

　　圖示如圖 9-1，圖中黑白交接的線是**臨界值**（critical value），黑色部分稱為**拒絕區**。如果檢定後得到的 Z 值或 t 值越過臨界線進入拒絕區，就應拒絕區虛無假設；反之，如在白色的區域，就不能拒絕虛無假設。

　　檢定的方向由**對立假設**判斷，但是卻是針對**虛無假設**進行檢定。檢定的形式不同，會影響到臨界值及 p 值的計算，因此相同的資料，會因為採用不同的假設而得到不同的結論。

---

[1]　有學者主張應直接寫為 "="，而 Minitab 及 Stata 統計軟體也都設定虛無假設只含等號，不含大於或小於。

圖 9-1　三種檢定的拒絕區

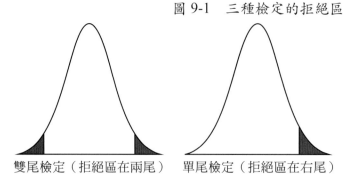

雙尾檢定（拒絕區在兩尾）　單尾檢定（拒絕區在右尾）　單尾檢定（拒絕區在左尾）

三、第一類型錯誤與第二類型錯誤

檢定之後，須進行裁決，在圖 9-2 中可以看出裁決後的四種可能結果（陳正昌，2017）。

圖 9-2　裁決的可能結果

母群的真正性質

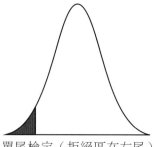

	H_0 為真	H_0 為假
拒絕 H_0	第一類型錯誤 α	裁決正確 $1-\beta$ 統計檢定力
不拒絕 H_0	裁決正確 $1-\alpha$	第二類型錯誤 β

裁決

1. 統計分析後，如果拒絕 H_0，但是事實上 H_0 是真的，那麼研究者就犯了**第一類型錯誤**（type I error），也就是拒絕真的虛無假設所犯的錯誤，其機率用 α 表示，通常是研究者於**分析前**決定。一般慣例，α 最常訂為 .05 或是 .01。

2. 其次，統計分析後，如果不拒絕 H_0（不能說成接受 H_0），但是事實上 H_0 是假的，那麼研究者就犯了**第二類型錯誤**（type II error），也就是不拒絕假的虛無假設所犯的錯誤，其機率用 β 表示。

3. 如果不拒絕 H_0，事實上 H_0 也是真的，那麼研究者的裁決就是正確的，其機率以 $1-\alpha$ 表示。

4. 如果拒絕 H_0，事實上 H_0 也是假的，那麼研究者的裁決就是正確的，此稱為**統計檢定力**（statistical power），其機率以 $1-\beta$ 表示。統計檢定力是研究者正確拒絕假的虛無假設，因此應特別留意。

舉例而言，藥廠發明了某種新藥物，想要了解它是否比舊藥更能延長病人的存活時間，那麼它的研究假設是：

$$\begin{cases} H_0 : \mu_{NEW} \leq \mu_{OLD} \\ H_1 : \mu_{NEW} > \mu_{OLD} \end{cases}$$

經過了實驗設計及統計分析之後，假設獲得的結論是，拒絕虛無假設 H_0，於是宣稱新藥比舊藥有效，因此開始生產新藥。但是，事實上，虛無假設 H_0 是真的，也就是新藥並沒有比舊藥有效（甚至效果可能更差）。此時，就犯了第一類型錯誤。

如果結論是，不能拒絕虛無假設 H_0，於是宣稱未發現新藥比舊藥有效，於是就放棄生產新藥。但是，事實上，虛無假設 H_0 是假的，也就是新藥比舊藥有效。此時，就犯了第二類型錯誤。

如果結論是，拒絕虛無假設 H_0，於是宣稱新藥比舊藥有效，因此開始生產新藥。而事實上，虛無假設 H_0 的確是假的，也就是新藥真的比舊藥有效。此時，藥廠做了正確的裁決，這也是研究者期望的結果。

第一類型錯誤的機率在分析之前就應先訂好，一般為 .05、.01，或 .001，有時，更寬鬆些會訂為 .10。而第二類型錯誤及統計檢定力的機率則需要由實際資料配合統計軟體計算。**在其他條件相等之下，α 訂得愈小，β 就會愈大。**

四、裁決的方法與規準

至於應依據什麼方法與規準做出裁決？常用的方法有四：

1. **標準臨界值法**。這是傳統的做法，將檢定所得的數值（例如，Z 值或 t 值）與標準臨界值相比，如果大於（或小於）它，就拒絕虛無假設，否則，就不能拒絕虛無假設。此處應留意檢定的類型及方向，如果是右尾檢定，則計算所得的值要**大於**臨界值；如果是左尾檢定，則計算所得的值要**小於**臨界值；如果雙尾檢定，則計算所得的**絕對值**要大於臨界值。

2. **_p_ 值法**。此為現在的做法，這是在虛無假設是真的情形下，由電腦計算出要大於（或小於）分析所得的數值的機率 _p_ 是多少。如果 _p_ 小於或等於研究者所訂的 _α_ 值，就拒絕虛無假設，如果 _p_ 大於 _α_ 值，就不能拒絕虛無假設。讀者應留意：SPSS 提供的 _p_ 值一般是雙尾檢定的機率，如果是右尾檢定，要將 _p_ 值除以 2，如果是左尾檢定，則要計算 $1 - p/2$。

3. **原始信賴區間法**。計算分析所得的樣本平均數的信賴區間，如果這段區間不包含要檢定的值，表示分析所得的數值與檢定值有顯著差異，因此應拒絕虛無假設；如果這段區間包含了要檢定的值，就不能拒絕虛無假設。

4. **差異信賴區間法**。計算分析所得的樣本平均數減去檢定值（也就是平均數差異）的信賴區間，如果這段區間**不包含** 0，表示分析所得的數值與檢定值有顯著差異，換言之，也就是平均數差異顯著不等於 0，因此應拒絕虛無假設；如果這段區間**包含**了 0，就不能拒絕虛無假設。

以上四種方法所獲得的結果是一致的，因此只要選擇一種即可，目前統計軟體多使用第二種方法，SPSS 也會兼用第四種方法。

貳、Z 檢定及 t 檢定的計算步驟

一、Z 檢定

第六章已說明 Z 分數的公式為，

$$Z = \frac{X - \mu}{\sigma}$$

而第八章也說明中央極限定理：$\mu_{\bar{X}} = \mu$，$\sigma_{\bar{X}} = \frac{\sigma}{\sqrt{n}}$。將樣本平均數化為 Z 分數，會呈標準常態 Z 分配。根據 Z 分配所做的檢定，就是 Z 檢定，公式為：

$$Z = \frac{\bar{X} - \mu}{\frac{\sigma}{\sqrt{n}}} \tag{9-1}$$

二、t 檢定

在許多情形下，研究者並不知道母群的標準差 σ，因此會使用樣本標準差 s 來估計它，此時標準化的平均數會成為自由度為 $n-1$ 的 t 分配。根據 t 分配所做的檢定，稱為 t 檢定，公式為：

$$t = \frac{\bar{X} - \mu}{\frac{s}{\sqrt{n}}} \tag{9-2}$$

如果是大樣本（$n \geq 30$）時，樣本平均數標準化仍為標準常態 Z 分配，因此檢定公式改為：

$$Z = \frac{\bar{X} - \mu}{\frac{s}{\sqrt{n}}} \tag{9-3}$$

以上三種檢定，都可以簡化為：

$$檢定值 = \frac{平均數的差數}{平均數的標準誤}$$

三、一個平均數檢定之流程圖 [2]

假設母群為常態分配，在進行一個平均數假設檢定時，首先要判斷母群標準差 σ（或是母群的變異數 σ^2）是否已知。如果 σ 已知，則標準化的平均數成標準常態 Z 分配，且可以直接計算標準誤 $\sigma / \sqrt{n}$。此時，使用圖 9-3 的第一個公式。

如果母群標準差 σ 未知，則使用樣本標準差 s 估計 σ，標準化的平均數成 t 分配，標準誤是 $s / \sqrt{n}$，檢定後所得的值為 t 值（圖 9-3 第二個公式）。如果是大樣本，改稱為 Z 值（圖 9-3 第三個公式）。

由於大樣本時 t 的臨界值與 Z 臨界值很接近，所以，在 SPSS 統計軟體中，大樣本也不使用 Z 檢定。而 σ 已知的情形也很少見，因此 SPSS 只提供平均數 t 檢定。

---

[2] 此流程圖假設母群為常態分配，如果母群不是常態分配又是小樣本，要改用其他公式。

圖 9-3　一個平均數假設檢定流程

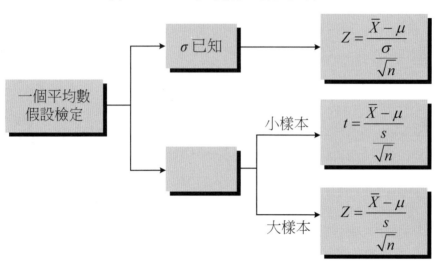

四、一個平均數檢定之計算步驟

一個平均數檢定之計算，有以下步驟：

1. 計算樣本數 n 及樣本平均數 $\overline{X}$。

2. 計算樣本平均數 $\overline{X}$ 與檢定值 μ 的差數。

3. 如果不知道母群的標準差 σ，就計算樣本標準差 s，如果已知母群標準差，則略過此步驟。

4. 計算平均數的標準誤 $\sigma/\sqrt{n}$ 或 $s/\sqrt{n}$。

5. 將平均數差數除以它的標準誤，得到 Z 值或 t 值。

6. 計算 p 值。

7. 計算標準臨界值。

8. 將樣本平均數加減誤差界限，得到信賴區間的下限及上限。

9. 進行裁決，做成結論。

以下有三個例題，分別為母群標準差已知、母群標準差未知小樣本、母群標準差未知大樣本之平均數檢定。例題 9-1 只能使用 Excel 分析，例題 9-2 及 9-3 同時使用 Excel 及 SPSS 進行分析。

例題 9-1

某國中想要了解該校一年級新生平均智商與全國平均數 100 是否有差異，於是以隨機抽樣方式選出了 10 名學生，對他們實施魏氏智力測驗（已知母群標準差為 15），各學生的智商如下，請以 $\alpha = .05$ 進行檢定。

| 86 | 123 | 101 | 95 | 90 | 96 | 100 | 125 | 97 | 141 |

例題 9-2

某大學想要了解該校應屆畢業生就業後的平均薪資與全國大學生平均數 2.77 萬[3] 是否有差異，於是隨機選出了 18 名校友，詢問他們目前每月的薪資（單位：萬元），資料如下，請以 $\alpha = .01$ 進行檢定。

| 2.9 | 3.2 | 3.0 | 2.6 | 3.0 | 3.4 | 3.1 | 2.7 | 3.0 |
| 3.6 | 2.9 | 2.8 | 3.0 | 2.7 | 2.9 | 2.7 | 3.0 | 3.5 |

例題 9-3

行銷學者想要了解消費者在某便利超商的單次平均消費金額是否與 60 元有差異，於是在出口隨機訪問了 40 名受訪者，得到下表的資料（單位：元），請以 $\alpha = .05$ 進行檢定。

97	82	31	67	79	43	48	20	27	80
75	27	41	75	67	25	17	69	88	58
58	43	32	92	100	62	86	46	56	71
67	110	108	61	65	25	102	86	16	112

---

[3] 勞動部 2016 年 5 月公布之調查結果，2015 年大學生平均起薪為 27665 元。資料來源：https://udn.com/news/story/6/1730725

五、Excel 操作步驟（例題 9-1.xlsx）

在進行檢定之前，先列出統計假設：

$$\begin{cases} H_0 : \mu = 100 \\ H_1 : \mu \neq 100 \end{cases}$$

上面的假設也可以移項為：

$$\begin{cases} H_0 : \mu - 100 = 0 \\ H_1 : \mu - 100 \neq 0 \end{cases}$$

換言之，也就是間接在檢定「平均差數與 0 是否有差別」。

1. 使用"=**COUNT(A:A)**"計算 A 欄的數值數目，共有 10 人。如果 A 欄還有其他數據，則最好直接指定 COUNT(A1:A10)（圖 9-4）。

圖 9-4　以 COUNT(A:A)函數計算樣本數

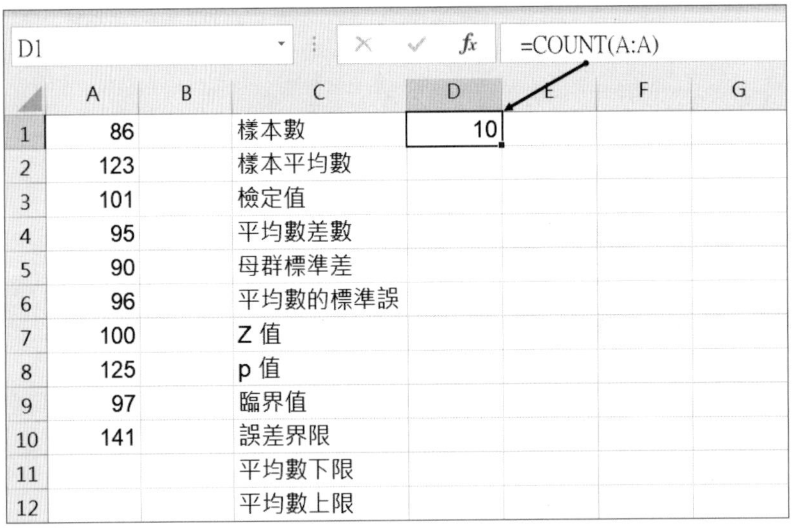

2. 使用"**=AVERAGE(A:A)**"計算 A 欄數值的平均數，為 105.4（圖 9-5），所以該校全體學生的平均智商最有可能是 105.4。

圖 9-5　以 AVERAGE 函數計算樣本平均數

	A	B	C	D	E	F	G
				=AVERAGE(A:A)			
1	86		樣本數	10			
2	123		樣本平均數	105.4			
3	101		檢定值				
4	95		平均數差數				
5	90		母群標準差				
6	96		平均數的標準誤				
7	100		Z 值				
8	125		p 值				
9	97		臨界值				
10	141		誤差界限				
11			平均數下限				
12			平均數上限				

3. 輸入要檢定的值 100（圖 9-6）。

圖 9-6　輸入檢定值 100

	A	B	C	D	E	F	G
				100			
1	86		樣本數	10			
2	123		樣本平均數	105.4			
3	101		檢定值	100			
4	95		平均數差數				
5	90		母群標準差				
6	96		平均數的標準誤				
7	100		Z 值				
8	125		p 值				
9	97		臨界值				
10	141		誤差界限				
11			平均數下限				
12			平均數上限				

4. 以樣本平均數減去檢定值 100，得到平均數差數 5.4（圖 9-7）。該校的待答
問題在於了解 5.4 與 0 是否有顯著差異。

圖 9-7　以樣本平均數減去檢定值，得到平均數差數

	A	B	C	D	E	F	G
				D4 fx =D2-D3			
1	86		樣本數	10			
2	123		樣本平均數	105.4			
3	101		檢定值	100			
4	95		平均數差數	5.4			
5	90		母群標準差				
6	96		平均數的標準誤				
7	100		Z 值				
8	125		p 值				
9	97		臨界值				
10	141		誤差界限				
11			平均數下限				
12			平均數上限				

5. 因為母群的標準差已知，因此直接輸入 15（圖 9-8）。

圖 9-8　母群標準差已知為 15

	A	B	C	D	E	F	G
				D5 fx 15			
1	86		樣本數	10			
2	123		樣本平均數	105.4			
3	101		檢定值	100			
4	95		平均數差數	5.4			
5	90		母群標準差	15			
6	96		平均數的標準誤				
7	100		Z 值				
8	125		p 值				
9	97		臨界值				
10	141		誤差界限				
11			平均數下限				
12			平均數上限				

6. 將母群標準差除以樣本數的平方根（0.5 次方），求得標準誤，為 4.7434（圖 9-9）。

圖 9-9　以 $\sigma/\sqrt{n}$ 計算平均數的標準誤

	D6			⋮	×	✓	f_x	=D5/D1^0.5	
	A	B	C		D		E	F	G
1	86		樣本數		10				
2	123		樣本平均數		105.4				
3	101		檢定值		100				
4	95		平均數差數		5.4				
5	90		母群標準差		15				
6	96		平均數的標準誤		4.7434				
7	100		Z 值						
8	125		p 值						
9	97		臨界值						
10	141		誤差界限						
11			平均數下限						
12			平均數上限						

7. 將平均數差數 5.4 除以標準誤 4.7434，得到 Z 值 1.1384（圖 9-10）。到此處已經完成計算，接著就要進行裁決。

圖 9-10　平均數差數除以標準誤得到 Z 值

	D7			⋮	×	✓	f_x	=D4/D6	
	A	B	C		D		E	F	G
1	86		樣本數		10				
2	123		樣本平均數		105.4				
3	101		檢定值		100				
4	95		平均數差數		5.4				
5	90		母群標準差		15				
6	96		平均數的標準誤		4.7434				
7	100		Z 值		1.1384				
8	125		p 值						
9	97		臨界值						
10	141		誤差界限						
11			平均數下限						
12			平均數上限						

8. 第一種方法，計算 p 值。

在儲存格中輸入"**=(1-NORM.S.DIST(D7,1))*2**"計算 Z 小於−1.1384，或 Z 大於 1.1384 的機率。因為 Excel 只能計算小於 Z 值 1.1384 的機率，所以先計算 "**=NORM.S.DIST(D7,1)**"，再以 1 來減，得到 0.1275，而由於此例題是雙尾檢定，所以機率值再乘以 2，得到 p 值為 0.2549（圖 9-11，概念如圖 9-12 所示）。

如果是單尾檢定，就不必乘於 2，不過，要判斷是左尾或右尾檢定的機率值，此部分不在本書討論，請見陳正昌（2017）另一本著作。

因為計算所得的 p 值 0.2549 並沒有小於一開始設定的 $\alpha = .05$，所以不能拒絕虛無假設 $H_0 : \mu = 100$，也就是沒有證據顯示該校全體學生的平均智商與 100 有顯著差異。

圖 9-11　計算 p 值

圖 9-12　$|Z| \geq 1.1384$ 的 $p = 0.2549$

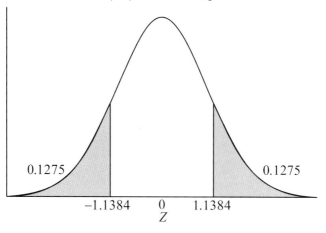

0.1275　　　　　　　　　0.1275

-1.1384　　0　　1.1384
Z

9.　第二種方法，計算標準臨界值。

在儲存格中輸入"**=NORM.S.INV(1-(0.05/2))**"，得到 1.96。此部分與第八章例題 8-1 的方法相同（圖 9-13）。

由於計算所得的 Z 值 1.1384 的絕對值（雙尾檢定要取絕對值）並未大於 1.96，未落入拒絕區（如圖 9-14 所示），因此不能拒絕虛無假設，結論與第一種方法相同。

圖 9-13　$\alpha = 0.05$ 時，臨界值為 1.96

D9			× ✓ f_x	=NORM.S.INV(1-(0.05/2))			
	A	B	C	D	E	F	G
1	86		樣本數	10			
2	123		樣本平均數	105.4			
3	101		檢定值	100			
4	95		平均數差數	5.4			
5	90		母群標準差	15			
6	96		平均數的標準誤	4.7434			
7	100		Z 值	1.1384			
8	125		p 值	0.2549			
9	97		臨界值	1.96			
10	141		誤差界限				
11			平均數下限				
12			平均數上限				

圖 9-14　計算所得 Z 值未落入拒絕區，不能拒絕 $H_0: \mu = 100$

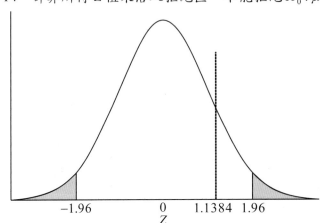

10. 第三種方法，計算樣本平均數的信賴區間。

　　使用第 8 章例題 8-1 的方法，將樣本平均數加減誤差界限，得到 95%信賴區間為下限 96.103，上限 114.7（圖 9-15）。

　　因為區間的上下限包含了檢定值 100（如圖 9-16 所示），因此不能拒絕虛無假設，結論與第一、二種方法都相同。

圖 9-15　平均數區間為 [96.103, 114.7]

D11				:	×	✓	f_x	=D2-D10		
	A	B	C			D		E	F	G
1	86		樣本數			10				
2	123		樣本平均數			105.4				
3	101		檢定值			100				
4	95		平均數差數			5.4				
5	90		母群標準差			15				
6	96		平均數的標準誤			4.7434				
7	100		Z 值			1.1384				
8	125		p 值			0.2549				
9	97		臨界值			1.96				
10	141		誤差界限			9.2969				
11			平均數下限			96.103				
12			平均數上限			114.7				

圖 9-16　平均數區間 [96.103, 114.7] 包含檢定值 100

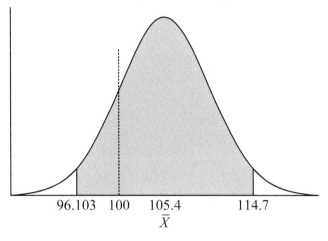

96.103　100　105.4　114.7
$\overline{X}$

11. 第四種方法，計算平均數差異的信賴區間。

使用平均數差數加減誤差界限得到差異的信賴區間（**留意**：這也是 SPSS 使用的方法）。如果這段區間包含 0，表示平均數差數與 0 沒有顯著的差別，換言之，計算所得的平均數與檢定值就沒有顯著差異（圖 9-17）。

這是因為原本的 $H_0 : \mu = 100$，移項後為 $H_0 : \mu - 100 = 0$，也就是 H_0:平均數差數 = 0，如果得到 "差數 = 0" 的結論，也間接得到 "$\mu = 100$" 的結論。

因為平均數差數信賴區間為 [−3.8969, 14.697] 包含了 0（如圖 9-18 所示），因此不能拒絕虛無假設，結論與前面三種方法都相同。

圖 9-17　平均數差數信賴區間為 [−3.8969, 14.697]

	A	B	C	D	E	F	G
F11				f_x	=D4-D10		
1	86		樣本數	10			
2	123		樣本平均數	105.4			
3	101		檢定值	100			
4	95		平均數差數	5.4			
5	90		母群標準差	15			
6	96		平均數的標準誤	4.7434			
7	100		Z 值	1.1384			
8	125		p 值	0.2549			
9	97		臨界值	1.96			
10	141		誤差界限	9.2969			
11			平均數下限	96.103	平均數下限	-3.8969	
12			平均數上限	114.7	平均數上限	14.697	

圖 9-18　平均數差數信賴區間 [−3.8969 , 14.697] 包含 0

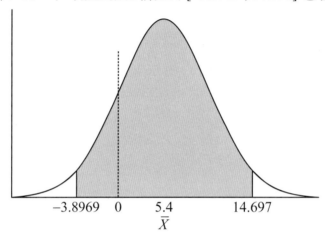

12. 使用筆者設計的小工具。

先選擇左下角【Z 檢定】工作表，接著在 A 欄輸入原始資料，並在 D 欄輸入
檢定值、母群標準差，及 Alpha 值，即可得到各項檢定結果（圖 9-19），它
們會與自行計算的結果一致。

圖 9-19　Z 檢定四種判斷方法的訊息

D1				▾ ⋮ ✕ ✓ fx	0.05	
	A	B	C	D	E	F
1	86		Alpha 值	0.05	樣本數	10
2	123		檢定值	100	樣本平均數	105.4
3	101		母群標準差	15	平均數的標準誤	4.743416
4	95				平均數差數	5.4
5	90				Z 值	1.13842
6	96				雙尾 p 值	0.254945
7	100				右尾 p 值	0.127473
8	125				左尾 p 值	0.872527
9	97				雙尾臨界 Z 值	1.959964
10	141				右尾臨界 Z 值	1.644854
11					左尾臨界 Z 值	-1.64485
12					誤差界限	9.296925
13					95.00% 信賴區間	
14					平均數下限	96.10307
15					平均數上限	114.6969
16					平均數差數下限	-3.89693
17					平均數差數上限	14.69693

如果只輸入 Alpha 會得到標準化常態分配的三種臨界值（圖 9-20）。

圖 9-20　標準臨界值

	D1				f_x	0.05	
	A	B	C	D		E	F
1	86		Alpha 值	0.05	樣本數		10
2	123		檢定值		樣本平均數		105.4
3	101		母群標準差		平均數的標準誤		
4	95				平均數差數		
5	90				Z 值		
6	96				雙尾 p 值		
7	100				右尾 p 值		
8	125				左尾 p 值		
9	97				雙尾臨界 Z 值		1.959964
10	141				右尾臨界 Z 值		1.644854
11					左尾臨界 Z 值		-1.64485
12					誤差界限		
13						95.00%	信賴區間
14					平均數下限		
15					平均數上限		
16					平均數差數下限		
17					平均數差數上限		

如果輸入原始資料、母群標準差、及 Alpha 值，就會得到誤差界限及平均數信賴區間（圖 9-21）。

圖 9-21　平均數 95% 信賴區間

	D3				f_x	15	
	A	B	C	D		E	F
1	86		Alpha 值	0.05	樣本數		10
2	123		檢定值		樣本平均數		105.4
3	101		母群標準差	15	平均數的標準誤		4.743416
4	95				平均數差數		
5	90				Z 值		
6	96				雙尾 p 值		
7	100				右尾 p 值		
8	125				左尾 p 值		
9	97				雙尾臨界 Z 值		1.959964
10	141				右尾臨界 Z 值		1.644854
11					左尾臨界 Z 值		-1.64485
12					誤差界限		9.296925
13						95.00%	信賴區間
14					平均數下限		96.10307
15					平均數上限		114.6969
16					平均數差數下限		
17					平均數差數上限		

13. 做成結論。

   總結前面四種方法，我們得到一致的結果——不能拒絕虛無假設，因此沒有足夠證據支持該校學生的平均智商 105.4 與 100 有顯著差異。

六、Excel 操作步驟（例題 9-2.xlsx）

在母群標準差未知的情形下，如果是小樣本，要使用 t 檢定。在進行檢定之前，先列出統計假設：

$$\begin{cases} H_0 : \mu = 2.77 \\ H_1 : \mu \neq 2.77 \end{cases}$$

移項後為：

$$\begin{cases} H_0 : \mu - 2.77 = 0 \\ H_1 : \mu - 2.77 \neq 0 \end{cases}$$

也就是間接在檢定「差異與 0 是否有差異」。

例題 9-2 多數計算步驟與例題 9-1 相同，以下僅說明相異之處。

1. 使用 "=STDEV.S(A:A)" 或 "=STDEV(A:A)" 計算樣本標準差，結果為 0.2787（圖 9-22）。除以人數的平方根，得到標準誤為 0.0657（圖 9-23）。

圖 9-22　以 STDEV.S 函數計算樣本標準差

	A	B	C	D	E	F	G
1	2.9		樣本數	18			
2	3.2		樣本平均數	3.0			
3	3.0		檢定值	2.77			
4	2.6		平均數差數	0.23			
5	3.0		樣本標準差	0.2787			
6	3.4		平均數的標準誤				
7	3.1		t 值				
8	2.7		p 值				
9	3.0		臨界值				
10	3.6		誤差界限				
11	2.9		平均數下限				
12	2.8		平均數上限				

圖 9-23　以 $s/\sqrt{n}$ 計算平均數的標準誤

D6				f_x	=D5/D1^0.5		
▲	A	B	C	D	E	F	G
1	2.9		樣本數	18			
2	3.2		樣本平均數	3.0			
3	3.0		檢定值	2.77			
4	2.6		平均數差數	0.23			
5	3.0		樣本標準差	0.2787			
6	3.4		平均數的標準誤	0.0657			
7	3.1		t 值				
8	2.7		p 值				
9	3.0		臨界值				
10	3.6		誤差界限				
11	2.9		平均數下限				
12	2.8		平均數上限				

2. 將平均數差數除以標準誤，得到 t 值 3.5019。

圖 9-24　平均數差數除以標準誤得到 t 值

D7				f_x	=D4/D6		
▲	A	B	C	D	E	F	G
1	2.9		樣本數	18			
2	3.2		樣本平均數	3.0			
3	3.0		檢定值	2.77			
4	2.6		平均數差數	0.23			
5	3.0		樣本標準差	0.2787			
6	3.4		平均數的標準誤	0.0657			
7	3.1		t 值	3.5019			
8	2.7		p 值				
9	3.0		臨界值				
10	3.6		誤差界限				
11	2.9		平均數下限				
12	2.8		平均數上限				

3. 第一種判斷方法，計算 p 值。

輸入 "**=T.DIST.2T(D7,D1-1)**" 計算 t 小於 −3.5019 或大於 3.5019 的機率（雙尾）。其中第 1 個引數指定 D7 儲存格的 3.5019，第 2 個引數是自由度 17（樣本數減 1）（圖 9-25）。機率值如圖 9-26 所示。

圖 9-25　計算 p 值

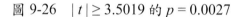

D8				fx	=T.DIST.2T(D7,D1-1)	
	A	B	C	D	E	F	G
1	2.9		樣本數	18			
2	3.2		樣本平均數	3.0			
3	3.0		檢定值	2.77			
4	2.6		平均數差數	0.23			
5	3.0		樣本標準差	0.2787			
6	3.4		平均數的標準誤	0.0657			
7	3.1		t 值	3.5019			
8	2.7		p 值	0.0027			
9	3.0		臨界值				
10	3.6		誤差界限				
11	2.9		平均數下限				
12	2.8		平均數上限				

圖 9-26　$|t| \geq 3.5019$ 的 $p = 0.0027$

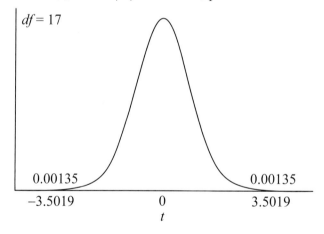

由於計算所得的 p 值為 0.0027，小於 .01（α），表示要出現計算所得的 t 值 3.5019 的機率已很小了（稱為**小機率事件**），所以有統計上的顯著意義，應拒絕虛無假設 $H_0 : \mu = 2.77$，所以該大學應屆畢業生的平均薪資與 2.77 萬有顯著差異。如果進一步比較平均數，可以發現該校的平均數高於 2.77 萬（此為單尾的陳述）。

4. 第二種方法，計算標準臨界值。

以反函數 "**=T.INV.2T(0.01,D1-1)**" 計算在自由度 17 及 $\alpha = .01$ 的雙尾臨界值，得到 t 的臨界值 2.8982（圖 9-27）。詳細說明見第八章。

由於本題是雙尾檢定，因此計算所得 t 值應取絕對值（如果是單尾檢定則不用取絕對值），$|t| = 3.5019$，已經大於臨界值，落入拒絕區（如圖 9-28 所示），所以應拒絕虛無假設。裁決結果與第一種方法一致。

圖 9-27　$\alpha = 0.01$，$df = 17$ 時，臨界值為 2.8982

D9			:	$\times$ $\checkmark$ f_x	=T.INV.2T(0.01,D1-1)		
	A	B	C	D	E	F	G
1	2.9		樣本數	18			
2	3.2		樣本平均數	3.0			
3	3.0		檢定值	2.77			
4	2.6		平均數差數	0.23			
5	3.0		樣本標準差	0.2787			
6	3.4		平均數的標準誤	0.0657			
7	3.1		t 值	3.5019			
8	2.7		p 值	0.0027			
9	3.0		臨界值	2.8982			
10	3.6		誤差界限				
11	2.9		平均數下限				
12	2.8		平均數上限				

圖 9-28　計算所得 t 值落入拒絕區，拒絕 $H_0 : \mu = 2.77$

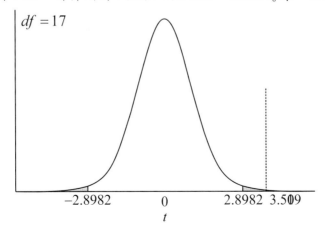

5. 第三種方法，計算樣本平均數的信賴區間。

將樣本平均數 3.0 加減誤差界限 0.1904，得到該校母群體平均數的 99% 信賴區間為 [2.8096, 3.1904]（圖 9-29）。因為這段區間不包含檢定值 2.77 萬（如圖 9-30 所示），所以應拒絕虛無假設。結論與前兩種方法相同。

圖 9-29　平均數區間為 [2.8096, 3.1904]

D12				fx		=D2+D10		
	A	B	C		D	E	F	G
1	2.9		樣本數		18			
2	3.2		樣本平均數		3.0			
3	3.0		檢定值		2.77			
4	2.6		平均數差數		0.23			
5	3.0		樣本標準差		0.2787			
6	3.4		平均數的標準誤		0.0657			
7	3.1		t 值		3.5019			
8	2.7		p 值		0.0027			
9	3.0		臨界值		2.8982			
10	3.6		誤差界限		0.1904			
11	2.9		平均數下限		2.8096			
12	2.8		平均數上限		3.1904			

圖 9-30　平均數區間 [2.8096, 3.1904] 不含檢定值 2.77

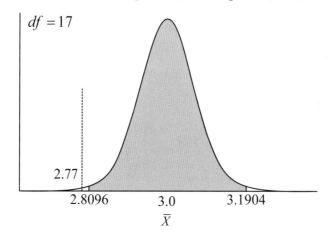

6. 第四種方法，計算平均數差數的信賴區間。

將平均數差數 0.23 加減誤差界限 0.1904，得到平均數差數的 99% 信賴區間為 [0.0396, 0.4204]（圖 9-31）。因為這段區間不包含 0（如圖 9-32 所示），所以應拒絕虛無假設。結論與前三種方法相同。

圖 9-31　平均數差數信賴區間為 [0.0396 , 0.4204]

F12			⋮	✕ ✓ *fx*	=D4+D10		
◢	A	B	C	D	E	F	G
1	2.9		樣本數	18			
2	3.2		樣本平均數	3.0			
3	3.0		檢定值	2.77			
4	2.6		平均數差數	0.23			
5	3.0		樣本標準差	0.2787			
6	3.4		平均數的標準誤	0.0657			
7	3.1		t 值	3.5019			
8	2.7		p 值	0.0027			
9	3.0		臨界值	2.8982			
10	3.6		誤差界限	0.1904			
11	2.9		平均數下限	2.8096	平均數差數下限	0.0396	
12	2.8		平均數上限	3.1904	平均數差數上限	0.4204	

圖 9-32　平均數差數信賴區間 [0.0396 , 0.4204] 不含 0

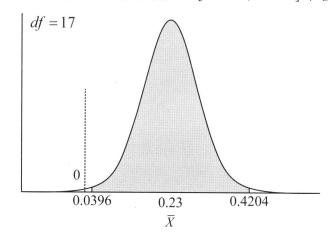

7. Excel 2021 的資料分析增益集並無一個平均數的假設檢定功能，不過我們可以透過替代方式達成此項分析。

在原始資料旁輸入相同個數要檢定的值（此例題值為 2.77），接著點選【檔案】中的【資料分析】（圖 9-33）。

圖 9-33 使用資料分析工具

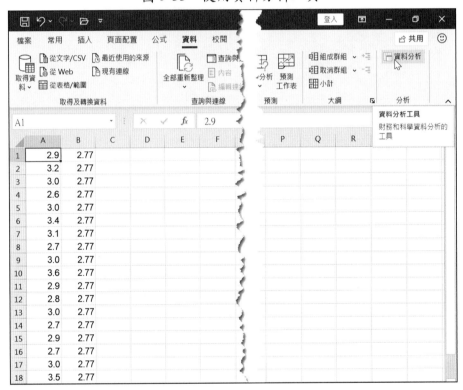

8. 選擇【t檢定：成對母體平均數差異檢定】（圖 9-34）。

圖 9-34 選擇 *t* 檢定：成對平均數差異檢定

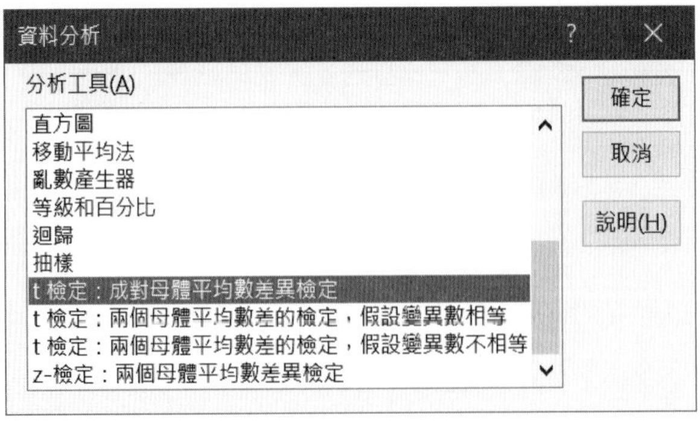

9. 在【輸入】中選擇兩欄變數，如果第一列有變數名稱，記得勾選【標記】，【假設的均數差】不輸入（即為 0），在【新工作表】中加以命名（不命名也可以）（圖 9-35）。

圖 9-35　輸入兩個變數的範圍，設定 $\alpha = 0.01$

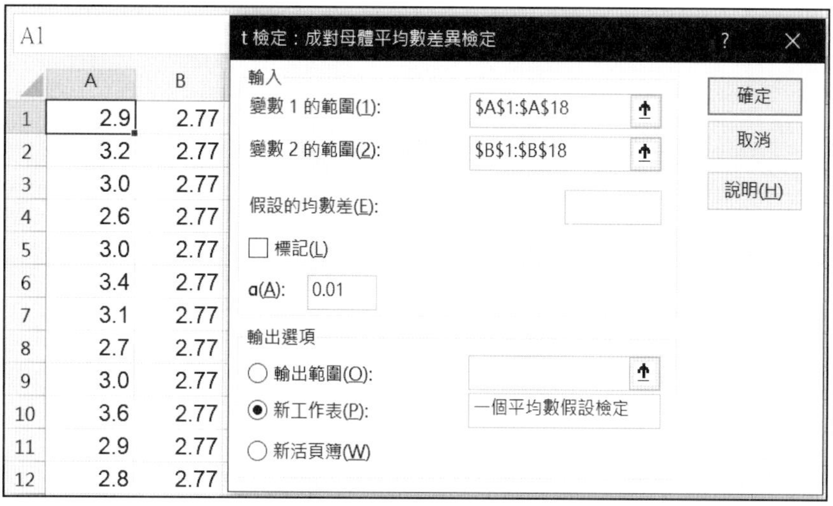

10. 分析結果如圖 9-36，得到 t 統計為 3.5019，雙尾臨界值為 2.8982，雙尾 p 值為 0.0027 都與自行計算的結果一致。

圖 9-36　資料分析結果

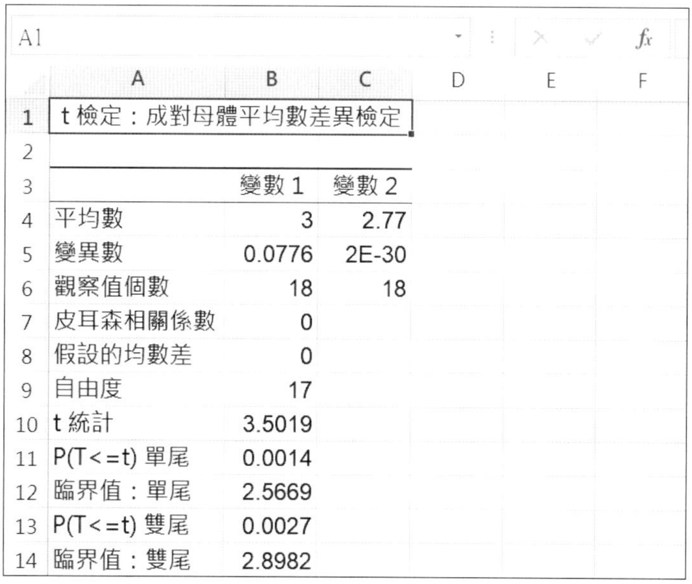

	A	B	C
1	t 檢定：成對母體平均數差異檢定		
2			
3		變數 1	變數 2
4	平均數	3	2.77
5	變異數	0.0776	2E-30
6	觀察值個數	18	18
7	皮耳森相關係數	0	
8	假設的均數差	0	
9	自由度	17	
10	t 統計	3.5019	
11	P(T<=t) 單尾	0.0014	
12	臨界值：單尾	2.5669	
13	P(T<=t) 雙尾	0.0027	
14	臨界值：雙尾	2.8982	

11. 另一種替代方式是輸入 18 個 0，而設定【假設的均數差】為 2.77（圖 9-37）。

圖 9-37　資料分析結果

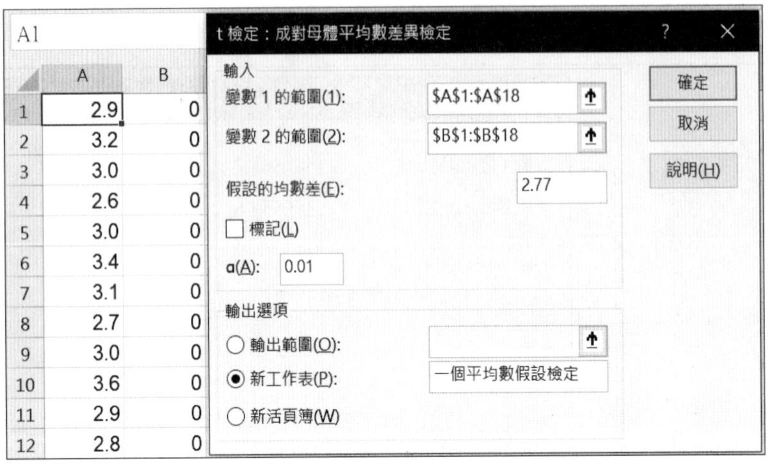

12. 使用筆者設計的小工具。

先選擇左下角【小樣本 *t* 檢定】工作表，接著在 A 欄輸入原始資料，並在 D 欄輸入檢定值及 Alpha 值（樣本標準差會自行計算，不需輸入），即可得到圖 9-38 各項檢定結果，它們會與自行計算的結果一致。

圖 9-38　小樣本 *t* 檢定四種判斷方法的訊息

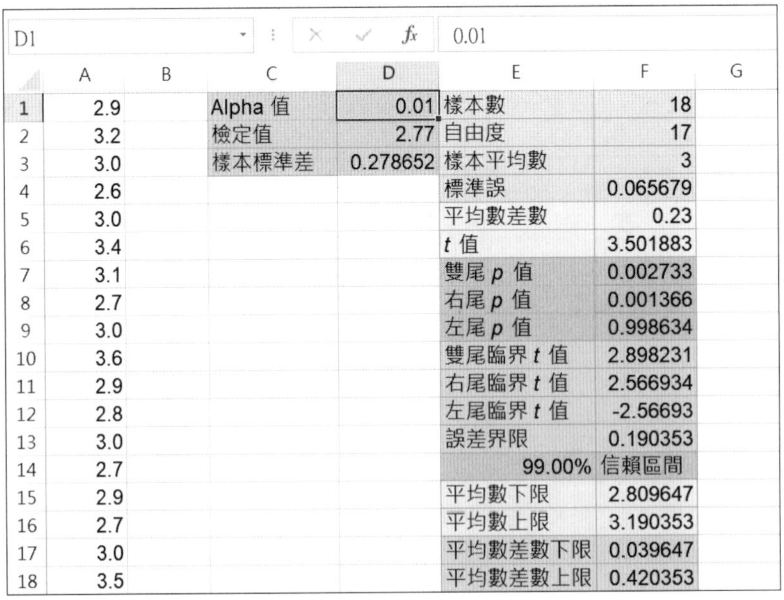

D1　0.01

	A	B	C	D	E	F	G
1	2.9		Alpha 值	0.01	樣本數	18	
2	3.2		檢定值	2.77	自由度	17	
3	3.0		樣本標準差	0.278652	樣本平均數	3	
4	2.6				標準誤	0.065679	
5	3.0				平均數差數	0.23	
6	3.4				*t* 值	3.501883	
7	3.1				雙尾 *p* 值	0.002733	
8	2.7				右尾 *p* 值	0.001366	
9	3.0				左尾 *p* 值	0.998634	
10	3.6				雙尾臨界 *t* 值	2.898231	
11	2.9				右尾臨界 *t* 值	2.566934	
12	2.8				左尾臨界 *t* 值	-2.56693	
13	3.0				誤差界限	0.190353	
14	2.7				99.00%	信賴區間	
15	2.9				平均數下限	2.809647	
16	2.7				平均數上限	3.190353	
17	3.0				平均數差數下限	0.039647	
18	3.5				平均數差數上限	0.420353	

13. 做成結論。

總結前面四種方法，我們得到一致的結果——拒絕虛無假設，因此該校學生的平均每月薪資 3.0 萬與 2.77 萬有顯著差異。

七、SPSS 操作步驟（例題 9-2.sav）

1. 使用單一樣本 T 檢定程序。

在【分析】選單中的【比較平均數法】選擇【單一樣本 T 檢定】（圖 9-39）。

圖 9-39　使用單一樣本 T 檢定程序

2. 選擇分析變數。

將變數 X（每月薪資）點選到右邊的【檢定變數】，在【檢定值】中輸入 2.77（圖 9-40）。

圖 9-40　選擇分析變數

3. 更改信賴區間百分比。

在【選項】下，更改【信賴區間百分比】為 99%（圖 9-41）。接著點選【繼續】再按【確定】即可。

圖 9-41　更改信賴區間百分比

4. 輸出報表。

分析後得到圖 9-42 兩個表格。第一個表格顯示樣本數為 18，平均數為 3.000，標準差為 2.787，平均數標準誤為 0.0657。第二個表格顯示 t 值為 3.502，自由度為 17，p 值為 .003〔圖中顯著性（雙尾）的部分〕，差異的 99% 信賴區間為 [0.040, 0.420]。

由此報表可得知兩種裁決的訊息：(1) p 值小於 .01；(2)平均差異的信賴區間不含 0。因此應拒絕虛無假設。

圖 9-42　輸出報表——單一樣本 T 檢定

5.　重新修改【檢定值】。

如果要得到原始信賴區間，則將【檢定值】改為 0 即可（圖 9-43）。

圖 9-43　修改檢定值為 0

6. 輸出報表。

分析後得到圖 9-44 兩個表格。第二個表格顯示原始的 99% 信賴區間為[2.810, 3.190]（因為表中的檢定值為 0，所以此處是原始平均數的信賴區間），不含檢定值 2.77。

圖 9-44　輸出報表——原始信賴區間

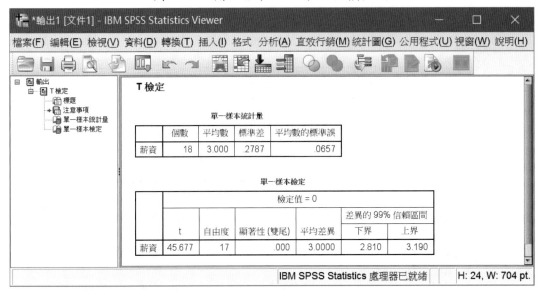

7. 做成結論。

總結前面三種方法，我們得到一致的結果——拒絕虛無假設，因此該校學生的平均每月薪資 3.0 萬與 2.77 萬有顯著差異。

八、Excel 操作步驟（例題 9-3.xlsx）

在母群標準差未知的情形下，如果是大樣本，要使用 Z 檢定，不過，在 SPSS 中通常使用 t 檢定，兩者的結果差異不大。事實上，不管 Z 檢定或 t 檢定，兩者的公式相同，只是計算所得的值稱為 Z 值或 t 值而已。

在進行檢定之前，先列出統計假設：

$$\begin{cases} H_0 : \mu = 60 \\ H_1 : \mu \neq 60 \end{cases}$$

移項後為：

$$\begin{cases} H_0 : \mu - 60 = 0 \\ H_1 : \mu - 60 \neq 0 \end{cases}$$

也就是間接在檢定「差異與 0 是否有差異」。

例題 9-3 多數計算步驟與例題 9-1 及 9-2 相同，以下僅說明最後結果。

1.　使用兩種檢定計算的結果如下（圖 9-45）。

(1)　計算所得的 Z 值或 t 值為 0.64892，如果採 Z 檢定，臨界值為 1.95996（即 1.96），如果採 t 檢定，在自由度為 39 的分配下，臨界值為 2.02269，計算所得的絕對值都沒有大於臨界值。

(2)　計算所得 Z 值或 t 值的 p 值分別為 0.51639 或 0.5202，都沒有小於.05。

(3)　原始平均數的 95%信賴區間都包含檢定值 60。

(4)　平均數差異的 95%信賴區間都包含 0。

因此，一致的結果都應接受虛無假設。

圖 9-45　Z 檢定與 t 檢定結果

	A	B	C	D	E	F	G
1	97		樣本數	40			
2	82		樣本平均數	62.85			
3	31		檢定值	60			
4	67		平均數差值	2.85			
5	79		樣本標準差	27.7771			
6	43		平均數的標準誤	4.39194			
7	48		z 值或 t 值	0.64892			
8	20		z 之 p 值	0.51639	t 之 p 值	0.5202	
9	27		z 臨界值	1.95996	t 臨界值	2.02269	
10	80		誤差界限	8.60805	誤差界限	8.88354	
11	75		平均數下限	54.2419	平均數下限	53.9665	
12	27		平均數上限	71.4581	平均數上限	71.7335	
13	41		平均數差值下限		平均數差值下限	-6.03354	
14	75		平均數差值上限		平均數差值上限	11.7335	
15	67						

2. 使用筆者設計的小工具。

先選擇左下角【大樣本 *Z* 檢定】工作表（也可以選擇使用【小樣本 *t* 檢定】），接著在 A 欄輸入原始資料，並在 D 欄輸入檢定值及 Alpha 值（樣本標準差會自行計算，不需輸入），即可得到各項檢定結果（圖 9-46），它們會與自行計算的結果一致。

圖 9-46　大樣本 *Z* 檢定四種判斷方法的訊息

D1　*fx*　0.05

	A	B	C	D	E	F
1	97		Alpha 值	0.05	樣本數	40
2	82		檢定值	60	樣本平均數	62.85
3	31		樣本標準差	27.77709	平均數的標準誤	4.391943
4	67				平均數差數	2.85
5	79				*Z* 值	0.648915
6	43				雙尾 *p* 值	0.516393
7	48				右尾 *p* 值	0.258197
8	20				左尾 *p* 值	0.741803
9	27				雙尾臨界 *Z* 值	1.959964
10	80				右尾臨界 *Z* 值	1.644854
11	75				左尾臨界 *Z* 值	-1.64485
12	27				誤差界限	8.608051
13	41				95.00%	信賴區間
14	75				平均數下限	54.24195
15	67				平均數上限	71.45805
16	25				平均數差數下限	-5.75805
17	17				平均數差數上限	11.45805

3. 做成結論。

總結前面四種方法，我們得到一致的結果——不能拒絕虛無假設，因此顧客在該便利商店單次的平均消費額與 60 元沒有顯著差異。

九、SPSS 操作步驟（例題 9-3.sav）

1. 使用單一樣本 T 檢定程序。

在【分析】選單中的【比較平均數法】選擇【單一樣本 *T* 檢定】（圖 9-47）。

圖 9-47　使用單一樣本 T 檢定程序

	X	var	var	var				var	var	var
1	97									
2	82									
3	31									
4	67									
5	79									
6	43									
7	48									
8	20									
9	27									
10	80									
11	75									
12	27									
13	41									
14	75									
15	67									

2. 選擇分析變數。

將變數 X（消費金額）點選到右邊的【檢定變數】，在【檢定值】中輸入 60
（圖 9-48）。

圖 9-48　選擇分析變數

3. 更改信賴區間百分比。

在【選項】下，更改【信賴區間百分比】為 95%即可（圖 9-49）。95%也是
SPSS 內定的信賴區間百分比。

圖 9-49　更改信賴區間百分比

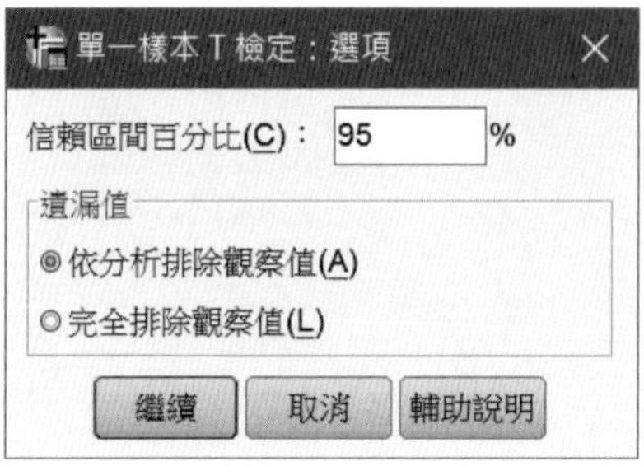

4. 輸出報表。

分析後得到圖 9-50 兩個表格。第一個表格顯示樣本數為 40，平均數為
62.85，標準差為 27.777，平均數標準誤為 4.392。第二個表格顯示自由度為
39，差異的 95%信賴區間為 [–6.03, 11.73]，包含 0。

圖 9-50　輸出報表──單一樣本 T 檢定

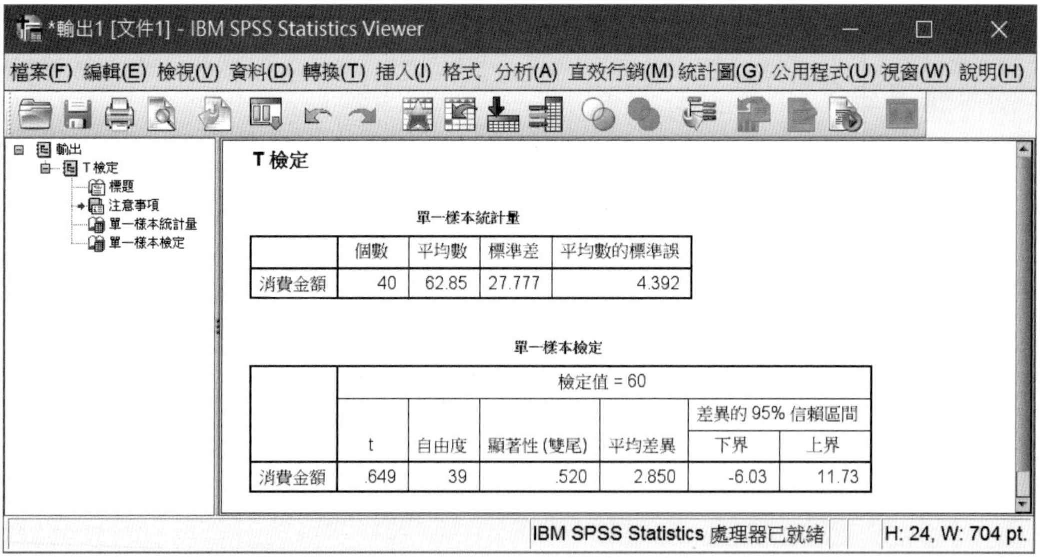

單一樣本統計量

	個數	平均數	標準差	平均數的標準誤
消費金額	40	62.85	27.777	4.392

單一樣本檢定

	檢定值 = 60					
					差異的 95% 信賴區間	
	t	自由度	顯著性（雙尾）	平均差異	下界	上界
消費金額	.649	39	.520	2.850	-6.03	11.73

5. 重新修改【檢定值】。

如果要得到原始信賴區間，則將【檢定值】改為 0 即可（圖 9-51）。

圖 9-51 修改檢定值為 0

6. 輸出報表。

分析後得到圖 9-52 兩個表格。第二個表格顯示自由度為 39，原始 95%信賴區
間為 [53.97, 71.73]，包含 60。

圖 9-52 輸出報表——原始信賴區間

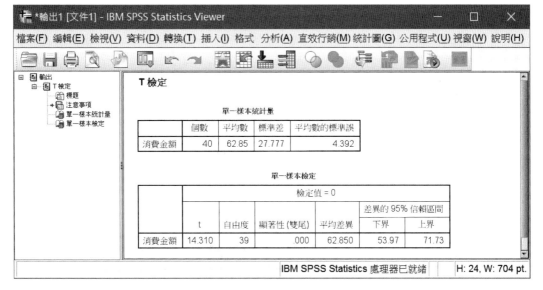

7. 做成結論。

總結前面三種方法，我們得到一致的結果——不能拒絕虛無假設，因此顧客
在該便利商店單次的平均消費額與 60 元沒有顯著差異。

參、習題

一、某個縣的教育處以自編數學成就測驗，抽測全縣 95 名國中三年級學生，得到習題 9-1 之資料。設定 α = .05 時，請檢定該縣全體三年級學生數學平均成績與 60 分是否有顯著差異。

二、研究者想要了解某公司員工每星期平均上班時數，於是隨機訪問了 20 名受訪者，得到習題 9-2 之資料。設定 α = .01 時，請檢定該公司全體員工平均上班時數與 40 小時是否有顯著差異。

三、某研究者欲了解抽菸與血小板凝集程度的關係，隨機抽樣了 11 名抽菸者，分別在每人抽一支香菸之前與之後各抽取血液樣本，量測其血小板凝集程度，資料如習題 9-3（資料來源：103 年二級高考衛生技術類科，《生物統計學》）。

1.　抽菸前後，血小板凝集百分比變化量之 95% 信賴區間為何？

2.　α = 0.05，請檢定抽菸是否會增加血小板凝集。

第 10 章
兩個相依樣本
平均數檢定

本章概要

1. 相依樣本是指兩群有關聯的樣本，他們可以是：(1)一群樣本接受兩次觀測；(2)有自然關係的樣本；(3)人為配對的樣本。

2. 相依樣本平均數檢定，也可以先計算差數，再用差數進行一個樣本的平均數檢定。

3. 相依樣本平均數檢定的公式可簡化為：檢定值 $= \dfrac{\text{平均數的差數}}{\text{平均數的標準誤}}$。

4. 本章說明的概念與第 9 章有許多相近之處，讀者可以對照閱讀。

兩個相依樣本的平均數 t 檢定，計算過程與第 10 章的一個樣本平均數檢定有許多相似之處，它適用於自變數是**質的變數**，而依變數是**量的變數**的平均數檢定。換言之，也就是在檢定兩個有關聯的組別間，在依變數的平均數是否有顯著差異。

壹、相依樣本的定義

兩個**相依樣本**（dependent samples）是兩群有關聯的樣本，它們可以是：

1. **一群樣本，接受兩次相同或類似的觀測**。例如，一群患者接受藥物治療前後的血壓值；一群運動員在平地與高山的 1 萬公尺跑步成績；一群學生在教學前後的統計學知識。

2. **兩群有自然關係的樣本**(血親或是姻親)，**接受一次同樣的觀測**。例如，父母與子女目前使用手機的單價；夫與妻的受教育年數。

3. **兩群人為配對的樣本，接受一次同樣的觀測**。例如，經由相同智力的配對及隨機分派後，接受不同教學法的兩組學生，在數學推理能力測驗的得分。而在醫學研究上，也可以將類似身體狀況的受試者加以配對，再以隨機分派的方式服用兩個藥物（通常一組為新藥，一組為安慰劑），最後再檢測其效果（如，血糖值）（陳正昌，2017）。

貳、差異分數的標準差

兩個相依樣本的平均數檢定，可以使用一個樣本平均數檢定的方式進行。分析前，先計算兩個量的變數的差數 d：

$$成對變數差數\ d\ =\ 變數一－變數二$$

這個差數 d 的標準差，在母群中為，

$$\sigma_d = \sqrt{\sigma_d^2} = \sqrt{\sigma_1^2 + \sigma_2^2 - 2\rho\sigma_1\sigma_2} \tag{10-1}$$

公式中 ρ 是兩個變數在母群中的相關係數（見第 13 章說明）。如果在樣本中公式 10-1 改為：

$$s_d = \sqrt{s_d^2} = \sqrt{s_1^2 + s_2^2 - 2rs_1s_2} \tag{10-2}$$

公式中 r 是兩個變數在樣本中的相關係數（見第 13 章說明）。

參、Z 檢定及 t 檢定的計算步驟

一、相依樣本 Z 檢定

在第 9 章已說明，當母群的標準差 σ 已知時，一個樣本的平均數檢定公式為：

$$Z = \frac{\overline{X} - \mu}{\dfrac{\sigma}{\sqrt{n}}} \tag{9-1}$$

如果將原始分數的平均數 $\overline{X}$ 改為差數 d 的平均數 $\overline{d}$，則公式變為：

$$Z = \frac{\overline{d} - \mu_d}{\dfrac{\sigma_d}{\sqrt{n}}} = \frac{\overline{d} - \mu_d}{\dfrac{\sqrt{\sigma_1^2 + \sigma_2^2 - 2\rho\sigma_1\sigma_2}}{\sqrt{n}}} = \frac{\overline{d} - \mu_d}{\sqrt{\dfrac{\sigma_1^2 + \sigma_2^2 - 2\rho\sigma_1\sigma_2}{n}}} \tag{10-3}$$

在公式的分子中，μ_d 是兩個平均數在母群中差異的期望值，除了極少數的情形

外，通常都設定為 0，因此公式可簡化為：

$$Z = \frac{\overline{d} - 0}{\frac{\sigma_d}{\sqrt{n}}} = \frac{\overline{d}}{\frac{\sigma_d}{\sqrt{n}}} = \frac{\overline{d}}{\sqrt{\frac{\sigma_1^2 + \sigma_2^2 - 2\rho\sigma_1\sigma_2}{n}}}$$

二、相依樣本 t 檢定

在許多情形下，並不知道差數 d 的母群標準差 σ_d，因此會使用樣本標準差 s_d 來估計它，此時稱為 t 檢定，

$$t = \frac{\overline{d} - \mu_d}{\frac{s_d}{\sqrt{n}}} \text{，簡化為 } t = \frac{\overline{d}}{\frac{s_d}{\sqrt{n}}} \tag{10-4}$$

如果是大樣本時，此公式也可以稱為 Z 檢定，

$$Z = \frac{\overline{d} - \mu_d}{\frac{s_d}{\sqrt{n}}} \text{，簡化為 } Z = \frac{\overline{d}}{\frac{s_d}{\sqrt{n}}} \tag{10-5}$$

以上三種檢定，都可以簡化為：

$$檢定值 = \frac{平均數差數}{平均數差數的標準誤}$$

三、兩個相依樣本平均數檢定之流程圖

在進行兩個相依樣本平均數假設檢定時，首先要判斷差數 d 的母群標準差 σ_d（或是母群的變異數 σ_d^2）是否已知。如果 σ_d 已知，可以直接計算標準誤 $\sigma_d/\sqrt{n}$，平均數差數標準化後為 Z 分配，檢定後所得的值稱為 Z 值，此時，使用圖 10-1 的第一個公式。

如果差數 d 的母群標準差 σ_d 未知，則使用樣本標準差 s_d 來估計 σ_d，因此標準誤就是 $s_d/\sqrt{n}$，標準化後為自由度 $n-1$ 的 t 分配，檢定後所得的值稱為 t 值（圖 10-1 第二個公式），如果是大樣本，則改稱為 Z 值（圖 10-1 第三個公式）。

　　雖然公式有三個，但是實際應用時，σ_d 通常為未知，因此只會使用第二個及第三個公式。在第二、三這兩個公式中，等號右邊的算式相同，而且，當樣本數在 30 以上時，t 值已經相當接近 Z 值了，所以通常只使用第二個公式。

圖 10-1　兩個相依樣本平均數假設檢定流程

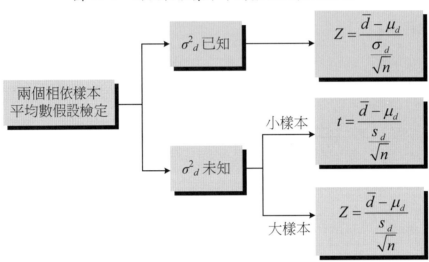

四、兩個相依樣本平均數檢定之計算步驟

　　兩個相依樣本平均數檢定之計算，有以下步驟：

1.　計算兩個變數的差數 d。

2.　計算樣本數 n 及差數 d 的樣本平均數 $\bar{d}$。

3.　計算差數 d 的樣本平均數 $\bar{d}$ 與檢定值 μ_d 的差異（注：μ_d 通常假定為 0）。

4.　如果不知道差數 d 的母群標準差 σ_d，就計算差數 d 的樣本標準差 s_d，如果已知母群標準差，則略過此步驟。

5.　計算平均數的標準誤 $\sigma_d/\sqrt{n}$ 或 $s_d/\sqrt{n}$。

6.　將平均數差數除以它的標準誤，得到 Z 值或 t 值。

7.　計算 p 值。

8.　計算標準臨界值。

9.　將差數 d 的樣本平均數加減誤差界限，得到信賴區間的下限及上限。

10.　進行裁決，做成結論。

以下有兩個例題，例題 10-1 為雙尾檢定，設定 $\alpha = .05$，例題 10-2 為單尾檢定，設定 $\alpha = .01$，分別使用 Excel 及 SPSS 進行分析。

例題 10-1

研究者想要了解父母每天觀看電視的平均時間與小孩是否有差異，於是隨機選出了 10 個家庭，調查了父母與小孩每天觀賞電視的時間如下（單位：分），請以 $\alpha = .05$ 進行檢定。（資料來源：102 年經建行政高考三級《統計學》。）

家庭	1	2	3	4	5	6	7	8	9	10
小孩	45	56	73	53	27	34	76	21	54	43
父母	23	25	43	26	21	29	32	23	25	21

例題 10-2

研究者觀察 8 位病人服用藥物前後，體內免疫細胞指數的情形如下，請以 $\alpha = .01$ 檢定此藥物是否能有效增加免疫細胞。（資料來源：宜蘭大學 95 學年應用經濟碩士班入學考，《統計學》）

病人	1	2	3	4	5	6	7	8
服用前	1.56	1.52	1.52	1.49	1.56	1.60	1.59	1.56
服用後	1.60	1.68	1.75	1.64	1.79	1.78	1.75	1.77

五、Excel 操作步驟（例題 10-1.xlsx）

在進行檢定之前，先列出統計假設：

$$\begin{cases} H_0 : \mu_{小孩} = \mu_{父母} \\ H_1 : \mu_{小孩} \neq \mu_{父母} \end{cases}$$

上面的假設也可以移項為：

$$\begin{cases} H_0 : \mu_{小孩} - \mu_{父母} = 0 \\ H_1 : \mu_{小孩} - \mu_{父母} \neq 0 \end{cases} \quad 或是 \quad \begin{cases} H_0 : \mu_{父母} - \mu_{小孩} = 0 \\ H_1 : \mu_{父母} - \mu_{小孩} \neq 0 \end{cases}$$

也就是間接在檢定「平均數差數（或差數的平均數）與 0 是否有差別」。

1. 在 C2 儲存格中輸入"**=A2-B2**"計算 A2 與 B2 的差數（圖 10-2），並複製到 C11（圖 10-3）。

圖 10-2　計算差數

	A	B	C	D	E
C2				fx	=A2-B2
1	小孩	父母	差數		樣本數
2	45	23	22		成對差數之平均數
3	56	25			檢定值
4	73	43			平均數差數
5	53	26			成對差數之樣本標準差
6	27	21			成對差數平均數之標準誤
7	34	29			t 值
8	76	32			p 值
9	21	23			臨界值
10	54	25			誤差界限
11	43	21			平均數差數之下限
12					平均數差數之上限

圖 10-3　複製算式

	A	B	C	D	E
C2				fx	=A2-B2
1	小孩	父母	差數		樣本數
2	45	23	22		成對差數之平均數
3	56	25	31		檢定值
4	73	43	30		平均數差數
5	53	26	27		成對差數之樣本標準差
6	27	21	6		成對差數平均數之標準誤
7	34	29	5		t 值
8	76	32	44		p 值
9	21	23	-2		臨界值
10	54	25	29		誤差界限
11	43	21	22		平均數差數之下限
12					平均數差數之上限

2. 使用"**=COUNT(C:C)**"計算 C 欄的數值數目（樣本數），共有 10 人。如果 C 欄還有其他數據，則最好直接指定 COUNT(C2:C11)（圖 10-4）。

圖 10-4　使用 COUNT 函數計算樣本數

	A	B	C	D	E		F	G
F1					f_x	=COUNT(C:C)		
1	小孩	父母	差數		樣本數		10	
2	45	23	22		成對差數之平均數			
3	56	25	31		檢定值			
4	73	43	30		平均數差數			
5	53	26	27		成對差數之樣本標準差			
6	27	21	6		成對差數平均數之標準誤			
7	34	29	5		t 值			
8	76	32	44		p 值			
9	21	23	-2		臨界值			
10	54	25	29		誤差界限			
11	43	21	22		平均數差數之下限			
12					平均數差數之上限			

3.　使用"**=AVERAGE(C:C)**"計算 C 欄的數值的平均數，為 21.4（圖 10-5），所以在母群中小孩與父母平均每天觀看電視時間的差異最有可能是 21.4 分鐘。

圖 10-5　使用 AVERAGE 函數計算平均數

	A	B	C	D	E		F	G
F2					f_x	=AVERAGE(C:C)		
1	小孩	父母	差數		樣本數		10	
2	45	23	22		成對差數之平均數		21.4	
3	56	25	31		檢定值			
4	73	43	30		平均數差數			
5	53	26	27		成對差數之樣本標準差			
6	27	21	6		成對差數平均數之標準誤			
7	34	29	5		t 值			
8	76	32	44		p 值			
9	21	23	-2		臨界值			
10	54	25	29		誤差界限			
11	43	21	22		平均數差數之下限			
12					平均數差數之上限			

4.　輸入要檢定的值 0（圖 10-6）。

圖 10-6　輸入檢定值 0

	A	B	C	D	E	F	G
F3					fx	0	
1	小孩	父母	差數		樣本數	10	
2	45	23	22		成對差數之平均數	21.4	
3	56	25	31		檢定值	0	
4	73	43	30		平均數差數		
5	53	26	27		成對差數之樣本標準差		
6	27	21	6		成對差數平均數之標準誤		
7	34	29	5		t 值		
8	76	32	44		p 值		
9	21	23	-2		臨界值		
10	54	25	29		誤差界限		
11	43	21	22		平均數差數之下限		
12					平均數差數之上限		

5.　以樣本中成對平均數差數減去檢定值 0，得到平均數差數 21.4（圖 10-7）。
　　該研究者的待答問題在於了解 21.4 與 0 是否有顯著差異。

圖 10-7　以成對平均數差數減去檢定值 0

	A	B	C	D	E	F	G
F4					fx	=F2-F3	
1	小孩	父母	差數		樣本數	10	
2	45	23	22		成對差數之平均數	21.4	
3	56	25	31		檢定值	0	
4	73	43	30		平均數差數	21.4	
5	53	26	27		成對差數之樣本標準差		
6	27	21	6		成對差數平均數之標準誤		
7	34	29	5		t 值		
8	76	32	44		p 值		
9	21	23	-2		臨界值		
10	54	25	29		誤差界限		
11	43	21	22		平均數差數之下限		
12					平均數差數之上限		

6.　輸入"=STDEV.S(C:C)"以計算差數的樣本標準差，得到 14.222（圖 10-8）。

圖 10-8　以 STDEV.S 函數計算樣本標準差

		fx	=STDEV.S(C:C)

	A	B	C	D	E	F	G
1	小孩	父母	差數		樣本數	10	
2	45	23	22		成對差數之平均數	21.4	
3	56	25	31		檢定值	0	
4	73	43	30		平均數差數	21.4	
5	53	26	27		成對差數之樣本標準差	14.222	
6	27	21	6		成對差數平均數之標準誤		
7	34	29	5		t 值		
8	76	32	44		p 值		
9	21	23	-2		臨界值		
10	54	25	29		誤差界限		
11	43	21	22		平均數差數之下限		
12					平均數差數之上限		

7.　將差數的樣本標準差除以樣本數的平方根，求得標準誤，為 4.4974（圖 10-9）。

圖 10-9　以 $s_d\big/\sqrt{n}$ 計算標準誤

		fx	=F5/F1^0.5

	A	B	C	D	E	F	G
1	小孩	父母	差數		樣本數	10	
2	45	23	22		成對差數之平均數	21.4	
3	56	25	31		檢定值	0	
4	73	43	30		平均數差數	21.4	
5	53	26	27		成對差數之樣本標準差	14.222	
6	27	21	6		成對差數平均數之標準誤	4.4974	
7	34	29	5		t 值		
8	76	32	44		p 值		
9	21	23	-2		臨界值		
10	54	25	29		誤差界限		
11	43	21	22		平均數差數之下限		
12					平均數差數之上限		

8. 將差異 21.4 除以標準誤 4.4974，得到 t 值 4.7583（圖 10-10）。如果樣本數在 30 個以上，此處也可以稱為 Z 值。到此已經完成計算，接著就要進行裁決。

圖 10-10　以差數除以標準誤得到 t 值

	F7						f_x	=F4/F6	
	A	B	C	D		E		F	G
1	小孩	父母	差數			樣本數		10	
2	45	23	22			成對差數之平均數		21.4	
3	56	25	31			檢定值		0	
4	73	43	30			平均數差數		21.4	
5	53	26	27			成對差數之樣本標準差		14.222	
6	27	21	6			成對差數平均數之標準誤		4.4974	
7	34	29	5			t 值		4.7583	
8	76	32	44			p 值			
9	21	23	-2			臨界值			
10	54	25	29			誤差界限			
11	43	21	22			平均數差數之下限			
12						平均數差數之上限			

9. 第一種方法，計算 p 值。

在儲存格中輸入 "**=T.DIST.2T(F7,F1-1)**" 計算 t 小於 -4.7583，或 t 大於 4.7583 的機率（雙尾）。T.DIST.2T 函數中，需要輸入 2 個引數，第 1 個為計算所得的 t 值，第 2 個為自由度，等於樣本數減 1（圖 10-11）。

圖 10-11　以 T.DIST.2T 函數計算 p 值

	F8						f_x	=T.DIST.2T(F7,F1-1)	
	A	B	C	D		E		F	G
1	小孩	父母	差數			樣本數		10	
2	45	23	22			成對差數之平均數		21.4	
3	56	25	31			檢定值		0	
4	73	43	30			平均數差數		21.4	
5	53	26	27			成對差數之樣本標準差		14.222	
6	27	21	6			成對差數平均數之標準誤		4.4974	
7	34	29	5			t 值		4.7583	
8	76	32	44			p 值		0.001	
9	21	23	-2			臨界值			
10	54	25	29			誤差界限			
11	43	21	22			平均數差數之下限			
12						平均數差數之上限			

因為計算所得的 $p = 0.001$ 已經小於一開始設定的 $\alpha = .05$（如圖 10-12 所示），所以應拒絕虛無假設 $H_0 : \mu_{父母} = \mu_{小孩}$，因此父母與小孩每天觀看電視的平均時間有顯著不同。

圖 10-12　$df = 9$ 時，$|t| \geq 4.7583$ 的 p 值為 0.001

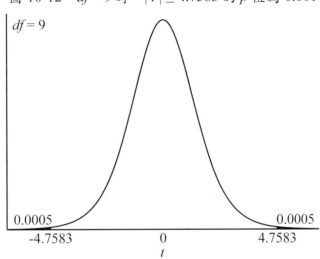

10. 第二種方法，計算臨界值。

在儲存格中輸入 "**=T.INV.2T(0.05,F1-1)**"，得到 2.2622。T.INV.2T 需要輸入 2 個引數，第 1 個是研究者設定的 α 值，通常為.05，第 2 個為自由度，等於樣本數減 1（圖 10-13）。當自由度愈大，t 的臨界值就愈接近 1.96。

由於計算所得的 t 值 4.7583 的絕對值（雙尾檢定要取絕對值）大於 2.2622，落入拒絕區（如圖 10-14 所示），因此應拒絕虛無假設，結論與第一種方法相同。

圖 10-13　以 T.INV.2T 函數計算 t 臨界值

F9				f_x	=T.INV.2T(0.05,F1-1)		
	A	B	C	D	E	F	G
1	小孩	父母	差數		樣本數	10	
2	45	23	22		成對差數之平均數	21.4	
3	56	25	31		檢定值	0	
4	73	43	30		平均數差數	21.4	
5	53	26	27		成對差數之樣本標準差	14.222	
6	27	21	6		成對差數平均數之標準誤	4.4974	
7	34	29	5		t 值	4.7583	
8	76	32	44		p 值	0.001	
9	21	23	-2		臨界值	2.2622	
10	54	25	29		誤差界限		
11	43	21	22		平均數差數之下限		
12					平均數差數之上限		

圖 10-14　$\alpha = .05$，$df = 9$ 時，計算所得 t 值 4.7583 大於臨界值 2.2622

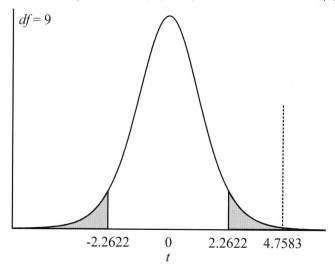

11. 第三種方法，計算差數平均數的信賴區間。

使用第十章例題 10-1 的方法，將差數的平均數 21.4（或平均數差數）加減誤差界限 10.174，得到 95% 信賴區間為下限 11.226，上限 31.574（圖 10-15）。因為區間的上下限未包含檢定值 0（如圖 10-16 所示），因此應拒絕虛無假設，結論與第一、二種方法都相同，父母與孩子平均每天觀看電視的時間有顯著不同。

圖 10-15　差數平均數的信賴區間為 [11.226, 31.574]

F12						fx	=F4+F10	
	A	B	C	D	E		F	G
1	小孩	父母	差數		樣本數		10	
2	45	23	22		成對差數之平均數		21.4	
3	56	25	31		檢定值		0	
4	73	43	30		平均數差數		21.4	
5	53	26	27		成對差數之樣本標準差		14.222	
6	27	21	6		成對差數平均數之標準誤		4.4974	
7	34	29	5		t 值		4.7583	
8	76	32	44		p 值		0.001	
9	21	23	-2		臨界值		2.2622	
10	54	25	29		誤差界限		10.174	
11	43	21	22		平均數差數之下限		11.226	
12					平均數差數之上限		31.574	

圖 10-16　差數平均數的信賴區間 [11.226, 31.574] 不含檢定值 0

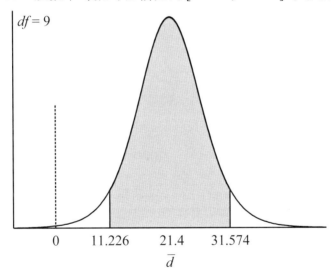

12. Excel 2021 的資料分析增益集有相依樣本平均數的假設檢定功能，因此可以直接在【資料】中的【資料分析】進行此項分析（圖 10-17）。

圖 10-17　使用資料分析工具

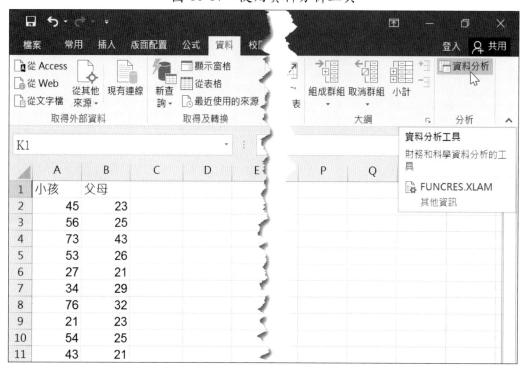

13. 選擇【t 檢定：成對母體平均數差異檢定】（圖 10-18）。

圖 10-18　選擇 t 檢定：成對母體平均數差異檢定

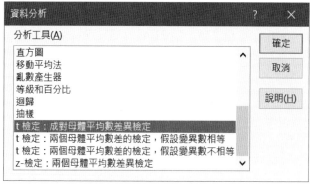

14. 在【輸入】中選擇兩欄變數，如果第一列有變數名稱，記得勾選【標記】，
【假設的均數差】輸入為 0，α 設定為 0.05，在【新工作表】中加以命名（不
命名也可以）（圖 10-19）。

圖 10-19　選擇資料範圍

15. 分析結果如圖 10-20，得到 t 統計為 4.7583，它的雙尾 p 值為 0.001，在自由
度等於 9 時，雙尾臨界值為 2.2622，都與自行計算的結果一致。此外，Excel
還計算了兩個變數的平均數（48.2 及 26.8）、變異數（325.96 及 44.178，取
平方根之後為標準差，分別為 18.054 及 6.647），及 Pearson 相關係數
（0.6994）。代入以下公式，即可求得 t 值：

$$t = \frac{\overline{X}_1 - \overline{X}_2 - (\mu_1 - \mu_2)}{\sqrt{\dfrac{s_1^2 + s_1^2 - 2rs_1s_2}{n}}}$$

$$= \frac{(48.2 - 26.8) - 0}{\sqrt{\dfrac{325.96 + 44.178 - 2 \times 0.6994 \times 18.054 \times 6.647}{10}}}$$

$$= \frac{21.4}{4.4974} = 4.7583$$

圖 10-20　分析結果

	A	B	C
1	t 檢定：成對母體平均數差異檢定		
2			
3		小孩	父母
4	平均數	48.2	26.8
5	變異數	325.96	44.178
6	觀察值個數	10	10
7	皮耳森相關係數	0.6994	
8	假設的均數差	0	
9	自由度	9	
10	t 統計	4.7583	
11	P(T<=t) 單尾	0.0005	
12	臨界值：單尾	1.8331	
13	P(T<=t) 雙尾	0.001	
14	臨界值：雙尾	2.2622	

16. 做成結論。

　　總結前面三種方法，我們得到一致的結果——拒絕虛無假設，因此父母與小孩平均每天觀看電視的時間有顯著差異，而且父母平均看電視的時間較短（單尾）。

六、SPSS 操作步驟（例題 10-1.sav）

1. 計算新變數（差數 d）。

　　在【轉換】選單中選擇【計算變數】（圖 10-21）。

2. 產生差數 d。

　　在【目標變數】中輸入 d，【數值運算式】為 "children – parents"，再按【確定】即可（圖 10-22）。

圖 10-21　使用計算變數程序

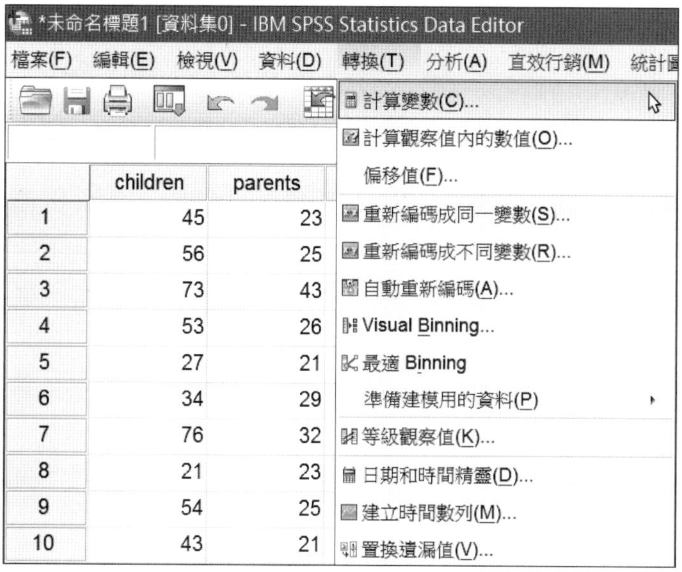

圖 10-22　計算差數

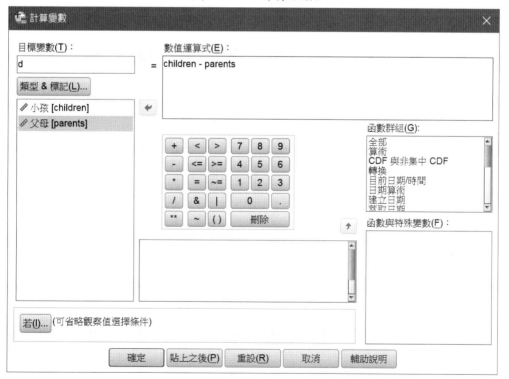

3. 使用單一樣本 T 檢定程序。

在【分析】選單中的【比較平均數法】選擇【單一樣本 T 檢定】（圖 10-23）。

圖 10-23　使用單一樣本 T 檢定程序

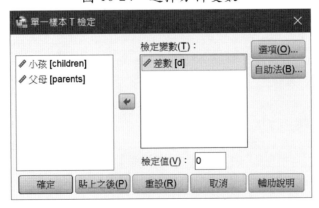

4. 選擇分析變數。

將變數 d（差數）點選到右邊的【檢定變數】，【檢定值】為 0，不更改（圖 10-24）。

圖 10-24　選擇分析變數

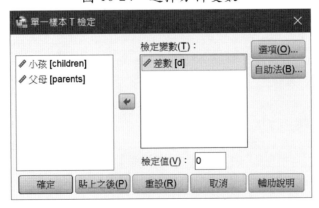

5.　輸出報表。

分析後得到圖 10-25 兩個表格。第一個表格顯示樣本數為 10，差異的平均數為 21.40，標準差為 14.222，平均數標準誤為 4.497。第二個表格顯示 t 值為 4.758，自由度為 9，p 值為.001〔圖中顯著性（雙尾）的部分〕，差異的 95% 信賴區間為 11.23～31.57。

由此報表可得知兩種裁決的訊息：(1) p = .001，小於研究者設定的 .05 顯著水準；(2)差異平均數的 95% 信賴區間為 [11.23, 31.57]，不包含 0。因此應拒絕虛無假設。

圖 10-25　輸出報表

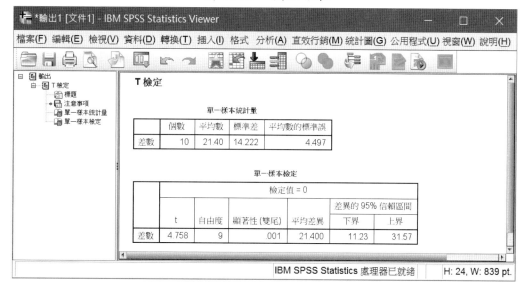

6.　使用成對樣本 T 檢定程序。

在【分析】選單中的【比較平均數法】選擇【成對樣本 T 檢定】（圖 10-26）。

圖 10-26　使用成對樣本 T 檢定程序

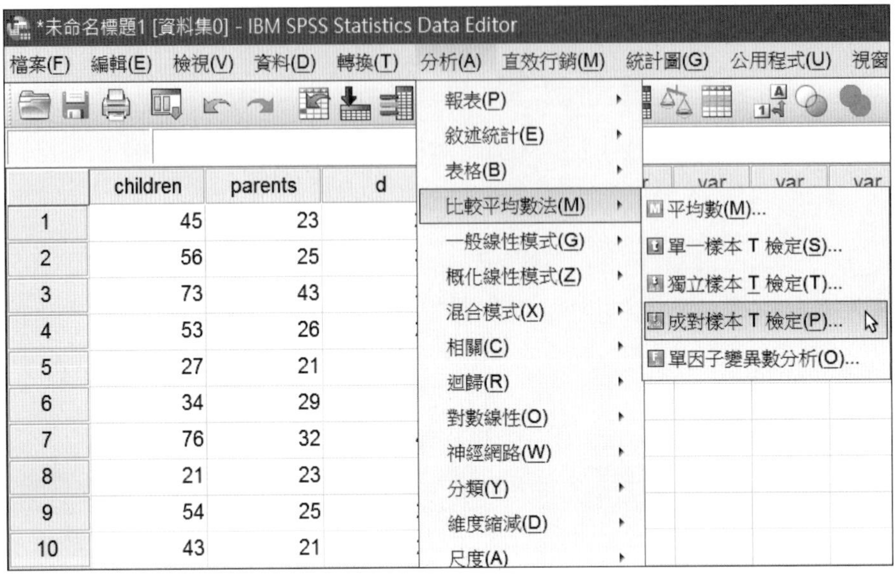

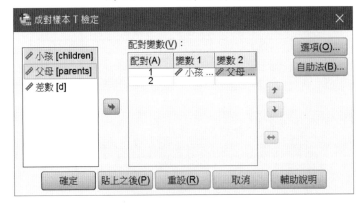

7. 選擇分析變數。

分別選擇小孩（children）及父母（parents）變數，點選到右邊的【配對變數】，再按【確定】（圖 10-27）。

圖 10-27　選擇分析變數

8. 輸出報表。

分析後得到圖 10-28 三個表格。第一個報表是兩個變數的平均數、樣本數、標準差、及平均數標準誤。第二個表格顯示兩個變數的 Pearson 相關係數 r = .699，p = .024，因此兩個變數有顯著正相關。第三個報表顯示差異的平均數為 21.4，標準差為 14.222，平均數的標準誤為 4.497，t 值為 4.758，自由度為 9，p 值為 .001，差異的 95% 信賴區間為 11.226 ~ 31.574。其中，t 值的公式為：

$$t = \frac{差數的平均數}{差數的平均數標準誤} = \frac{21.4}{4.497} = 4.758$$

差異的 95% 信賴區間計算方法為：

$$21.4 \pm 2.2622 \times 4.497 = 21.4 \pm 10.174$$

由此報表可得知兩種裁決的訊息：(1) $p = .001$，小於研究者設定的 .05；(2) 差數平均數的 95% 信賴區間為 [11.226, 31.574]，不包含 0。因此應拒絕虛無假設。

圖 10-28　輸出報表

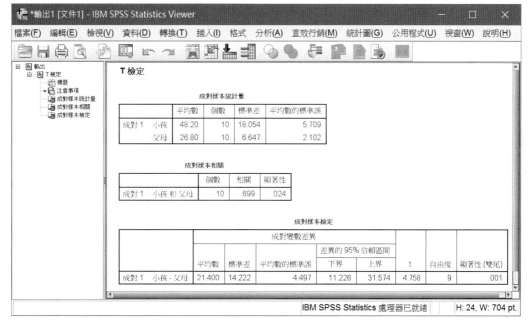

9. 做成結論。

總結前面兩種方法，我們得到一致的結果—拒絕虛無假設，因此父母與小孩平均每天觀看電視的時間有顯著差異。

七、Excel 操作步驟（例題 10-2.xlsx）

在例題 10-2 中，研究者關心的是服用藥物後，免疫細胞是否比服用藥物前來得多，因此是單尾（右尾）檢定，統計假設為：

$$\begin{cases} H_0 : \mu_{\text{服藥後}} \leq \mu_{\text{服藥前}} \\ H_1 : \mu_{\text{服藥後}} > \mu_{\text{服藥前}} \end{cases}$$

上面的假設也可以移項為，

$$\begin{cases} H_0 : \mu_{\text{服藥後}} - \mu_{\text{服藥前}} \leq 0 \\ H_1 : \mu_{\text{服藥後}} - \mu_{\text{服藥前}} > 0 \end{cases}$$

也就是間接在檢定「平均數差數（或差的平均數）是否顯著大於 0」。

1. 例題 10-2 的操作過程與例題 10-1 相似。在【輸入】中選擇兩欄變數，【變數 1 的範圍】選擇「服藥後」的資料，【變數 2 的範圍】則為「服藥前」的資料，如果第一列有變數名稱，記得勾選【標記】；【假設的均數差】輸入為 0，α 設定為 0.01，在【新工作表】中加以命名（不命名也可以）（圖 10-29）。

圖 10-29　選擇資料範圍

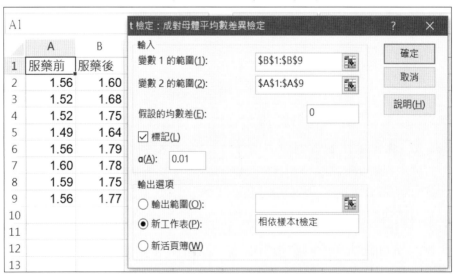

2.　分析結果如圖 10-30，得到 t 統計為 7.8296，它的單尾 p 值為 5E-05（就是 0.00005），在自由度等於 7 時，單尾臨界值為 2.998。

由此報表可得知兩種裁決的訊息：(1)單尾 p = .00005，小於研究者設定的 .01；(2)計算所得的 $t(7)$ = 7.8296，大於單尾臨界值 2.998（如圖 10-31 所示）。因此應拒絕虛無假設，所以服藥後的平均免疫細胞數比服藥前多。

圖 10-30　分析結果

	A	B	C
1	t 檢定：成對母體平均數差異檢定		
2			
3		服藥後	服藥前
4	平均數	1.72	1.55
5	變異數	0.005	0.0014
6	觀察值個數	8	8
7	皮耳森相關係數	0.5007	
8	假設的均數差	0	
9	自由度	7	
10	t 統計	7.8296	
11	P(T<=t) 單尾	5E-05	
12	臨界值：單尾	2.998	
13	P(T<=t) 雙尾	0.0001	
14	臨界值：雙尾	3.4995	

圖 10-31　在 α = .01，df = 7 時，計算所得 t 值 7.8296 大於單尾臨界值 2.998

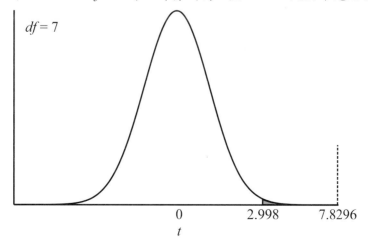

八、SPSS 操作步驟（例題 10-2.sav）

1. 使用成對樣本 T 檢定程序。

   在【分析】選單中的【比較平均數法】選擇【成對樣本 T 檢定】（圖 10-32）。

圖 10-32　使用成對樣本 T 檢定程序

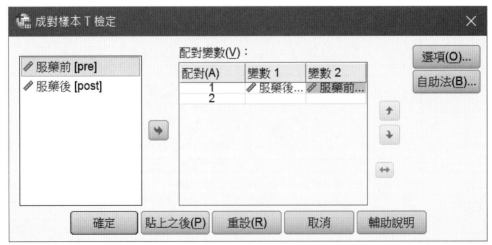

2. 選擇分析變數。

   先將「服藥後」點選到【變數 1】，再將「服藥前」點選到【變數 2】，最後按【確定】（圖 10-33）。

圖 10-33　選擇分析變數

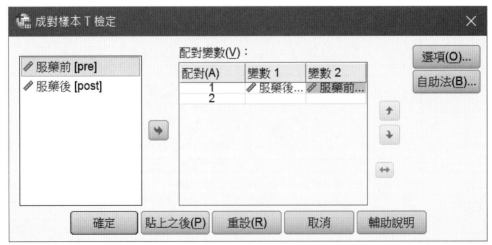

3. 設定信賴區間。

如果想要計算單尾的信賴區間，可以在【選項】下的【信賴區間百分比】中
輸入 99.5（圖 10-34）。因為題目設定 $\alpha = .01$，又為單尾檢定，所以信賴區
間設定為 $(1 - .01 / 2) \times 100\%$，詳細說明請參見陳正昌（2017）的著作。

圖 10-34　設定信賴區間為 99.5%

4. 輸出報表。

圖 10-35 為分析所得的報表，與圖 10-28 相似，不再詳述。然而，第二個表格
中服藥前後的相關係數 $r = .501$，雖然是中度相關，但是由於樣本數只有 8
人，因此 $p = .206$，並未小於 .01，未達統計上的顯著。

此題要留意：SPSS 只提供雙尾的 p 值 .000，本範例是單尾（且是右尾）的檢
定，要將表格三中的 p 值再除以 2，已經小於 .01，因此應該拒絕虛無假設。
如果是左尾的檢定，則應計算 $1 - p / 2$，請參見陳正昌（2017）的著作。

圖 10-35　輸出報表

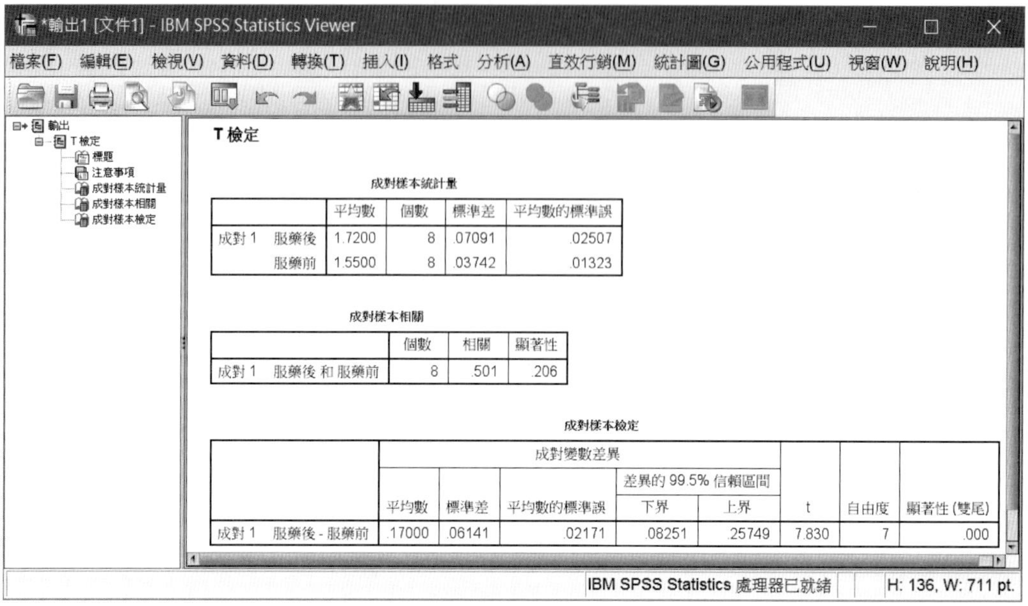

T 檢定

成對樣本統計量

		平均數	個數	標準差	平均數的標準誤
成對 1	服藥後	1.7200	8	.07091	.02507
	服藥前	1.5500	8	.03742	.01323

成對樣本相關

		個數	相關	顯著性
成對 1	服藥後 和 服藥前	8	.501	.206

成對樣本檢定

		成對變數差異					t	自由度	顯著性 (雙尾)
					差異的 99.5% 信賴區間				
		平均數	標準差	平均數的標準誤	下界	上界			
成對 1	服藥後 - 服藥前	.17000	.06141	.02171	.08251	.25749	7.830	7	.000

肆、習題

一、某研究者隨機測得 15 個家庭中排行老大與老二的智力測驗分數如習題 10-1。設定 α = .05 時，請檢定老大與老二的平均智商是否有顯著差異（資料來源：102 年教育行政普考，《教育測驗與統計概要》）。

二、某行銷專家認為一種新的行銷策略是有效的，於是蒐集了 10 家公司採用此行銷策略前後的營業額（單位百萬）如習題 10-2，請檢定此行銷策略是否有效（資料來源：臺北大學 96 學年企管系碩士班甲組入學考，《統計學》）。

三、某政府工務單位想測試人員對器材操作之熟練程度，隨機抽取該單位 15 名員工（人員代號為 A 至 O），每位都做兩次相同的測驗，兩次間隔時間為一個月，兩次測驗成績之結果如習題 10-3（資料來源：105 年原住民族特考經建行政類科，《統計學》）。

1.　在顯著水準為 0.05，檢定第一次與第二次測驗之平均成績是否相等。

四、某研究者想要探討環境教育教學的效果，他隨機抽取了 10 位學生，在其接受環境教學前後測試其對環境相關知識的得分如習題 10-4（資料來源：105 年二級高考生物多樣性類科，《生物統計學研究》）。

1.　請問學生接受環境教育教學後，環境相關知識的得分是否增加大於 5 分？
2.　請寫出虛無假說、對立假說、判定法則、統計量、臨界值、結果及結論（α = 0.05）。

第 11 章
兩個獨立樣本
平均數檢定

本章概要

1.　獨立樣本是指兩群沒有關聯的樣本。

2.　獨立樣本平均數檢定的公式可簡化為：

$$檢定值 = \frac{樣本平均數與母群平均數的差數}{平均數的標準誤}。$$

3.　獨立樣本平均數檢定的基本假定是兩組的變異數相等，因此應先進行變異數同質性（相等）檢定，以決定是否採用不同的公式。

　　兩個獨立樣本的平均數 t 檢定，適用於自變數為兩個類別之**質的變數**，而依變數是**量的變數**的平均數檢定。換言之，也就是在檢定兩個獨立的組別間，在依變數的平均數是否有顯著差異。

　　如果自變數有三個以上的類別，就不應重複使用多次獨立樣本 t 檢定，而應改採第 12 章的變異數分析。

壹、獨立樣本的定義

　　兩個**獨立樣本**（independent samples）是兩群沒有關聯的樣本，它們可以是：

1.　**是否接受某種處理**。如，實驗設計中的實驗組與控制組。

2.　**是否具有某種特質或經驗**。如，母親是否為外籍配偶，或受訪者是否有國外留學經驗。

3.　**變數中的兩個類別**。如，高中與高職的學生，公立大學與私立大學的學生，或女性與男性。

4.　**某種傾向的高低**。如，創造力的高低，或是外控型與內控型。（陳正昌，2017，頁 273）。

　　以上述的類別為自變數，再加上適當的依變數，即可進行獨立樣本 t 檢定，以檢驗兩個組別在依變數的平均數是否有差異：

1. 實驗組及控制組（有無服用藥物）之血壓值；實驗組（強調合作學習）及對照組（強調個別競爭）之創造思考能力。

2. 有無國外留學經驗者之開放性格。

3. 公私立大學生之家庭年所得；不同性別大學生的起薪。

4. 外控型與內控型學生之學業成就。

貳、從一個樣本到兩個獨立樣本

在單一樣本中，t 檢定的公式為：

$$t = \frac{\overline{X} - \mu}{\frac{s}{\sqrt{n}}} \tag{11-1}$$

它代表著：

$$t = \frac{樣本平均數與母群平均數的差數}{平均數的標準誤}$$

公式 11-1 中，分子部分的平均數差數為：

$$\overline{X} - \mu$$

如果是兩個獨立的樣本，分子就變為：

$$(\overline{X}_1 - \mu_1) - (\overline{X}_2 - \mu_2) = (\overline{X}_1 - \overline{X}_2) - (\mu_1 - \mu_2) \tag{11-2}$$

其中 $\mu_1 - \mu_2$ 是兩個母群平均數差數的期望值，多數檢定中都設為 0，因此分子通常只保留 $\overline{X}_1 - \overline{X}_2$。

公式 11-1 中，分母部分的平均數標準誤公式為：

$$\frac{s}{\sqrt{n}} = \frac{\sqrt{s^2}}{\sqrt{n}} = \sqrt{\frac{s^2}{n}}$$

如果是兩個獨立樣本（相關係數為 0），分母為：

$$\sqrt{\frac{s_1^2}{n_1} + \frac{s_2^2}{n_2}} \tag{11-3}$$

公式 11-3 中，$\frac{s_1^2}{n_1}$ 是第 1 組平均數標準誤 $\frac{s_1}{\sqrt{n_1}}$ 的平方，$\frac{s_2^2}{n_2}$ 則是第 2 組平均數標準誤 $\frac{s_2}{\sqrt{n_2}}$ 的平方。

由公式 11-2 及公式 11-3 可以得到兩個獨立樣本 t 檢定的公式：

$$t = \frac{(\overline{X}_1 - \overline{X}_2) - (\mu_1 - \mu_2)}{\sqrt{\frac{s_1^2}{n_1} + \frac{s_2^2}{n_2}}} \tag{11-4}$$

公式 11-4 適用於兩個母群的**變異數不相等**（$\sigma_1^2 \neq \sigma_2^2$）的情形（需要進行變異數同質性檢定，請見第 407-415 頁之說明），自由度採 Welch-Satterthwaite 的公式：

$$v = \frac{\left(\dfrac{s_1^2}{n_1} + \dfrac{s_2^2}{n_2}\right)^2}{\dfrac{1}{n_1 - 1}\left(\dfrac{s_1^2}{n_1}\right)^2 + \dfrac{1}{n_2 - 1}\left(\dfrac{s_2^2}{n_2}\right)^2}$$

如果兩個母群的**變異數相等**（$\sigma_1^2 = \sigma_2^2$），則可以將變異數合併，此時，t 檢定的公式變成：

$$t = \frac{(\overline{X}_1 - \overline{X}_2) - (\mu_1 - \mu_2)}{\sqrt{s_p^2\left(\dfrac{1}{n_1} + \dfrac{1}{n_2}\right)}} \tag{11-5}$$

其中，s_p^2 是兩群樣本的合併變異數，公式為：

$$s_p^2 = \frac{SS_1 + SS_2}{(n_1 - 1) + (n_2 - 1)} = \frac{s_1^2(n_1 - 1) + s_2^2(n_2 - 1)}{n_1 + n_2 - 2}$$

　　自由度是兩群樣本數各自減去 1 的和，公式為：

$$v = (n_1 - 1) + (n_2 - 1) = n_1 + n_2 - 2$$

　　如果兩群樣本數都在 30 以上時，則 $\overline{X}_1 - \overline{X}_2$ 的抽樣分配為常態分配，標準化之後的結果可稱為 Z 值，公式分別為：

$$Z = \frac{(\overline{X}_1 - \overline{X}_2) - (\mu_1 - \mu_2)}{\sqrt{\dfrac{s_1^2}{n_1} + \dfrac{s_2^2}{n_2}}} \tag{11-6}$$

$$Z = \frac{(\overline{X}_1 - \overline{X}_2) - (\mu_1 - \mu_2)}{\sqrt{s_p^2 \left(\dfrac{1}{n_1} + \dfrac{1}{n_2} \right)}} \tag{11-7}$$

　　當母群的標準差 σ（或變異數 σ^2）已知，而且相等時，獨立樣本的平均數檢定公式為：

$$Z = \frac{(\overline{X}_1 - \overline{X}_2) - (\mu_1 - \mu_2)}{\sqrt{\sigma^2 \left(\dfrac{1}{n_1} + \dfrac{1}{n_2} \right)}} \tag{11-8}$$

　　如果 σ 已知，而且不相等時，獨立樣本的平均數檢定公式為：

$$Z = \frac{(\overline{X}_1 - \overline{X}_2) - (\mu_1 - \mu_2)}{\sqrt{\dfrac{\sigma_1^2}{n_1} + \dfrac{\sigma_2^2}{n_2}}} \tag{11-9}$$

參、兩個獨立樣本平均數檢定

一、兩個獨立樣本平均數檢定之流程圖

　　在進行兩個獨立樣本平均數檢定時，流程圖如圖 11-1，依據以下三點判斷，以決定使用的公式。

1. **兩個母群的變異數（或標準差）是否已知**。如果母群變異數或標準差已知，使用 Z 檢定；如果母群變異數或標準差未知，則使用樣本變異數估計母群變異數，並依樣本大小使用 Z 檢定或 t 檢定。

2. **兩個母群的變異數是否相等**。如果變異數相等，則使用合併變異數；如果變異數不相等，則使用個別的變異數。

3. **樣本大小**。如果是大樣本（n_1 及 n_2 都 ≥ 30），使用 Z 檢定；如果是小樣本，使用 t 檢定（陳正昌，2017，頁 276）。

圖 11-1　兩個獨立樣本平均數假設檢定流程

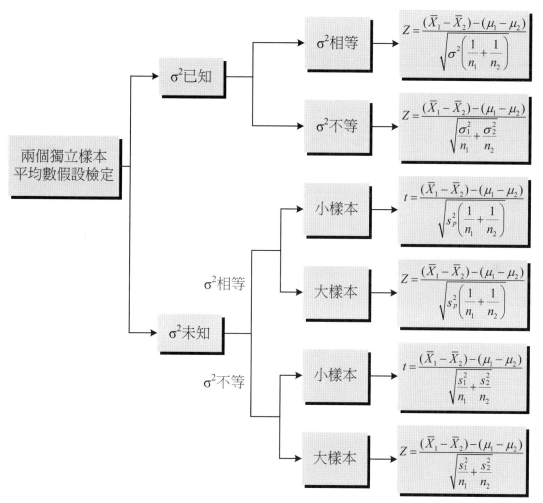

　　不過，SPSS 並未提供 Z 檢定之程序，Excel 2021 也未提供 σ 未知的 Z 檢定之資料分析功能，所以一般都只使用 σ 未知的 t 檢定。

　　綜言之，在流程圖中雖然有 6 個公式，但是實際應用時通常只用第 4 與第 6 個公式。如果母群變異數相等，使用第 4 個公式；如果變異數不相等，則使用第 6 個公式。

　　以下有兩個例題，例題 11-1 為母群 σ 已知的平均數檢定，只能使用 Excel 分析。例題 11-2 的母群 σ 未知，分別以 Excel 及 SPSS 進行分析，同時也進行變異數同質性檢定。

📊 例題 11-1

教育處想要了解兩所學校新生的智力是否有差異，於是在甲乙兩校各選取 7 名學生，他們在比西智力測驗（標準差為 16）的得分如下，請設定 α = .01 進行檢定。

甲校　96　85　81　116　109　120　108

乙校　99　96　71　101　111　103　113

📊 例題 11-2

研究者想要了解在夜間比賽時，使用黃色壘球與白色壘球的能見度是否不同，於是分別記錄了 6 場用黃色壘球與 6 場用白色壘球比賽時的失誤次數，請設定 α = .05 進行檢定。（資料來源：修改自 102 年經建行政普考《統計學概要》。）

黃色　5　2　6　7　2　5

白色　7　6　8　5　6　9

二、Excel 操作步驟（平均數檢定，σ^2 已知。例題 11-1.xlsx）

　　在進行檢定之前，先列出統計假設，

$$\begin{cases} H_0 : \mu_{\text{甲校}} = \mu_{\text{乙校}} \\ H_1 : \mu_{\text{甲校}} \neq \mu_{\text{乙校}} \end{cases}$$

1.　Excel 2021 的資料分析增益集有獨立樣本平均數的假設 Z 檢定功能，因此可以直接在【資料】中的【資料分析】進行此項分析（圖 11-2）。

圖 11-2　使用資料分析工具

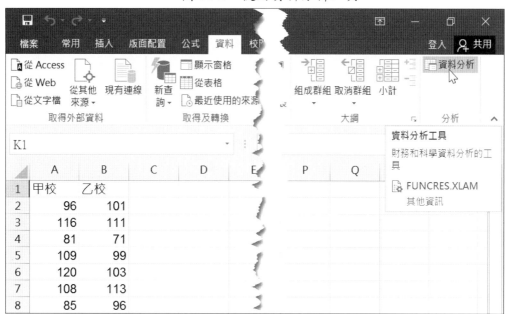

2.　由於母群體變異數已知（比西智力測驗的標準差為 16，因此變異數是 16^2，等於 256），選擇【Z 檢定：兩個母體平均數差異檢定】（圖 11-3）。

圖 11-3　選擇 Z 檢定：兩個母群平均數差異檢定

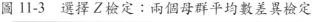

3. 在【輸入】中選擇兩欄變數，如果第一列有變數名稱，記得勾選【標記】，
   【假設的均數差】輸入為 0，變數 1 及變數 2 的變異數都是 256，α 值設定為
   0.01，並在【新工作表】中加以命名（不命名也可以）（圖 11-4）。

圖 11-4　輸入資料範圍

4. 分析結果如圖 11-5，兩組的平均數分別為 102.143 及 99.143，計算所得 Z 統
   計為 0.3508，它的雙尾 p 值為 0.7258。而 α = .01 時，雙尾臨界值為 2.5758。
   Z 值是由以下的公式計算而得：

$$Z = \frac{(102.143 - 99.143) - 0}{\sqrt{16^2\left(\dfrac{1}{7} + \dfrac{1}{7}\right)}} = \frac{3}{8.5524} = 0.3508$$

檢定結果可由兩個規準來判斷：(1)計算所得的 Z 值為 0.3508，它的絕對值並未大
於臨界值 2.5758（圖中的「臨界值：雙尾」）[1]，因此不能拒絕虛無假設（圖示如圖

---

[1] 在 Excel 2021 中輸入 "**=NORM.S.INV(0.995)**" 就可得到 2.5758。

11-6）。(2)要大於計算所得 |Z| 的機率為 0.7258（圖中的「P(Z<=z)雙尾」）[2]，並未小於研究者所訂的顯著水準 .01，因此不能拒絕虛無假設（圖 11-7）。

　　總之，上述兩個判斷規準說明：進行 Z 檢定之後，$Z = 0.3508$，$p = .7258$，不能拒絕虛無假設。所以，結論是：兩校新生的平均智力（分別為 102.143 及 99.143）並無顯著差異。

圖 11-5　分析結果

	A	B	C
1	z 檢定：兩個母體平均數差異檢定		
2			
3		甲校	乙校
4	平均數	102.143	99.143
5	已知的變異數	256	256
6	觀察值個數	7	7
7	假設的均數差	0	
8	z	0.3508	
9	P(Z<=z) 單尾	0.3629	
10	臨界值：單尾	2.3263	
11	P(Z<=z) 雙尾	0.7258	
12	臨界值：雙尾	2.5758	

---

[2] 在 Excel 2021 中輸入 "=(1−NORM.S.DIST(0.3508,1))*2" 就可得到 0.7258。

圖 11-6　計算所得 z 值 0.3508，未大於雙尾臨界值 2.5758

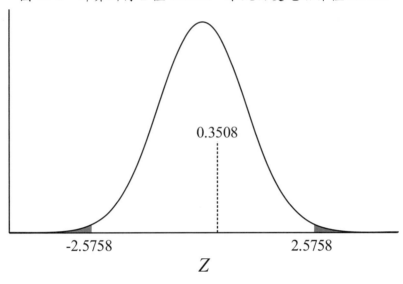

圖 11-7　$|Z| \geq 0.3508$ 的 p 值為 0.7258

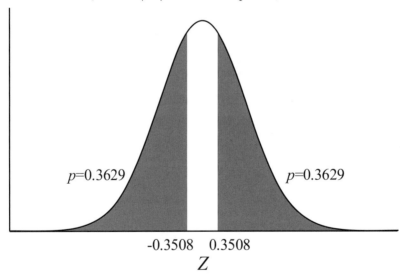

三、Excel 操作步驟（平均數檢定，σ^2 未知。例題 11-2.xlsx）

在進行平均數檢定之前，先列出統計假設，

$$\begin{cases} H_0 : \mu_{黃球} = \mu_{白球} \\ H_1 : \mu_{黃球} \neq \mu_{白球} \end{cases}$$

1. Excel 2021 的資料分析增益集有獨立樣本平均數的假設 t 檢定功能，因此可以直接在【資料】中的【資料分析】進行此項分析（圖 11-8）。

圖 11-8　使用資料分析工具

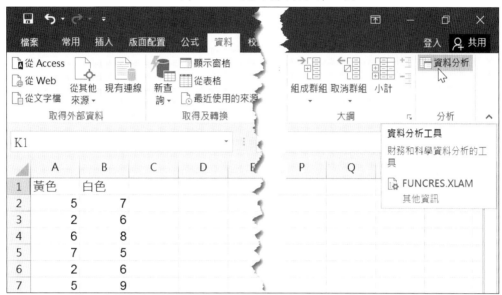

2. **如果兩組的變異數相等**，選擇【t 檢定：兩個母體平均數差的檢定，假設變異數相等】（圖 11-9）。

圖 11-9　選擇 t 檢定：兩個母體平均數差的檢定，假設變異數相等

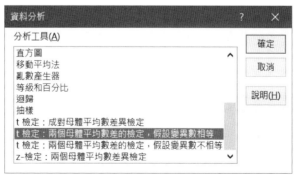

3. 如果兩組的變異數不相等，則選擇【*t* 檢定：兩個母體平均數差的檢定，假設變異數不相等】（圖 11-10）。

圖 11-10 選擇 *t* 檢定：兩個母體平均數差的檢定，假設變異數不相等

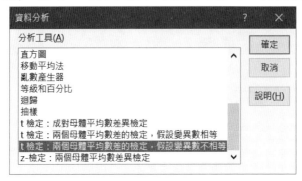

4. 在【輸入】中選擇兩欄變數，如果第一列有變數名稱，記得勾選【標記】，【假設的均數差】輸入為 0，*α* 值設定為 0.05，在【新工作表】中加以命名（不命名也可以）（圖 11-11）。

圖 11-11 輸入資料範圍

5.　分析結果如圖 11-12 與圖 11-15，兩組的平均數分別為 4.5 及 6.8333，變異數分別為 4.3 及 2.1667。

當假設兩個母群的變異數相等時，計算所得 t 統計為 -2.2476，自由度等於 10 時，它的雙尾 p 值為 0.0484。$\alpha = .05$，雙尾臨界值為 2.2281（如圖 11-13 所示）。其中，t 值是由以下的公式計算而得：

$$t = \frac{(4.5 - 6.8333) - 0}{\sqrt{3.2333\left(\frac{1}{6} + \frac{1}{6}\right)}} = \frac{-2.3333}{1.0382} = -2.2476$$

合併的（Pooled）變異數 s_p^2 為 3.2333，由以下公式計算而得：

$$s_p^2 = \frac{4.3(6-1) + 2.1667(6-1)}{6+6-2} = 3.2333$$

此時，自由度為：

$$v = (6-1) + (6-1) = 10$$

圖 11-12　分析結果——假設變異數相等

	A	B	C	D	E
1	t 檢定：兩個母體平均數差的檢定，假設變異數相等				
2					
3		黃色	白色		
4	平均數	4.5	6.8333		
5	變異數	4.3	2.1667		
6	觀察值個數	6	6		
7	Pooled 變異數	3.2333			
8	假設的均數差	0			
9	自由度	10			
10	t 統計	-2.2476			
11	P(T<=t) 單尾	0.0242			
12	臨界值：單尾	1.8125			
13	P(T<=t) 雙尾	0.0484			
14	臨界值：雙尾	2.2281			

圖 11-13　$df = 10$ 時，計算所得 t 值 -2.2476，絕對值大於雙尾臨界值 2.2281

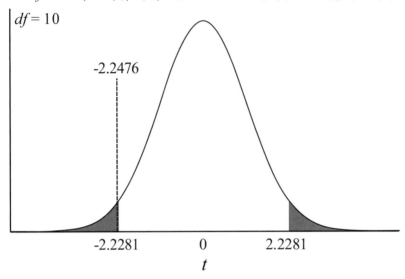

圖 11-14　$df = 10$ 時，$|t| \geq 2.2476$ 的 p 值為 0.0484

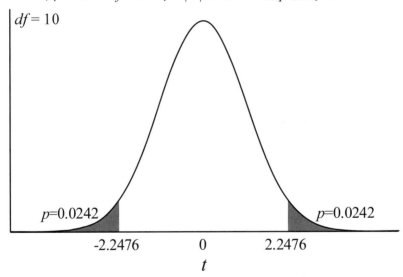

　　檢定結果可由兩個規準來判斷：(1)計算所得的 t 值為 -2.2476，它的絕對值大於臨界值 2.2281（圖中的「臨界值：雙尾」）[3]，因此應拒絕虛無假設（圖示如圖 11-

---

[3] 在 Excel 2021 中輸入 "**=T.INV.2T(0.05,10)**" 就可以得到 2.2281。

13）。(2)要大於計算所得 |t| 的機率為 0.0484（圖中的「P(Z<=z)雙尾」）[4]，已經小於研究者所訂的顯著水準 .05，因此應拒絕虛無假設（圖示如圖 11-14）。

　　總之，上述兩個判斷規準說明：進行 t 檢定之後，$t(10) = -2.2476$，$p = .0484$，應拒絕虛無假設。所以，結論是：兩種顏色球的能見度不同，使用白色球時，平均失誤較高。

　　當假設兩個母群的變異數不相等時，自由度為 9，計算所得 t 統計為 -2.2476，它的雙尾 p 值為 0.0512。$\alpha = .05$，雙尾臨界值為 2.2622（見圖 11-15）。其中，t 值是由以下的公式計算而得：

$$t = \frac{(4.5 - 6.8333) - 0}{\sqrt{\dfrac{4.3}{6} + \dfrac{2.1667}{6}}} = \frac{-2.3333}{1.0382} = -2.2476$$

此時，自由度為：

$$v = \frac{\left(\dfrac{4.3}{6} + \dfrac{2.1667}{6}\right)^2}{\dfrac{1}{6-1}\left(\dfrac{4.3}{6}\right)^2 + \dfrac{1}{6-1}\left(\dfrac{2.1667}{6}\right)^2} = 9.018 \cong 9$$

　　檢定結果可由兩個規準來判斷：(1)計算所得的 t 值為 -2.2476，它的絕對值並未大於臨界值 2.2622（圖中的「臨界值：雙尾」）[5]，因此不能拒絕虛無假設（圖示如圖 11-16）。(2)要大於計算所得 |t| 的機率為 0.0512（圖中的「P(Z<=z)雙尾」）[6]，並未小於研究者所訂的顯著水準 .05，因此不能拒絕虛無假設（圖示如圖 11-17）。

　　總之，上述兩個判斷規準說明：進行 t 檢定之後，$t(9) = -2.2476$，$p = .0512$，不能拒絕虛無假設。所以，結論是：兩種顏色球的能見度沒有不同，平均失誤次數未達 .05 顯著水準之差異。

---

[4]　在 Excel 2021 中輸入 "**=T.DIST.2T(2.2476,10)**" 就可以得到 0.0484。

[5]　在 Excel 2021 中輸入 "**=T.INV.2T(0.05,9)**" 就可以得到 2.2622。

[6]　在 Excel 2021 中輸入 "**=T.DIST.2T(2.2476,9)**" 就可以得到 0.0512。

圖 11-15　分析結果——假設變異數不相等

	A	B	C	D	E
1	t 檢定：兩個母體平均數差的檢定，假設變異數不相等				
2					
3		黃色	白色		
4	平均數	4.5	6.8333		
5	變異數	4.3	2.1667		
6	觀察值個數	6	6		
7	假設的均數差	0			
8	自由度	9			
9	t 統計	-2.2476			
10	P(T<=t) 單尾	0.0256			
11	臨界值：單尾	1.8331			
12	P(T<=t) 雙尾	0.0512			
13	臨界值：雙尾	2.2622			

圖 11-16　$df = 9$ 時，計算所得 t 值 -2.2476，絕對值小於雙尾臨界值 2.2622

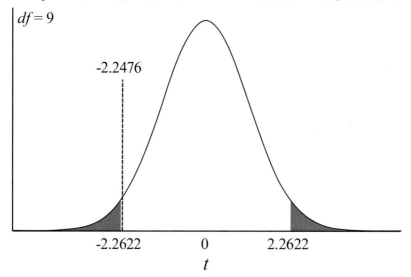

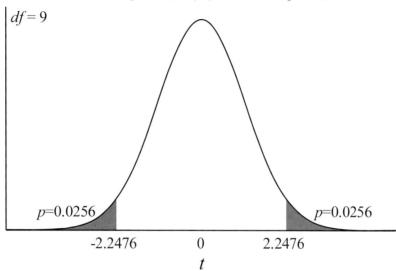

圖 11-17　$df=9$ 時，$|t| \geq 2.2476$ 的 p 值為 0.0512

6.　做成結論。

由前面的分析可知：(1)如果假設兩組之間的變異數相等，則檢定結果應拒絕虛無假設，兩種顏色球的能見度有顯著差異。(2)如果假設兩組之間的變異數不相等，則檢定結果不能拒絕虛無假設，兩種顏色球的能見度沒有顯著差異。對母群變異數的假設不同，兩者的結論相反。

至於兩組之間的變異數是否相等，則應另外進行兩組間變異數差異的檢定，請見後續的說明。

四、Excel 操作步驟（變異數檢定，例題 11-2.xlsx）

由於獨立樣本 t 檢定須先檢定兩組的變異數是否相等（同質），再決定使用哪一個公式，在此也一併說明兩組變異數的檢定。

兩個組的**變異數**是否相等，可以將較大的變異數除以較小的變異數得到 F 值，它的統計假設如下，是右尾（單尾）檢定：

$$\begin{cases} H_0 : \dfrac{\sigma_{\text{大}}^2}{\sigma_{\text{小}}^2} \leq 1 \\[3mm] H_1 : \dfrac{\sigma_{\text{大}}^2}{\sigma_{\text{小}}^2} > 1 \end{cases}$$

相除之後的 F 值為自由度 $n_1 - 1$（變異數較大組的樣本數減 1）及 $n_2 - 1$（變異數較大組的樣本數減 1）的 F 分配（如圖 11-18）。如果計算之後的 F 值大於臨界值，或是 F 的機率值小於 .05，就應拒絕虛無假設，此時兩組的變異數就不相等。

圖 11-18　自由度為 5, 5 的 F 分配

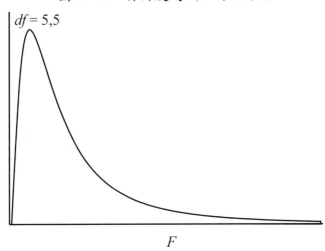

1. Excel 2021 的資料分析增益集有變異數的 F 檢定功能，因此可以直接在【檔案】中的【資料分析】進行此項分析（圖 11-19）。

圖 11-19　使用資料分析工具

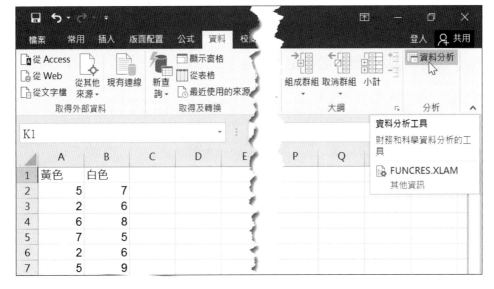

2. 選擇【F 檢定：兩個常態母體變異數的檢定】（圖 11-20）。

圖 11-20　選擇 F 檢定：兩個常態母體變異數的檢定

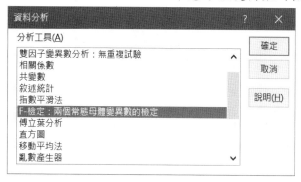

3. 在【輸入】中選擇兩欄變數，變異數較大組置於【變數 1 的範圍】，變異數較小組置於【變數 2 的範圍】，如果第一列有變數名稱，記得勾選【標記】，並在【新工作表】中加以命名（不命名也可以）（圖 11-21）。

圖 11-21　選擇資料範圍

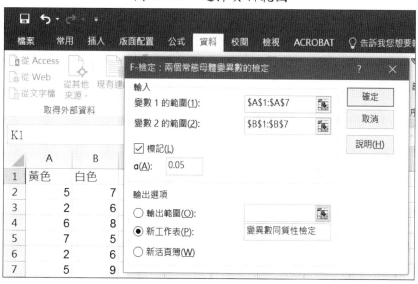

4. 分析結果如圖 11-22，兩組的變異數分別為 4.3 及 2.1667，計算所得 F 值為 1.9846，單尾臨界值為 5.0503，單尾 p 值為 0.235。F 值是由以下的公式計算而得：

$$F = \frac{4.3}{2.1667} = 1.9846$$

檢定結果可由兩個規準來判斷：(1)計算所得的 F 值為 1.9846，並未大於臨界值 5.0503（圖中的「臨界值：單尾」），因此不能拒絕虛無假設（圖示如圖 11-23）。(2) 要大於計算所得 F 的機率為 0.235（圖中的「$P(F<=f)$單尾」），並未小於研究者所訂的顯著水準 .05，因此不能拒絕虛無假設（圖 11-22）。

總之，上述兩個判斷規準說明：進行 F 檢定之後，$F(5,5) = 1.9846$，單尾 $p = .235$，不能拒絕虛無假設。所以，結論是：兩組的母群變異數並無顯著差異。

圖 11-22　變異數同質性檢定結果

	A	B	C
1	F 檢定：兩個常態母體變異數的檢定		
2			
3		黃色	白色
4	平均數	4.5	6.8333
5	變異數	4.3	2.1667
6	觀察值個數	6	6
7	自由度	5	5
8	F	1.9846	
9	P(F<=f) 單尾	0.235	
10	臨界值：單尾	5.0503	

要計算分子與分母自由度各是 5,5 時的 F 分配右尾臨界值，在儲存格輸入 "**=F.INV.RT(0.05,5,5)**"函數，即可得到 5.0503。由於檢定所得的 F 值為 1.9846，並未大於 5.0503，因此不能拒絕虛無假設（圖 11-23）。

圖 11-23　$\alpha = .05$，$df = 5, 5$ 的 F 分配中，臨界值為 5.0503

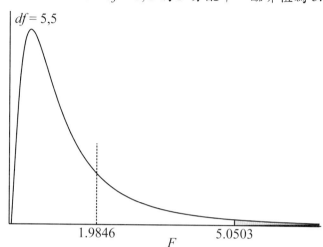

　　而要計算 F 值的右尾機率值，在儲存格輸入 "**=F.DIST.RT(1.9846,5,5)**" 函數，即可得到 0.2350。由於機率值並未小於研究者設定的顯著水準 .05，因此不能拒絕虛無假設（圖 11-24）。

圖 11-24　自由度為 5, 5 的 F 分配中，F 值大於 1.9846 的 p 值為 0.2350

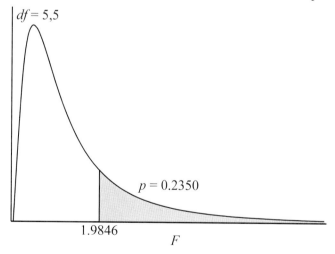

5.　左尾檢定

　　變異數檢定，也可以將較小的變異數除以較大的變異數得到 F 值，它的統計假設如下，是左尾（單尾）檢定：

$$\begin{cases} H_0 : \dfrac{\sigma_{\text{小}}^2}{\sigma_{\text{大}}^2} \geq 1 \\[3mm] H_1 : \dfrac{\sigma_{\text{小}}^2}{\sigma_{\text{大}}^2} < 1 \end{cases}$$

　　圖 11-25 是檢定結果，所得的 F 值為 0.5039，單尾 p 值為 0.235。(1)在自由度為 5,5 時，並未小於左尾臨界值 0.198 [7]；(2)F 值要小於 0.5039 的機率為 0.235（與上面的右尾檢定相同）[8]，並未小於研究者設定的顯著水準 .05。因此不能拒絕虛無假設，兩組的變異數沒有顯著差異，與右尾檢定結論相同。

圖 11-25　變異數同質性檢定結果——左尾檢定

	A	B	C
1	F 檢定：兩個常態母體變異數的檢定		
2			
3		白色	黃色
4	平均數	6.8333	4.5
5	變異數	2.1667	4.3
6	觀察值個數	6	6
7	自由度	5	5
8	F	0.5039	
9	P(F<=f) 單尾	0.235	
10	臨界值：單尾	0.198	

五、SPSS 操作步驟（例題 11-2.sav）

1. 使用獨立樣本 T 檢定程序。

   在【分析】選單中的【比較平均數法】選擇【獨立樣本 T 檢定】（圖 11-26）。

   留意：在 SPSS 中輸入資料，需要將自變數及依變數同時輸入，而不是像 Excel 只輸入依變數的數值。

---

[7]　在 Excel 2021 輸入 "=**F.INV(0.05,5,5)**" 就可以得到 0.198。

[8]　在 Excel 2021 輸入 "=**F.DIST(0.5039,5,5,1)**" 就可以得到 0.235。

圖 11-26　使用獨立樣本 T 檢定程序

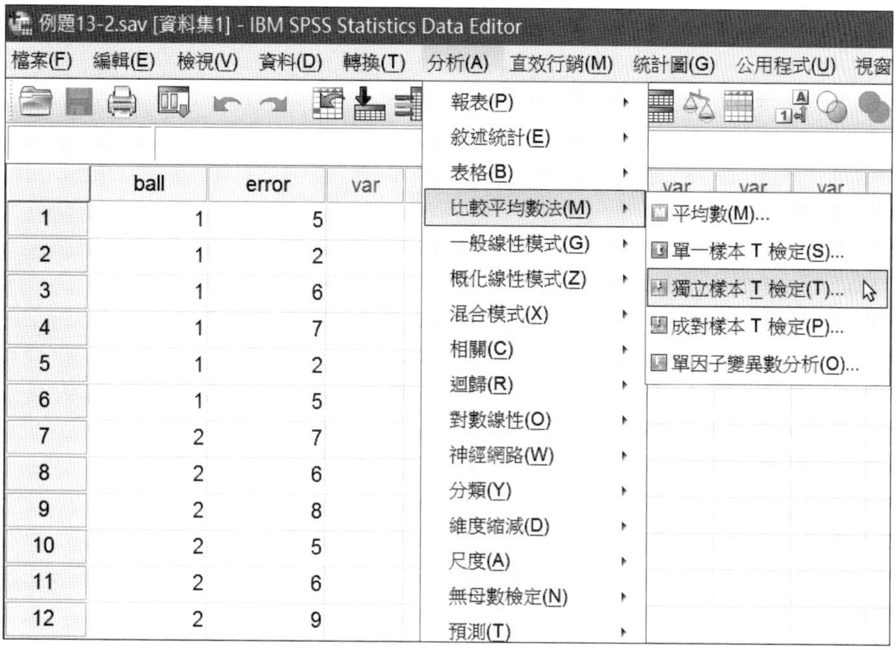

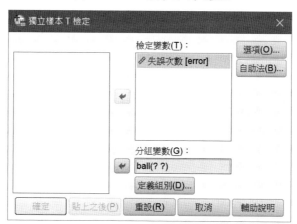

2.　選擇分析變數。

　　將依變數（失誤次數）點選到右邊的【檢定變數】，自變數（球的顏色）點
　　選到右邊的【分組變數】，此時在對話框中會出現 2 個？號（圖 11-27）。

圖 11-27　選擇分析變數

3. 定義組別。

將兩個組的代號（在此例題中為 1 與 2）分別輸入【組別 1】及【組別 2】中。代號與數字大小並無關係，所以也可以分別輸入 2 與 1（圖 11-28）。

圖 11-28　定義組別

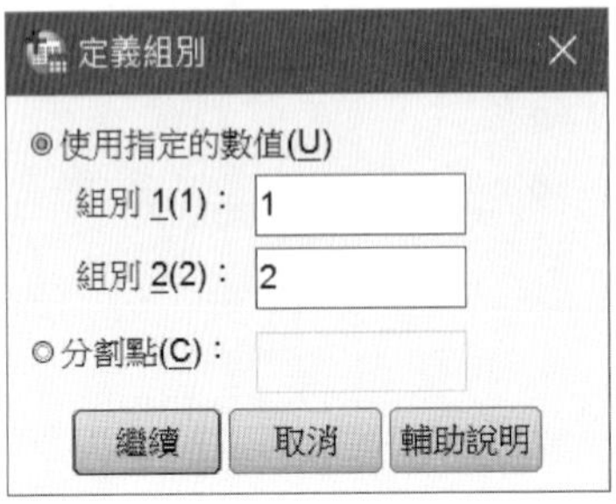

4. 輸出報表。

分析後得到圖 11-29 兩個表格。第一個表格顯示兩組的樣本數（均為 6）、平均數（4.50 及 6.83）、標準差（2.074 及 1.472）、及平均數標準誤（0.847 及 0.601）。其中平均數標準誤的公式為：

$$\frac{s}{\sqrt{n}}$$

圖 11-29　輸出報表

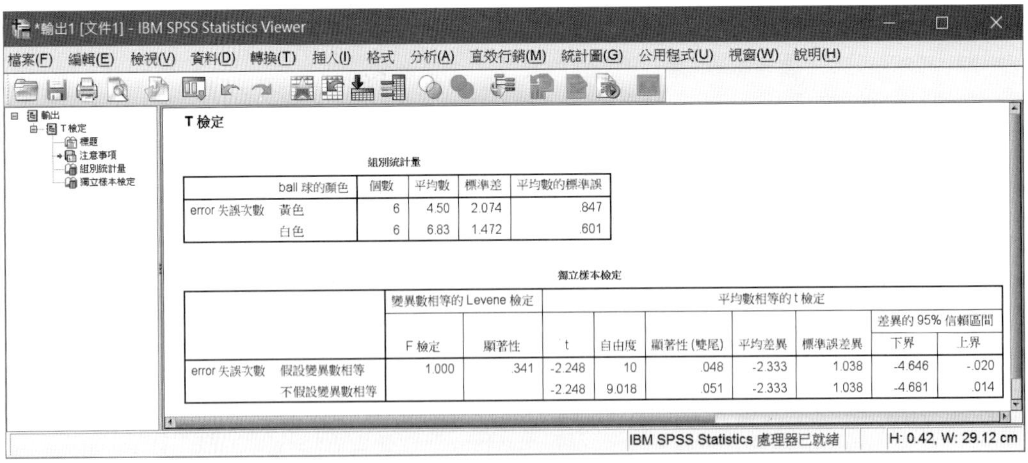

組別統計量

	ball 球的顏色	個數	平均數	標準差	平均數的標準誤
error 失誤次數	黃色	6	4.50	2.074	.847
	白色	6	6.83	1.472	.601

獨立樣本檢定

		變異數相等的 Levene 檢定		平均數相等的 t 檢定						
									差異的 95% 信賴區間	
		F 檢定	顯著性	t	自由度	顯著性 (雙尾)	平均差異	標準誤差異	下界	上界
error 失誤次數	假設變異數相等	1.000	.341	-2.248	10	.048	-2.333	1.038	-4.646	-.020
	不假設變異數相等			-2.248	9.018	.051	-2.333	1.038	-4.681	.014

第二個表格先顯示「變異數相等的 Levene 檢定」（詳細檢定方法請見陳正昌，2017，頁 303-304），F 值為 1，p = .341，因此不能拒絕 $\sigma^2_{黃球} = \sigma^2_{白球}$ 的虛

無假設，所以接下來要看「假設變異數相等」這一列。在「平均數相等的 t 檢定」這一大欄中，t 值為 -2.248，自由度為 10，p 值為 $.048$（圖中顯著性（雙尾）的部分）[9]，平均差異為 -2.333，標準誤差異為 1.038，差異平均數的 95%信賴區間為$[-4.646, -0.020]$。其中，t 值的公式為：

$$t = \frac{平均差異}{差異的平均數標準誤} = \frac{-2.333}{1.038} = -2.248$$

差異平均數的 95%信賴區間計算方法為：

$$-2.333 \pm 2.281 \times 1.038$$

由此報表可得知兩種裁決的訊息：(1) $p = .048$，小於研究者設定的 $.05$；(2) 差異的 95%信賴區間為 $[-4.646, -0.020]$，不包含 0。因此應拒絕 $\mu_{黃球} = \mu_{白球}$ 的虛無假設，所以兩組的平均數有顯著差異。

5. 做成結論。

總結前面的分析，我們應拒絕虛無假設，因此兩種顏色壘球的平均失誤次數有顯著差異。由平均數來看，白色球的平均失誤次數較多。

總之：由 Levene 檢定結果可知，兩組的**變異數**並無顯著差異；由 t 檢定結果可知，兩組**平均數**有顯著差異。

---

[9] 如果兩組樣本數相等，第一列的 t 值會與第 2 列相同，但是自由度與 p 值則有不同。

肆、習題

一、若某工廠的塑膠產品有甲乙兩種生產方法，今隨機抽取兩種方法生產的產品各 6 件，其彈性係數如習題 11-1 之資料。試以 $\alpha = .05$，檢定兩種方法生產的產品彈性是否有顯著差異。（資料來源：宜蘭大學 93 學年研究所入學考，《統計學》）。

二、習題 11-2 是 20 個受訪者「是否定期運動」及「休息時心跳次數」的資料（資料來源：政治大學 102 學年統計系碩士班入學考，《統計方法》）。

1. 以 $\alpha = .10$，檢定兩組間的變異數是否相等。
2. 以 $\alpha = .05$，檢定兩組間的平均數是否相等。

第12章
單因子變異數分析

本章概要

1. 變異數分析主要的目的在比較多組之間的**平均數**是否有顯著差異。

2. 因子就是**自變數**，單因子就是只有一個自變數，在變異數分析中，它是類別變數。

3. 變異數分析使用 F 檢定，$F = \dfrac{組間 MS}{組內 MS}$，如果計算 F 值大於臨界值，表示各組之間的平均數達統計的顯著差異。

4. 在變異數分析中，平均數的比較分為事前比較與事後比較，多數研究者常採事後比較方式。

　　單因子獨立樣本變異數分析（F 檢定）適用於自變數（稱為**因子**，factor）為兩個以上類別之**質的變數**，而依變數是**量的變數**的平均數檢定。換言之，也就是在檢定兩個以上獨立的組別間，在依變數的平均數是否有顯著差異。

　　如果自變數只有兩個類別，可以使用獨立樣本 t 檢定，也可以進行變異數分析，此時，$F = t^2$。

壹、變異數分析的目的

　　變異數分析（analysis of variance, ANOVA）的主要目的在於比較各組的**平均數**是否有顯著差異，而不在比較各組的**變異數**是否有顯著。如果自變數有四個組，則虛無假設是四個組的母群平均數都相等，寫為：

$$H_0 : \mu_1 = \mu_2 = \mu_3 = \mu_4$$

但是，它的對立假設卻不是四個組的母群平均數都不相等：

$$H_1 : \mu_1 \neq \mu_2 \neq \mu_3 \neq \mu_4$$

而應是至少有兩個組的母群平均數不相等，寫為：

$$H_1 : \mu_i \neq \mu_j \text{，存在於部分的 } i \text{ 與 } j$$

或是直接寫成：

$$H_1 : H_0 \text{為假}$$

如果檢定之後拒絕虛無假設，研究者通常會再找出哪幾組之間的母群平均數不相等，此時就要兩兩進行事後的多重比較，對比的次數為：

$$C_2^4 = \frac{4 \times 3}{1 \times 2} = 6$$

本章只說明整體的 F 檢定，事後檢定的各種方法，請見陳正昌（2017）另一本專書。

貳、SS 及自由度的計算

變異數分析的整體檢定，使用 F 檢定，它在比較組間及組內的變異比率。在說明變異數分析的計算方法前，先複習第 5 章的離均差平方和（sum of squares, SS），SS 的公式為：

$$SS = \Sigma(X - \bar{X})^2$$

將 SS 除以自由度（$n - 1$），即是樣本變異數 s^2：

$$s^2 = \frac{SS}{df} = \frac{\Sigma(X - \bar{X})^2}{n-1}$$

變異數分析即在計算依變數之全體、組間、及組內的 SS 及變異數。

例題 12-1

研究者記錄了某便利超商在三所大學內 1 至 4 月分的銷售額如表 12-1（單位為百萬元）。在 $\alpha = .05$，以 ANOVA 檢定三所大學的銷售額是否有顯著差異（資料修改自：清華大學財務金融系碩士班 98 學年入學考，《統計學》）。

表 12-1　某便利超商在三所大學的銷售額

大學	A	B	C
1 月	19	12	5
2 月	15	10	5
3 月	20	14	12
4 月	26	16	14
校平均	20	13	9
總平均	14		

在 Excel 中，要計算三種 SS，可以使用定義公式：

$$全體 SS = \left[(各個數值 - 總平均數)^2\right] 之總和$$

$$組間 SS = \left[(各組平均數 - 總平均數)^2 \times 各組樣本數\right] 之總和$$

$$組內 SS = \left[(各個數值 - 各組平均數)^2\right] 之總和$$

全體的 SS 為 396，計算過程如下：

$$(19-14)^2 + (15-14)^2 + (20-14)^2 + (26-14)^2 +$$
$$(12-14)^2 + (10-14)^2 + (14-14)^2 + (16-14)^2 +$$
$$(5-14)^2 + (5-14)^2 + (12-14)^2 + (14-14)^2$$
$$= 25 + 1 + 36 + 144 + 4 + 16 + 0 + 4 + 81 + 81 + 4 + 0$$
$$= 396$$

組間（校間）的 SS 為 248，計算過程如下：

$$(20-14)^2 \times 4 + (13-14)^2 \times 4 + (9-14)^2 \times 4$$
$$= 144 + 4 + 100$$
$$= 248$$

組內（校內）的 SS 為 148，其中第一組的組內 SS 計算過程如下：

$$(19-20)^2 + (15-20)^2 + (20-20)^2 + (26-20)^2$$
$$= 1 + 25 + 0 + 36$$
$$= 62$$

第二組的組內 SS 計算過程如下：

$$(12-13)^2 + (10-13)^2 + (14-13)^2 + (16-13)^2$$
$$= 1 + 9 + 1 + 9$$
$$= 20$$

第三組的組內 SS 計算過程如下：

$$(5-9)^2 + (5-9)^2 + (12-9)^2 + (14-9)^2$$
$$= 16 + 16 + 9 + 25$$
$$= 66$$

將 3 個組的組內 SS 相加，得到聯合組內 SS：

$$62 + 20 + 66 = 148$$

由計算結果可看出：

$$全體\ SS = 組間\ SS + 組內\ SS$$

不過，由於各組平均數及總平均數常常不是整數，當使用小型計算機時，上述的定義公式並不方便，一般常會使用運算公式，先計算 X 及 X^2 的總和（即 ΣX 及 ΣX^2）如表 12-2。

表 12-2　計算 ΣX 及 ΣX^2

大學	A	B	C	總和
1 月	19	12	5	
2 月	15	10	5	
3 月	20	14	12	
4 月	26	16	14	
ΣX	80	52	36	168
ΣX^2	1662	696	390	2748

全體的 *SS* 等於：

$$2748 - \frac{168^2}{12} = 396$$

組間的 *SS* 等於：

$$\frac{80^2 + 52^2 + 36^2}{4} - \frac{168^2}{12} = 248$$

組內的 *SS* 等於：

$$2748 - \frac{80^2 + 52^2 + 36^2}{4} = 148$$

以上兩種計算結果是一致的。

上述三個變異來源的自由度公式分別為：

$$全體的自由度＝總樣本－1$$

$$組間的自由度＝組數－1$$

$$組內的自由度＝總樣本－組數$$

計算後得到：

$$全體的自由度＝12－1＝11$$

$$組間的自由度＝3－1＝2$$

$$組內的自由度＝12－3＝9$$

自由度同樣具有可加性，所以，

$$全體的自由度＝組間的自由度＋組內的自由度$$

參、變異數分析摘要表

求得 *SS* 及自由度後，就可以整理成變異數分析摘要表。表 12-3 中，均方（mean square, MS）是由平方和除以自由度而得，它們也是組間及組內的變異數估計值。

$$組間均方 = 組間平方和 / 組間自由度 = 248 / 2 = 124$$

$$組內均方 = 組內平方和 / 組內自由度 = 148 / 9 = 16.444$$

F 值的公式為：

$$F = 組間均方 / 組內均方 = 124 / 16.444 = 7.5405$$

表 12-3　變異數分析摘要表

變異來源	平方和 SS	自由度 df	均方 MS	F 值	p 值
組間	248	2	124	7.5405	.012
組內	148	9	16.444		
全體	396	11			

計算所得的 *F* 值是否顯著，有兩種判斷方法。第一種是傳統取向的做法，找出 α = .05 時的臨界值（留意：變異數分析是單尾檢定）。由圖 12-1 可看出，在自由度為 2, 9 的 *F* 分配中，臨界值為 4.2565。表 12-3 計算所得的 *F* 值為 7.5405，已經大於 4.2565，因此應拒絕虛無假設。

在 Excel 2021 的儲存格中，輸入 "**=F.INV.RT(0.05,2,9)**"，即可得到右尾臨界值 4.2565，圖示如圖 12-1。

圖 12-1　$df = 2, 9$ 時，計算 F 值 7.5405，大於臨界值 4.2565

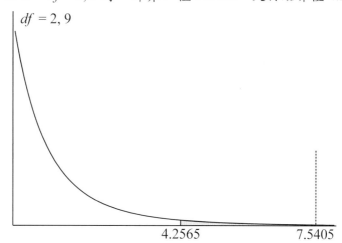

第二種是現代取向的做法，直接算出在自由度為 2, 9 的 F 分配中，F 值要大於或等於 7.5405 的 p 值。由圖 12-2 可看出，$F(2, 9) \geq 7.5405$ 的 p 值為 .012，小於研究者設定的 α 值（.05），因此應拒絕虛無假設。

在 Excel 2021 的儲存格中，輸入 "**=F.DIST.RT(7.5405,2,9)**"，即可得到大於 7.5405 的機率值 .012（較精確值為 .011928）。

圖 12-2　$\alpha = .05$，$df = 2, 9$ 時，$F \geq 7.5405$ 的 p 值為 .012

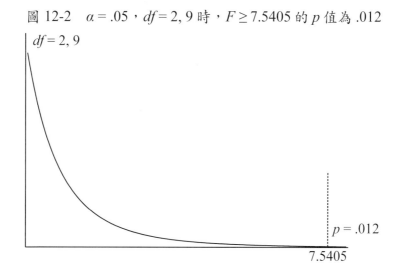

以上兩種判斷方法可得到一致的結論──拒絕虛無假設。因此某超商在三所大學的平均銷售額有顯著差異。

📊 例題 12-2

研究者對四種行業高階主管升遷狀況做了調查，記錄其經理級主管之年齡如下。檢定四種行業高階主管升遷速度是否相同，取顯著水準 .05。（資料修改自：淡江大學統計研究所 88 學年在職生入學考，《應用統計學》）

財務　46　48　52　43　47

人事　45　44　47　46　46

行銷　38　43　39　45　36

製造　40　38　42　46　37

一、Excel 操作步驟（例題 12-2.xlsx）

在進行檢定之前，先列出統計假設，

$$\begin{cases} H_0 : \mu_{財務} = \mu_{人事} = \mu_{行銷} = \mu_{製造} \\ H_1 : H_0 為假 \end{cases}$$

1.　Excel 2021 的資料分析增益集有單因子變異數分析的功能，因此可以直接在【檔案】中的【資料分析】進行此項分析。

圖 12-3　使用資料分析工具

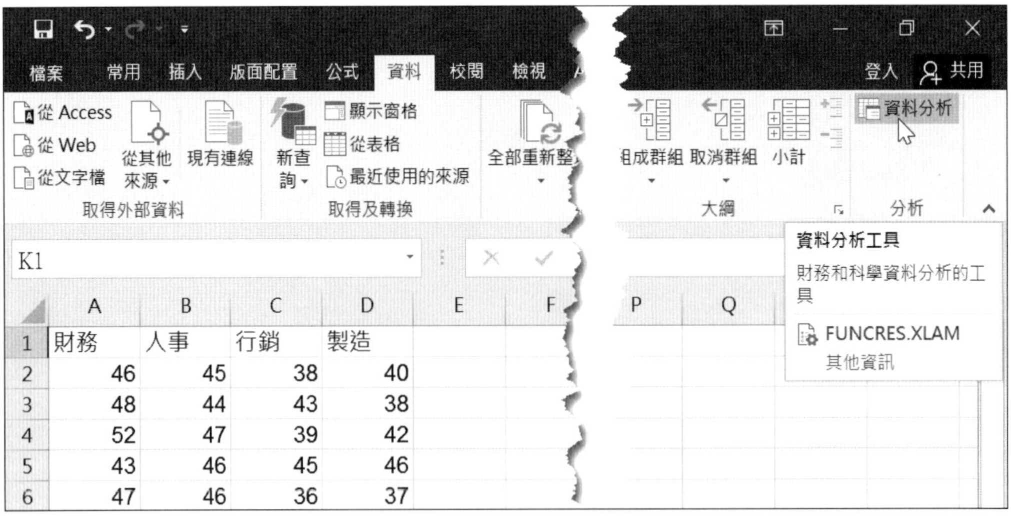

2.　選擇【單因子變異數分析】（圖 12-4）。

圖 12-4　選擇單因子變異數分析

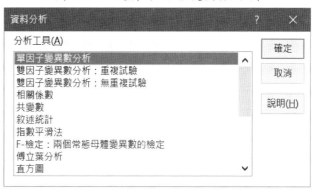

3.　在【輸入】中選擇【輸入範圍】為所有數據，【分組方式】為【逐欄】，如果第一列有變數名稱，記得勾選【標記】，α 值設定為 0.05，並在【新工作表】中加以命名（不命名也可以）（圖 12-5）。

圖 12-5　輸入資料範圍

4. 分析結果如圖 12-6，其中變異數分析摘要表如表 12-4。

圖 12-6　分析結果

	A	B	C	D	E	F	G
1	單因子變異數分析						
2							
3	摘要						
4	組	個數	總和	平均	變異數		
5	財務	5	236	47.2	10.7		
6	人事	5	228	45.6	1.3		
7	行銷	5	201	40.2	13.7		
8	製造	5	203	40.6	12.8		
9							
10							
11	ANOVA						
12	變源	SS	自由度	MS	F	P-值	臨界值
13	組間	186.8	3	62.267	6.4693	0.0045	3.2389
14	組內	154	16	9.625			
15							
16	總和	340.8	19				

表 12-4　例題 12-2 之變異數分析摘要表

變源	SS	自由度	MS	F	P-值	臨界值
組間	186.8	3	62.267	6.4693	0.0045	3.2389
組內	154	16	9.625			
總和	340.8	19				

　　四組的平均數分別為 47.2、45.6、40.2、及 40.6，計算所得 F 值為 6.4693，它的單尾 p 值為 0.0045。而 $\alpha = .05$，自由度為 3, 16 時，右尾臨界值為 3.2389。

　　檢定結果可由兩個方法來判斷：(1)計算所得的 F 值為 6.4693，已經大於臨界值 3.2389，因此應拒絕虛無假設（圖示如圖 12-7）。(2)要大於計算所得 F 值的機率為 0.0045，小於研究者所訂的顯著水準 .05，因此應拒絕虛無假設。

　　　　總之，上述兩個判斷方法說明：進行 F 檢定之後，$F(3, 16) = 6.4693$，$p = .0045$，應拒絕虛無假設。所以，結論是：四種不同行業高階主管的升遷速度有顯著差異。

圖 12-7　$df = 3, 16$ 時，計算 F 值 6.4693，大於臨界值 3.2389

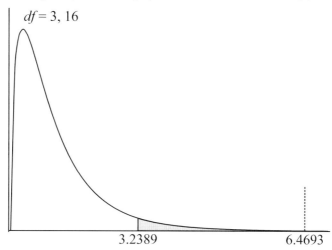

5.　做成結論。

　　　　總結前面的分析，我們應拒絕虛無假設，因此四種不同行業高階主管的升遷速度有顯著差異。

二、SPSS 操作步驟（例題 12-2.sav）

1.　使用單因子變異數分析程序。

　　在【分析】選單中的【比較平均數法】選擇【單因子變異數分析】。

　　留意：在 SPSS 中輸入資料，需要將自變數（行業別）及依變數（年齡）同時輸入，而不是像 Excel 只輸入依變數的數值（見圖 12-8）。

2.　選擇分析變數。

　　將依變數（年齡）點選到右邊的【依變數清單】框中，自變數（行業）點選到右下方的【因子】框中。接著在【選項】下勾選所需要的統計量（圖 12-9）。

圖 12-8　使用單因子變異數分析程序

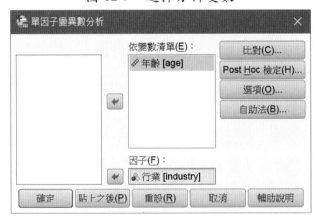

圖 12-9　選擇分析變數

3. 選擇需要的統計量。

勾選【描述性統計量】後，依序點擊【繼續】及【確定】，進行分析（圖 12-10）。

圖 12-10　勾選需要的統計量

4. 輸出報表。

分析後得到圖 12-11 中兩個表格，與 Excel 的結果相似。第一個表格顯示四組的各種描述統計量，只是 SPSS 提供標準差，而 Excel 則提供各組的變異數。只要將變異數取平方根，即可得到標準差。

第二個表格是變異數分析摘要表，與 Excel 相同。由報表可知：進行 F 檢定之後，$F(3, 16) = 6.469$，$p = .004$，應拒絕虛無假設。所以，結論是：四種不同行業高階主管的升遷速度有顯著差異。

5. 做成結論。

總結前面的分析，我們應拒絕虛無假設，因此四種不同行業高階主管的升遷速度有顯著差異。

圖 12-11 輸出報表

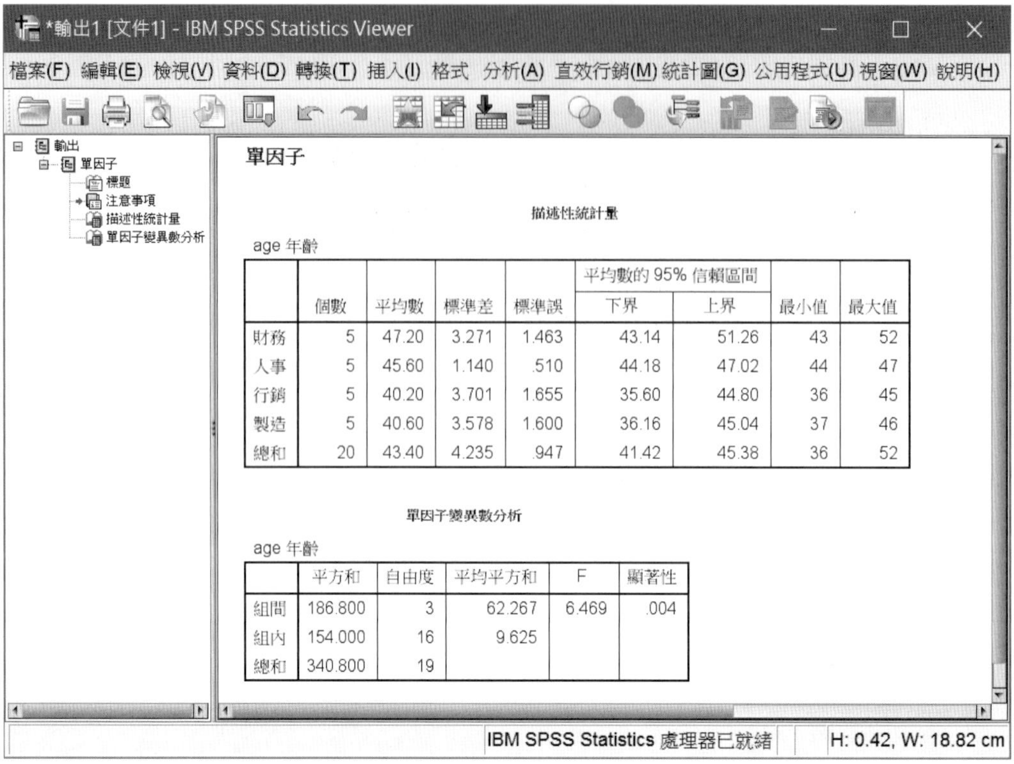

單因子

描述性統計量

age 年齡

	個數	平均數	標準差	標準誤	平均數的 95% 信賴區間		最小值	最大值
					下界	上界		
財務	5	47.20	3.271	1.463	43.14	51.26	43	52
人事	5	45.60	1.140	.510	44.18	47.02	44	47
行銷	5	40.20	3.701	1.655	35.60	44.80	36	45
製造	5	40.60	3.578	1.600	36.16	45.04	37	46
總和	20	43.40	4.235	.947	41.42	45.38	36	52

單因子變異數分析

age 年齡

	平方和	自由度	平均平方和	F	顯著性
組間	186.800	3	62.267	6.469	.004
組內	154.000	16	9.625		
總和	340.800	19			

IBM SPSS Statistics 處理器已就緒   H: 0.42, W: 18.82 cm

肆、習題

一、為了解臺灣地區五星級觀光大飯店營業所得之實情，於是隨機抽出四家五星級觀光大飯店，同時調查六週營業所得（單位：千元新臺幣），得到習題 12-1 的資料。設顯著水準為 .05，試以臨界值法及 p 值法檢定四家五星級觀光大飯店平均營業所得是否不同？（資料來源：95 年經建行政高考三級，《統計學》）。

二、某研究者想要比較三種方法對於降低病人血壓的效果，於是將 15 名受試者隨機分派到三組，分別接受藥物、運動，及減重等處理，經過五週後，量得降低的血壓值如習題 12-2 的資料。設顯著水準為 .05，比較三種方法的效果是否有顯著差異？（資料來源：中正大學 99 學年企管系碩士班丁組入學考，《統計學》）。

三、為了解城鄉之間的學童使用手機的行為是否存在差異，某單位針對城市、市郊及鄉村的小學學童進行抽樣（分別抽取 8 位、10 位、8 位），並記錄其每週的上網時間（單位：小時），得到習題 12-3 的資料（資料來源：104 年三級地方特考工業工程類科，《工程統計學與品質管制》）。

1. 請根據上述資料建立變異數分析表（ANOVA table）。
2. 請設立合適的假設，並且依據變異數分析表，在顯著水準 $\alpha = 0.05$ 下，檢定不同區域之學童的平均上網時間是否存有顯著的差異。

第13章

相關係數

本章概要

1. 使用散佈圖可以大致判斷兩個變數間是否為直線關係及其關聯強度。

2. 如果散佈圖呈左下到右上散佈，兩個變數間有正向關聯；反之，如果是左上到右下散佈，則是負向關聯。

3. 散佈圖中與其他觀察體較遠的點，可能是離異值，分析時要多加留意。

4. 多數研究發現：壓力與表現為倒 U 型相關，為曲線關係。

5. Pearson 的 r，用來表示兩個變數的關聯程度。由係數可以了解關聯強度，正負號則表示關聯方向。

6. Pearson 的 r 是把兩個變數標準化之後的平均乘積，公式為：$\dfrac{\Sigma Z_X Z_Y}{n-1}$。

7. Pearson 的 r 可以用以下的公式算出：$r = \dfrac{XY的交乘積和}{\sqrt{X的平方和}\sqrt{Y的平方和}}$

$= \dfrac{XY的共變數}{\sqrt{X的變異數}\sqrt{Y的變異數}} = \dfrac{XY的共變數}{X的標準差 \times Y的標準差}$

8. $r = 0$ 是零相關，代表兩變數間沒有直線關係，不代表兩個變數之間沒有關聯。

9. 兩個變數有關聯，不代表有因果關係，解釋時應多加留意。

10. 如果限制了變數的範圍，則相關程度通常會降低。

　　多數的研究，很少只分析一個變數；進一步探討兩個變數之間的關聯常是研究者的興趣。例如，研究者可能想了解：

1. 每小時交通流量與便利商店的營業額是否有關聯。

2. 公司的廣告費用與商品銷售量是否有關聯。

3. 員工每月薪資與工作滿意度是否有關聯。

4. 大學生每星期自學時間與學業成績是否有關聯。

5. 臺灣民眾每天使用 Facebook 或 Instagram 時間與寂寞感是否有關聯。

這些待答問題，都在了解兩個變數間的關聯度。

　　本章先說明如何使用散佈圖來了解兩個變數的關係，接著介紹最常用來描述兩個量的變數之間關聯的 Pearson 積差相關。

壹、散佈圖及相關的種類

一、統計基本觀念

　　為了確定兩個量的變數間之關係，可以使用散佈圖（scatter plot）來判斷。這是在座標上標示出觀察體在兩個變數上的位置，如果分散的點呈左下到右上的直線散佈（如圖 13-1），此時在 X 軸的變數增加，Y 軸的變數也隨之增加，兩變數間會有**完全正相關**。例如，以一定的速度行進，則時間與距離為完全正相關。

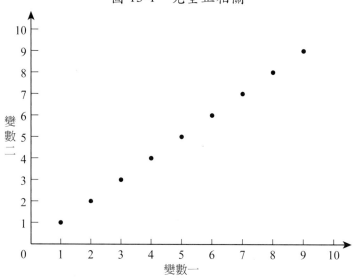

圖 13-1　完全正相關

　　如果分散的點呈左上到右下的直線散佈（如圖 13-2），此時在 X 軸的變數增加，Y 軸的變數也隨之減少，因此兩變數間會有**完全負相關**。例如，月薪固定時，花費與儲蓄成反比，兩者為完全負相關。

圖 13-2　完全負相關

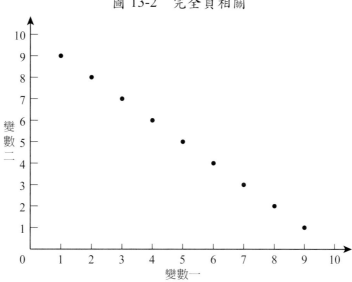

　　如果像圖 13-3 呈隨機散佈，兩個變數間沒有關聯，此時是**零相關**。例如，大學生每個月的花費與學期成績，應該沒有關聯。

圖 13-3　零相關

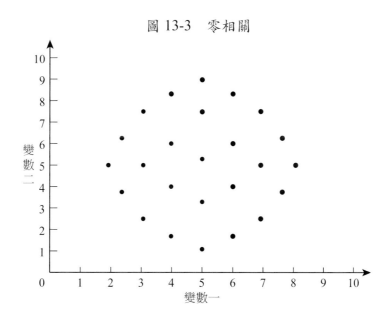

　　圖 13-4 與圖 13-5 雖然都是直線，然而在圖 13-4 中不管變數一如何變化，變數二都維持恆定，圖 13-5 則相反，不管變數二如何變化，變數一都維持恆定，此時，兩個變數也都是零相關。

圖 13-4 零相關

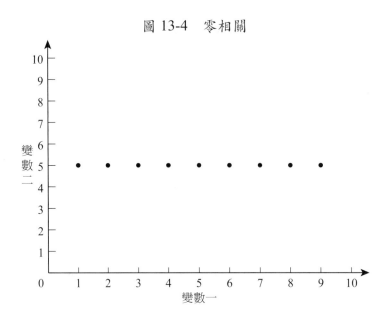

圖 13-5 零相關

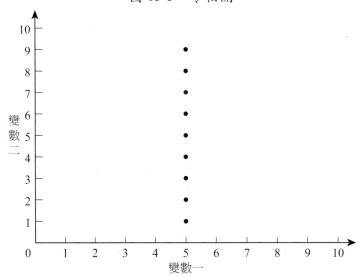

　　然而，多數時候，變數間常常既不是完全正相關或是完全負相關，也不是完全無關。而是像圖 13-6 及圖 13-7 的兩種情形。

　　圖 13-6 大略呈左下到右上散佈，變數一的大小與變數二的大小成同方向變化，此為**正相關**。例如，小學生的智力與學業成績有正相關。

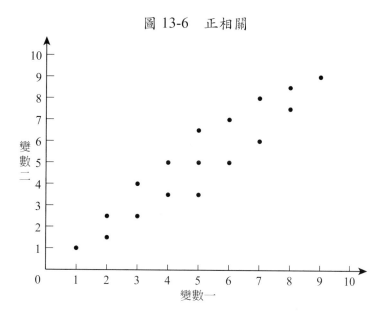

圖 13-6　正相關

　　圖 13-7 則相反，呈現左上到右下的散佈，變數一的大小與變數二的大小成反方向變化，此為**負相關**。例如，缺課次數與學業成績為負相關。

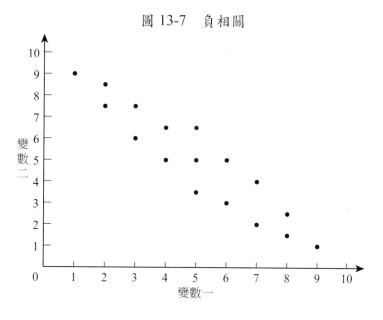

圖 13-7　負相關

　　當散佈的點愈接近一條直線時，兩個變數的關係就會愈接近完全正相關或完全負相關。圖 13-6 與圖 13-8 都是正相關，但是圖 13-6 的點比較接近一條直圖，而圖 13-8

的點散佈較廣，相關會較弱 [1]。

圖 13-8　較弱的正相關

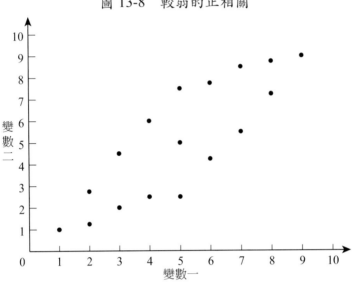

有時，兩變數間也不見得是直線關係。多數研究發現：測試焦慮（test anxiety）與學業成績為 ∩ 型（一般稱為倒 U 型）的關係。考試前完全不焦慮，或許表示學生一點都不在意，也沒有準備，學業成績就不會太理想；反之，如果剛開學就非常焦慮，到了考前更是睡不著，學業成績也會受到影響。此時，適度的焦慮反而會提高成績。壓力與表現，也是倒 U 型的相關，適度的壓力會有助於表現（圖 13-9）。

圖 13-9　壓力與表現為倒 U 型關係

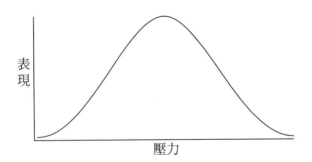

[1]　圖 13-6 的相關係數 $r = .937$，圖 13-8 的 $r = .842$。

　　又如，以人類感到舒適的溫度為分界線，氣溫愈低愈需要使用各項保暖設備，氣溫愈高則愈需要使用冷氣及電扇，因此溫度高低與消耗的能源可能呈 U 型相關。

　　而人均 GDP（國內生產毛額）與國民平均壽命也是曲線相關。圖 13-10 是 2009 年世界 109 個國家的人均 GDP 與國民平均壽命散佈圖（資料來源：http://www.clio-infra.eu/datasets/indicators），由圖中可大略看出：當人均 GDP 從 0 增加到 5000 美元時，國民平均壽命快速增加，但是超過 5000 美元之後，國民平均壽命雖然也是直線增加，但是幅度卻比較小了。此時，如果使用**普勒斯頓曲線**（Preston curve）來表示兩者的關係，會更恰當。

　　如果兩個變數間不是直線關係，就不適合使用本章所介紹的統計方法，而應加以轉換，或改用其他適當的統計方法。

　　散佈圖還有另一個功用，就是找出不尋常的觀察體。例如，在圖 13-10 中可以看出，至少有 4 個國家（以□表示）的人均 GDP 雖然超過 5000 美元，但是國民平均壽命卻都在 70 歲以下（甚至有一個國家不到 55 歲），這些國家有可能是統計學所稱的離異值（outlier），它們的存在，會影響相關係數的大小及方向。此部分的議題，請參考陳正昌（2017）的著作。

圖 13-10　2009 年各國人均 GDP 與國民平均壽命關係

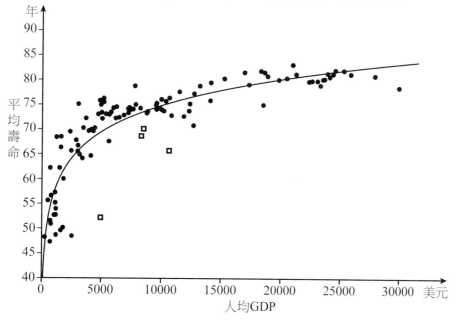

　　例題 13-1 在使用散佈圖了解兩個變數是否為直線關係，分別使用 Excel 及 SPSS 繪製散佈圖。

📊 例題 13-1

表 13-1 是 20 個大學生在統計學期末考的準備時間（單位：分鐘）與考試成績（單位：分）的資料，請繪出兩者的散佈圖。

表 13-1　考試前準備時間與期末考成績

學生	準備時間	考試成績	學生	準備時間	考試成績
1	15	55	11	77	66
2	34	52	12	83	70
3	39	65	13	92	69
4	41	64	14	119	85
5	55	57	15	123	73
6	60	68	16	135	73
7	67	67	17	151	89
8	70	73	18	154	87
9	73	70	19	160	91
10	76	69	20	165	88

二、Excel 操作步驟（例題 13-1.xlsx）

1. 輸入資料並插入散佈圖。

    在 A、B 兩欄分別輸入兩個變數的數值。接著，在【插入】選單中的【插入 XY 散佈圖或氣泡】中選擇【散佈圖】（圖 13-11）。

圖 13-11　插入散佈圖

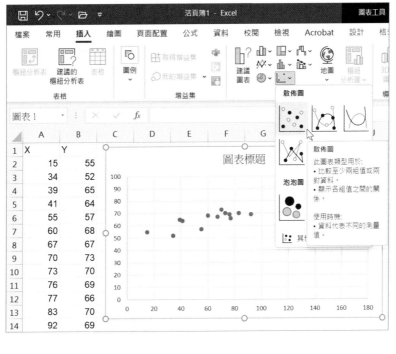

2.　初步完成圖形如圖 13-12。

圖 13-12　初步完成的散佈圖

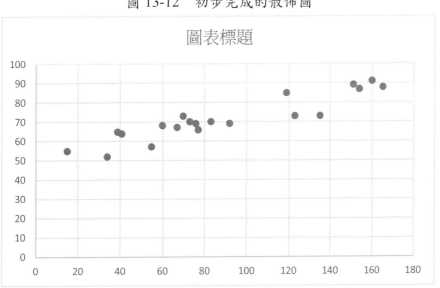

3. 選擇版面配置。

   在【快速版面配置】中選擇【版面配置 1】（圖 13-13）。

圖 13-13   選擇版面配置 1

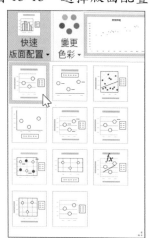

4. 細部修改圖形。

   經細部修改後得到最後圖形如圖 13-14（過程不詳述，讀者可以自行嘗試）。散佈圖大約成直線散佈，且為左下到右上的形態，因此兩個變數間為正相關。

圖 13-14   修改完成的散佈圖

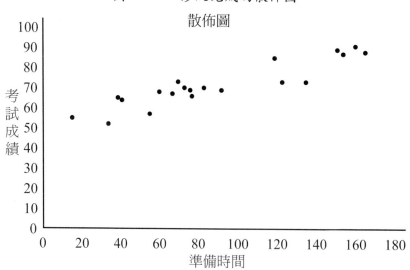

三、SPSS 操作步驟（例題 13-1.sav）

1. 輸入資料並使用圖表建立器程序。

   先輸入變數及資料，接著在【統計圖】中選擇【圖表建立器】（圖 13-15）。

圖 13-15　輸入資料並使用圖表建立器程序

	X	Y	var	var	var	var		var
1	15	55						
2	34	52						
3	39	65						
4	41	64						
5	55	57						
6	60	68						
7	67	67						
8	70	73						
9	73	70						
10	76	69						
11	77	66						
12	83	70						
13	92	69						
14	119	85						
15	123	73						
16	135	73						
17	151	89						
18	154	87						
19	160	91						
20	165	88						

2. 選擇散佈圖。

   在【圖庫】中的【散佈圖/點】選擇【簡易散佈圖】，並拖曳到上方（圖 13-16）。

圖 13-16　選擇散佈圖

3.　選擇分析變數。

將兩個變數分別選到【Y 軸】及【X 軸】。如果兩個變數沒有自變數及依變數的區別，則哪一個變數放在 X 軸都沒關係；但是如果有自變數及依變數的區別，則最好將自變數放在 X 軸。

圖 13-17　選擇分析變數

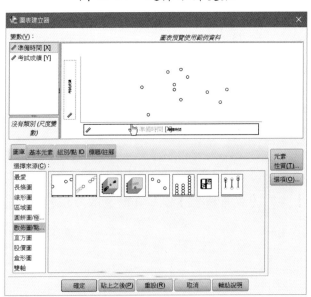

4. 輸出報表。

完成後輸出結果如圖 13-18。

圖 13-18　輸出報表

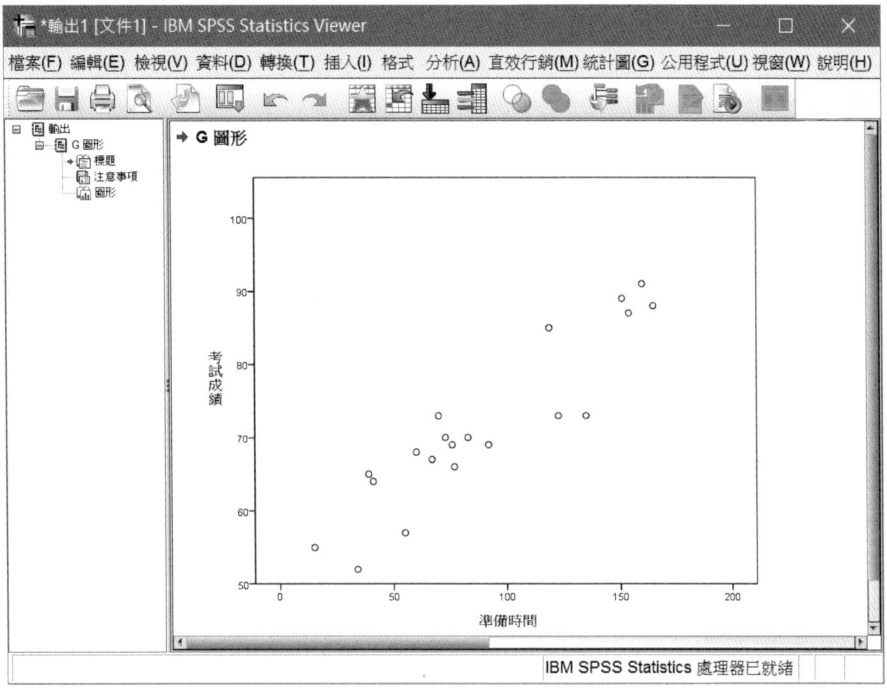

貳、Pearson 積差相關係數的計算

一、統計基本觀念

Pearson 積差相關係數（Pearson product-moment correlation coefficient）又稱為 **Pearson** 的 *r*，是用來計算兩個量的變數間關聯的量數。它是由英國統計學家 Karl Pearson 所發展的統計方法。

使用在母群時，積差相關的公式是：

$$\rho_{XY} = \frac{\text{cov}(X,Y)}{\sigma_X \sigma_Y} = \frac{E[(X-\mu_X)(Y-\mu_Y)]}{\sigma_X \sigma_Y} \tag{13-1}$$

其中，分子部分是兩個變數的**共變數**，分母則是兩個變數之**標準差的乘積**。

如果使用在樣本時，它的公式是：

$$r = \frac{s_{XY}}{s_X s_Y} = \frac{s_{XY}}{\sqrt{s_X^2}\sqrt{s_Y^2}} = \frac{\dfrac{\Sigma(X-\overline{X})(Y-\overline{Y})}{n-1}}{\sqrt{\dfrac{\Sigma(X-\overline{X})^2}{n-1}}\sqrt{\dfrac{\Sigma(Y-\overline{Y})^2}{n-1}}}$$ (13-2)

其中分子的 $s_{XY} = \dfrac{\Sigma(X-\overline{X})(Y-\overline{Y})}{n-1}$ 稱為兩個變數的**共變數**（covariance），是兩個變數共同變化的關係，其特性有：

1. 共變數的絕對值愈大，表示兩個變數愈有共變關係，關聯程度愈大。

2. 由於標準差都是正數，因此相關係數的正負與共變數相同。

而分母根號中的 $s_X^2 = \dfrac{\Sigma(X-\overline{X})^2}{n-1}$ 是 X 變數的**變異數** (variance)，$s_Y^2 = \dfrac{\Sigma(Y-\overline{Y})^2}{n-1}$ 是 Y 變數的**變異數**，代表變數自身的變異程度。變異數取平方根就是**標準差**。

把上面的公式分子及分母部分同時乘以 $n-1$，則為：

$$r = \frac{\Sigma(X-\overline{X})(Y-\overline{Y})}{\sqrt{\Sigma(X-\overline{X})^2}\sqrt{\Sigma(Y-\overline{Y})^2}} = \frac{CP}{\sqrt{SS_X}\sqrt{SS_Y}}$$ (13-3)

公式中分子的 $\Sigma(X-\overline{X})(Y-\overline{Y})$ 稱為**交乘積和**（cross product, CP），它同樣代表兩個變數的共變關係，數值愈大，表示兩變數愈有共變關係。交乘積 CP 未考量樣本數，CP 除以 $n-1$，就是共變數 s_{XY}。

分母有兩個部分，$\sqrt{\Sigma(X-\overline{X})^2}$ 中的 $\Sigma(X-\overline{X})^2$ 已在前面學過，稱為 X 變數的**離均差平方和**。而 $\Sigma(Y-\overline{Y})^2$ 則是 Y 變數的離均差平方和。

綜言之，樣本的相關係數等於樣本的共變數除以兩變數之標準差的乘積，公式為：

$$r = \frac{CP}{\sqrt{SS_X}\sqrt{SS_Y}} = \frac{s_{XY}}{\sqrt{s_X^2}\sqrt{s_Y^2}} = \frac{s_{XY}}{s_X s_Y}$$ (13-4)

如果使用文字表示，公式為：

$$r = \frac{XY\text{的交乘積和}}{\sqrt{X\text{的離均差平方和}}\sqrt{Y\text{的離均差平方和}}}$$

$$= \frac{XY\text{的共變數}}{\sqrt{X\text{的變異數}}\sqrt{Y\text{的變異數}}}$$

$$= \frac{XY\text{的共變數}}{X\text{的標準差} \times Y\text{的標準差}}$$

這個公式的計算步驟如下：

1. 計算兩個變數的平均數 $\bar{X}$ 及 $\bar{Y}$。

2. 將兩變數各個數值減去各自的平均數，求得每個離均差 $X - \bar{X}$ 及 $Y - \bar{Y}$。

3. 計算 $(X - \bar{X})^2$、$(Y - \bar{Y})^2$、及 $(X - \bar{X})(Y - \bar{Y})$。

4. 將上述各自的平方及交乘積加總，得到 $\Sigma(X - \bar{X})^2$、$\Sigma(Y - \bar{Y})^2$，及 $\Sigma(X - \bar{X})(Y - \bar{Y})$，這三個數就是 X 的平方和 SS_X、Y 的平方和 SS_Y，及 XY 的交乘積和 CP。

5. 計算 $\dfrac{CP}{\sqrt{SS_X}\sqrt{SS_Y}}$ 就可以得到 r。

6. 將平方和及交乘積各除以 $n-1$，分別得到 $\dfrac{\Sigma(X - \bar{X})^2}{n-1}$、$\dfrac{\Sigma(Y - \bar{Y})^2}{n-1}$，及 $\dfrac{\Sigma(X - \bar{X})(Y - \bar{Y})}{n-1}$，就是 X 的變異數 s_X^2、Y 的變異數 s_Y^2，及 X 與 Y 的共變數 s_{XY}。

7. 計算 $\dfrac{s_{XY}}{\sqrt{s_X^2}\sqrt{s_Y^2}}$ 同樣可以得到 r。

8. 將 X 及 Y 的變異數開根號，得到 X 的標準差 s_X 及 Y 的標準差 s_Y。

9. 計算 $\dfrac{s_{XY}}{s_X s_Y}$ 同樣可以得到 r。

第 6 章學過，不同的變數可以透過 Z 分數來比較。要計算母群的積差相關 ρ 也可以把 X 及 Y 變數的數值各自取 Z 分數後相乘，求總和之後再除以數值數目 N。因此積差相關也等於兩變數標準化交乘積的平均數。

$$\rho = \frac{\Sigma Z_X Z_Y}{N} \tag{13-5}$$

　　但是，在推論時，會使用樣本 r 當做母群 ρ 的估計式，樣本 r 的公式為：

$$r = \frac{\Sigma Z_X Z_Y}{n-1} \tag{13-6}$$

這個公式的計算步驟如下：

1.　計算兩個變數的平均數 $\overline{X}$ 及 $\overline{Y}$ ，及標準差 s_X 與 s_Y。

2.　將兩變數各個數值轉換為標準 Z 分數，方法為 $Z_X = \dfrac{X - \overline{X}}{s_X}$ 及 $Z_Y = \dfrac{Y - \overline{Y}}{s_Y}$。

3.　將兩個變數的 Z 分數相乘，得到 $Z_X Z_Y$。

4.　將所有 $Z_X Z_Y$ 加總，得到 $\Sigma Z_X Z_Y$。

5.　計算 $\dfrac{\Sigma Z_X Z_Y}{n-1}$ 就可以得到 r。

　　以下以例題 13-2 說明如何使用 Excel 計算 X 與 Y 的離均差平方和、交乘積和、變異數、共變數、標準差，並利用公式計算相關係數 r。接著，分別計算兩個變數的 Z 分數，再以 $\dfrac{\Sigma Z_X Z_Y}{n-1}$ 計算 r。最後，以 SPSS 進行相關分析。

例題 13-2

表 13-2 為 9 間便利商店每分鐘的車流量及當日營業額（單位：萬元）資料，請算出兩變數間的 Pearson r。

表 13-2　車流量與營業額

車流量	營業額
15	5.4
20	6.2
17	4.2
50	10.1
8	4.4
30	8.6
45	11.6
36	9.7
24	7.6

二、Excel 操作步驟（例題 13-2.xlsx）

(一) 使用 Excel 函數

1.　直接使用函數計算。

　　Excel 提供 PEARSON 及 CORREL 兩個函數直接計算相關係數。在 B14 儲存格插入統計函數 PEARSON（也可以使用 CORREL 函數，方法都相同）（圖 13-19）。

圖 13-19　插入 Pearson 函數

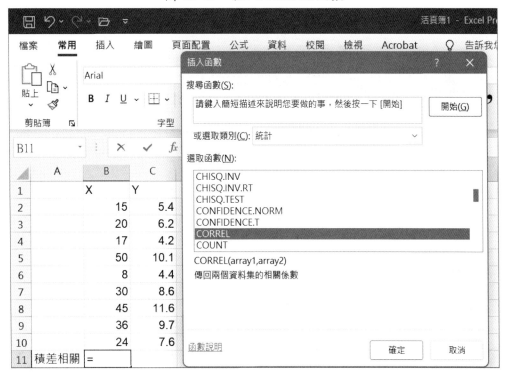

2.　PEARSON 函數需要兩個引數，第 1 個引數為 X 變數的位置（在此為 B2:B10），第 2 個引數為 Y 變數的位置（在此為 C2:C10）。輸入完成後則可看到【計算結果 = 0.940397799 ≈ 0.94】（圖 13-20）。

圖 13-20   Pearson 函數的引數

3.   如果直接輸入 "**=PEARSON(B2:B10,C2:C10)**" 也可以得到結果。顯示計算所得之 Pearson $r = 0.9404$（圖 13-21）。

圖 13-21   直接輸入 Pearson 函數

B11		f_x	=PEARSON(B2:B10,C2:C10)

	A	B	C	D	E	F	G
1		X	Y				
2		15	5.4				
3		20	6.2				
4		17	4.2				
5		50	10.1				
6		8	4.4				
7		30	8.6				
8		45	11.6				
9		36	9.7				
10		24	7.6				
11	積差相關	0.9404					

4.   如果直接輸入"**=COVARIANCE.S(B2:B10,C2:C10)**"可以計算兩個變數的共變數 [2]。

---

[2] Excel 2007 之前只有 COVAR 函數，而且它的公式是 $\dfrac{\Sigma(X-\bar{X})(Y-\bar{Y})}{N}$，在推論統計中比較不適用。在 Excel 2021 中，有 COVARIANCE.P 函數，功能與 COVAR 相同。如果要計算 $\dfrac{\Sigma(X-\bar{X})(Y-\bar{Y})}{n-1}$，須使用 COVARIANCE.S 函數才行。

圖 13-22　插入 COVARIANCE.S 函數

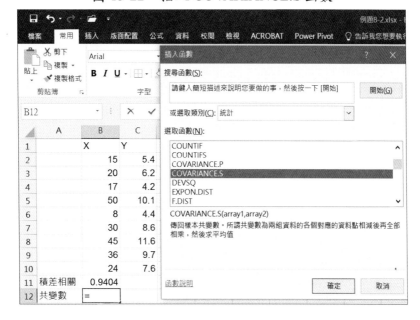

5.　計算後，*X* 與 *Y* 的共變數為 35.317。

圖 13-23　直接輸入 COVARIANCE.S 函數

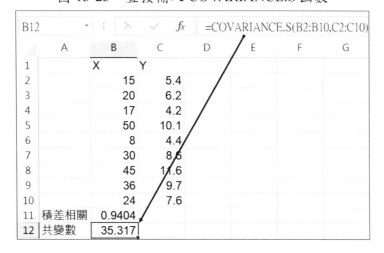

(二) 使用資料分析增益集

1.　在【資料】選單中點選【資料分析】（圖 13-24）。

圖 13-24　使用資料分析工具

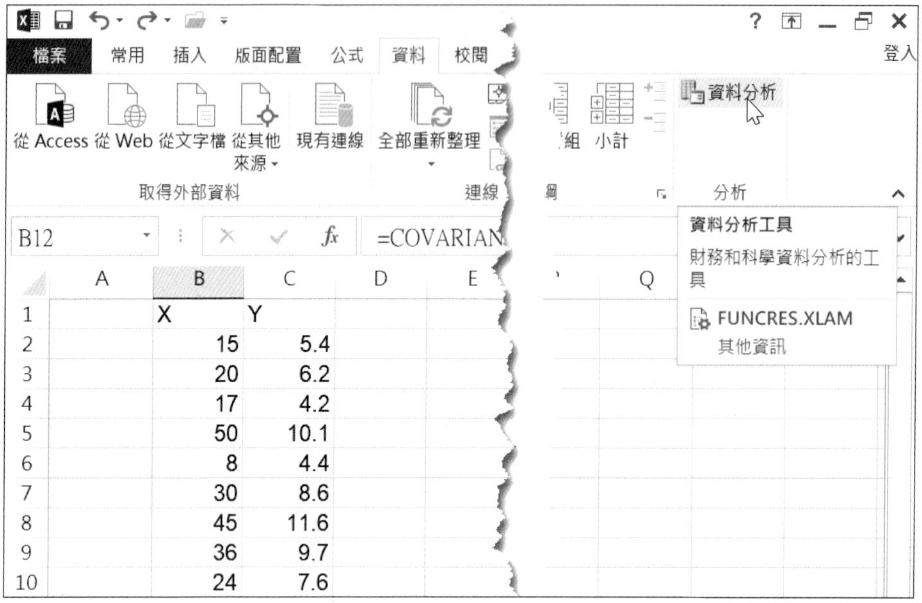

2.　接著再選擇【相關係數】（圖 13-25）或【共變數】（圖 13-26）。

圖 13-25　選擇相關係數

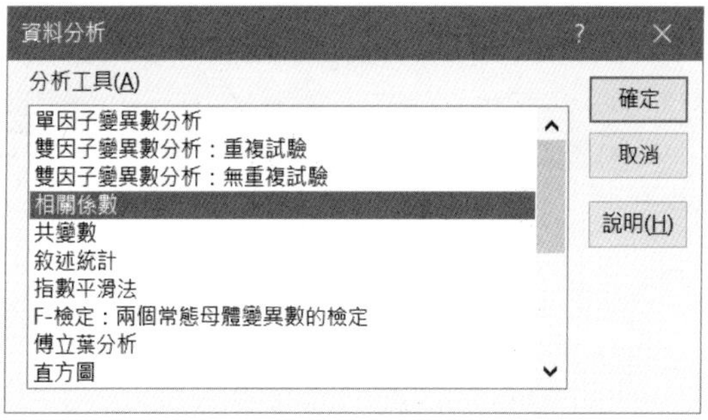

圖 13-26　選擇共變數

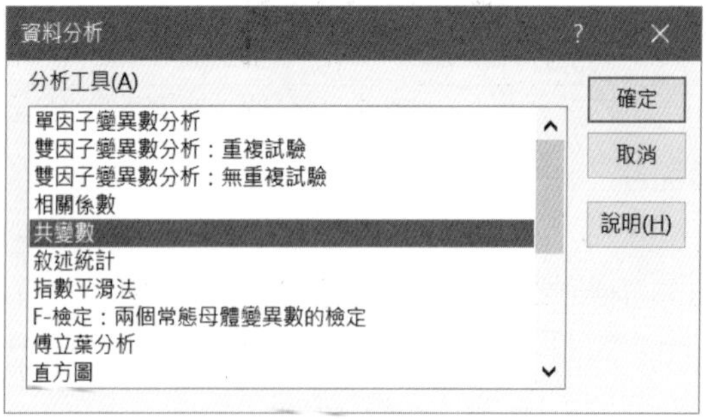

3. 選取資料範圍並進行分析。

在【輸入範圍】中選取$B$1:$C$10，【輸出選項】中選擇【新工作表】並命名（不命名也可以）。因為原始資料的第一列是變數名稱，因此記得勾選【類別軸標記是在第一列上】選項（圖 13-27、圖 13-28）。

圖 13-27　選擇資料範圍—相關係數

圖 13-28　選擇資料範圍—共變數

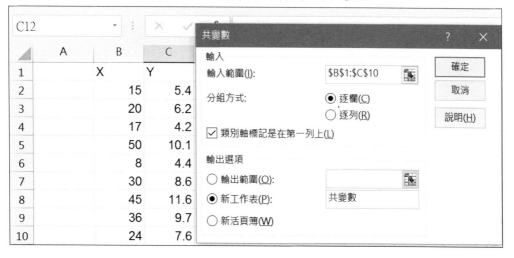

4. 分析所得結果如圖 13-29 兩個畫面。左邊為兩個變數的相關係數 $r = 0.9404$。右邊為 X 與 Y 的變異數及共變數，對角線上 X 對 X 是 X 變數的變異數 178.4，Y 對 Y 是 Y 的變異數 6.2467，對角線外 Y 對 X（或 X 對 Y）是共變數 31.393。不過，此處的變異數及共變數，分母都是 N，在推論統計中很少使用。如果要用統計函數得到下圖的變異數與共變數，可以使用 VAR.P 與 COVARIANCE.P 函數。

圖 13-29　分析結果

	A	B	C
1		X	Y
2	X	1	
3	Y	0.9404	1

	A	B	C
1		X	Y
2	X	178.4	
3	Y	31.393	6.2467

(三) 使用 $r = \dfrac{CP}{\sqrt{SS_X}\sqrt{SS_Y}} = \dfrac{s_{XY}}{\sqrt{s_X^2}\sqrt{s_Y^2}} = \dfrac{s_{XY}}{s_X s_Y}$ 公式

1. 計算 X 及 Y 變數的總和及平均數。

先使用 SUM 及 AVERAGE 計算 X 變數的總和及平均數，並將算式複製 Y 變數（圖 13-30）。

圖 13-30　計算總和與平均數，並複製算式

	A	B	C	D	E	F	G
B11			f_x	=SUM(B2:B10)			
1		X	Y	(X-Xbar)^2	(Y-Ybar)^2	(X-Xbar)*(Y-Ybar)	
2		15	5.4				
3		20	6.2				
4		17	4.2				
5		50	10.1				
6		8	4.4				
7		30	8.6				
8		45	11.6				
9		36	9.7				
10		24	7.6				
11	總和	245	67.8				
12	平均數	27.222	7.5333				
13	積差相關						

2. 計算 $(X - \overline{X})^2$。

在 D2 輸入"**=(B2-B$12)^2**"，並往下複製算式到 D10，其中 B12 為平均數，應使用絕對位址 B$12，因為要套用到 Y 變數，所以欄位 B 之前不加$號（圖 13-31）。

圖 13-31　計算 X 的離均差平方 $(X - \overline{X})^2$

3. 計算 $(Y - \overline{Y})^2$。

將 D2:D10 的算式複製到 E2:E10，計算 $(Y - \overline{Y})^2$（圖 13-32）。

圖 13-32　計算 Y 的離均差平方 $(Y - \overline{Y})^2$

4. 在 F2 輸入"**=(B2-B\$12)*(C2-C\$12)**"，計算 $(X-\overline{X})(Y-\overline{Y})$。平均數所在之儲存格同樣要使用絕對位址（圖 13-33）。

圖 13-33　計算 X 與 Y 的交乘積 $(X-\overline{X})(Y-\overline{Y})$

	F2		:	×	✓	f_x	=(B2-B$12)*(C2-C$12)	
	A	B	C	D	E	F	G
1		X	Y	(X-Xbar)^2	(Y-Ybar)^2	(X-Xbar)*(Y-Ybar)	
2		15	5.4	149.3827	4.551111	26.07407407	
3		20	6.2	52.16049	1.777778		
4		17	4.2	104.4938	11.11111		
5		50	10.1	518.8272	6.587778		
6		8	4.4	369.4938	9.817778		
7		30	8.6	7.716049	1.137778		
8		45	11.6	316.0494	16.53778		
9		36	9.7	77.04938	4.694444		
10		24	7.6	10.38272	0.004444		
11	總和	245	67.8				
12	平均數	27.222	7.5333				
13	積差相關						

5. 將 F2 算式複製到 F10，完成所有 $(X-\overline{X})(Y-\overline{Y})$ 的計算（圖 13-34）。

圖 13-34　複製算式，計算所有的交乘積 $(X-\overline{X})(Y-\overline{Y})$

	F2		:	×	✓	f_x	=(B2-B$12)*(C2-C$12)	
	A	B	C	D	E	F	G
1		X	Y	(X-Xbar)^2	(Y-Ybar)^2	(X-Xbar)*(Y-Ybar)	
2		15	5.4	149.3827	4.551111	26.07407407	
3		20	6.2	52.16049	1.777778	9.62962963	
4		17	4.2	104.4938	11.11111	34.07407407	
5		50	10.1	518.8272	6.587778	58.46296296	
6		8	4.4	369.4938	9.817778	60.22962963	
7		30	8.6	7.716049	1.137778	2.962962963	
8		45	11.6	316.0494	16.53778	72.2962963	
9		36	9.7	77.04938	4.694444	19.01851852	
10		24	7.6	10.38272	0.004444	-0.214814815	
11	總和	245	67.8				
12	平均數	27.222	7.5333				
13	積差相關						

6. 將 C11 求總和的算式複製到 F11，完成 $\Sigma(X-\overline{X})^2$、$\Sigma(Y-\overline{Y})^2$、$\Sigma(X-\overline{X})(Y-\overline{Y})$ 的計算。由圖 13-35 可看出：X 的平方和 $SS_X = \Sigma(X-\overline{X})^2 = 1605.556$，$Y$ 的平方和 $SS_Y = \Sigma(Y-\overline{Y})^2 = 56.22$，$X$ 與 Y 的交乘積和 $CP = (X-\overline{X})(Y-\overline{Y}) = 282.5333333$。

圖 13-35　計算總和，得到 $\Sigma(X-\overline{X})^2$、$\Sigma(Y-\overline{Y})^2$、$\Sigma(X-\overline{X})(Y-\overline{Y})$

7. 在 D13 輸入 "**=F11/(D11*E11)^0.5**"，使用 $r = \dfrac{CP}{\sqrt{SS_X}\sqrt{SS_Y}}$ 公式計算 r，得到結果為 0.940398（圖 13-36），與直接使用函數計算的結果相同（圖 13-37）。

圖 13-36　使用 $r = \dfrac{CP}{\sqrt{SS_X}\sqrt{SS_Y}}$ 公式計算 r

圖 13-37　$r = 0.940398$

D13			f_x	=F11/(D11*E11)^0.5		
	A	B	C	D	E	F	G
1		X	Y	(X-Xbar)^2	(Y-Ybar)^2	(X-Xbar)*(Y-Ybar)	
2		15	5.4	149.3827	4.551111	26.07407407	
3		20	6.2	52.16049	1.777778	9.62962963	
4		17	4.2	104.4938	11.11111	34.07407407	
5		50	10.1	518.8272	6.587778	58.46296296	
6		8	4.4	369.4938	9.817778	60.22962963	
7		30	8.6	7.716049	1.137778	2.962962963	
8		45	11.6	316.0494	16.53778	72.2962963	
9		36	9.7	77.04938	4.694444	19.01851852	
10		24	7.6	10.38272	0.004444	-0.214814815	
11	總和	245	67.8	1605.556	56.22	282.5333333	
12	平均數	27.222	7.5333				
13	積差相關	0.9404	←	0.940398			

8.　將 D11 的總和除以 $n-1$（8 家店），並複製算式到 F11。由圖 13-38 可看出：X 的變異數 $s_X^2 = \dfrac{\Sigma(X-\overline{X})^2}{n-1} = 200.6944$，$Y$ 的變異數 $s_Y^2 = \dfrac{\Sigma(Y-\overline{Y})^2}{n-1} = 7.0275$，$X$ 與 Y 的共變數 $s_{XY} = \dfrac{\Sigma(X-\overline{X})(Y-\overline{Y})}{n-1} = 35.31666667$。

圖 13-38　計算樣本的變異數與共變數

D12			f_x	=D11/8		
	A	B	C	D	E	F	G
1		X	Y	(X-Xbar)^2	(Y-Ybar)^2	(X-Xbar)*(Y-Ybar)	
2		15	5.4	149.3827	4.551111	26.07407407	
3		20	6.2	52.16049	1.777778	9.62962963	
4		17	4.2	104.4938	11.11111	34.07407407	
5		50	10.1	518.8272	6.587778	58.46296296	
6		8	4.4	369.4938	9.817778	60.22962963	
7		30	8.6	7.716049	1.137778	2.962962963	
8		45	11.6	316.0494	16.53778	72.2962963	
9		36	9.7	77.04938	4.694444	19.01851852	
10		24	7.6	10.38272	0.004444	-0.214814815	
11	總和	245	67.8	1605.556	56.22	282.5333333	
12	平均數	27.222	7.5333	200.6944	7.0275	35.31666667	
13	積差相關	0.9404		0.940398			

9.　在 E13 輸入"**=F12/(D12*E12)^0.5**"，使用 $r = \dfrac{s_{XY}}{\sqrt{s_X^2}\,\sqrt{s_Y^2}}$ 公式計算 r，得到結果

為 0.940398（圖 13-39），也與直接使用函數計算的結果相同（圖 13-40）。

圖 13-39　使用 $\dfrac{s_{XY}}{\sqrt{s_X^2}\,\sqrt{s_Y^2}}$ 公式計算 r

SUM					f_x	=F12/(D12*E12)^0.5	
	A	B	C	D	E	F	G
1		X	Y	(X-Xbar)^2	(Y-Ybar)^2	(X-Xbar)*(Y-Ybar)	
2		15	5.4	149.3827	4.551111	26.07407407	
3		20	6.2	52.16049	1.777778	9.62962963	
4		17	4.2	104.4938	11.11111	34.07407407	
5		50	10.1	518.8272	6.587778	58.46296296	
6		8	4.4	369.4938	9.817778	60.22962963	
7		30	8.6	7.716049	1.137778	2.962962963	
8		45	11.6	316.0494	16.53778	72.2962963	
9		36	9.7	77.04938	4.694444	19.01851852	
10		24	7.6	10.38272	0.004444	-0.214814815	
11	總和	245	67.8	1605.556	56.22	282.5333333	
12	平均數	27.222	7.5333	200.6944	7.0275	35.31666667	
13	積差相關	0.9404		0.940398	=F12/(D12*E12)^0.5		

圖 13-40　$r = 0.940398$

E13					f_x	=F12/(D12*E12)^0.5	
	A	B	C	D	E	F	G
1		X	Y	(X-Xbar)^2	(Y-Ybar)^2	(X-Xbar)*(Y-Ybar)	
2		15	5.4	149.3827	4.551111	26.07407407	
3		20	6.2	52.16049	1.777778	9.62962963	
4		17	4.2	104.4938	11.11111	34.07407407	
5		50	10.1	518.8272	6.587778	58.46296296	
6		8	4.4	369.4938	9.817778	60.22962963	
7		30	8.6	7.716049	1.137778	2.962962963	
8		45	11.6	316.0494	16.53778	72.2962963	
9		36	9.7	77.04938	4.694444	19.01851852	
10		24	7.6	10.38272	0.004444	-0.214814815	
11	總和	245	67.8	1605.556	56.22	282.5333333	
12	平均數	27.222	7.5333	200.6944	7.0275	35.31666667	
13	積差相關	0.9404		0.940398	0.940398		

10.　如果要計算 X 與 Y 的標準差，則分別對變異數取 0.5 次方（平方根）即可。

由圖 13-41 可看出，X 的標準差 $s_X = 14.16667$，Y 的標準差 $s_Y = 2.650943$。

圖 13-41　X 與 Y 的樣本標準差各為 14.16667 與 2.650943

	A	B	C	D	E	F	G
				fx	=D12^0.5		
1		X	Y	(X-Xbar)^2	(Y-Ybar)^2	(X-Xbar)*(Y-Ybar)	
2		15	5.4	149.3827	4.551111	26.07407407	
3		20	6.2	52.16049	1.777778	9.62962963	
4		17	4.2	104.4938	11.11111	34.07407407	
5		50	10.1	518.8272	6.587778	58.46296296	
6		8	4.4	369.4938	9.817778	60.22962963	
7		30	8.6	7.716049	1.137778	2.962962963	
8		45	11.6	316.0494	16.53778	72.2962963	
9		36	9.7	77.04938	4.694444	19.01851852	
10		24	7.6	10.38272	0.004444	-0.214814815	
11	總和	245	67.8	1605.556	56.22	282.5333333	
12	平均數	27.222	7.5333	200.6944	7.0275	35.31666667	
13	積差相關	0.9404		0.940398	0.940398		
14	標準差			14.16667	2.650943		
15							

11. 輸入 "**=F12/(D14*E14)**" 同樣可以得到 r 值，此時是使用 $r = \dfrac{s_{XY}}{s_X s_Y}$ 公式（圖 13-42）。

圖 13-42　使用 $\dfrac{s_{XY}}{s_X s_Y}$ 公式計算 r

	A	B	C	D	E	F	G
				fx	=F12/(D14*E14)		
1		X	Y	(X-Xbar)^2	(Y-Ybar)^2	(X-Xbar)*(Y-Ybar)	
2		15	5.4	149.3827	4.551111	26.07407407	
3		20	6.2	52.16049	1.777778	9.62962963	
4		17	4.2	104.4938	11.11111	34.07407407	
5		50	10.1	518.8272	6.587778	58.46296296	
6		8	4.4	369.4938	9.817778	60.22962963	
7		30	8.6	7.716049	1.137778	2.962962963	
8		45	11.6	316.0494	16.53778	72.2962963	
9		36	9.7	77.04938	4.694444	19.01851852	
10		24	7.6	10.38272	0.004444	-0.214814815	
11	總和	245	67.8	1605.556	56.22	282.5333333	
12	平均數	27.222	7.5333	200.6944	7.0275	35.31666667	
13	積差相關	0.9404		0.940398	0.940398	0.940397799	
14	標準差			14.16667	2.650943		

(四) 使用 $r = \dfrac{\Sigma Z_X Z_Y}{n-1}$ 公式

1. 計算 X 變數的總和、平均數、及標準差。

   使用的函數分別是 SUM、AVERAGE，及 STDEV.S（計算樣本標準差）（圖 13-43）。

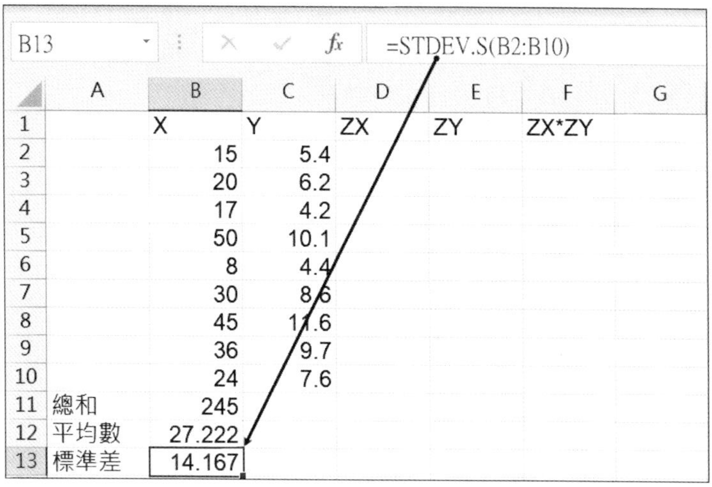

圖 13-43　計算 X 的總和、平均數、及標準差

2. 複製 B 欄（X 變數）的算式到 C 欄（Y 變數）（圖 13-44）。

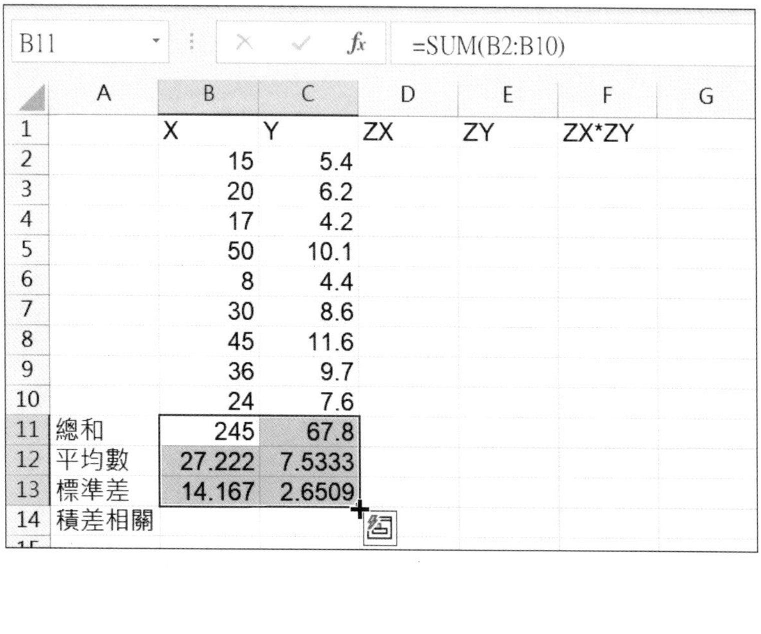

圖 13-44　複製算式，計算 Y 的總和、平均數、及標準差

3. 在 D2 計算 B2 之 X 變數的 Z 分數，公式為 $\dfrac{X-\bar{X}}{s}$，輸入"**=(B2-B$12)/B$13**"，

　其中 B12 為平均數，B13 為標準差，應使用絕對位址 B$12，因為要直接套用
　到 Y 變數，所以欄位 B 之前不加$號（圖 13-45）。

圖 13-45　使用 $\dfrac{X-\bar{X}}{s}$ 計算個別數值的 Z_X

4. 將 D2 之算式往下複製到 D10，計算完成 B2:B10（X 變數）之 Z 分數（圖 13-46）。

圖 13-46　複製算式，使用計算所有數值的 Z_X

5. 再將 D2:D10 算式往右複製，計算完成 C2:C10（Y 變數）之 Z 分數（圖 13-47）。

圖 13-47　複製算式，計算所有的 Z_Y

D2			f_x	=(B2-B$12)/B$13		
	A	B	C	D	E	F	G
1		X	Y	ZX	ZY	ZX*ZY
2		15	5.4	-0.8627	-0.8047	
3		20	6.2	-0.5098	-0.503	
4		17	4.2	-0.7216	-1.2574	
5		50	10.1	1.6078	0.9682	
6		8	4.4	-1.3569	-1.182	
7		30	8.6	0.1961	0.4024	
8		45	11.6	1.2549	1.534	
9		36	9.7	0.6196	0.8173	
10		24	7.6	-0.2275	0.0251	
11	總和	245	67.8			
12	平均數	27.222	7.5333			
13	標準差	14.167	2.6509			

6. 將 C11:C13 的算式往右複製，直接計算 Z_X 及 Z_Y 的總和、平均數、及標準差。由畫面可看出，Z_X 及 Z_Y 的標準差都為 1，平均數都為 0（4E-16 代表 4×10^{-16}，即為 0，這是因為 Excel 計算不夠精確的關係）（圖 13-48）。

圖 13-48　Z_X 與 Z_Y 的平均數與總和分別是 0 與 1

C11			f_x	=SUM(C2:C10)		
	A	B	C	D	E	F	G
1		X	Y	ZX	ZY	ZX*ZY
2		15	5.4	-0.8627	-0.8047	
3		20	6.2	-0.5098	-0.503	
4		17	4.2	-0.7216	-1.2574	
5		50	10.1	1.6078	0.9682	
6		8	4.4	-1.3569	-1.182	
7		30	8.6	0.1961	0.4024	
8		45	11.6	1.2549	1.534	
9		36	9.7	0.6196	0.8173	
10		24	7.6	-0.2275	0.0251	
11	總和	245	67.8	4E-16	7E-16	
12	平均數	27.222	7.5333	4E-17	8E-17	
13	標準差	14.167	2.6509	1	1	
14	積差相關					
15						

7. 在 F2 計算 Z_X*Z_Y，並複製算式到 F10（圖 13-49）。

圖 13-49　計算所有的 $Z_X * Z_Y$

	A	B	C	D	E	F	G
			fx		=D2*E2		
1		X	Y	ZX	ZY	ZX*ZY	
2		15	5.4	-0.8627	-0.8047	0.6943	
3		20	6.2	-0.5098	-0.503	0.2564	
4		17	4.2	-0.7216	-1.2574	0.9073	
5		50	10.1	1.6078	0.9682	1.5567	
6		8	4.4	-1.3569	-1.182	1.6038	
7		30	8.6	0.1961	0.4024	0.0789	
8		45	11.6	1.2549	1.534	1.9251	
9		36	9.7	0.6196	0.8173	0.5064	
10		24	7.6	-0.2275	0.0251	-0.0057	
11	總和	245	67.8	4E-16	7E-16		
12	平均數	27.222	7.5333	4E-17	8E-17		
13	標準差	14.167	2.6509	1	1		

8. 在 F11 將所有 Z_X*Z_Y 加總，得到 $\Sigma Z_X Z_Y$，結果為 7.5232（圖 13-50）。

圖 13-50　$\Sigma Z_X Z_Y$ 為 7.5232

	A	B	C	D	E	F	G
			fx		=SUM(F2:F10)		
1		X	Y	ZX	ZY	ZX*ZY	
2		15	5.4	-0.8627	-0.8047	0.6943	
3		20	6.2	-0.5098	-0.503	0.2564	
4		17	4.2	-0.7216	-1.2574	0.9073	
5		50	10.1	1.6078	0.9682	1.5567	
6		8	4.4	-1.3569	-1.182	1.6038	
7		30	8.6	0.1961	0.4024	0.0789	
8		45	11.6	1.2549	1.534	1.9251	
9		36	9.7	0.6196	0.8173	0.5064	
10		24	7.6	-0.2275	0.0251	-0.0057	
11	總和	245	67.8	4E-16	7E-16	7.5232	
12	平均數	27.222	7.5333	4E-17	8E-17		
13	標準差	14.167	2.6509	1	1		

9. 將 7.5232 除以 $n-1$（8家店），得到 0.9404（也就 $\frac{\Sigma Z_X Z_Y}{n-1} = 0.9404$）（圖 13-51），這就是 Pearson r，與直接使用函數計算的結果相同。

圖 13-51 $\quad r = \dfrac{\Sigma Z_X Z_Y}{n-1} = 0.9404$

	A	B	C	D	E	F	G
						fx $=$F11/8	
1		X	Y	ZX	ZY	ZX*ZY	
2		15	5.4	-0.8627	-0.8047	0.6943	
3		20	6.2	-0.5098	-0.503	0.2564	
4		17	4.2	-0.7216	-1.2574	0.9073	
5		50	10.1	1.6078	0.9682	1.5567	
6		8	4.4	-1.3569	-1.182	1.6038	
7		30	8.6	0.1961	0.4024	0.0789	
8		45	11.6	1.2549	1.534	1.9251	
9		36	9.7	0.6196	0.8173	0.5064	
10		24	7.6	-0.2275	0.0251	-0.0057	
11	總和	245	67.8	4E-16	7E-16	7.5232	
12	平均數	27.222	7.5333	4E-17	8E-17		
13	標準差	14.167	2.6509	1	1		
14	積差相關	0.9404				0.9404	
15							

三、SPSS 操作步驟（例題 13-2.sav）

1. 使用相關分析程序。

在【分析】中之【相關】選擇【雙變數】（圖 13-52）。

圖 13-52　使用相關分析程序

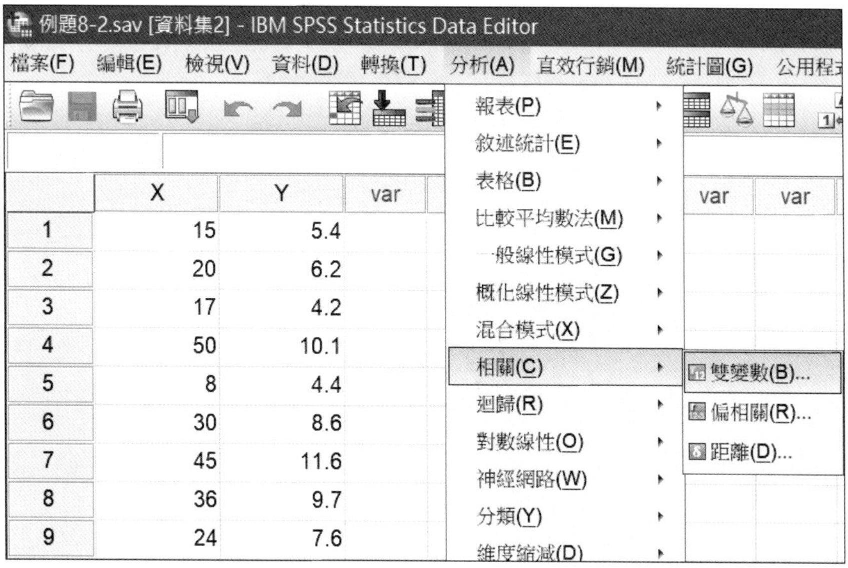

2. 選擇分析變數。

將變數 X 及 Y 選擇到右邊的【變數】框中（圖 13-53），接著，在【選項】下選擇所需要的統計量。

圖 13-53　選擇分析變數

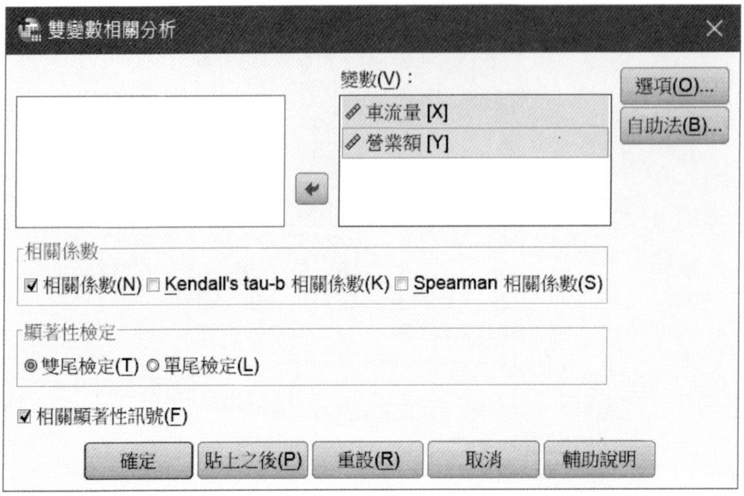

3. 選擇需要的統計量。

勾選【平均數與標準差】及【叉積離差與共變異數矩陣】（圖 13-54），接著點選【繼續】再按【確定】，進行分析。

圖 13-54　勾選需要的統計量

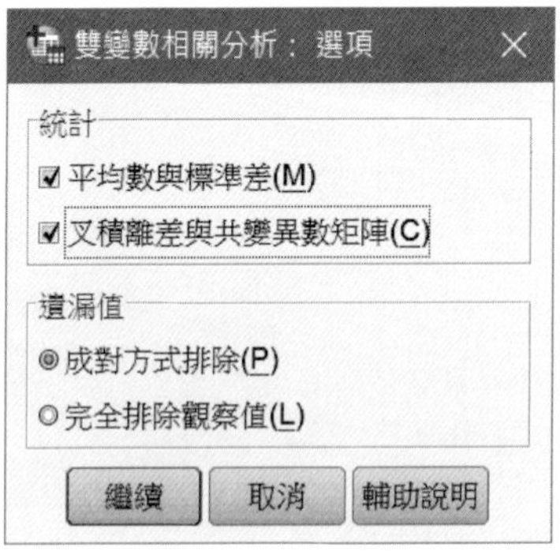

4. 輸出報表。

輸出的報表如圖 13-55。圖中第一個報表顯示兩個變數的平均數、標準差、及個數。

第二個報表共有四大格數據，每一格中有五列數字。第一列為相關係數，車流量與營業額的相關係數為 .940，右上角的兩個星號表示達到 .01 顯著水準。第二列是顯著性，如果小於 .05 就表示顯著，畫面中 .940 下的顯著性是 .000，已經小於 .001，表示 $r = .940, p < .001$。第三列是離均差平方和及交乘積和。在車流量對車流量的這一格中，1605.556 是車流量（X 變數）的離均差平方和 SS_X；營業額對營業額這一格中，56.220 是營業額（Y變數）的離均差平方和 SS_Y；車流量對營業額（或營業額對車流量）這一格的 282.533 是 X 變數與 Y 變數的交乘積和 CP。第四列是變異數及共變數。X 的變異數是 200.694，Y 的變異數是 7.027，X 與 Y 的共變數是 35.317。第五列是樣本數 9。

圖 13-55　輸出報表

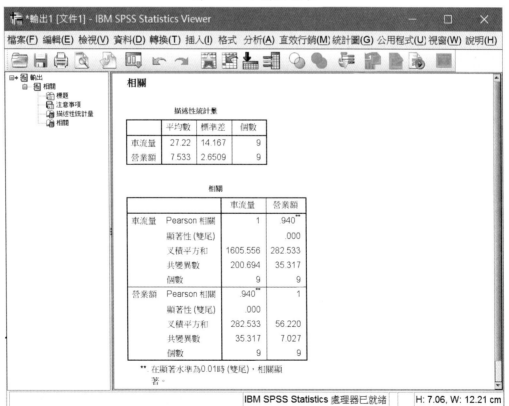

綜合以上所述，由報表中可以得到以下的統計量：

Pearson $r = .940$，$p < .001$；$SS_X = 1605.556$；$SS_Y = 56.220$；$CP = 282.533$；s_X^2 $= 200.694$；$s_Y^2 = 7.027$；$s_{XY} = 35.317$；$s_X = 14.167$；$s_Y = 2.6509$；$\bar{X} = 27.22$；$\bar{Y} = 7.533$。

代入上述的數值，可得到：

$$r = \frac{282.533}{\sqrt{1605.556}\sqrt{56.220}} = \frac{35.317}{\sqrt{200.694}\sqrt{7.027}} = \frac{35.317}{14.167 \times 2.6509} = .940$$

參、Pearson 積差相關的性質與解釋

一、Pearson r 介於-1 與$+1$ 之間

Pearson r 的最大值是$+1$，此時為**完全正相關**，最小值是-1，為**完全負相關**，如果係數為 0，稱為**零相關**。由於相關係數介於-1 與$+1$ 之間，依美國心理學會（The American Psychological Association, APA）的出版格式，小數點前的 0 就不寫，因此 0.940，會寫成 .940。

由相關係數可看出關聯的**方向**及**強度**。方向由係數的正負就可以得知，如果係數為正，就是**正相關**，表示某個變數的高低，與另一個變數的高低成**同向**的變化。如果係數為負，就是**負相關**，表示某個變數的高低，與另一個變數的高低成**反向**的變化。

強度則是由係數的**絕對值**來判斷，與正負無關。如果 $r = -.60$，其關聯強度會比 $r = .40$ 來得高。依 Cohen（1988）的經驗法則，$\pm.10$、$\pm.30$、$\pm.50$ 代表小、中、大的關聯程度，這數字也代表**效果量**（effect size）。

統計學上常會使用**文氏圖**（Venn diagram）來表示變數間的關聯程度。當兩個圓（有時也會用方形表示）重合度愈高時，表示兩個變數的關聯強度愈大。

圖 13-56　文氏圖

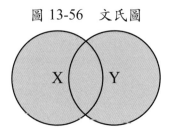

二、Pearson 相關係數為 0，不代表兩變項間無關

Pearson 積差相關只適合**線性關係**，如果是曲線關係，則不適用。當兩個變數之間的相關係數為 0 時，不代表兩者沒有關聯，或許有可能是曲線相關（如壓力與表現），這就需要看散佈圖來判斷了。

三、相關係數是否顯著與樣本數有關

計算完相關係數後，一般會進行考驗，看看相關係數是否顯著不等於 0。傳統的做法，是查統計表（目前可以在網路中找到這類的統計表），看看計算所得的相關係數是否大於某一個關鍵值（稱為**臨界值**，critical value）。當樣本數愈少時，這個臨界值就會愈大，因此即使 r 值相同，也不代表就都顯著。例如，計算之後得到 $r = .60$，但是如果這是只用 10 個樣本所做的研究，就不顯著（設定 $\alpha = .05$）；如果這是 20 個樣本所做的研究，$r = .60$ 就顯著了 [3]。所以，相關係數是否顯著與**樣本數**有關。當樣本數超過 100，r 值接近 .20 就顯著了。綜言之，當樣本數愈大，所需要的臨界值就愈小，因此 r 值也就愈容易顯著。

由於電腦的發展，現在一般不查臨界值，而由統計軟體算出的 p 值來判斷。如果 $p < .05$，表示要大於分析所得 r 值的機率已經很小了，所以它不是隨機就可以遇上的，也就有統計上顯著的意義了。**同樣的係數，當樣本數愈大時，p 值就會愈小，也就愈容易顯著** [4]。在統計學上，如果 $p < .05$，一般會在相關係數的右上角標註一個星號（*），如果 $p < .01$，則標註兩個星號（**），當 $p < .001$，則標註三個星號（***）。許多人誤以為星號愈多就顯著，其實，p 值的標準應事前設定，不應等計算之後再來修改標準。為了因應電腦及統計軟體的發展，現在 APA 已經要求研究者在論文中要列出精確的 p 值（例如 $p = .056$）。如果統計報表上顯示 p 值為 .000，許多研究者會寫成 $p = .000$，這不太合理，最好寫成 $p < .001$。

不過，也由於樣本數愈多，r 值愈容易顯著，當樣本數非常大時（例如 1000

---

[3]　$\alpha = .05$ 時，10 個樣本（自由度為 8）的 r 臨界值為 0.707，20 個樣本時，臨界值為 0.468。

[4]　當 r 固定為 0.4 時，如果 $n = 10$，則雙尾的 $p = 0.252$；如果 $n = 20$，則 $p = 0.081$；如果 $n = 25$，則 $p = 0.048$；如果 $n = 50$，則 $p = 0.004$。因此，樣本數愈大，愈容易達統計上的顯著。

人），則很小的 r 值就會顯著（稱為**統計上的顯著**），但是關聯強度卻不見得有意義，所以現在許多學術期刊都會要求要留意效果量的大小（稱為**實質上的顯著**）。

四、有相關，不一定有因果關係

許多初學統計的學生常會以為有相關就有因果關係，這是錯誤的觀念。例如，夏天時，中暑人數與冰品銷售量會有正相關，它的圖示如圖 13-57（留意：統計上通常使用**雙向箭頭**表示相關）。

圖 13-57　中暑人數與冰品銷售量有相關

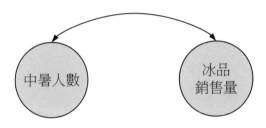

但是，有相關不代表就有因果關係。是中暑人數增加，使得冰品銷售量提高？（如圖 13-58）或是冰品銷售量提高，使得中暑人數增加？（如圖 13-59）（留意：統計上通常使用**單向箭頭**表示因果，被箭頭指到的變項為果，箭頭出發的變數為因。）其實，它們都受了另一個共同變數（如，溫度）的影響，使得中暑人數與冰品銷售量有正相關（如圖 13-60）。統計學中，**虛假相關**（spurious correlation）在探討此一議題，值得讀者再加留意。

圖 13-58　中暑人數影響冰品銷售量

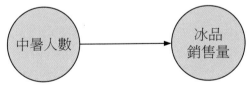

圖 13-59　冰品銷售量影響中暑人數

圖 13-60　溫度影響中暑人數及冰品銷售量

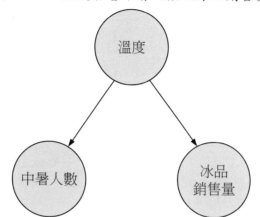

五、相關係數非等距變數，只是次序變數

相關係數並不是等距的，因此 .80 與 .60 的差距，不等於 .60 與 .40 的差異。相關係數更不是等比的，所以 .80 也不是 .40 的 2 倍。我們頂多只能說 .80 的關聯強度比 .60 及 .40 來得大。然而，.80 是否比 .60 來得顯著地大，則需要進行統計考驗。

六、如果某個變數的全距受到限制，相關會變小

陳正昌（2007）以國小學生為對象進行研究，發現智力與學業成績有正相關（圖 13-61，$r = .76$）。但是，如果把智力限制在 120 以上，則相關係數減小為 .39（圖 13-62）。

所以，如果某個變數的全距受到限制，相關通常會變小（如果是曲線相關則不一定）。因此，以醫學系學生為研究對象，可能會發現智力與學業成績並無關聯，這是因為在臺灣能進入醫學系就讀的學生，幾乎都有高智力。此時，學習動機、學習策略，與學業成績會比較有關。

圖 13-61　智力未受限的相關

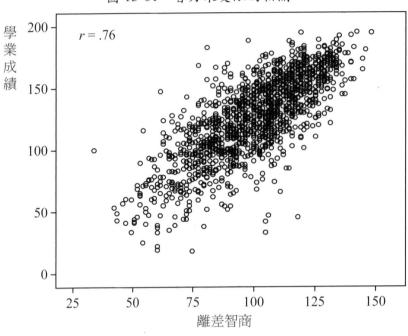

資料來源：陳正昌（2007）。量化研究與統計分析。

圖 13-62　智力受限的相關

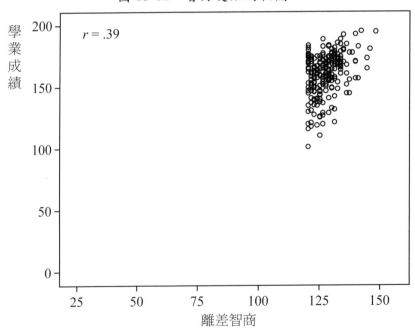

資料來源：陳正昌（2007）。量化研究與統計分析。

肆、習題

一、電器公司想了解冷氣機銷售量（Y）和在電視上做廣告次數（X）之關係，隨機抽取之數據如習題 13-1 之資料（資料來源：104 年三級地方特考經建行政類科，《統計學》）。

1. 以 Excel 及 SPSS 繪製散佈圖。
2. 以 Excel 之函數及增益集，計算變異數、共變數、及 Pearson 相關係數。
3. 以 SPSS 進行相關分析，求出 SSCP 矩陣、變異數－共變數矩陣、及 Pearson 相關係數矩陣。

二、某位大學教授從某一本成績簿內取得一份「缺席次數」與「期末成績」的隨機樣本，結果如習題 13-2（資料來源：104 原住民族三等考試經建行政類科，《統計學》）。

1. 請計算「缺席次數」的樣本變異數（sample variance）。
2. 請計算「缺席次數」與「期末成績」的樣本共變異數（sample covariance）。
3. 請計算「缺席次數」與「期末成績」的樣本相關係數（sample correlation）。

三、習題 13-3 是鰻苗的價格與產量的數據（資料來源：105 年三級高考衛生行政等類科，《生物統計學》）。

1. 請畫出價格與產量的散佈圖，橫軸為產量，縱軸為價格。
2. 求價格與產量皮爾森相關係數。
3. 檢驗鰻苗的價格與產量是否為顯著相關。

第14章
迴歸分析

本章概要

1. 迴歸分析的主要目的在解釋與預測。

2. 迴歸分析中，依變數是由模型與殘差兩部分組成。

3. 簡單迴歸的模型為：$\hat{Y} = bX + a$。

4. 斜率 $b = \dfrac{CP}{SS_X} = \dfrac{s_{XY}}{s_X^2}$；截距 $a = \overline{Y} - b\overline{X}$。

5. 在簡單迴歸中，標準化係數 $\beta = r$。

6. 迴歸分析整體的檢定，使用 F 檢定，$F = \dfrac{\text{迴歸} MS}{\text{殘差} MS}$。

7. 決定係數 $R^2 = \dfrac{\text{迴歸} SS}{\text{總和} SS}$，是依變數總變異數中，可以由模型解釋的部分。

8. $\sqrt{1 - R^2}$ 稱為疏離係數。

　　研究的目的在於：描述、解釋、預測、及控制。以地球科學為例，研究者會描述近十年來有幾次颱風侵襲臺灣，風力又有多強；解釋為什麼有時颱風多，又有時颱風少；預測颱風的路徑及挾帶的雨量；甚至希望控制雨量的多寡（例如使用人造雨），進而期望改變颱風的路線。以社會科學為例，研究者會描述歷年來每年的新生兒數；解釋為什麼有時出生人口少，有時又比較多（如，龍年較多，虎年較少）；預測未來二十年臺灣的人口數；控制出生人口（如，實施家庭計畫或鼓勵生育）。商業行銷會描述消費者的特性，解釋為什麼某種產品特別暢銷，也會預測何種特質的消費者會對某類產品感到興趣，進而針對某個年齡層的消費者加強行銷，期望刺激購買欲望。

　　迴歸分析的主要目的在於找到可以解釋**效標變數**（criterion variable，通常又叫**依變數**或**被解釋變數**）的重要**預測變數**（predictor variable，又稱為**自變數**或**解釋變數**），建立模型，進而預測效標變數。實務上，研究者常會使用許多預測變數來對一個效標變數進行**多元迴歸分析**，不過，本章只說明一個預測變數的**簡單迴歸分析**。有關多元迴歸分析的說明，請參見陳正昌（2017）另一本著作。

壹、往平均數迴歸

迴歸分析的研究，來自於英國統計學家 Francis Galton 對於父母及子女身高的研究。他發現，身高較平均數高的父親，他們的兒子身高雖然也較高，但是沒有期望中那麼高，會有往平均數迴歸（regression toward the mean）的現象；而身高較平均數矮的父親，他們的兒子身高雖然也較矮，但是也有往平均數迴歸的現象。同樣的情形也出現在母親與女兒的身高。換言之，身高較高（或矮）的上一代，他們的下一代雖然也較高（或矮），但是卻不會無限制的發展，而會往平均數迴歸。只是，目前的迴歸分析與當時的迴歸概念已不盡相同。

貳、完全線性關係

如果兩個變數成完全線性的關係，所有的點連成一直線，此時可以使用二元一次方程式來表示：

$$Y = bX + a$$

其中 b 稱為**斜率**（slope），a 稱為**截距**（intercept）。b 是對邊與鄰邊的比值，也就是 X 改變 1 個單位後，Y 的改變量，等於 $\cos\theta$。a 是 X 等於 0 時，Y 的數值。

圖 14-1 中 X 與 Y 為完全正相關，其方程式為 $Y = 0.85X + 1.35$，X 分別代入 3 及 7 後，得到 Y 為 3.9 及 7.3，$\dfrac{7.3 - 3.9}{7 - 3} = 0.85$，也就是 X 改變 1 個單位，Y 隨之改變 0.85 個單位。當 $X = 0$ 時，$Y = 1.35$。

利用此方程式，我們可以代入已知的 X，求得未知的 Y，例如，當 $X = 8.5$ 時，$Y = 0.85 \times 8.5 + 1.35 = 8.575$。

圖 14-1　完全正相關與二元一次方程式

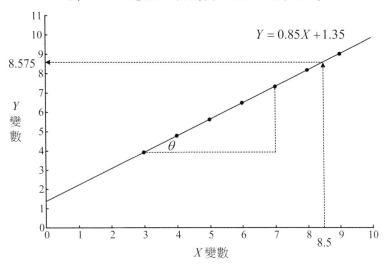

參、散佈圖與簡單線性迴歸

一、統計基本觀念

(一) 斜率與截距

　　在社會科學中，許多情形下，X 與 Y 並不是完全的線性關係（如圖 14-2）。此時，研究者仍然可以找出一條最適配的直線（迴歸線）來代表兩個變數的關係，而這個條迴歸線要符合每個 Y 值與線之垂直距離的平方（也就是面積）總和最小的要求，這就是一般常用的最小平方法（ordinary least squares method）。

圖 14-2　一般最小平方法

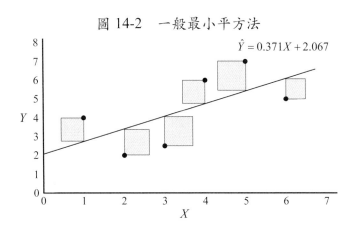

在二元一次的線性模式中，我們可以用公式 14-1 表示每個 Y 值（Y_i）：

$$Y_i = bX_i + a + e_i \tag{14-1}$$

Y 值由兩部分組成：$bX_i + a$ 稱為**模型**（model），e 稱為**殘差**（residual），因此，

$$Y = 模型 + 殘差 \tag{14-2}$$

將方程式移項，可得到，

$$Y_i - e_i = \hat{Y}_i = bX_i + a \tag{14-3}$$

統計學上把 $Y - e$ 稱為 $\hat{Y}$，是由 X 預測所得，但是包含了殘差的 Y。因為 $\hat{Y} = Y - e$，所以 $e = Y - \hat{Y}$。迴歸分析的目的是希望 Σe^2 為最小，求解可以得到：

$$b = \frac{\Sigma(X - \overline{X})(Y - \overline{Y})}{\Sigma(X - \overline{X})^2} = \frac{CP}{SS_X} = \frac{s_{XY}}{s_X^2} \tag{14-4}$$

$$a = \overline{Y} - b\overline{X} \tag{14-5}$$

再以圖 14-3 為例，某公司人資部門認為員工的挫折容忍力可以預測其在留職時間，因此以 14 名已經離職員工的資料進行迴歸分析。分析所得方程式是 $\hat{Y} = 2.7093X + 2.4471$，員工的挫折容忍力每增加 1 分，則在職時間可以多 2.71 個月。截距 2.4471 代表員工挫折容忍力為 0 時，則平均在職時間為 2.45 個月。

圖 14-3　以挫折容忍力對在職時間所做的迴歸分析（未標準化）

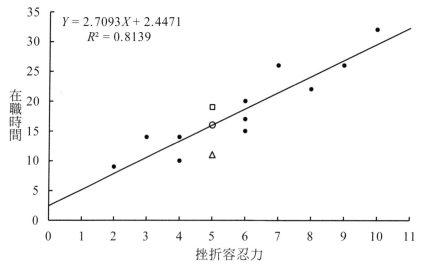

　　然而，許多時候，X 變數為 0 並沒有意義。例如，以身高可以預測體重，但是，身高為 0 卻是無意義的；又如，以智力也可以預測學業成績，同樣地，智力為 0 也沒有意義；挫折容忍力為 0 也不可能。因此，**統計學中會比較關心斜率，相對而言比較不關心截距。**

(二) 預測值與殘差

　　圖 14-2 中的迴歸方程式為 $\hat{Y} = 2.7093X + 2.4471$，只要知道 X，找到直線上的 Y，就是 Y 的預測值 $\hat{Y}$。例如，如果某些員工的挫折容忍力是 5 分，則預測的在職時間是 $\hat{Y} = 2.7093 \times 5 + 2.4471 = 15.9934$。然而，個別員工實際上的在職時間並不全都是 15.9934 個月。座標上○所代表的第 5 位員工，在職時間是 16 個月，與預測值 15.9934 相差不多；□所代表的第 7 位員工，在職時間是 19 個月，高於預測值，殘差是 19 − 15.9934 = 3.0066；而△所代表的第 6 位員工，在職時間是 11 個月，低於預測值，殘差是 11 − 15.9934 = −4.9934。

　　綜言之，每位員工真正的在職時間 Y，等於迴歸模型加上殘差：

第 5 位員工的在職時間：$Y_5 = 16 = 2.7093 \times 5 + 2.4471 + 0.0066$

第 6 位員工的在職時間：$Y_6 = 11 = 2.7093 \times 5 + 2.4471 + (-4.9934)$

第 7 位員工的在職時間：$Y_7 = 19 = 2.7093 \times 5 + 2.4471 + 3.0066$

　　在此要強調：進行預測時，新的 X 值只能在建立模型時使用的 X 值範圍（最小值及最大值），如果超過原來 X 值的範圍，就不能確保原先的線性模型是否適用。

(三) 標準化係數

　　有時，變數的測量會因為不同的研究者而有所差異。例如，甲研究者編製的挫折容忍力有 20 題，為 5 點形式的量表，得分在 20 ~ 100 之間，乙研究者編了 30 題，是 4 點形式的量表，得分在 30 ~ 120 之間。此時，同一個員工在不同的量表得分上，就會有所差異。另一方面，如果有許多個預測變數，因為單位不同，就難以比較相對的重要性。例如，使用員工的挫折容忍力、受訓時的表現、及溝通表達能力，對在職時間進行多元迴歸分析。此時，就會將所有變數標準化為 Z 分數，求得標準化的係數 β，

$$\beta = b\frac{s_X}{s_Y} \tag{14-6}$$

當只有一個預測變數時，標準化的斜率 β 會正好等於兩變數的 Pearson 積差相關 r，

$$\beta = b\frac{s_X}{s_Y} = \frac{s_{XY}}{s_X^2}\frac{s_X}{s_Y} = \frac{s_{XY}}{s_X s_Y} = r \tag{14-7}$$

圖 14-4 是圖 14-3 標準化的結果，方程式為 $Z_y = 0.9022 Z_X$，當員工的挫折容忍力每增加一個 Z 值，在職時間就可以增加 0.9022 個 Z 值。

圖 14-4　以挫折容忍力對在職時間所做的迴歸分析（標準化）

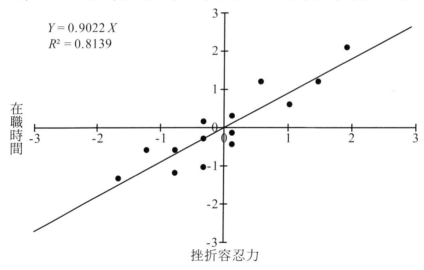

例題 14-1

某公司人力資源部門在員工任職時，會對他們先實施挫折容忍力測驗（分數愈高，挫折容忍力愈高），在他們離職時計算在職的時間（單位：月），資料如表 14-1。請以挫折容忍力為預測變數，在職時間為效標變數，求迴歸方程式。

表 14-1　員工的挫折容忍力與在職時間

挫折容忍力	在職時間	挫折容忍力	在職時間
2	9	6	17
3	14	6	20
4	10	7	26
4	14	8	22
5	16	9	26
5	11	10	32
5	19	6	15

二、Excel 操作步驟（例題 14-1.xlsx）

1. 在 A、B 兩欄分別輸入兩個變數的數值。接著，在【插入】選單中的【圖表】中選擇【插入 XY 散佈圖或泡泡圖】（圖 14-5）。

圖 14-5　插入 XY 散佈圖或泡泡圖

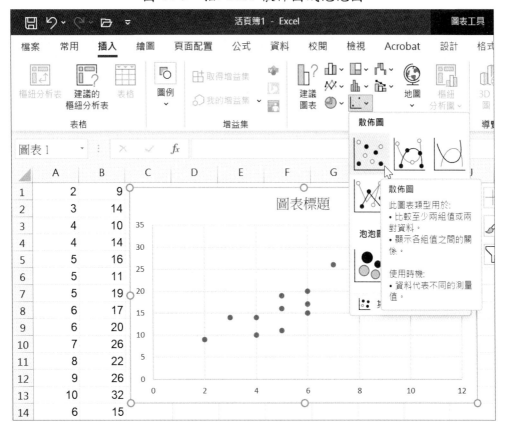

2. 初步完成圖形如圖 14-6。

圖 14-6　初步完成的散佈圖

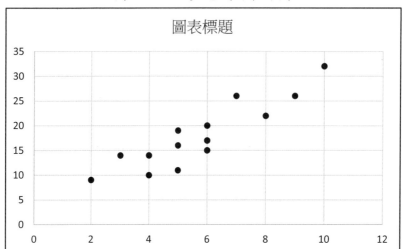

3. 在【圖表版面配置】中選擇【版面配置 9】（圖 14-7）。

圖 14-7　選擇版面配置 9

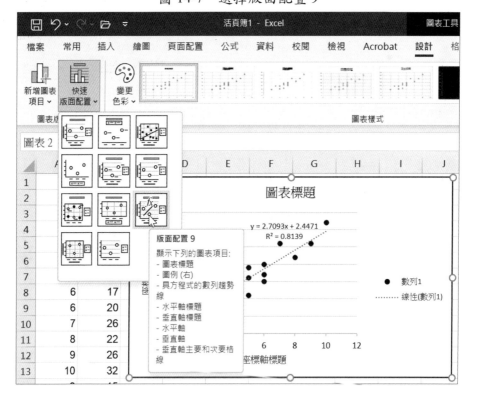

4. 經細部修改後得到最後圖形如圖 14-8（過程不詳述，請讀者自行嘗試）。迴歸方程式為 $\hat{Y} = 2.7093X + 2.4471$，$R^2 = 0.8139$。

圖 14-8　最後完成的散佈圖

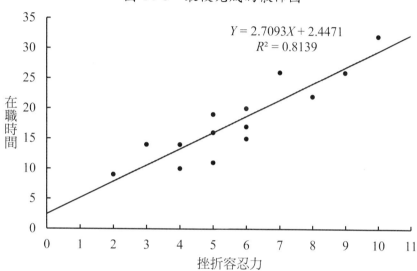

三、SPSS 操作步驟（例題 14-1.sav）

1. 使用圖表建立器繪製散佈圖。

先輸入變數及資料，接著在【統計圖】選單中選擇【圖表建立器】（圖 14-9）。

圖 14-9　使用圖表建立器程序

2. 選擇簡易散佈圖及分析變數。

在【散佈圖/點】中選擇【簡易散佈圖】（圖 14-10 左），接著將自變數挫折容忍力放在【X軸】，依變數在職時間放在【Y軸】，點選【確定】（圖 14-10 右）。

圖 14-10　選擇簡易散佈圖及分析變數

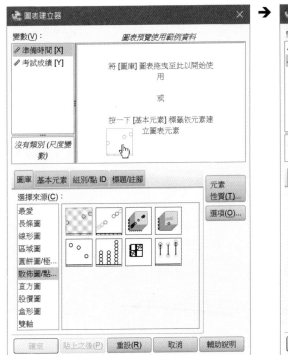 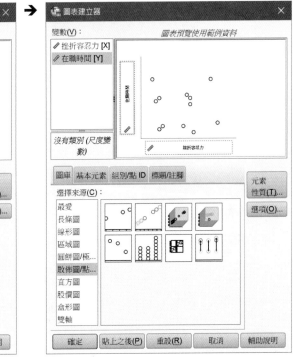

3. 初步輸出結果。

初步完成後輸出結果如圖 14-11。

4. 編輯統計圖。

在圖形上雙擊，進入圖表編輯器，接著在【元素】選單上選擇【於總和繪出最適線】（見圖 14-12）。

5. 最後輸出結果。

最後完成的輸出結果如圖 14-13，迴歸方程式為 $\hat{Y} = 2.45 + 2.71X$ ，$R^2 = 0.814$ 。

圖 14-11　初步輸出結果

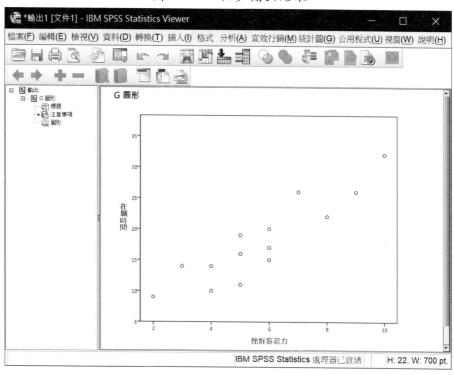

圖 14-12　編輯統計圖，於總和繪出最適線

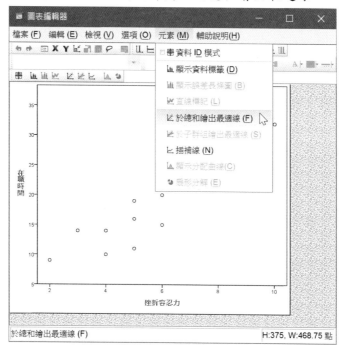

圖 14-13　最後輸出結果

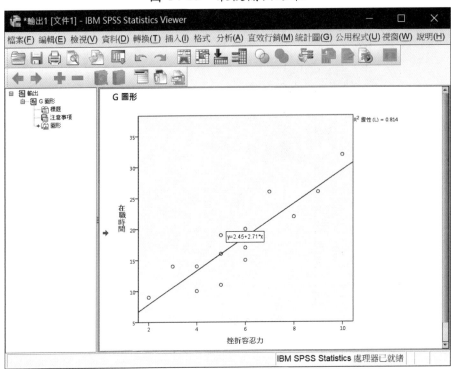

肆、迴歸方程式的計算及分析摘要表

一、統計基本觀念

(一) 斜率與截距之計算步驟

前一節已說明迴歸方程式為，

$$\hat{Y} = bX + a$$

其中，

$$b = \frac{\Sigma(X - \overline{X})(Y - \overline{Y})}{\Sigma(X - \overline{X})^2} = \frac{CP}{SS_X}$$

$$a = \overline{Y} - b\overline{X}$$

要使用 Excel 計算，步驟為：

1. 分別計算 X 與 Y 變數的平均數 $\bar{X}$ 與 $\bar{Y}$。

2. 分別計算每個觀察體在 X 變數的值與平均數的差異 $X - \bar{X}$，及在 Y 變數的值與平均數的差異 $Y - \bar{Y}$。

3. 分別計算每個觀察體的 $(X - \bar{X})(Y - \bar{Y})$ 及 $(X - \bar{X})^2$。

4. 將所有的 $(X - \bar{X})(Y - \bar{Y})$ 及 $(X - \bar{X})^2$ 加總，得到 $\Sigma(X - \bar{X})(Y - \bar{Y})$ 及 $\Sigma(X - \bar{X})^2$。

5. 以 $\Sigma(X - \bar{X})(Y - \bar{Y})$ 除以 $\Sigma(X - \bar{X})^2$，得到斜率 b。

6. 以 $\bar{Y} - b\bar{X}$ 求得截距 a。

(二) 迴歸之變異數分析摘要表

在迴歸分析中，會使用如表 14-2 的變異數分析（analysis of variance, ANOVA）摘要表。

表 14-2　變異數分析摘要表

變異來源	SS	自由度	MS	F	顯著值
迴歸	103.200	1	103.199	83.309	.000
殘差	14.865	12	1.239		
總和	118.060	13			

在表中，第一欄是變異來源的名稱，包含迴歸、殘差、及總和。**總和**是全體的總變異量，由**迴歸**（模型）加**殘差**加總而得。第二欄是 SS（離均差平方和），它的意義及算法如下：

當**不知道**預測變數 X，而仍要預測 Y 時，最佳的方式是使用 $\bar{Y}$，因為 $\Sigma(Y - \bar{Y}) = 0$，而 $\Sigma(Y - \bar{Y})^2$ 為最小。$\Sigma(Y - \bar{Y})^2$ 稱為**總和**的 SS。

當**知道**預測變數 X，而要預測 Y 時，最佳的方式是使用 $\hat{Y}$（留意：$\hat{Y} = bX + a$），這是因為 $\Sigma(Y - \hat{Y})^2$ 為最小，而 $\Sigma(Y - \hat{Y})$ 也等於 0。使用迴歸模型仍**預測不到**的變異量，稱為**殘差**的 SS。當 $\hat{Y} = Y$ 時，表示預測值等於實際值，此時殘差的 SS 等於 0（因

為 $\Sigma(Y-Y)^2 = 0$）。

當改用 $\hat{Y}$ 取代 $\overline{Y}$ 時，可以減少的誤差變異，稱為**迴歸**的 SS，它的公式是 $\Sigma(\overline{Y}-\hat{Y})^2$。當 $\overline{Y}=\hat{Y}$ 時，迴歸的 SS 等於 0，表示使用迴歸模型完全無法減少誤差，此時迴歸的 SS 為最小。當 $\hat{Y}=Y$ 時，$\Sigma(\overline{Y}-\hat{Y})^2 = \Sigma(\overline{Y}-Y)^2 = \Sigma(Y-\overline{Y})^2$，也就是迴歸的 SS 會等於總和的 SS，為最大。

綜言之，總和的 SS 可以拆解為迴歸的 SS 及殘差的 SS，而後兩者的最小值都是 0，最大值都等於總和的 SS。

將迴歸的 SS 除以總和的 SS，稱為**決定係數** R^2，

$$R^2 = \frac{\text{迴歸}SS}{\text{總和}SS} \tag{14-8}$$

它表示使用迴歸方程式可以預測的變異量。將 R^2 取平方根得到 R，稱為**多元相關係數**。當只有一個預測變數時，多元相關會等於 Pearson r 的絕對值，也就是 $R=|r|$。另外，$\sqrt{1-R^2}$ 在統計學上稱為**疏離係數**（coefficient of alienation）。

第三欄是**自由度**（degree of freedom, df），其中總和的自由度等於 $n-1$，迴歸的自由度等於預測變數的數目 k，而殘差的自由度等於 $n-1-k$。

第四欄為平均平方和 MS（mean square）由 SS 除以自由度而得，其中總和的 MS 等於 $\frac{\Sigma(Y-\overline{Y})^2}{n-1}$，就是效標變數的變異數。而迴歸及殘差的 MS，分別是預測值 $\hat{Y}$ 及殘差 e 的變異數。殘差變異數的平方根就是殘差的標準差，特別稱為**估計標準誤**（standard error of estimate）。

第五欄的 F 值，是由迴歸的 MS 除以殘差的 MS，也就是，

$$F = \frac{\text{迴歸}MS}{\text{殘差}MS} \tag{14-9}$$

第六欄的顯著性也稱為 p 值，是在自由度為 $k, n-1-k$ 的 F 分配中，出現比第五欄的 F 值還要大的機率。如果 p 值小於 .05，就表示使用預測變數可以顯著地預測效標變數。

(三) 迴歸分析之整體顯著性檢定

在推論統計中，要針對計算後的結果（如，本章的 F 值）進行裁決，判斷是否具有統計上的顯著意義。目前統計軟體的做法都是顯示在某種自由度之下的分配圖，要出現比計算所得的值還大（或還小）的機率是多少，如果機率值小於或等於研究者事先訂的標準（通常是 .05），就顯著。反之，如果機率值大於事先訂的標準，就不顯著。要留意的是，F 分配是一個大家族的分配，如果自由度（有分子及分母）不同，分配的形狀也就不同。

舉例而言，圖 14-14 是在自由度為 3, 96 的 F 分配中，假設計算的結果是 3，此時要大於 3 的機率只有 .03437[1]，已經小於 .05 了，因此就有統計上的顯著意義。表示要得到 F 值等於 3 的機率很小，不是隨意可得到的。

不過，如果研究者一開始訂的標準是 .01，那麼計算所得的 F 值 3，就不顯著，表示使用預測變數無法預測效標變數。

那麼，取決的標準是不是可以等分析之後再來訂呢？答案是，不可以。因為事後再來訂標準，等於是「偷看答案」了，並不符合研究的倫理。所以此處要提醒讀者，裁決的標準一定要在研究之初，分析之前就訂好，不可以等完成統計分析了，才來訂標準。而事後才訂標準，也是研究者常犯的錯誤。

圖 14-14　自由度為 3, 96 時，F 值大於 3 的機率是 .03437

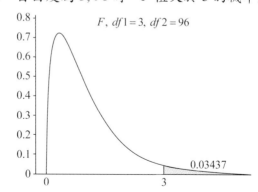

---

[1] 在 Excel 2021 中輸入 **=F.DIST.RT(3,3,96)** 就可以得到 0.03437。

在電腦不發達的時代，要計算精確的 p 值比較不容易，因此就有統計表顯示要達到 $p = .05$ 時，F 值應是多少，此時的 F 值稱為**臨界值**。例如，在圖 14-15 中，自由度為 3, 96 的 F 分配中，$\alpha = .05$ 時，F 的臨界值是 2.699 [2]。換言之，要比 2.699 還大的機率，正好是 .05。同樣要留意的是，F 的自由度不同，臨界值也就不同。

圖 14-15　自由度為 3, 96，$\alpha = .05$ 時，F 的右尾臨界值是 2.699

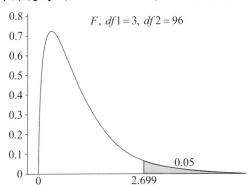

另一方面，如果研究者訂的標準比較小（例如，$\alpha = .01$），那麼在同樣的自由度下，臨界值就要更大才行。圖 14-16 是在自由度為 3, 96 的 F 分配中，$\alpha = .01$ 時的臨界值為 3.992 [3]，比圖 14-14 的 2.699 大。總之，在相同的 F 分配中，如果 p 值愈小，則臨界值就愈大。

圖 14-16　自由度為 3, 96，$\alpha = .01$ 時，F 的右尾臨界值是 3.992

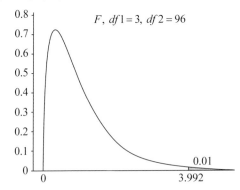

---

[2]　在 Excel 2021 中輸入 **=F.INV.RT(0.05,3,96)** 就可以得到 2.699393。

[3]　在 Excel 2021 中輸入 **=F.INV.RT(0.01,3,96)** 就可以得到 3.992403。

📊 例題 14-2

某公司人力資源部門在員工任職時，會對他們先實施溝通能力測驗（分數愈高，溝通能力愈佳），在一年後，計算他們的每日平均業績（單位：萬元），資料如表 14-3。請以溝通能力為預測變數，每日業績為效標變數，求迴歸方程式。

表 14-3　員工的溝通能力與每日業績

溝通能力	每日業績	溝通能力	每日業績
14	9.5	3	2.4
10	6.5	8	4.5
14	10.1	9	5.2
1	1.1	4	1.6
9	3.8	14	8.3
10	4.4	12	6.6
14	9.7	10	7.8

二、Excel 操作步驟（例題 14-2.xlsx）

(一) 使用公式

1. 計算 ΣX 、 $\dfrac{\Sigma X}{n}$ 、 ΣY 、及 $\dfrac{\Sigma Y}{n}$ 。

   在 B 與 C 兩欄分別輸入 X 與 Y 變數。接著，分別使用 SUM 及 AVERAGE 函數計算兩個變數的總和及平均數（圖 14-17）。

2. 計算 X 變數之離均差 $X - \bar{X}$ 。

   在 D2 輸入"**=B2-B\$17**"以計算個別的離均差，其中平均數在 B17，要取絕對位址，接著往下複製算式，完成 X 變數所有的離均差計算（圖 14-18）。

圖 14-17　計算兩個變數的總和與平均數

B16					fx	=SUM(B2:B15)	
	A	B	C	D	E	F	G
1		X	Y	X-Xbar	Y-Ybar	(X-Xbar)^2	(X-Xbar)(Y-Ybar)
2		14	9.5				
3		10	6.5				
4		14	10.1				
5		1	1.1				
6		9	3.8				
7		10	4.4				
8		14	9.7				
9		3	2.4				
10		8	4.5				
11		9	5.2				
12		4	1.6				
13		14	8.3				
14		12	6.6				
15		10	7.8				
16	總和	132	81.5				
17	平均數	9.4286	5.8214				
18							

圖 14-18　計算 $X - \overline{X}$

D2					fx	=B2-B$17	
	A	B	C	D	E	F	G
1		X	Y	X-Xbar	Y-Ybar	(X-Xbar)^2	(X-Xbar)(Y-Ybar)
2		14	9.5	4.5714			
3		10	6.5	0.5714			
4		14	10.1	4.5714			
5		1	1.1	-8.4286			
6		9	3.8	-0.4286			
7		10	4.4	0.5714			
8		14	9.7	4.5714			
9		3	2.4	-6.4286			
10		8	4.5	-1.4286			
11		9	5.2	-0.4286			
12		4	1.6	-5.4286			
13		14	8.3	4.5714			
14		12	6.6	2.5714			
15		10	7.8	0.5714			
16	總和	132	81.5				
17	平均數	9.4286	5.8214				

3. 計算 Y 變數之離均差 $Y - \overline{Y}$。

將 D2 到 D15 的算式往右複製，完成 Y 變數所有的離均差計算（圖 14-19）。

圖 14-19　複製算式，計算 $Y - \overline{Y}$

D2			f_x	=B2-B$17	
	A	B	C	D	E	F	G

	A	B	C	D	E	F	G
1		X	Y	X-Xbar	Y-Ybar	(X-Xbar)^2	(X-Xbar)(Y-Ybar)
2		14	9.5	4.5714	3.6786		
3		10	6.5	0.5714	0.6786		
4		14	10.1	4.5714	4.2786		
5		1	1.1	-8.4286	-4.7214		
6		9	3.8	-0.4286	-2.0214		
7		10	4.4	0.5714	-1.4214		
8		14	9.7	4.5714	3.8786		
9		3	2.4	-6.4286	-3.4214		
10		8	4.5	-1.4286	-1.3214		
11		9	5.2	-0.4286	-0.6214		
12		4	1.6	-5.4286	-4.2214		
13		14	8.3	4.5714	2.4786		
14		12	6.6	2.5714	0.7786		
15		10	7.8	0.5714	1.9786		
16	總和	132	81.5				
17	平均數	9.4286	5.8214				

4. 計算離均差平方 $(X - \overline{X})^2$。

在 F2 輸入"**=D2^2**"，並往下複製算式，完成所有的離均差平方 $(X - \overline{X})^2$ 之計算（圖 14-20）。

5. 計算交乘積 $(X - \overline{X})(Y - \overline{Y})$。

在 G2 輸入"**=D2*E2**"，並往下複製算式，完成所有的交乘積 $(X - \overline{X})(Y - \overline{Y})$ 之計算（圖 14-21）。

圖 14-20　計算 $(X-\overline{X})^2$

	A	B	C	D	E	F	G
F2				f_x	=D2^2		
1		X	Y	X-Xbar	Y-Ybar	(X-Xbar)^2	(X-Xbar)(Y-Ybar)
2		14	9.5	4.5714	3.6786	20.897959	
3		10	6.5	0.5714	0.6786	0.3265306	
4		14	10.1	4.5714	4.2786	20.897959	
5		1	1.1	-8.4286	-4.7214	71.040816	
6		9	3.8	-0.4286	-2.0214	0.1836735	
7		10	4.4	0.5714	-1.4214	0.3265306	
8		14	9.7	4.5714	3.8786	20.897959	
9		3	2.4	-6.4286	-3.4214	41.326531	
10		8	4.5	-1.4286	-1.3214	2.0408163	
11		9	5.2	-0.4286	-0.6214	0.1836735	
12		4	1.6	-5.4286	-4.2214	29.469388	
13		14	8.3	4.5714	2.4786	20.897959	
14		12	6.6	2.5714	0.7786	6.6122449	
15		10	7.8	0.5714	1.9786	0.3265306	
16	總和	132	81.5				
17	平均數	9.4286	5.8214				

圖 14-21　計算 $(X-\overline{X})(Y-\overline{Y})$

	A	B	C	D	E	F	G
G2				f_x	=D2*E2		
1		X	Y	X-Xbar	Y-Ybar	(X-Xbar)^2	(X-Xbar)(Y-Ybar)
2		14	9.5	4.5714	3.6786	20.897959	16.81632653
3		10	6.5	0.5714	0.6786	0.3265306	0.387755102
4		14	10.1	4.5714	4.2786	20.897959	19.55918367
5		1	1.1	-8.4286	-4.7214	71.040816	39.79489796
6		9	3.8	-0.4286	-2.0214	0.1836735	0.866326531
7		10	4.4	0.5714	-1.4214	0.3265306	-0.812244898
8		14	9.7	4.5714	3.8786	20.897959	17.73061224
9		3	2.4	-6.4286	-3.4214	41.326531	21.99489796
10		8	4.5	-1.4286	-1.3214	2.0408163	1.887755102
11		9	5.2	-0.4286	-0.6214	0.1836735	0.266326531
12		4	1.6	-5.4286	-4.2214	29.469388	22.91632653
13		14	8.3	4.5714	2.4786	20.897959	11.33061224
14		12	6.6	2.5714	0.7786	6.6122449	2.002040816
15		10	7.8	0.5714	1.9786	0.3265306	1.130612245
16	總和	132	81.5				
17	平均數	9.4286	5.8214				

6. 計算所有的總和。

將 C16 總和之算數往右複製，完成所有的加總步驟。由圖 14-22 中可以看出，$\Sigma(X-\overline{X})$ 及 $\Sigma(Y-\overline{Y})$ 都是 0，這是平均數的重要特性。而 X 的平方和 $SS = \Sigma(X-\overline{X})^2$ 為 235.42857，交乘積和 $CP = \Sigma(X-\overline{X})(Y-\overline{Y})$ 為 155.8714286。

圖 14-22　計算 $\Sigma(X-\overline{X})$、$\Sigma(Y-\overline{Y})$、$\Sigma(X-\overline{X})^2$、$\Sigma(X-\overline{X})(Y-\overline{Y})$

C16				f_x	=SUM(C2:C15)	
	A	B	C	D	E	F	G
1		X	Y	X-Xbar	Y-Ybar	(X-Xbar)^2	(X-Xbar)(Y-Ybar)
2		14	9.5	4.5714	3.6786	20.897959	16.81632653
3		10	6.5	0.5714	0.6786	0.3265306	0.387755102
4		14	10.1	4.5714	4.2786	20.897959	19.55918367
5		1	1.1	-8.4286	-4.7214	71.040816	39.79489796
6		9	3.8	-0.4286	-2.0214	0.1836735	0.866326531
7		10	4.4	0.5714	-1.4214	0.3265306	-0.812244898
8		14	9.7	4.5714	3.8786	20.897959	17.73061224
9		3	2.4	-6.4286	-3.4214	41.326531	21.99489796
10		8	4.5	-1.4286	-1.3214	2.0408163	1.887755102
11		9	5.2	-0.4286	-0.6214	0.1836735	0.266326531
12		4	1.6	-5.4286	-4.2214	29.469388	22.91632653
13		14	8.3	4.5714	2.4786	20.897959	11.33061224
14		12	6.6	2.5714	0.7786	6.6122449	2.002040816
15		10	7.8	0.5714	1.9786	0.3265306	1.130612245
16	總和	132	81.5	-4E-15	4E-15	235.42857	155.8714286
17	平均數	9.4286	5.8214				

7. 計算斜率。

將 G16 儲存格的 $\Sigma(X-\overline{X})(Y-\overline{Y})$ 除以 F16 儲存格的 $\Sigma(X-\overline{X})^2$ 就得到斜率，$b = 0.6621$（圖 14-23）。

8. 計算截距。

在 J2 儲存格輸入 "**=C17-J1*B17**" 以計算 $\overline{Y}-b\overline{X}$，求得截距 $a = -0.421$（圖 14-24）。

圖 14-23 $\Sigma(X-\overline{X})(Y-\overline{Y})/\Sigma(X-\overline{X})^2$ 就是斜率

J1									=G16/F16
	A	B	C	D	E	F	G	H	I	J
1		X	Y	X-Xbar	Y-Ybar	(X-Xbar)^2	(X-Xbar)(Y-Ybar)		斜率	0.6621
2		14	9.5	4.5714	3.6786	20.897959	16.81632653		截距	
3		10	6.5	0.5714	0.6786	0.3265306	0.387755102			
4		14	10.1	4.5714	4.2786	20.897959	19.55918367			
5		1	1.1	-8.4286	-4.7214	71.040816	39.79489796			
6		9	3.8	-0.4286	-2.0214	0.1836735	0.866326531			
7		10	4.4	0.5714	-1.4214	0.3265306	-0.812244898			
8		14	9.7	4.5714	3.8786	20.897959	17.73061224			
9		3	2.4	-6.4286	-3.4214	41.326531	21.99489796			
10		8	4.5	-1.4286	-1.3214	2.0408163	1.887755102			
11		9	5.2	-0.4286	-0.6214	0.1836735	0.266326531			
12		4	1.6	-5.4286	-4.2214	29.469388	22.91632653			
13		14	8.3	4.5714	2.4786	20.897959	11.33061224			
14		12	6.6	2.5714	0.7786	6.6122449	2.002040816			
15		10	7.8	0.5714	1.9786	0.3265306	1.130612245			
16	總和	132	81.5	-4E-15	4E-15	235.42857	155.8714286			
17	平均數	9.4286	5.8214							

圖 14-24 $\overline{Y}-b\overline{X}$ 就是截距

J2									=C17-J1*B17
	A	B	C	D	E	F	G	H	I	J
1		X	Y	X-Xbar	Y-Ybar	(X-Xbar)^2	(X-Xbar)(Y-Ybar)		斜率	0.6621
2		14	9.5	4.5714	3.6786	20.897959	16.81632653		截距	-0.421
3		10	6.5	0.5714	0.6786	0.3265306	0.387755102			
4		14	10.1	4.5714	4.2786	20.897959	19.55918367			
5		1	1.1	-8.4286	-4.7214	71.040816	39.79489796			
6		9	3.8	-0.4286	-2.0214	0.1836735	0.866326531			
7		10	4.4	0.5714	-1.4214	0.3265306	-0.812244898			
8		14	9.7	4.5714	3.8786	20.897959	17.73061224			
9		3	2.4	-6.4286	-3.4214	41.326531	21.99489796			
10		8	4.5	-1.4286	-1.3214	2.0408163	1.887755102			
11		9	5.2	-0.4286	-0.6214	0.1836735	0.266326531			
12		4	1.6	-5.4286	-4.2214	29.469388	22.91632653			
13		14	8.3	4.5714	2.4786	20.897959	11.33061224			
14		12	6.6	2.5714	0.7786	6.6122449	2.002040816			
15		10	7.8	0.5714	1.9786	0.3265306	1.130612245			
16	總和	132	81.5	-4E-15	4E-15	235.42857	155.8714286			
17	平均數	9.4286	5.8214							

(二) 使用 Excel 函數

1. 接著，說明直接使用Excel函數計算斜率。在K1儲存格插入統計函數SLOPE
   （圖 14-25）。

圖 14-25　插入 SLOPE 函數

2. SLOPE 函數需要 2 個引數，第 1 個先指定 *Y* 變數的範圍（在此是 C2:C15），
   第 2 個引數指定 *X* 變數的範圍（在此是 B2:B15）。計算結果為 0.662075243
   （圖 14-26）。（留意：第 1 個引數是指定 *Y* 變數）

圖 14-26　SLOPE 函數的引數

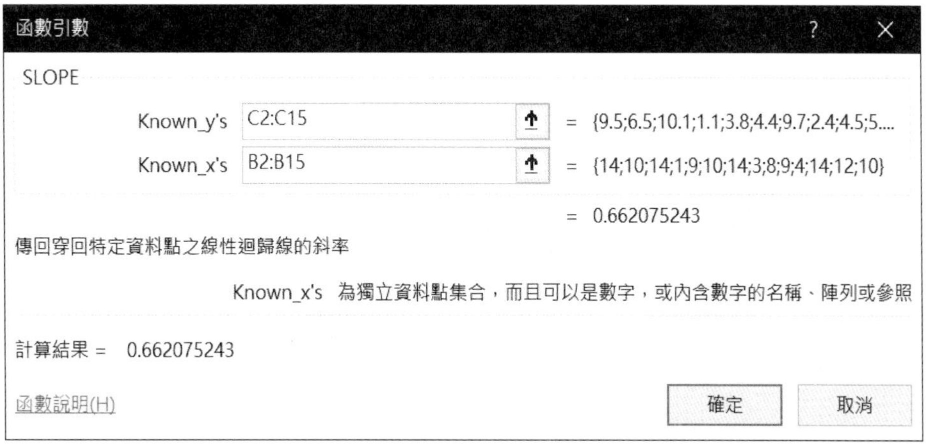

3. 使用函數計算之後，斜率為0.6621（圖14-27），與使用公式所得結果相同。

圖 14-27　斜率為 0.6621

K1							fx	=SLOPE(C2:C15,B2:B15)			
	A	B	C	D	E	F	G	H	I	J	K
1		X	Y	X-Xbar	Y-Ybar	(X-Xbar)^2	(X-Xbar)(Y-Ybar)		斜率	0.6621	0.6621
2		14	9.5	4.5714	3.6786	20.897959	16.81632653		截距	-0.421	
3		10	6.5	0.5714	0.6786	0.3265306	0.387755102				
4		14	10.1	4.5714	4.2786	20.897959	19.55918367				
5		1	1.1	-8.4286	-4.7214	71.040816	39.79489796				
6		9	3.8	-0.4286	-2.0214	0.1836735	0.866326531				
7		10	4.4	0.5714	-1.4214	0.3265306	-0.812244898				
8		14	9.7	4.5714	3.8786	20.897959	17.73061224				
9		3	2.4	-6.4286	-3.4214	41.326531	21.99489796				
10		8	4.5	-1.4286	-1.3214	2.0408163	1.887755102				
11		9	5.2	-0.4286	-0.6214	0.1836735	0.266326531				
12		4	1.6	-5.4286	-4.2214	29.469388	22.91632653				
13		14	8.3	4.5714	2.4786	20.897959	11.33061224				
14		12	6.6	2.5714	0.7786	6.6122449	2.002040816				
15		10	7.8	0.5714	1.9786	0.3265306	1.130612245				
16	總和	132	81.5	-4E-15	4E-15	235.42857	155.8714286				
17	平均數	9.4286	5.8214								

4. 截距的函數名稱為 INTERCEPT，使用函數計算之後，結果為-0.421（圖 14-28），與使用公式所得結果相同。

圖 14-28　使用 INTERCEPT 函數計算截距，結果為-0.421

K2							fx	=INTERCEPT(C2:C15,B2:B15)			
	A	B	C	D	E	F	G	H	I	J	K
1		X	Y	X-Xbar	Y-Ybar	(X-Xbar)^2	(X-Xbar)(Y-Ybar)		斜率	0.6621	0.6621
2		14	9.5	4.5714	3.6786	20.897959	16.81632653		截距	-0.421	-0.421
3		10	6.5	0.5714	0.6786	0.3265306	0.387755102				
4		14	10.1	4.5714	4.2786	20.897959	19.55918367				
5		1	1.1	-8.4286	-4.7214	71.040816	39.79489796				
6		9	3.8	-0.4286	-2.0214	0.1836735	0.866326531				
7		10	4.4	0.5714	-1.4214	0.3265306	-0.812244898				
8		14	9.7	4.5714	3.8786	20.897959	17.73061224				
9		3	2.4	-6.4286	-3.4214	41.326531	21.99489796				
10		8	4.5	-1.4286	-1.3214	2.0408163	1.887755102				
11		9	5.2	-0.4286	-0.6214	0.1836735	0.266326531				
12		4	1.6	-5.4286	-4.2214	29.469388	22.91632653				
13		14	8.3	4.5714	2.4786	20.897959	11.33061224				
14		12	6.6	2.5714	0.7786	6.6122449	2.002040816				
15		10	7.8	0.5714	1.9786	0.3265306	1.130612245				
16	總和	132	81.5	-4E-15	4E-15	235.42857	155.8714286				
17	平均數	9.4286	5.8214								

(三) 使用資料分析增益集

1.　在【資料】選單中點選【資料分析】（圖 14-29）。

圖 14-29　使用資料分析工具

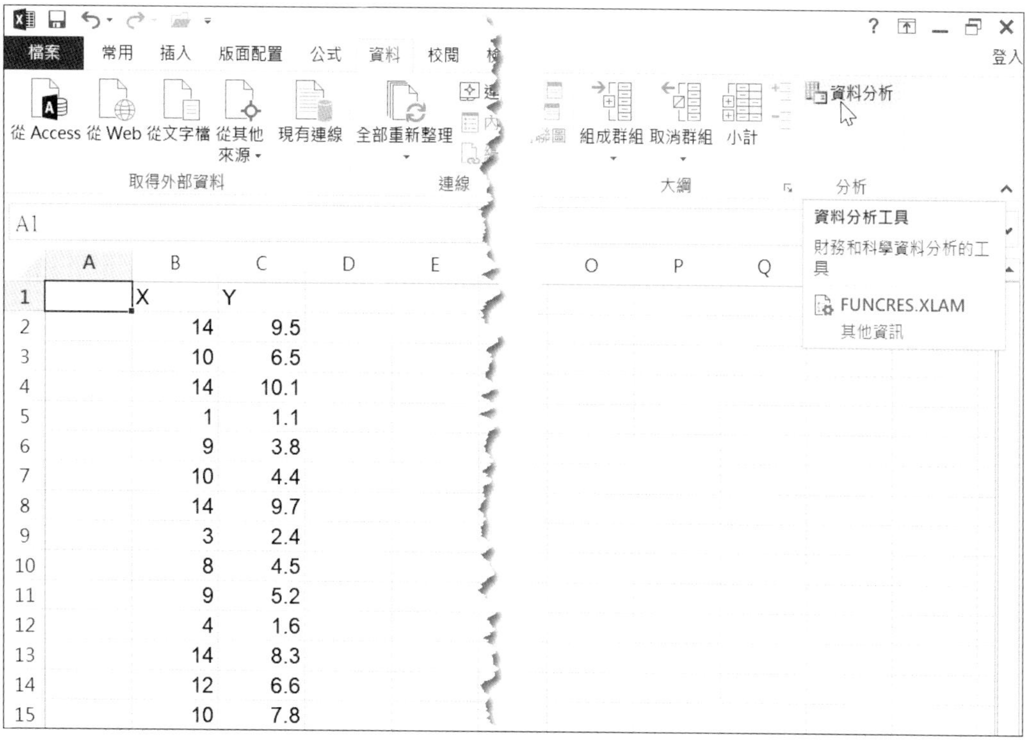

2.　接著再選擇【迴歸】（圖 14-30）。

圖 14-30　選擇迴歸

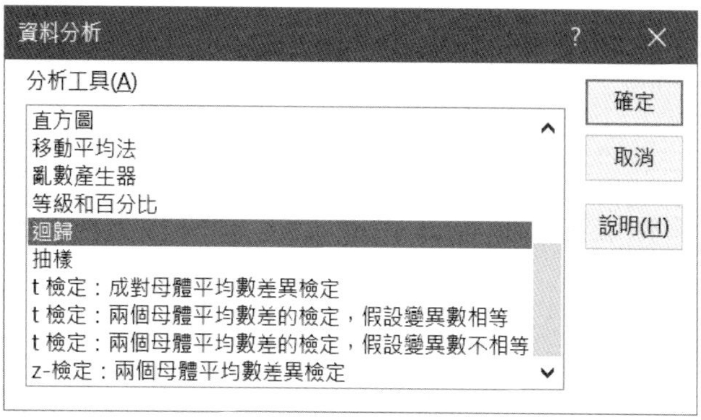

3. 選取資料範圍並進行分析。

在【輸入】中的【輸入 Y 範圍】選取$C$1:$C$15，【輸入 X 範圍】選取
$B$1:$B$15，【輸出選項】中選擇【新工作表】並命名（不命名也可以）。
因為原始資料的第一列是變數名稱，因此記得勾選【標記】選項（圖 14-
31）。

圖 14-31　選取資料範圍

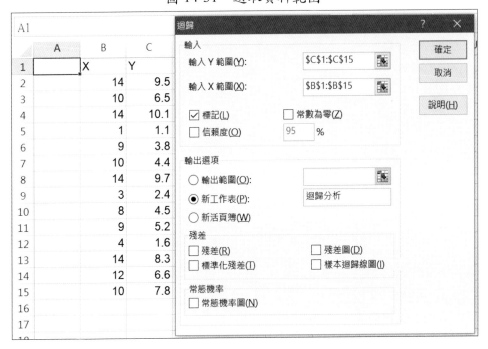

4. 分析所得結果如圖 14-32。第一個表格顯示 $R^2 = .8741$，使用溝通能力可以解
釋每日業績 87.4%的變異量。$R = \sqrt{.8741} = .9349$，是預測變數 $\hat{Y}$ 與效標變數
Y 之間的相關。估計標準誤是殘差的標準差，等於第二個表格中的殘差 MS 開
根號，也就是 $\sqrt{1.2387} = 1.113$。

第二個表格是變異數分析摘要表，詳細的說明請見前面的基本觀念。因為有
14 個員工，所以總和的自由度是 13，預測變數是 1 個，所以迴歸的自由度為
1，殘差的自由度等於 $14 - 1 - 1 = 12$。SS 各自除以自由度後得到 MS，分別為
103.2 及 1.2387，總和的 MS 就是效標變數的變異數，一般不計算。F 值等於
$\dfrac{103.2}{1.2387} = 83.309$，在 1, 12 的 F 分配中，要出現比它大的機率是 9.5E-07（也

就是 9.5×10^{-7}），已經小於 .05 了，因此使用員工的溝通能力，可以顯著預測他們的平均每日業績。

第三個表格是迴歸方程中的係數。由係數這欄得知迴歸方程式為 $\hat{Y} = 0.6621X - 0.421$。$t$ 統計是由**係數**除以**標準誤**而得，如果絕對值大約大於 2（會因為自由度不同而有差異，在此例題應為 2.178）[4]，就表示係數是顯著的。p 值如果小於或等於 .05，就表示係數達顯著。在此，斜率 0.6621 的 p 值為 1E-06（當只有一個預測變數時，它就等於第二個表格中的 9.5E-07），達 .05 顯著水準，表示斜率顯著不等於 0。而截距的 p 值為 .5828，並未小於或等於 .05，表示截距與 0 沒有顯著差異。下限及上限是係數的 95% 信賴區間，如果中間包含 0，表示係數與 0 沒有顯著差異。由此也可以看出，截距的 95%下限是 −2.046，95%上限是 1.20399，這兩個數中間包含 0，因此 −2.046 並沒有顯著不等於 0。斜率的上下限不包含 0，所以顯著不等於 0。前已述及，迴歸分析比較關心斜率是否顯著，比較不關心截距是否顯著。因此，只要斜率顯著不等於 0 即可。

圖 14-32　迴歸分析結果

	A	B	C	D	E	F	G
1	摘要輸出						
2							
3	迴歸統計						
4	R 的倍數	0.9349					
5	R 平方	0.8741					
6	調整的 R 平方	0.8636					
7	標準誤	1.113					
8	觀察值個數	14					
9							
10	ANOVA						
11		自由度	SS	MS	F	顯著值	
12	迴歸	1	103.2	103.2	83.309	9.5E-07	
13	殘差	12	14.865	1.2387			
14	總和	13	118.06				
15							
16		係數	標準誤	t 統計	P-值	下限 95%	上限 95%
17	截距	-0.421	0.7458	-0.564	0.5828	-2.046	1.20399
18	X	0.6621	0.0725	9.1274	1E-06	0.50403	0.82012

---

[4] 在 Excel 2021 中輸入 **=T.INV.2T(0.05,12)** 就可以得到 2.178813。

三、SPSS 操作步驟（例題 14-2.sav）

1. 使用線性迴歸程序。

   在【分析】中之【迴歸】選擇【線性】（圖 14-33）。

圖 14-33　使用線性迴歸程序

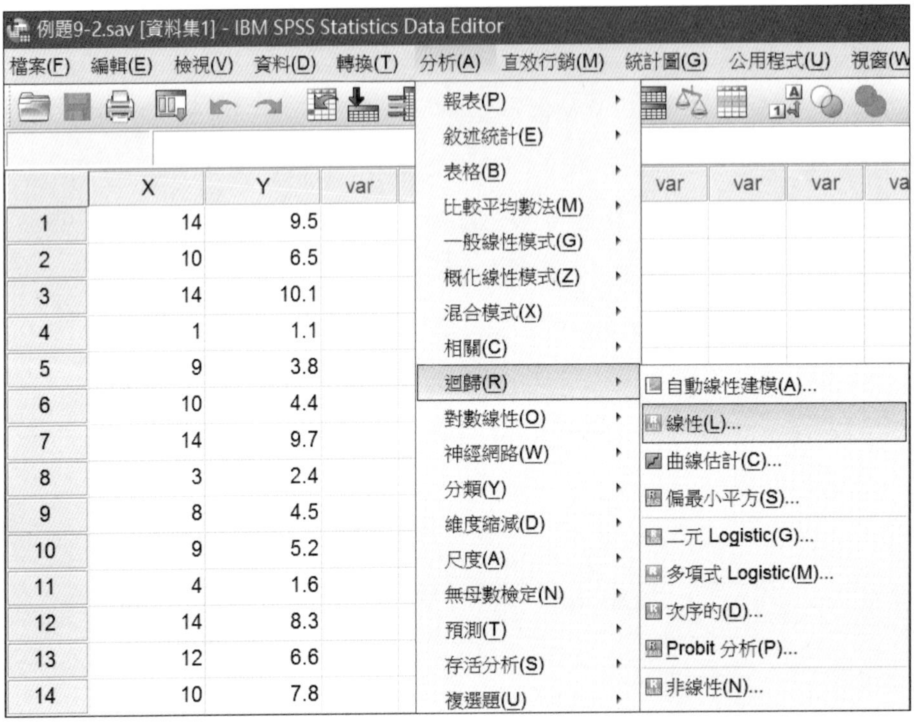

2. 選擇分析變數。

   將變數 Y（每日業績）選到右邊的【依變數】框中，變數 X（溝通能力）選到【自變數】框中，接著，點選【確定】按鈕完成分析（圖 14-34）。

3. 輸出報表。

   分析後輸出畫面如圖 14-35，多數結果都與 Excel 相同，不再贅述。在第三個表格中有標準化係數 .935，表示標準化迴歸方程式為 $Z_{\hat{Y}} = 0.935 Z_X$，如果溝通能力每增 1 個 Z 分數，則平均每日業績可以提高 0.935 個 Z 分數。當只有一個預測變數時，這個係數就是 Pearson r，因此 $r = .935$，它的絕對值也就是表格一的 R 值。

圖 14-34　選擇分析變數

圖 14-35　輸出報表

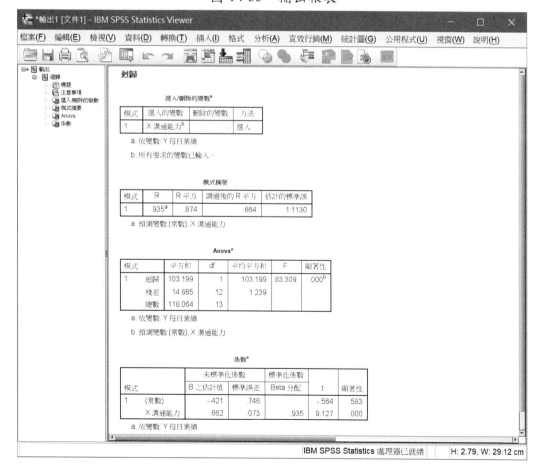

伍、習題

一、習題 14-1 是 11 天中高速公路的車流量（千輛/24 小時）及路旁樹皮的鉛含量（ug/g）的資料（資料來源：政治大學 97 學年統計系碩士班入學考，《統計方法》）。

1. 畫上 X 對 Y 的散佈圖，並加上迴歸線、方程式、與 R^2。
2. 使用函數算出 X 對 Y 預測之斜率、截距、與 R^2。
3. 使用 Excel「增益集」之「分析工具箱」完成 X 對 Y 之迴歸分析。
4. 使用 SPSS，進行 X 對 Y 之迴歸分析。

二、隨機自某公司抽取 7 個員工，他們每個月的薪水與儲蓄資料（單位：萬元），結果如習題 14-2（資料來源：104 年三級地方特考統計類科，《統計學》）。

1. 畫上 X 對 Y 的散佈圖，並加上迴歸線、方程式、與 R^2。
2. 使用函數算出 X 對 Y 預測之斜率、截距、與 R^2。
3. 使用 Excel「增益集」之「分析工具箱」完成 X 對 Y 之迴歸分析。
4. 使用 SPSS，進行 X 對 Y 之迴歸分析。

三、研究者想了解學習自信對學習成就之預測力，蒐集 10 筆資料如習題 14-3（資料來源：105 司法人員考試心理測驗員類科，《心理及教育統計學》）。

1. 請問學習自信與學習成就之相關為何？
2. 寫出以學習自信預測學習成就之迴歸方程式，並加以解釋。

第 15 章
卡方檢定

本章概要

1. 卡方檢定有三種常用的用途：(1)適合度檢定；(2)獨立性檢定；(3)同質性（齊一性）檢定。

2. 適合度檢定在檢定一個質的變數是否符合某種特定分布。

3. 獨立性檢定在檢定兩個質的變數是否獨立，或者是否有關聯。

4. 同質性檢定在檢定一個質的變數的比例或分布，在另一個質的變數的各類別是否相同。

5. 檢定之後裁決的方法有二種：(1)臨界值法；(2)p 值法。

6. 卡方檢定通常為右尾檢定。

　　卡方檢定（chi-square test）[1] 是基於卡方分配的檢定，有三種常用的用途：1.適合度檢定；2.獨立性檢定；3.同質性（齊一性）檢定。其中獨立性檢定與同質性檢定雖然在概念上有差異，但是計算過程並無太大差別，因此合併說明。

壹、適合度檢定

一、基本統計概念

　　卡方適合度檢定在檢驗一組數據是否符合某種特定分布（如，常態分布、均勻分布）。例如，請 60 名學生從 1、2、3、4 中隨機選擇一個數字，經記錄後，分別有 9、12、25、14 人。試檢定：此分布是否符合 1：1：1：1 的比例。

　　在此例題，計算 χ^2 值及自由度的步驟如下：

1. 計算觀察次數（observed frequency），也就是 60 名學生實際選擇的數字。

2. 計算期望次數（expected frequency，或稱預期次數）。如果 60 名學生對數字沒有特別偏好，則選擇每個數字的預期人數應各是 15 人。

---

[1]　χ 為希臘字母。χ^2 讀為 Chi-suare，中文譯為「卡方」。

3. 計算 χ^2 值。Pearson χ^2 的定義公式是：

$$\chi^2 = \sum \frac{(fo - fe)^2}{fe} \qquad\qquad (15\text{-}1)$$

其中 f_o 是觀察次數，f_e 是預期次數。

代入數值後為：

$$\chi^2 = \frac{(9-15)^2}{15} + \frac{(12-15)^2}{15} + \frac{(25-15)^2}{15} + \frac{(14-15)^2}{15}$$
$$= 9.733$$

4. 計算自由度。本例中由於有 4 個數字，只要詢問各自選擇 1～3 的人數，剩下的是選擇 4 的人數，因此自由度就是類別數減 1，為 $4 - 1 = 3$。

完成計算後，就要進行統計決策，此在後面說明。

　　以下有兩個例題，分別說明各類別次數相等（均勻分布）及符合母群分布的適合度檢定。

📊 例題 15-1

某校校長為了選擇運動服的顏色，於是從全校學生隨機抽取 100 人，施以顏色偏好問卷（參與者只能選一種他最喜歡的顏色），結果如下表 15-1 之觀察個數。

1.請你計算卡方（Chi-Square，χ^2）值。

2.要檢定表 1 個數分布的適合度（goodness of fit），其卡方的自由度（degrees of freedom; df）是多少？

3.若設顯著水準（α）為 .05，χ^2 臨界值是多少？

4.那麼能否推斷參與者對顏色偏好的分布是否均勻？

（資料來源：105 年原住民族四等特考，教育行政類，《教育測驗與統計概要》）

表 15-1　顏色偏好分布

	白	紅	藍	綠	黃	總和
觀察個數	19	21	27	21	12	100
期望個數	20	20	20	20	20	

例題 15-2

某研究者從社會階層低、中、高分布依序是 25%、60%、15%的區域隨機抽樣 200 個樣本進行電話調查訪問。其樣本社會階層的分布如表 15-2。請問這個樣本的社會階層分布是否顯著地異於母群體？若統計檢定的臨界值設為 A，請進行統計檢定並下結論。（數據修改自：105 年三等高考，教育行政類，《教育測驗與統計》）

表 15-2　社會階層分布

	低	中	高
人數	35	135	30

例題 15-1 的統計假設為：

$$H_0 : p1 : p2 : p3 : p4 : p5 = 0.2 : 0.2 : 0.2 : 0.2 : 0.2$$
$$H_1 : p1 : p2 : p3 : p4 : p5 \neq 0.2 : 0.2 : 0.2 : 0.2 : 0.2$$

以文字敘述為：

$$H_0 : 選擇各顏色的比例相等$$
$$H_1 : 選擇各顏色的比例不相等$$

例題 15-2 的統計假設為：

$$H_0 : p_{低} : p_{中} : p_{高} = 0.25 : 0.60 : 0.15$$
$$H_1 : p_{低} : p_{中} : p_{高} \neq 0.25 : 0.60 : 0.15$$

二、Excel 操作步驟（例題 15-1.xlsx）

1. 計算各細格期望次數。

   在第 1 列輸入顏色名稱，第 2 列輸入選擇各顏色的學生數（觀察個數）。由於總人數為 100，如果是均勻分布（每個顏色的期望人數相等），各細格的期望個數都為 100 / 5 = 20。先在 B3 輸入 "**=$G$2/5**"，並向右複製到 F3（圖 15-1）。

   圖 15-1　計算期望個數

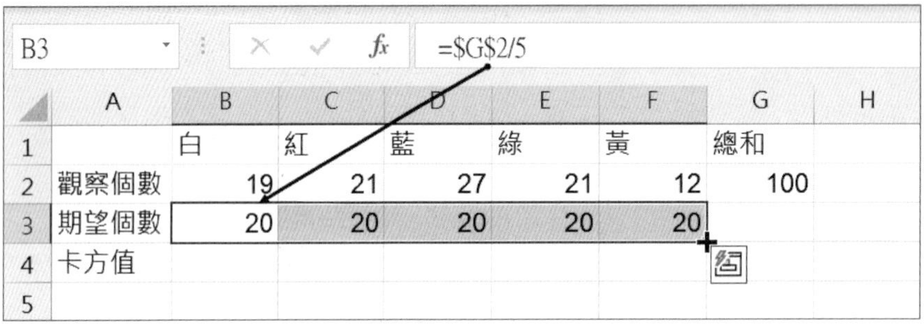

2. 計算細格卡方值。

   細格卡方值的公式為 (觀察次數 – 期望次數)^2 / 期望次數。先在 B4 輸入 "**=(B2-B3)^2/B3**"，計算白色的卡方值，得到 0.05（圖 15-2）。

   圖 15-2　計算細格卡方值

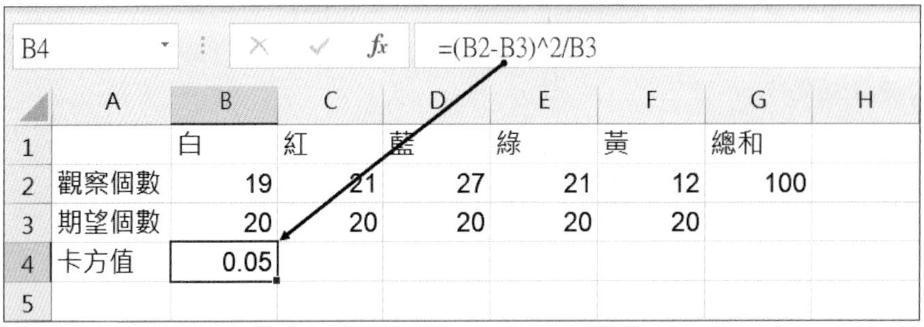

3. 複製細格卡方值算式。

   將 B4 的算式複製到 F2（圖 15-3），各細格的卡方值分別為 0.05、0.05、2.45、0.05、3.2。

圖 15-3　複製細格卡方值算式

B4		⁝	╳	✓	*fx*	=(B2-B3)^2/B3		
◢	A	B	C	D	E	F	G	H
1		白	紅	藍	綠	黃	總和	
2	觀察個數	19	21	27	21	12	100	
3	期望個數	20	20	20	20	20		
4	卡方值	0.05	0.05	2.45	0.05	3.2		
5								
6								

4. 計算各細格卡方值之總和。

最後，將各細格卡方值加總，得到卡方值和，為 5.8（圖 15-4）。計算過程如下：

$$\chi^2 = \frac{(19-20)^2}{20} + \frac{(21-20)^2}{20} + \frac{(27-20)^2}{20} + \frac{(21-20)^2}{20} + \frac{(12-20)^2}{20}$$
$$= 0.05 + 0.05 + 2.45 + 0.05 + 3.2$$
$$= 5.8$$

圖 15-4　卡方值總和為 5.8

G4		⁝	╳	✓	*fx*	=SUM(B4:F4)		
◢	A	B	C	D	E	F	G	H
1		白	紅	藍	綠	黃	總和	
2	觀察個數	19	21	27	21	12	100	
3	期望個數	20	20	20	20	20		
4	卡方值	0.05	0.05	2.45	0.05	3.2	5.8	
5								

5. 以臨界值進行裁決。

本例題有 5 種顏色可選擇，由於學生總數固定，因此知道其中 4 種顏色的選擇人數，選擇最後 1 種顏色的人數就不問可知了，因此自由度為 5－1＝4。題目要求顯著水準為 .05，在 Excel 中輸入 "**=CHISQ.INV.RT(0.05,4)**" 即可得到臨界值 9.4877（圖 15-5）。因為計算所得 χ² 值 5.8 未大於 9.4877，所以不能拒絕虛無假設（圖示如圖 15-6），沒有證據顯示該校學生對五種顏色運動服偏好的分布不均勻。

圖 15-5　顯著水準 .05，自由度 4 時，χ^2 的臨界值為 9.4877

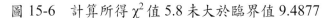

G5		:	×	✓	f_x	=CHISQ.INV.RT(0.05,4)	

	A	B	C	D	E	F	G	H
1		白	紅	藍	綠	黃	總和	
2	觀察個數	19	21	27	21	12	100	
3	期望個數	20	20	20	20	20		
4	卡方值	0.05	0.05	2.45	0.05	3.2	5.8	
5							臨界值	9.4877
6								

圖 15-6　計算所得 χ^2 值 5.8 未大於臨界值 9.4877

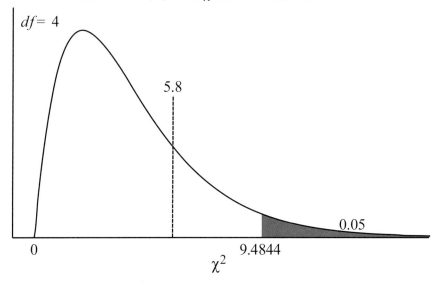

6.　以 p 值進行裁決。

在儲存格中輸入 "**=CHISQ.DIST.RT(G4,4)**" 計算 χ^2 大於 5.8 的機率，得到 $p = 0.2146$（圖 15-7）。由於 p 值未小於設定的顯著水準 .05，因此不能拒絕虛無假設（圖示如圖 15-8）。

圖 15-7　以 CHISQ.DIST.RT 函數計算 χ^2 右尾機率

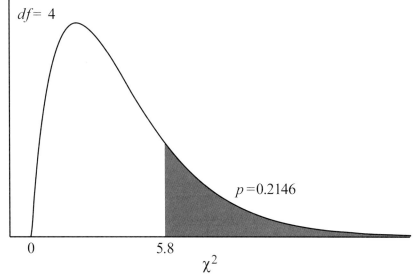

圖 15-8　$df = 4$ 時，$\chi^2 \geq 5.8$ 的 p 值為 0.2146

7.　以函數計算 p 值。

在儲存格中輸入 "**=CHISQ.TEST(B2:F2,B3:F3)**"，可直接進行卡方檢定，並得到 p（圖 15-9）。函數需要兩個引數，分別是觀察次數與期望次數。

圖 15-9　以 CHISQ.TEST 函數進行卡方檢定，獲得 p 值

G7			fx	=CHISQ.TEST(B2:F2,B3:F3)			
	A	B	C	D	E	F	G	H
1		白	紅	藍	綠	黃	總和	
2	觀察個數	19	21	27	21	12	100	
3	期望個數	20	20	20	20	20		
4	卡方值	0.05	0.05	2.45	0.05	3.2	5.8	
5						臨界值	9.4877	
6						p 值	0.2146	
7						p 值	0.2146	
8								

8. 以反函數計算 χ^2 值。

在儲存格中輸入 "**=CHISQ.INV.RT(G7,4)**"，可由 p 反算 χ^2 值（圖 15-10）。
函數需要兩個引數，分別是 p 值與自由度。

圖 15-10　以 CHISQ.INV.RT 函數計算 χ^2 值

H4			fx	=CHISQ.INV.RT(G7,4)			
	A	B	C	D	E	F	G	H	I
1		白	紅	藍	綠	黃	總和		
2	觀察個數	19	21	27	21	12	100		
3	期望個數	20	20	20	20	20			
4	卡方值	0.05	0.05	2.45	0.05	3.2	5.8	5.8	
5						臨界值	9.4877		
6						p 值	0.2146		
7						p 值	0.2146		
8									

三、SPSS 操作步驟（例題 15-1.sav）

由於缺乏原始資料，僅有彙整後的次數，因此輸入時需有兩個變數，分別是「顏色」及「人數」，並以「人數」進行加權。如果有 200 個學生的原始資料，則僅需要輸入「顏色」變數及 200 列顏色代碼，此時就不需要再進行加權。

1.　先進行加權。

在【資料】選單中選擇【加權觀察值】（圖 15-11）。圖中背景為輸入之資料。

圖 15-11　加權觀察值程序

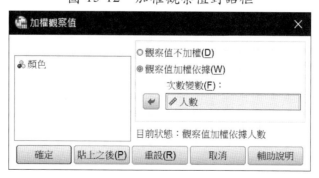

2.　選擇加權變數。

將加權變數「人數」點選到右邊的【觀察值加權依據】，再點擊【確定】按鈕（圖 15-12）。完成後，在【資料集】視窗的右下角會出現【加權於】字樣。

圖 15-12　加權觀察值對話框

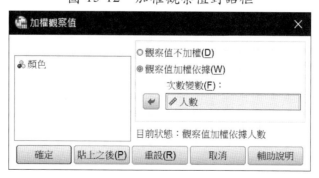

3. 使用卡方檢定程序。

在【分析】選單中的【無母數檢定】之【歷史對話記錄】選擇【卡方】（圖
15-13）。

圖 15-13　使用卡方檢定程序

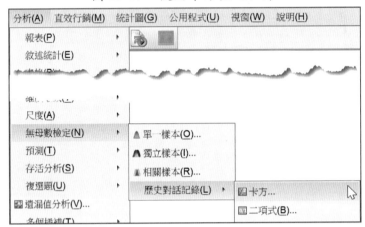

4. 選擇分析變數。

將「顏色」點選到右邊的【檢定變數清單】，【期望值】預設為【全部類別
相等】，再點擊【確定】按鈕（圖 15-14）。

圖 15-14　卡方檢定對話框

5. 輸出報表。

分析後得到圖 15-15 兩個表格。第一個表格顯示觀察個數、期望個數、殘差（觀察個數減期望個數）。第二表格顯示 χ^2 值為 5.8，$p = .215$。

圖 15-15　輸出報表

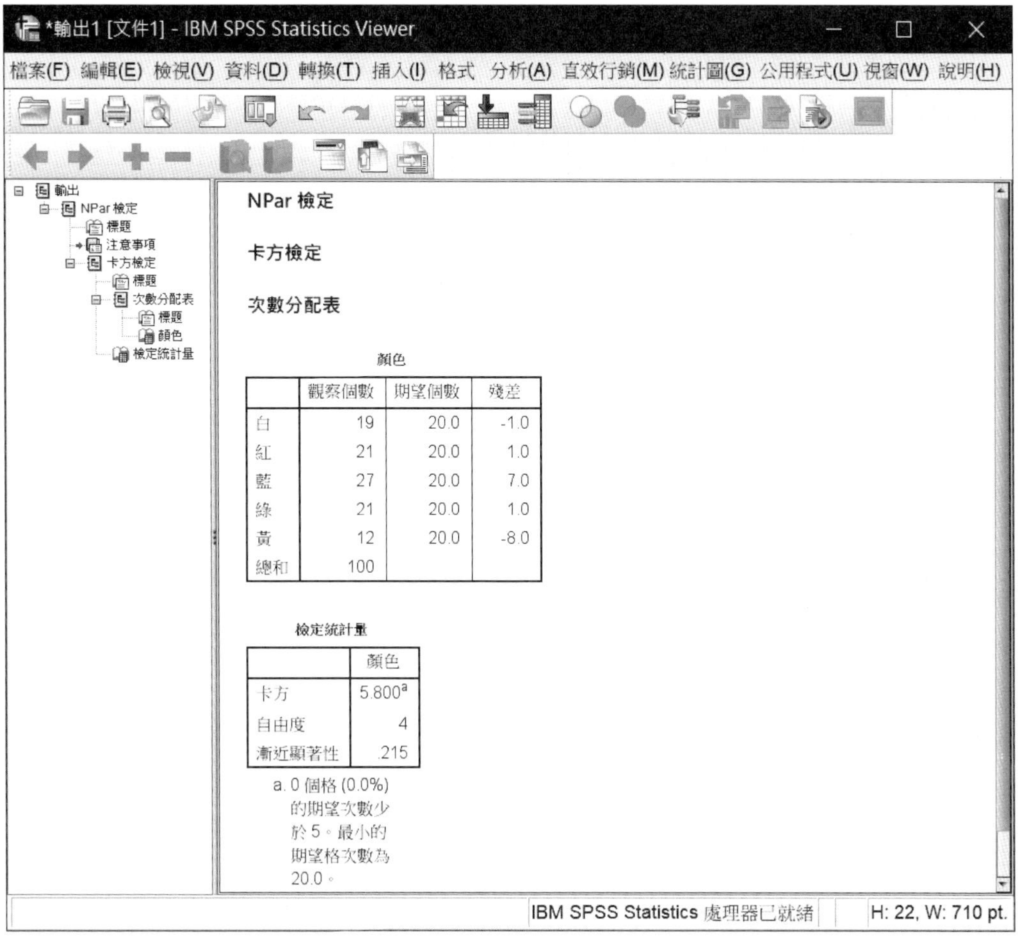

顏色

	觀察個數	期望個數	殘差
白	19	20.0	-1.0
紅	21	20.0	1.0
藍	27	20.0	7.0
綠	21	20.0	1.0
黃	12	20.0	-8.0
總和	100		

檢定統計量

	顏色
卡方	5.800[a]
自由度	4
漸近顯著性	.215

a. 0 個格 (0.0%) 的期望次數少於 5。最小的期望格次數為 20.0。

綜言之，使用卡方檢定，得到 $\chi^2(4, N = 200) = 5.8$，$p = .215$，由臨界值法及 p 值法的裁決結果，一致為不能拒絕虛無假設，因此，沒有證據顯示該校學生對運動服顏色的選擇不是均勻分布。

四、Excel 操作步驟（例題 15-2.xlsx）

例題 15-2 的分析步驟與例題 15-1 大同小異，差別只在各細格的期望次數不同，因此要個別設定期望次數比例。

1. 計算總次數。

　　由於題目中未說明總人數，因此以 SUM 函數計算總人數，為 200（圖 15-16）。

圖 15-16　以 SUM 函數計算總人數

	A	B	C	D	E	F
		低	中	高	總和	
1						
2	觀察次數	35	135	30	200	
3	期望次數					
4	卡方值					

E2　＝SUM(B2:D2)

2. 計算各細格期望次數。

　　由於三個社會階層的母群分布為 25%、60%、15%，因此以 200 乘上 0.25、0.6、0.15，得到各社會階層的期望次數（圖 15-17）。

圖 15-17　各細格之期望次數

	A	B	C	D	E	F
		低	中	高	總和	
1						
2	觀察次數	35	135	30	200	
3	期望次數	50	120	30		
4	卡方值					

D3　＝E2*0.15

3. 計算細格卡方值。

　　以 (觀察次數 − 期望次數)^2 / 期望次數計算各細格之卡方值，分別為 4.5、1.87、0（圖 15-18）。

圖 15-18　各細格之卡方值

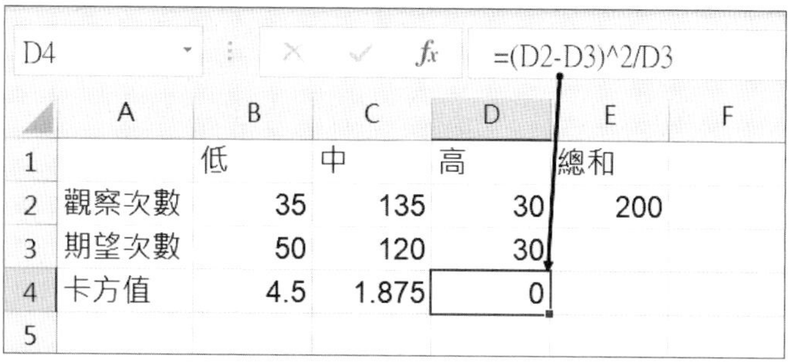

4. 計算各細格卡方值之總和。

最後，將各細格卡方值加總，得到卡方值和，為 6.375（圖 15-19）。計算過程如下：

$$\chi^2 = \frac{(35-50)^2}{50} + \frac{(135-120)^2}{120} + \frac{(30-30)^2}{30}$$
$$= 4.5 + 1.875 + 0$$
$$= 6.375$$

圖 15-19　卡方值總和為 6.375

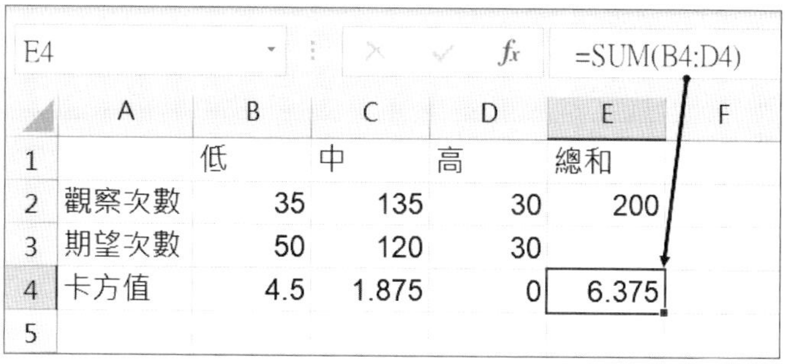

5. 以臨界值進行裁決。

本例題有 3 個社會階層，自由度為 3 − 1 = 2。如果顯著水準設定為 .05，在 Excel 中輸入 "**=CHISQ.INV.RT(0.05,2)**" 即可得到臨界值 9.4877（圖 15-20）。因為計算所得 χ^2 值 6.375 大於 5.9915，所以應拒絕虛無假設（圖示如圖 15-21），本次樣本的社會階層未符合母群比例。對照觀察次數與期望次數，低社會階層的受訪者較少，而中社會階層的受訪者較多。

圖 15-20　顯著水準 .05，自由度 2 時，χ^2 的臨界值為 5.9915

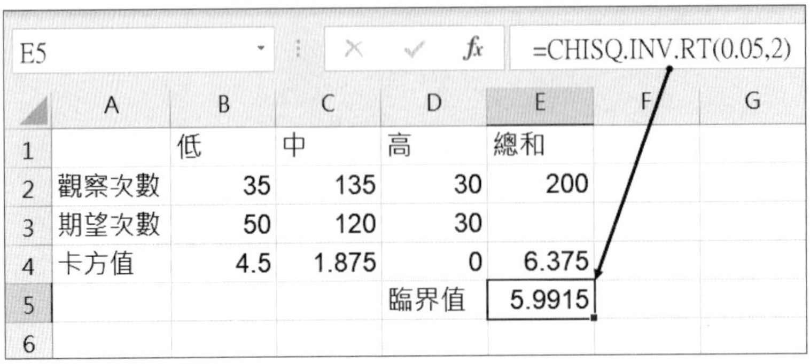

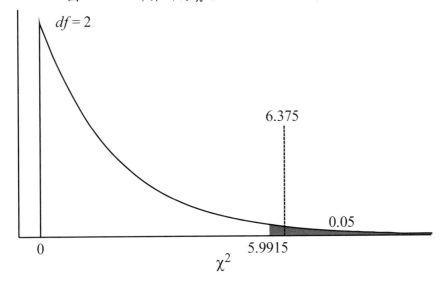

E5				f_x	=CHISQ.INV.RT(0.05,2)	
	A	B	C	D	E	F	G
1		低	中	高	總和		
2	觀察次數	35	135	30	200		
3	期望次數	50	120	30			
4	卡方值	4.5	1.875	0	6.375		
5				臨界值	5.9915		
6							

圖 15-21　計算所得 χ^2 值 6.375 大於臨界值 5.9915

6. 以 p 值進行裁決。

在儲存格中輸入 "**=CHISQ.TEST(B2:D2,B3:D3)**" 計算 χ^2 的機率值，得到 p = 0.0413（圖 15-22）。如果顯著設定為 .05，則 p 值小於 .05，因此應拒絕虛無假設（圖示如圖 15-23）。

圖 15-22　以 CHISQ.TEST 函數進行卡方檢定，獲得 p 值

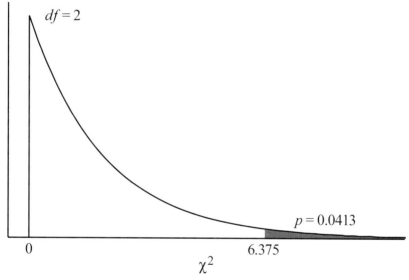

圖 15-23　$df = 2$ 時，$\chi^2 \geq 6.375$ 的 p 值為 0.0413

五、SPSS 操作步驟（例題 15-2.sav）

例題 15-2 的分析過程與例題類似，只有設定期望值的部分不同，因此簡要說明如後。

1.　使用卡方檢定程序。

在【分析】選單中的【無母數檢定】之【歷史對話記錄】選擇【卡方】（圖 15-24）。

圖 15-24　使用卡方檢定程序

2. 選擇分析變數並設定期望值。

　　將「社會階層」點選到右邊的【檢定變數清單】，【期望值】分別【新增】
　　0.25、0.60、0.15，再點擊【確定】按鈕（圖 15-25）。

圖 15-25　卡方檢定對話框

3. 輸出報表。

分析後得到圖 15-26 兩個表格。第一個表格顯示觀察個數、期望個數、殘差
（觀察個數減期望個數）。第二表格顯示 χ^2 值為 6.375，$p = .041$。

圖 15-26　輸出報表

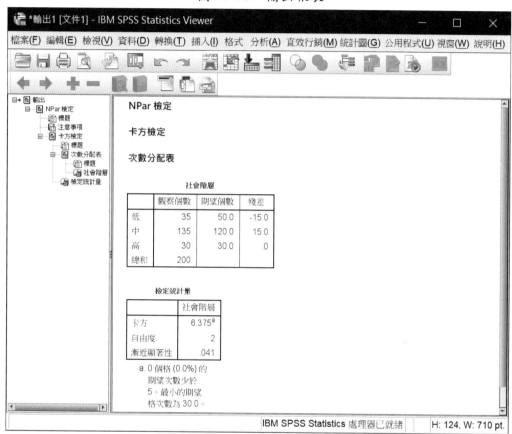

貳、卡方獨立性與同質性檢定

一、基本統計概念

卡方獨立性檢定在檢驗兩個質性變數（含名義及次序測量水準）是否獨立（無
關），其虛無假設是兩個變數沒有關聯，如果不拒絕虛無假設，表示沒有足夠證據支
持兩個變數間有關聯，因此兩個變數視為獨立無關。如果拒絕虛無假設，通常會再計
算各種關聯係數，此處不詳細說明。

在研究時，如果研究者是透過網路調查，請大學生上網填寫問卷，此時，需要請受訪者同時回答來自哪一所大學，及他們對某一議題（如，同性婚姻合法化或降低投票年齡）的支持度，此為獨立性檢定，目的在研究不同學校的大學生與支持該議題是否有關。

如果研究者親自到不同大學的課堂，當面訪問學生，那麼就不需要再問受訪者來自什麼大學，此時，只要詢問他們是否支持某議題即可，此為同質性檢定，目的在研究不同大學學生對該議題的意見是否有差異。

雖然研究的過程有所差異，待答問題也不同，不過，計算過程卻相似，因此可以一併討論。

📽 例題 15-3

某項問卷調查不同性別對於鮭魚料理作法的偏好，資料如表 15-3。請以適當的統計方法比較不同性別對於偏好鮭魚料理方式的比例是否有顯著差異。（設第一類誤差 α 為 0.05，請列出統計假設、統計步驟及結論）（題目修改自：106 年普通考試，海洋資源類，《生物統計學概要》）

表 15-3　性別與鮭魚料理偏好的交叉表

鮭魚料理偏好	男性人數	女性人數
生魚片	80	60
炙燒	40	60

(一) 列出統計假設

依據題意，本例題的統計假設為：

$$H_0:\text{不同性別對於偏好鮭魚料理方式的比例相同}$$
$$H_1:\text{不同性別對於偏好鮭魚料理方式的比例不同}$$

由題目來看，應是分別請 120 名兩性受訪者回答他（她）們偏好的鮭魚料理方式，此時應使用卡方適合度檢定。如果使用問卷，請受訪者分別填寫其「性別」及「偏好的鮭魚料理方式」，則應使用卡方獨立性檢定。統計假設改為：

H_0:性別與偏好鮭魚料理方式無關

H_1:性別與偏好鮭魚料理方式有關

(二) 計算過程

不過，無論何種檢定，計算方法都相同。首先，計算各細格的期望次數。以男性偏好生魚片此細格為例，無論性別為何，整體而言，喜歡生魚片的人數為 140，占總人數的 $\dfrac{140}{240}$。又知男性有 120 人，因此男性喜歡生魚片的期望次數為：$120 \times \dfrac{140}{240}$，為 70。其他各細格期望次數的計算過程如表 15-4。

表 15-4　各細格期望次數

鮭魚料理偏好	男性人數	女性人數	總和
生魚片	80 120×140÷240=70	60 120×140÷240=70	140
炙燒	40 120×100÷240=50	60 120×100÷240=50	100
總和	120	120	240

其次，代入公式 15-1，得到：

$$\chi^2 = \frac{(80-70)^2}{70} + \frac{(60-70)^2}{70} + \frac{(40-50)^2}{50} + \frac{(40-50)^2}{50}$$
$$= 1.4286 + 1.4286 + 2 + 2$$
$$= 6.8571$$

自由度的公式為：

$$(\text{列數}-1) \times (\text{行數}-1) = (2-1) \times (2-1) = 1$$

要計算各細格的預期次數，一方面細格眾多，一方面常會有小數，計算上並不方便。此時，可以改用運算公式 15-2：

$$\chi^2 = \left(\sum \frac{f_{ij}^{\,2}}{F_i \times F_j} - 1 \right) \times N \tag{15-2}$$

其中 $f_{ij}^{\,2}$ 是各細格的觀察次數平方，F_i 是第 i 列的邊際總和，F_j 是第 j 行的邊際總和。代入數值後得到：

$$\chi^2 = \left(\frac{80^2}{140 \times 120} + \frac{60^2}{140 \times 120} + \frac{40^2}{100 \times 120} + \frac{60^2}{100 \times 120} - 1 \right) \times 240$$
$$= 6.8571$$

兩個公式計算所得的 χ^2 相同，都為 6.8571。

(三) 進行裁決

常用裁決的方法有二：一是臨界值法。在 $df = 1$，$\alpha = 0.05$ 時，臨界值是 3.841[2]，而計算所得 χ^2 值 6.8571 已大於臨界值，因此應拒絕虛無假設（圖示如圖 15-27）。所以，不同性別對於偏好鮭魚料理方式的比例不同，男性喜歡生魚片的比例較高，而女性喜歡炙燒的比例較高。

圖 15-27　計算所得 χ^2 值 6.8571 大於臨界值 3.841

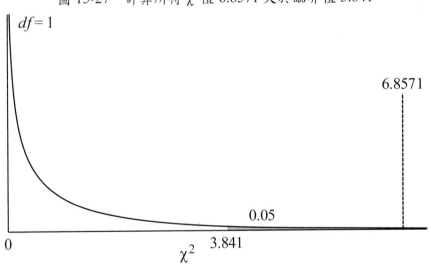

---

[2]　在 Excel 中輸入 "**=CHISQ.INV.RT(0.05,1)**" 即可得到 3.841459。

二是 p 值法，本例題計算所得的 $p = 0.0088$ [3]，已小於題目設定的 α，同樣要拒絕虛無假設（圖示如圖 15-28）。

圖 15-28 $df = 1$ 時，$\chi^2 \geq 6.8571$ 的 p 值為 0.0088

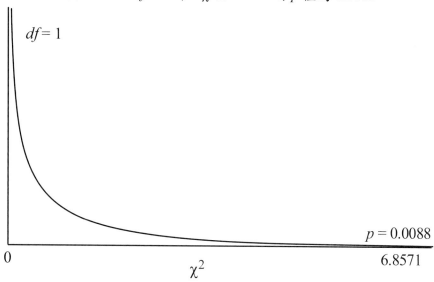

(四) 分析結論

使用卡方檢定，得到 $\chi^2(1, N = 240) = 6.8571$，$p = .0088$，由臨界值法及 p 值法的裁決結果，一致為拒絕虛無假設，因此，不同性別對於偏好鮭魚料理方式的比例不同。進一步分析，可發現：男性喜歡生魚片的比例較高，而女性喜歡炙燒的比例較高。

二、Excel 操作步驟（例題 15-3.xlsx）

1. 計算邊際總和及總次數。

   由於題目中未說明總人數，因此以 SUM 函數計算邊際總和及總人數（圖 15-29）。

---

[3] 在 Excel 中輸入 "**=CHISQ.TEST(觀察次數範圍,期望次數範圍)**" 即可得到 $p = 0.0088$。

圖 15-29　以 SUM 函數計算總人數

D4		fx	=SUM(D2:D3)	
	A	B	C	D	E
1	鮭魚料理偏好	男性人數	女性人數	總和	
2	生魚片	80	60	140	
3	炙燒	40	60	100	
4	總和	120	120	240	
5					

2. 計算各細格期望次數。

各細格的期望次數是由邊際總和相乘再除以總人數而得。分子部分，由於 Excel 橫移時會改變行的代號，因此要把行固定，直移時會改變列的代號，因此要把列固定。分母部分為總人數，行及列都要固定。在 F2 儲存格輸入 "=$D2*B$4/$D$4"，並複製到其他 3 個儲存格，就可完成期望次數計算（圖 15-30）。

圖 15-30　計算各細格之期望次數

F2		fx	=$D2*B$4/$D$4		
	A	B	C	D	E	F	G	H
1	鮭魚料理偏好	男性人數	女性人數	總和				
2	生魚片	80	60	140		70	70	
3	炙燒	40	60	100		50	50	
4	總和	120	120	240				
5								

3. 計算卡方值。

以 (觀察次數 − 期望次數)^2 / 期望次數計算各細格之卡方值，加總後得到 6.8571（圖 15-31）。

圖 15-31　卡方值

	A	B	C	D	E	F	G	H	I
								H7 =SUM(F5:G6)	
1	鮭魚料理偏好	男性人數	女性人數	總和					
2	生魚片	80	60	140		70	70		
3	炙燒	40	60	100		50	50		
4	總和	120	120	240					
5						1.4286	1.4286		
6						2	2		
7							卡方值	6.8571	
8									

4. 計算 p 值。

在儲存格輸入 "=CHISQ.TEST(B2:C3,F2:G3)" 即可得到卡方檢定之 p 值 0.0088
（圖 15-32）。

圖 15-32　以 CHISQ.TEST 函數進行卡方檢定，獲得 p 值

	A	B	C	D	E	F	G	H	I
								H8 =CHISQ.TEST(B2:C3,F2:G3)	
1	鮭魚料理偏好	男性人數	女性人數	總和					
2	生魚片	80	60	140		70	70		
3	炙燒	40	60	100		50	50		
4	總和	120	120	240					
5						1.4286	1.4286		
6						2	2		
7							卡方值	6.8571	
8							p值	0.0088	
9									

三、SPSS 操作步驟（例題 15-3.sav）

由於缺乏原始資料，僅有彙整後的次數，因此輸入時需有三個變數，分別是「性
別」、「偏好」、「人數」，並以「人數」進行加權。如果有 200 個學生的原始資
料，則僅需要輸入「性別」與「偏好」兩個變數及 200 列數據，此時就不需要再進行
加權。

1. 先進行加權。

在【資料】選單中選擇【加權觀察值】。圖 15-33 背景為輸入之資料。

圖 15-33 加權觀察值程序

2. 選擇加權變數。

將加權變數「人數」點選到右邊的【觀察值加權依據】，再點擊【確定】按鈕（圖 15-34）。完成後，在【資料集】視窗的右下角會出現【加權於】字樣。

圖 15-34 加權觀察值對話框

3. 使用交叉表程序。

在【分析】選單中的【敘述統計】選擇【交叉表】（圖 15-35）。

圖 15-35　使用交叉表程序

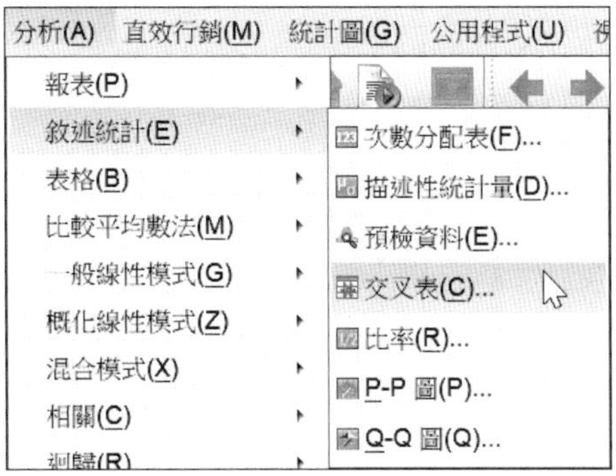

4.　選擇分析變數。

依題目將「偏好」選至【列】，「性別」選至【欄】（圖 15-36）。

圖 15-36　交叉表對話框

5.　選擇儲存格顯示資訊。

在【儲存格】下勾選【期望】及【未標準化】殘差（圖 15-37）。

圖 15-37　交叉表：儲存格顯示對話框

6. 選擇卡方檢定。

在【統計量】下勾選【卡方檢定】（圖 15-38），點擊【繼續】之後再點擊【確定】進行分析。

圖 15-38　交叉表：統計量對話框

7. 輸出報表。

分析後得到圖 15-39 兩個主要表格（省略一個表格）。第一個表格顯示交叉
表的觀察次數、期望次數、殘差。其中男性偏好生魚片的殘差為 10，表示實
際偏好生魚片的男性人數，較期望次數多。女性則較偏好炙燒的料理方式。
第二個表格顯示 Pearson χ^2 值為 6.857，p = .009。

圖 15-39　輸出報表

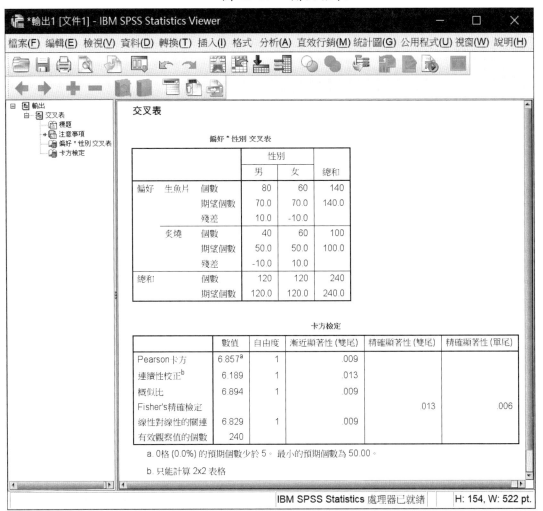

參、習題

一、隨機自小幼生中抽 60 人之樣本，要他們在三種色紙選一種最喜歡的，結果人數為紅（30）、黃（20）、藍（10），請考驗「小幼生對顏色有偏好」的假設。（資料來源：101 年地方三等特考，教育行政類，《教育測驗與統計》）

　　1.　寫出統計假設：H_0 與 H_1。

　　2.　計算之 $\chi^2 = ?$

　　3.　$df = ?$

　　4.　χ^2 的臨界值為 5.99，請問計算之 χ^2 有無顯著？

　　5.　統計裁決結果為何？

二、假設某位立委針對新的年金改革方案進行意見調查，得到習題 15-2 的資料。試問在顯著水準 0.05 下，有足夠的證據顯示不同職業類別的人對該年金改革方案的意見有關聯嗎？（資料來源：102 年三等關務人員特考，關稅統計類，《統計學》）

三、請根據習題 15-3 資料，計算並說明性別和學科偏好之間的關係是否存在？（資料來源：106 年原住民族三等特考，教育行政類，《教育測驗與統計》）

四、習題 15-4 為針對青少年及成年人對日常飲料偏好之調查結果。以顯著水準為 0.05，檢定年紀（青少年及成年人）及飲料偏好的選擇之間是否具相關性。（資料來源：105 年原住民族四等特考，經建行政類，《統計學概要》）

參考書目

陳正昌（2004）。**行為及社會科學統計學：統計軟體應用**（第三版）。巨流圖書。

陳正昌（2017）。**SPSS 與統計分析**（第二版）。五南圖書。

陳正昌、林曉芳（2020）。**R 統計軟體與多變量分析**。五南圖書。

陳正昌、賈俊平（2019）。**統計分析與 R**（第二版）。五南圖書。

陳正昌、張慶勳（2007）。**量化研究與統計方法**。新學林。

陳正昌、程炳林、陳新豐、劉子鍵（2011）。**多變量分析方法：統計軟體應用**（第六版）。五南圖書。

賈俊平（2017）。**統計學：基於 R 的應用**。五南圖書。

Cohen, J. (1988). *Statistical power analysis for the behavioral science* (2nd ed.). John Wiley & Suns.

Everitt, B. S., & Skrondal, A. (2010). *The Cambridge dictionary of statistics* (4th ed.). Cambridge University Press.

Johnson, R. A., & Bhattacharyya, K. G. (2010). *Statistics: Principles and methods* (6th ed.). John Wiley & Suns.

Keller, G. (2014). *Statistics for Management and Economics* (10th ed.). Cengage Learning.

Larson, R., & Farber, B. (2015). *Elementary statistics: Picturing the world* (6th ed.). Pearson Education.

國家圖書館出版品預行編目（CIP）資料

基礎統計學 ： 使用Excel與SPSS/陳正昌著.
-- 二版. -- 臺北市 ： 五南圖書出版股份有
限公司, 2023.10
　面 ； 　公分
ISBN 978-626-366-612-2(平裝)
1.CST: 統計套裝軟體 2.CST: 統計分析
512.4　　　　　　　　　　112015222

1H3B

基礎統計學：
使用Excel與SPSS

作　　　者 ― 陳正昌

發 行 人 ― 楊榮川

總 經 理 ― 楊士清

總 經 理 ― 楊秀麗

主　　　編 ― 侯家嵐

責任編輯 ― 吳瑀芳

文字校對 ― 黃志誠　許宸瑞

封面設計 ― 姚孝慈

出 版 者 ― 五南圖書出版股份有限公司

地　　　址：106 臺北市大安區和平東路二段 339 號 4 樓

電　　　話：(02)2705-5066　　傳　　　真：(02)2706-6100

網　　　址：https://www.wunan.com.tw

電子郵件：wunan@wunan.com.tw

劃撥帳號：01068953

戶　　　名：五南圖書出版股份有限公司

法律顧問：林勝安律師

出版日期：2021 年 9 月初版一刷
　　　　　2023 年 10 月二版一刷

定　　　價：新臺幣 650 元

經典永恆・名著常在

五十週年的獻禮——經典名著文庫

五南，五十年了，半個世紀，人生旅程的一大半，走過來了。

思索著，邁向百年的未來歷程，能為知識界、文化學術界作些什麼？

在速食文化的生態下，有什麼值得讓人雋永品味的？

歷代經典・當今名著，經過時間的洗禮，千錘百鍊，流傳至今，光芒耀人；

不僅使我們能領悟前人的智慧，同時也增深加廣我們思考的深度與視野。

我們決心投入巨資，有計畫的系統梳選，成立「經典名著文庫」，

希望收入古今中外思想性的、充滿睿智與獨見的經典、名著。

這是一項理想性的、永續性的巨大出版工程。

不在意讀者的眾寡，只考慮它的學術價值，力求完整展現先哲思想的軌跡；

為知識界開啟一片智慧之窗，營造一座百花綻放的世界文明公園，

任君遨遊、取菁吸蜜、嘉惠學子！